壁彩文踪
——杨文宗论文集

杨文宗 著

科学出版社
北京

内 容 简 介

本书是杨文宗研究馆员从事文物保护工作三十余年的成果。《壁彩文踪——杨文宗论文集》收录了杨文宗四十余篇文物保护的相关论文，分为"古代壁画保护与修复技术""古代壁画科学分析研究""考古发掘与陶器、金属、石质文物修复""文物修复保护理念及国际交流合作"四个部分，对文物修复过程中的文物修复案例、新方法运用、修复技术研究等方面的内容进行阐释，介绍杨文宗的文物修复工作以及学术研究成果，为陕西地区文物修复，特别是壁画修复提供了重要的资料，体现出一位深耕文物保护领域多年的文物修复工作者对历史的敬畏、对文化的珍惜。

本书适合于从事历史考古、文化遗产研究和文物保护的专家学者以及高等院校相关专业的师生参考、阅读。

图书在版编目（CIP）数据

壁彩文踪：杨文宗论文集/杨文宗著. —北京：科学出版社，2024.3
（陕西历史博物馆学术文库）
ISBN 978-7-03-078346-2

Ⅰ.①壁… Ⅱ.①杨… Ⅲ.①壁画-文物保护-中国-文集
Ⅳ.①K879.414-53

中国国家版本馆CIP数据核字（2024）第070567号

责任编辑：王 蕾 / 责任校对：邹慧卿
责任印制：肖 兴 / 书籍设计：金舵手世纪

科学出版社 出版
北京东黄城根北街16号
邮政编码：100717
http://www.sciencep.com
北京中科印刷有限公司印刷
科学出版社发行 各地新华书店经销

*

2024年3月第 一 版 开本：787×1092 1/16
2024年3月第一次印刷 印张：26 1/4
字数：630 000
定价：268.00 元
（如有印装质量问题，我社负责调换）

获2020年陕西省"三秦工匠"荣誉称号

获2022年"全国五一劳动奖章"

美国宾大博物馆修复昭陵六骏——"飒露紫"

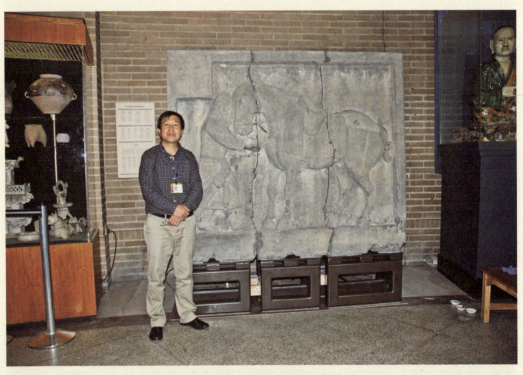

美国宾大博物馆修复昭陵六骏——"飒露紫"

修复章怀太子墓壁画

修复唐韩休墓壁画

壁画揭取

壁画清洗

彩画加固试验

壁画修复

壁画修复

壁画修复教学

与培训班师生合影

唐武惠妃墓壁画：红衣侍女

唐武惠妃墓壁画：高级捧盒侍女

唐武惠妃墓壁画：持如意侍女

唐韩休墓：HB14乐舞图

唐韩休墓：HB15山水图

唐韩休墓：HB17朱雀图

杨文宗

1963年生于陕西蒲城，大学本科学历。1982年至1985年入伍武警延安支队，1986年至2023年先后在陕西省博物馆、陕西历史博物馆工作。历任陕西历史博物馆保管部文保科副科长、陕西历史博物馆壁画保护修复研究中心副主任、陕西历史博物馆壁画保护中心办公室主任、陕西历史博物馆馆藏壁画保护修复与材料科学研究国家文物局重点科研基地（以下简称馆藏壁画国家重点科研基地）副主任。2016年获评研究馆员。2013年至今分别被聘请为西安文理学院文化艺术教育中心（博物馆）特聘教授、吉林大学考古学院客座教授、国家艺术基金"唐代壁画保护与修复艺术传承人才培养"项目授课教师、西北大学文化遗产学院课程兼职导师，陕西科技大学特聘教授，"地下文物保护材料与技术"教育部重点实验室副主任。2020年获得"三秦工匠"荣誉称号和"陕西省五一劳动奖章"，2022年获得"全国五一劳动奖章"。

曾主持完成唐代韩休墓、淮南公主墓、新城公主墓、鄂托克旗乌兰镇米拉壕墓等多座高等级、多类型墓葬壁画的揭取搬迁、修复加固工作；负责陕西历史博物馆一级文物秦代大型青铜龙、唐鎏金铁芯铜龙、东汉绿釉陶孔雀灯等为代表的不同材质藏品的修复保护；作为专家组组长，前往美国宾夕法尼亚修复唐昭陵六骏之"飒露紫"和"拳毛騧"；在"陕历博支援洛阳古墓博物馆北魏元怿墓壁画修复及新安县北宋墓壁画揭取工作""故宫院藏壁画的保护修复""与陕西洋县智果寺、咸阳市文物保护中心、宁夏固原博物馆、甘肃省文物考古研究所等合作开展壁画保护修复""馆藏壁画国家重点科研基地针对省外建立的甘肃工作站、宁夏工作站、内蒙古工作站推进相关专技合作业务"等诸多项目中负责方案制定和实施。

负责或参与完成"濒危馆藏壁画抢救——馆藏壁画保护综合研究"子课题三"馆藏壁画支撑体技术研究""陕西历史博物馆馆藏唐墓壁画病害调查研究"，以及"大型壁画砌体的高效自动切割系统研发""大型展柜柜内微环境场分布研究""唐墓壁画分析专用多光谱扫描仪研制与应用""馆藏墓室壁画数字修复技术研究"等国家级、省部级科研课题、项目，获得多项实用新型专利。出版专著有：《陕西历史博物馆馆藏唐墓壁画病害调查研究》（独著，三秦出版社2015年版）、《馆藏壁画保护技术》（负责"馆藏壁画支撑体技术研究"撰写，科学出版社2011年版）、《隋代史射勿墓葬壁画修复研究》（第二作者，科学出版社2022年版）。在《文物》《中国国家博物馆馆刊》《中原文物》《文物保护与考古科学》《考古与文物》《文博》等刊物上发表论文五十余篇。

　　我国的地下文物十分丰富，尤其如陕西、河南等省份在遇到基本建设要求尽快考古发掘时，会发现许多古代壁画无法进行现场原址保护，只能被动地切割搬迁至馆内保存，只有极少数壁画才能与建筑进行整体搬迁保护。因此，这些壁画的保护与保存环境是一项特殊的研究课题，也是保护的难点。

　　《壁彩文踪——杨文宗论文集》是陕西历史博物馆研究馆员杨文宗先生文物保护修复研究的成果，也是馆藏及墓葬壁画保护修复界文物保护研究的一个缩影。论文的主要内容包含古代壁画的病害调查、材料工艺、保护修复、预防性保护等研究。在书中这么多丰富多彩的案例中，特别值得称道的是对唐代墓葬壁画的抢救保护。以2014年对唐代韩休墓内大型壁画的抢救保护为例：从现场的调查、检测、分析、清理、临时保护，到揭取、搬迁，再到博物馆内修复室的拼接、修复。其间，采用了多学科现代科技方法进行监测、分析，充分记录各种保存壁画的环境因素，形成数万字的工作笔记，并得到完整的壁画数据库。此项目历时十年，整体搬迁体重如此之大的三幅大型壁画在陕西乃至全国都是首次，还有很多技术和方法都在文物界开创了先河。

　　书中还涉及金属、石质、陶质文物的保护修复研究，为大家提供了较为系统而翔实的实例，这既是对杨文宗先生本人研究成果的汇总，也是该馆多年文物保护修复工作的一个展示。该论文集的出版将会引起行业的关注，推动文物保护修复研究的深入，让文物保护修复的接力棒传下去。

　　杨文宗先生是陕西历史博物馆新馆建成后的第一代文物保护修复工作人员。他自1986年进入文博系统以来，师从陕西文物修复大师柴忠言先生和董文喜先生，始终坚守在文物保护修复第一线，从一个默默无闻的学徒成长蜕变为行业领军人才。三十多年来，他承担了多项文物保护修复任务，保护修复过包括古代壁画、青铜器、陶瓷器、金银器、砖石器在内的数千件（组）不同种类的文物，尤其是在古代壁画的保护修复方面，揭取、搬迁、修复和加固过的壁画共计数百平方米，涉及汉、北魏、唐、辽、金、宋等多个朝代。他还作为"大明宫遗址文物保护基金会"专家志愿者前往美国宾夕法尼亚修复唐昭陵六骏之"飒露紫"和"拳毛䯄"，获得了中美专家的一致认可。除此之外，杨文宗先生还重视科研工作，先后承担、参与多项文物保护相关课题研究，申请的实用新型专利"布设有多种环境监测终端的博物馆展柜"获得了2021年陕西省专利优秀奖。在杨文宗先生数十年如一日的兢兢业业的工作中，这些"疾病缠身""支离破碎"的文物焕发出新的生机与活力，为陕西历史博物馆乃至陕西以及全国的文物保护修复事业做出了卓越贡献。

除了业务上的不断进取，杨文宗先生还为陕西文物保护修复行业，尤其是馆藏壁画的保护修复起到了宣传示范作用，其先后在《文博》《考古与文物》《文物保护与考古科学》《文物》《中国国家博物馆馆刊》等专业期刊上发表论文五十余篇，已经成为后辈们参考学习的榜样。他亲自培养出陕西历史博物馆壁画修复团队，并且还在持续不断地为整个行业培养人才，确保了文物保护修复技术的代代传承。杨文宗先生先后担任国家艺术基金、中央美术学院修复研究院、中国文化遗产研究院相关培训项目的讲师，还被聘请为西安文理学院文化艺术教育中心（博物馆）特聘教授、吉林大学考古学院客座教授、国家艺术基金"唐代壁画保护与修复艺术传承人才培养"项目授课教师、西北大学文化遗产学院课程兼职导师，以及陕西科技大学材料科学与工程学院的博士研究生导师。

三十多年来，杨文宗先生在文物保护修复领域深耕精研，传承并改进技艺，屡获殊荣。2020年获"陕西省五一劳动奖章""三秦工匠"的荣誉称号，2022年获"全国五一劳动奖章"。获得荣誉称号后，杨文宗先生依然平静如初，耐得住寂寞，有责任、有担当，继续从事着让文物有限的生命得到更好的延续的工作。

我与文宗从相识到相处的十多年期间，多次交流、探讨文化遗产保护的技术、管理及科研基地建设等内容，十分愉快，也印象深刻。这次能为文宗写序，也是我的荣幸，借此机会，真诚地向他表示敬意。

中国文化遗产研究院 黄克忠

2024年3月

壹　古代壁画保护与修复技术

贰　古代壁画科学分析研究

叁　考古发掘与陶器、金属、石质文物修复

肆　文物修复保护理念及国际交流合作

壹

古代壁画保护与修复技术

古代壁画加固工艺

杨文宗

（陕西历史博物馆）

摘要：古代壁画是珍贵的历史文化遗存，是人类历史上最早的绘画形式之一，具有极高的历史价值、艺术价值、科研价值和社会价值。一直以来对于古代壁画的保护都是文物保护领域关注的重点和难点，本文针对揭取的古代墓葬壁画的实验室修复工艺、操作流程、使用材料等，结合多年从事古代壁画保护修复的经验，对其进行系统梳理、归纳，为今后同类壁画的修复提供借鉴。

关键词：揭取壁画　地仗层加固　黏接支撑体

现存的古代壁画分为地上壁画和地下壁画两类。地上壁画主要是祠堂、庙宇和石窟中的壁画；地下壁画主要是墓室壁画。由于受自然界侵蚀和人为破坏，这些宝贵的文化遗产面临着灭顶之灾。为了使这些珍贵的实物史料得以保存，世界各国的文物工作者正在对现存的壁画进行必要的修复、加固和保护；由于自然环境及各种因素的差异，各地对地上和地下壁画的保护方式也就有所不同。在此结合自己多年来从事文物修复工作的一些经验，仅就所揭取的地下壁画背面的加固程序及工艺要求作一简要介绍。

一、加固壁画的前期准备工作

（1）选定工作场地：选择干燥、通风、宽敞，没有强烈光源照射在壁画表面的场所，以防壁画在加固过程中受潮及光线对画面颜色的影响。

（2）制作工作台：壁画加固所使用的工作台尺寸应长200、宽150、高80厘米。要求工作台坚固、平稳、台面平整，以防加固过程中因工作台造成壁画震动和变形。

（3）准备好加固过程中所用工具及药品，加固中常用的工具有：天平、量杯、平铲、喷壶、放大镜、手术刀、油灰刀、油画刀、棕刷、毛笔、排笔、手钳、电炉、剪刀、塑料盆、小手锯、小型吸尘器等。使用药品：聚乙烯醇、环氧树脂、酒精、聚酰胺、麝香草酚、邻苯基苯酚钠、二羟基二氯二苯基甲烷、桃胶、糠醛。

二、壁画上台的处理方法

（1）分清加固壁画的正面与背面，将壁画正面向上置于工作台上。应先清理画面，以防背面加固时损坏画面。

（2）打开捆绑壁画夹板的捆绳或铁丝，去掉壁画正面的夹板。取下壁画正面的夹板及四周塑料膜的固定物（图钉、铁钉等），清理掉塑料膜上的棉絮或海绵（这些都是揭取壁画时用来保护画面的，当夹板取下后，棉花或海绵及塑料膜都被留在壁画表面）；在揭去壁画表面塑料膜时，需要抓住其一边轻轻上提（切不可用力过大），发现有与画面相黏接处，可用手铲贴住塑料膜铲开或用湿毛巾附着在黏接处，使黏接的胶液溶解，再揭下塑料膜。而出现黏接是壁画表面的桃胶所致（揭取的壁画表面贴有一层涂有桃胶的纱布和白布，因在夹捆壁画时存在刷涂胶液未彻底凝固或受潮溶解的现象，使贴于画面的纱布或白布容易粘在夹板表面的塑料膜上）。

（3）清除壁画纱布上的杂物。壁画揭取时，土块及其他杂物易夹带在贴有纱布的壁画表面，如不清理就会在加固背面时损坏画面。清理时，可用棕刷从壁画的中间部位开始向四边轻轻扫刷，若遇有黏接牢固的土块、杂物等，可用湿布贴于其上，待其潮湿后，用具有弹性的刀片（手术刀、竹片等）细心剔除。

（4）检查清理的画面。若发现壁画画面有受潮霉变现象时，可用3%—5%的麝香草酚乙醇溶液或1%的二羟基二氯二苯基甲烷的乙醇溶液喷涂处理。方法为：在霉变处盖上一层麻纸，将药物喷洒在麻纸上（防止壁画再次受潮）。对霉变严重的壁画，可用1%的邻苯基苯酚钠溶液和1%的二羟基二氯二苯基甲烷的乙醇溶液喷洒处理，以防止霉变继续发展。

（5）对画面纱布脱胶现象进行补贴处理。使用小号底纹笔蘸10%的桃胶溶液涂刷于脱离的壁画纱布上，使之重新与画面黏合。

（6）揭去壁画背面夹板。制作一块与壁画大小一致、表面平整的夹板，表面贴上一层塑料膜，置于处理过的画面上；用绳子或铁丝将其与壁画背面的夹板捆好；然后使壁画背面向上置于工作台上，取下背面的夹板。

三、壁画背面土层的清除及滴除后的处理

古代壁画一般绘制在制作好的地仗层（石灰层、草泥皮）上，揭取壁画时，背面常带有疏松的土层；加固中只保留壁画层（石灰层或草泥皮部分），具体工作程序

如下：

（1）用喷壶装清水从壁画背面中间部位土层开始喷洒，喷洒程度以渗湿土层为准（不要渗到颜料层，以免影响画面颜色），一次喷洒面积以10厘米×10厘米为佳。

（2）用手术刀或类似的带弹性的刀片对已渗湿的土层进行铲除。铲土时一定要注意力集中，握刀要稳，不可用力过大，必要时应一手持刀，一手持放大镜，细心观察剔除，切勿损伤画面，铲下的泥土及时用吸尘器清理；如此将壁画背面的土层由里向外全部剔除。

（3）用3%的聚乙烯醇溶液刷涂清理过的地仗层一次。待其晾干后，用6%的聚乙烯醇溶液再刷涂一遍（用以增加地仗层的牢固程度）。

（4）填补壁画残缺部位。按壁画缺块部位的形状、大小及厚度，用聚苯乙烯泡沫塑料板（以下简称泡沫板）制成相同的形状，再用桃胶贴于缺块处，也可用黄土泥填补（要求选用的填补材料不能对画面有影响，同时便于画面的修复）。

四、壁画背面隔离层的制作

壁画背面隔离层的制作，是为保护壁画的画面层和便于以后更换替代的加固材料的重要工序。其制作方法如下：

（1）在淋好的白灰灰膏中加入麻刀，用3%的聚乙烯醇溶液使二者充分调匀待用（隔离层材料一般要求选用与所加固壁画地仗层相同成分的材料制作，以确保隔离材料对壁画无损害；我国的墓室壁画大都绘制在以石灰为原料的地仗层上，因而采用上述隔离材料）。

（2）为做过以上处理的壁画背面制作边框。根据所加固壁画四边的尺寸，选用厚1厘米的铝合金条固定在壁画四侧（要求铝条平直，固定好的铝条框要处于同一个平面上）。

（3）用10%的聚乙烯醇溶液刷涂一遍加有边框的壁画地仗层，把上述调好的灰膏用灰刀填入地仗层，所填厚度与制作的边框一致，填好的灰膏表面一定要处理平整、光滑；待所填的灰膏完全晾干凝结后，去掉边框。

五、壁画背面支撑架的制作与黏接

壁画背面支撑架（龙骨架）的制作，要求所用材料必须具有重量轻、不易变形、强度大、外形美观等优点。目前采用的是一种合金——方形空心铝型材，具体制作标准如下：

（1）根据所加固壁画的形状、尺寸，用3厘米×4厘米的空心铝型材制作龙骨架。其结构形式为方格形框架，框架中间方格以30厘米×30厘米为佳。

（2）用1601环氧树脂、聚酰胺、糠醛按10∶10∶1的比例混合调匀待用（要求混合的树脂应在2—3小时内用完）。

（3）用灰刀或棕刷把调好的树脂胶液均匀涂刷于制作好的隔离层表面，涂刷厚度约0.1厘米；剪取与壁画面积相同的玻璃纤维布贴于涂刷过树脂胶液的隔离层上，再在贴好的纤维布上涂刷胶液（厚度约0.1厘米），然后贴纤维布。如此共贴此布三层。

（4）在制作好的铝合金框架一面涂刷环氧胶液，使其黏接于贴好的纤维布上，在框架上均匀地压上一定重物，放置48小时。

以上为壁画的加固程序及要求。采用此种方法处理壁画，便能达到保护壁画的目的。目前在陕西历史博物馆壁画库内珍藏的壁画便是采用上述方法进行加固的。

（原载《文博》1996年第1期）

古代墓葬壁画传统揭取技术之思考

杨文宗　张媛媛

（陕西历史博物馆）

摘要：古代墓葬壁画具有弥足珍贵的历史、艺术、科学价值。为最大限度地延长其寿命，人们一直在寻找理想的保护技术手段。到目前已应用的古代壁画保护技术有多种手段，归结起来为原址保护、异地搬迁保护两大类。笔者拥有多年从事古代墓葬壁画揭取之异地搬迁保护的亲身经历，对于较常使用的传统"画面层和地仗层一同揭取的方法"产生了一些想法和思考，认为工艺方面尚存在很多局限性。将其他领域已有的机械设备或激光技术逐步应用到该揭取方法当中的"分离"工艺环节，以期最大限度地减少人为因素对古代墓葬壁画造成的伤害。

关键词：墓葬壁画　揭取工艺　分离　激光技术

一、中外古代壁画异地搬迁保护概述

早在1世纪，西方就出现了以掠夺为目的的壁画整块揭取，维特鲁威（Vituvius）记录了这一技术：从墙体上切割分离壁画，对颜料层、灰泥层连同部分支撑体进行揭取。文艺复兴时期，"整体揭取"（Stacco a massello）技术又重新得到青睐。19世纪在第一批系统的修复手册中记载了该方法：将壁画的四边切开，将木板塞进四边切割开的墙缝中，然后在空隙处塞进棉花，在壁画的正面用一块加固过的木板作保护，将壁画取下[①]。在已经存在的小孔或是不损坏画面的地方凿入直径为1毫米的数枚钢针，深度2—5厘米。粘黏覆盖一层纱布和至少两层麻布。壁画残片嵌在石膏与灰砂浆支撑体上，随后整体安装红漆木质框架并作封护处理，封护材料包括阿拉伯

---

① Felici A：《意大利历史上壁画揭取领域技术的简短介绍以及佛罗伦萨的文物修复师和硬石艺术品修复中心在其中所发挥的作用》，《中意壁画修复国际研讨会成果：唐墓壁画的保护与修复、探究与认知》，2011年。

树胶和热熔蜡（图一）。这种方法适用于原址十分潮湿且灰泥层特别坚固的情况，以及壁画表面高低不平但必须保留这一特性或者壁画直接绘在岩石上的情况。其优点是：对画面层干预最小，尽可能地保留了壁画的层次，具有一定强度。但由于尺寸和重量带来的限制与不便，巨幅壁画经常需要被分割成残块，因此现在已极少使用。"揭取"（Stacco/ Distacco）、"撕取"（Strappo）均始于18世纪，其中，目前技术最成熟、使用最广泛的"揭取"法在发展之初，通常使用动物胶涂于壁画表面，然后从下向上覆盖白棉布和帆布进行贴布，待干燥以后，以灰泥层为界限将壁画从支撑体揭取下来。该技术适合在颜料层和灰泥层两者互相胶结较强的情况下使用，也可以用在没有地仗层但有灰泥、白泥层的壁画。表面贴布除了使用动物胶之外，19世纪末20世纪初，在欧洲，尤其是意大利还用酪蛋白和熟石灰作为非水溶性胶，酪蛋白和氨水溶液以及酪蛋白和硼砂作水溶胶。在合成树脂引入之前，包括捷克斯洛伐克在内的欧洲国家也用淀粉浆糊作为传统胶粘剂。1950年，意大利Cagiano de Azevedo在墓葬壁画中使用溶解在酒精中的白虫胶作贴布胶粘剂。"撕取"法使用胶结力较强的水溶性胶将帆布黏接于壁画表面，利用帆布干燥收缩产生的力使颜料层与灰泥层分离并进行剥离。此工艺操作是当地仗的硬度和颜料层的黏接力都不足以允许颜料层与地仗一起揭取，或是地仗太薄，或是希望揭取分量较轻的壁画绘画层[1]时使用。其方法是：首先沿着壁画表面的周围切入，然后用力从下角拉开，接下来用手垂直向上卷起。然后将贴布一面向下展开，有时颜料层背面会有一层薄薄的灰泥层附着在上面，对颜料层背面进行清理、平整和加固，将另一块帆布用非水溶性胶黏接在背面，固定于新的支撑体之上。最后去除上表面帆布（图二、图三）。其优点：①适用于当灰泥层已经失去自身胶结力，并且现场加固无法实现的情况；②可以运用在大面积范围的壁画（最大可以达到平方米）。缺点：①灰泥层的信息无法一次提取，

图一 《老人头像》正、侧面（整体揭取法，长28厘米，现存于米兰布雷拉美术馆）

① Mora P, Mora L, Philippot P. La Conservazione delle Pitture Murali, Editrice Compositori, 1999.

图二　撕取前

图三　撕取中

尤其是颜料渗透入灰泥层以及灰泥层上有画稿的痕迹时；②揭取下的壁画失去了原有灰泥层，对画面外观有一定影响。

　　20世纪60年代开始，合成树脂逐渐被应用于壁画揭取当中，聚醋酸乙烯酯和一些丙烯酸类树脂代替水溶胶作为贴布揭取的胶粘剂。20世纪七八十年代，常见的壁画表面加固材料和胶粘剂有动物胶和聚乙烯醇以及合成树脂材料，如直到今天依然大量使用的丙烯酸类树脂 Paraloid B-72[①]。1970年，Hans Lehmann 提出韧性强的纸衬

---

① 　Mora P, Mora L, Philippot P. La Conservazione delle Pitture Murali, Editrice Compositori, 1999. Nicola Guido, Nicola Gianluigi, Arosio Roberto. A New Facing Material, Studies in Conservation, 1973, (18): 177-179.

与合成橡胶进行真空干燥揭取壁画的技术[①]。1985年,Mitka将用于油画修复的便携式低压装置应用在壁画的揭取上，免去了黏合剂贴布这一步骤，但是受到装置尺寸的限制，不适宜大面积壁画的揭取[②]（图四）。

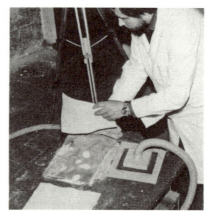

图四　便携式低压装置在壁画揭取上的使用

　　亦从20世纪六七十年代开始，西方文物界普遍认为壁画揭取和迁移是对壁画及其原址环境的破坏，大大降低了壁画的历史价值和美学价值，因此文物管理部门谨慎看待壁画揭取，除非如自然灾害等迫不得已的情况，否则应严格控制壁画的揭取[③]。另外，已揭取壁画的错误修复方法和壁画的不当揭取操作也产生了不小的负面影响。因此近二十年来，西方壁画揭取的案例越来越少。

　　中国古代壁画包括建筑壁画、石窟寺壁画和墓葬壁画，由于建造材料的局限性，当时的建筑、寺院早已成为废墟，唯有少量石窟寺壁画和大量深埋地下的墓葬中的壁画被保存下来，而墓葬壁画集中体现不同时代的特征，反映了当时的政治、经济、

① Lehmann H. Dry Conservation of Mural Paintings, Studies in Conservation, 1970, (15): 231, 232.

② Mitka W, Mitka A. Portable Mini Low-Pressure Apparatus for the Treatment of Paintings, Studies in Conservation, 1985, (30): 167-170.

③ Mora P, Mora L, Philippot P. La Conservazione delle Pitture Murali, Editrice Compositori, 1999.

艺术、科技、宗教等面貌，研究价值极高。在相当长的阶段中，综合考虑保护成本和技术水平，古代墓葬壁画采取现场揭取—异地搬迁保护的方法较为现实。中华人民共和国成立后，1952年首次对陕西咸阳唐墓壁画进行了揭取①。1953年河南白沙宋墓壁画搬迁采取了整体迁移壁画的方法。茹士安于1955年总结了两种壁画揭取方法：木箱套取法和胶布粘取法②。视壁画的结构类型、保存情况，壁画揭取的方法分为三大类。

（1）整体迁移壁画和墙壁的方法：将壁画所附着的墙壁与壁画一同切割下来全部搬走（相当于上文的整体揭取）。

（2）画面层和地仗层一同揭取的方法：揭取画面层和切割部分的地仗层（相当于上文的揭取）。

（3）仅揭取画面颜料层的方法：仅仅把画面层揭取下来（类似于上文的撕取）。

铁付德、孙淑云的《西汉四神云气图壁画保护研究》按照壁画从支撑体分离的不同部位来界定三种壁画揭取方法：从支撑体部位分离；从灰泥层部位分离；仅揭取颜料层。实质与上述两种说法异曲同工。

这三种揭取方法在揭取前的准备工作基本相似，不同之处在于之后的操作。

整体迁移壁画和墙壁的方法适用于画面层、地仗层和墙体三者都比较牢固、机械强度较好的壁画体系。

河北磁县、河南登封、河南洛阳、陕西韩城等地近些年有墓葬壁画整体搬迁的实例，采取了"整体搬迁、异地保护"的措施。对于单幅壁画，是将壁画用支架固定并且分割画块之后，在底缝处嵌入铁块或木块来承受壁画墙体的重量。从壁画背面进行切割，依次用木棍或铁条嵌入。壁画墙体从顶部分离下来，沿着支架把壁画慢慢放倒（图五、图六）。对于墓室整体，先在墓室内设置木架支撑以加强结构的稳

图五　整体迁移壁画

图六　整体迁移壁画

①　铁付德、孙淑云、王九一：《已揭取壁画的损坏及保护修复》，《中原文物》2004年第1期。

②　茹士安：《介绍我们处理古墓壁画的一些经验》，《文物参考资料》1955年第5期。

图七　河北磁县宋墓整体搬迁

定性，并在木架与壁画之间填充泡沫化纤材料，木架外敷以石膏层。在墓室之外以槽型钢材作箍框，再加石膏稳固及其他包裹层。在墓室底部逐次穿插多根槽钢进行置换底座，再将各个钢材连接点用电焊焊接牢固，最终使整个墓室形成一个保持原状原位而脱离土层衔接的"大包裹"（图七）。另外，画像砖墓的搬迁也属于整体迁移，只需测量记录下每块砖的位置，一块一块地拆砖迁墙即可，之后再按原样拼接复原。

这种整体搬迁方法无需贴布，并且保留了壁画的原始状态，利于考古研究工作。但是搬运施工难度大，花销开支多，后期保护展示也常受到场地限制。

画面层和地仗层一起揭取的方法是国内外应用最多，方法技术较为成熟的类型，适用于地仗层与画面层结合较好的墓葬壁画，也可以用在没有地仗层但有灰泥、白泥层的壁画中。

1959年，为了防止三门峡水库淹没永乐宫，永乐宫建筑及其壁画被搬迁至新址，祁英涛等专家当时决定实施分块揭取的方案，并设计发明了四种具体揭取办法：偏心轮机锯剔取法、拆墙取法、双人拉大锯的锯取法和铁铲撬取法。永乐宫壁画的揭取为日后我国壁画揭取提供了范本[1]。经过20世纪六七十年代全国各地古代墓葬壁画的揭取，尤其是唐永泰公主墓、章怀太子墓以及懿德太子墓等一系列壁画的揭取，以地仗层为界限的贴布揭取法逐步形成了一套完整的工艺[2]。具体步骤如下：

（1）对画面层清理加固并开缝，之后进行涂胶（图八—图一〇）。

（2）贴纸、贴布（图一一、图一二）。

（3）揭取壁画。常用的揭取方法大体分为拆取、锯取、震取、撬取、套取五种。因为即使是同一座墓葬，其中的壁画情况也各有不同，所以揭取壁画时常常联合使用这些方法（图一三）。

所用到的工具有锯条、钻头和长柄平头铲等（图一四、图一五）。

仅揭取画面颜料层的方法，此工艺操作用于地仗的硬度和颜料层的黏接力都不足以允许颜料层与地仗一起揭取，或是地仗太薄，或是希望揭取分量较轻的壁画，

① 祁英涛：《中国古代建筑的保护和维修》，文物出版社，1986年。

② 杨军昌、赵西晨、黄晓娟等：《陕西文物科技保护研究综述》，《考古与文物》2008年第6期。

图八　喷涂加固　　　　　图九　贴纸加固和确定分割线

图一〇　切割画面

图一一　贴纸　　　　　　　图一二　贴布

或是壁画表面不是一个平面，比如拱形顶壁画的情况下。具体步骤如下：

（1）加固工作做好之后，一般用聚乙烯醇或桃胶在画面上涂胶贴布，也有用聚醋酸乙烯酯或聚乙烯醇缩丁醛等高分子材料做胶粘剂的情况。

（2）贴布完全干燥后，沿着贴布的边缘整齐地切割颜料层，切割的深度要稍微超过颜料厚度，然后将刀片紧贴壁画背面墙体，利用贴布与画面间比画面与墙体间强的黏结力剥离颜料层。

图一三 揭取壁画

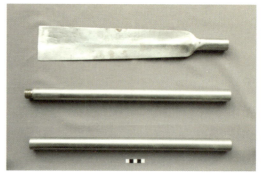

图一四 壁画揭取常用工具 图一五 壁画背部切割专用长柄平头铲

如在辽宁法库叶茂台发掘的一个辽代墓葬，因为壁画没有地仗层，所以进行了针对画面层的揭取，这是国内比较少见的只取画面层的黏布揭取。

当地仗层上还保留着底稿的痕迹时，这种方法是使之能揭露出来的唯一方法，但揭取时需要极熟练的技巧，揭取前一定要做模拟实验，筛选最合适的黏结材料、加固材料和壁画表面封护材料。另外，运输回实验室后，此法揭取的壁画还需要补做背衬。

20世纪70年代末80年代初，壁画保护人员发现揭取下来的壁画出现霉菌生长的现象，究其原因，发现是传统使用的桃胶、浆糊以及用于加固的含有骨胶的胶矾水引起的[①]，在壁画后期实验室修复时，这类天然有机物去除得不够完全，因而成为微生物的良好营养源。20世纪80年代后，高分子合成材料的应用改善了壁画揭取的效果。比如使用聚乙烯醇、聚乙酸乙烯乳液、聚甲基丙烯酸甲酯、聚乙烯醇缩丁醛等代替胶矾水进行加固；1983年，辽宁北票莲花山辽墓壁画揭取采用三甲树脂丙酮

---

① 陈进良：《从一次工作失误看壁画表面加固材料的性能》，《文物保护技术（1981~1991）》，科学出版社，2010年。

溶液作为加固剂和贴布胶粘剂[①]；又如在对辽宁法库叶茂台发掘的一个辽代墓葬，用10%—15%的聚乙烯醇缩丁醛乙醇溶液作黏合剂将纱布裱糊在壁画上[②]。1990年宁夏固原北周李贤墓壁画揭取中，徐毓明认为桃胶残留容易长霉，因此使用了10%的聚乙烯醇水溶液作黏合剂贴纱布，以木框套取法的方式实现揭取[③]。Paraloid B-72这种丙烯酸类树脂在1993年陕西彬县五代冯晖墓壁画加固中被采用，首次出现在我国壁画保护材料中[④]。高分子合成材料虽然不受菌类作用，不发霉，耐候性、耐光性能都比较优良，但是仍然具有一些问题。

　　21世纪的头十年中，我国的墓葬壁画揭取大部分仍然采用桃胶贴布揭取的方法，通过将五氯酚钠或者极低浓度的霉敌加入桃胶中，基本缓解了霉菌在壁画表面滋生的问题。此外，2000年，法国专家揭取唐代惠陵壁画，以及2006年福建博物院对福州台江法师亭清代壁画的揭取中都使用了Paraloid B-72作黏合剂[⑤]，虽然后者是一次对建筑壁画的揭取，但是同样体现了Paraloid B-72作为贴布黏合剂不会造成壁画霉变污染的优点，并且去除贴布后残留的少量Paraloid B-72还可起到加固作用。

　　总之，正如铁付德、孙淑云在《西汉四神云气图壁画保护研究》中论述的：壁画传统揭取技术的实施包含三个主要步骤——准备阶段，壁画表面的临时加固，贴表面保护层；揭取，用上述三种方法之一进行分离；揭取后的处理，背部处理（加固、衬里、过渡层）以及新支撑体的建造与固定。

二、采用传统"画面层和地仗层一同揭取的方法"实例

　　纵观壁画异地搬迁保护技术发展历程，不难发现，壁画贴面、加固、封护材料和移动支撑体材料有很大变化，但壁画揭取的工具、程序和操作上几乎无变化。

　　近三十年来，笔者参加或负责揭取保护古代壁画总计八十余幅、数百平方米，包括北魏、汉、隋、唐、宋和辽金等多个朝代。现以亲自揭取保护过的3座古墓葬（群）壁画为例，展现传统的"画面层和地仗层一同揭取的方法"。

①　李宏伟：《辽宁北票莲花山辽墓壁画的揭取》，《考古》1988年第7期。
②　陆寿麟：《辽宁法库叶茂台辽墓画的黏布揭取》，《文物保护技术（1981～1991）》，科学出版社，2010年。
③　徐毓明：《北周李贤墓壁画的揭取和修复新技术》，《文物保护与考古科学》1990年第1期。
④　杨军昌、赵西晨、黄晓娟等：《陕西文物科技保护研究综述》，《考古与文物》2008年第6期。
⑤　李淑琴、王啸啸：《唐惠陵墓壁画的保护修复工艺及材料研究》，《上海文博》2005年第1期；张焕新：《福州台江法师亭清代壁画揭取保护》，《福建文博》2009年第4期。

（一）1994年10月下旬至1995年6月"揭取唐昭陵新城公主墓壁画"

1. 原址壁画状况

（1）制作工艺。墓室壁画的制作是在青砖表面先涂抹一层厚1—2厘米的麦草泥，经多遍收压使壁面光滑平整，晾干后，再涂一层厚约1厘米的白灰膏，表面用胶矾水涂刷，待壁面半干后在表面使用矿物颜料作画。墓道两侧壁画是在修整的生土表面采用上述工序制作。

（2）存在病害。墓室壁画残缺严重，有人为破坏痕迹。白灰层质地较坚硬，保存状况尚好。过洞、墓道壁画白灰层酥碱粉化严重，质地酥松，麦草泥层制作粗糙，壁画表面附着泥土及其他污染物质，壁画所用颜料为朱砂、赭石、石青、石绿、藤黄及墨，墓道壁画表面的颜料有粉状、脱胶病变，墓室壁画颜料附着情况较好。

2. 揭取壁画

（1）前期准备。工具备有平铲、鱼头锯、锯条、手术刀、剪刀、火箱等。药品备有桃胶、蒸馏水等。材料备有木龙骨、胶合板、绳子、毛刷、白粗布等。

（2）根据壁画的面积确定壁画揭取块数，墓室揭取10幅，甬道揭取6幅，过洞揭取2幅，墓道揭取4幅。

（3）确定切割线位置，测量揭取壁画尺寸，制作壁画夹板。切割线避开画面的主要部位，采用0.5厘米厚的胶合板及5厘米×5厘米×200厘米的木龙骨制作壁画夹板，夹板大小依揭取壁画尺寸而定。夹板表面附着2.5厘米厚的海绵，其上覆盖一层塑料膜。

（4）切割、开缝。按确定好的切割线，使用手术刀、锯条锯开壁画石灰皮、麦草泥地仗层，切割缝为1—2毫米。

（5）刷胶、贴布。水与桃胶按100：40的比例调制桃胶，用纱布将搅拌的胶液过滤，除去杂质待用。将白粗布按揭取壁画的尺寸四周各长出20厘米裁剪好备用。将调制好的胶液用软毛刷均匀地涂刷在壁画表面，再将白粗布贴于其上，用一根木条将贴于壁画上的粗布上端卷起固定在墙壁上。

（6）烘烤画面。烘烤贴布的壁画使胶液迅速固化。

（7）揭取。使用长柄平铲沿锯开的切缝，由下而上从背面逐段将壁画白灰层连同麦草泥层从墙体上剥离下来。

（8）上夹板。在壁画将要剥离至上部时，将做好的夹板下方靠紧墙壁，使壁画下半部落在夹板上，在壁画全部剥离后迅速提起固定于墙壁的木条纱布卷轴，将揭取的壁画整体置于夹板上，将另一块夹板盖在壁画背面，固定上下夹板。

（二）2000年5月"揭取河南省新安县梁庄北宋墓壁画"

1. 原址壁画状况

（1）制作工艺。墓室以小砖砌成，墓壁先涂一层薄泥灰，再涂抹一层掺有麦糠、麦壳的白灰取平，最后在白灰上以矿物质颜料落墨施彩。眼壁间小块壁画没有泥灰层。

（2）存在病害。壁画多处有被利器破坏而脱落损毁的情况。壁画表面大面积覆盖着呈片状、鳞状的红色泥土，有些地方还附着有植物根系。从损毁的断面可观察到壁画的地仗层厚薄不匀，最厚处约1厘米，最薄处为0.1—0.2厘米。

2. 揭取壁画

（1）画面清理。对于植物根系等杂物，用竹签小心剔除，必要时可先用蒸馏水润湿；对于红色泥土，一般是用浸水的棉签、棉球，一点一点地擦拭去除，先擦拭无颜料的地方，后擦拭有颜料的地方；对于因墓挖开后风干在壁画表面的较厚土层，使用特制的松土剂来疏松、软化，然后小心剔除。

（2）画面加固。①整体加固：将较低浓度的B60或Paraloid B-72丙酮溶液装入喷壶进行喷涂加固。均匀喷涂，不留遗漏。②局部加固：用注射器对空鼓、酥解部位进行渗透加固，Paraloid B-72加固强度大，聚乙烯醇缩丁醛加固韧性好、渗透性好，分别视不同情况使用。③裂缝和断面附近的加固：用强力胶的水溶液将剪裁成小窄条的宣纸粘在裂缝处和断面附近。

（3）封贴、烘烤。这是紧密衔接的两个步骤：①封贴：将棉布用配制好的桃胶封贴在壁画表面，桃胶要涂匀、勿涂过量，棉布要用排笔刷平整。②烘烤：配合使用炭火、碘钨灯架和电吹风进行操作。炭火热量大、碘钨灯轻便、电吹风灵活，使布面逐渐干燥，既不能烤焦，也不能迅速回潮。

（4）揭取。从壁画下边缘开始，用铲刀将壁画地仗层一点一点地与墙体剥离。为防止铲取过程中壁画两边缘与墙体粘连，要预先在墙体切出沟槽。在画面与墙体脱离时，迅速将已备好的包装夹板与画面层上的棉布相贴，然后反转平放于地上。

3. 眼壁间小块壁画的特别处理

一边对这些小块壁画进行加固、封贴、烘烤，一边动手拆除墓顶的砖进行编号。拆到这些小块壁画所在层时，壁画有自然脱离背砖的趋势，即壁画地仗层与后背支撑体（背砖）之间产生缝隙，而且由于墓顶已拆，便于操作，即从上面用灰刀、小铲等工具插入壁画与背砖之间轻撬，很轻易便可以揭取。对大部分已脱离，而只有一两块背砖与之粘连的壁画，就将砖断开，只要在包装时加垫衬平即可。对于与背砖结合紧密的壁画，将棉布反包于背砖上，用铁丝箍紧，然后将背砖部分断开，连壁画带背砖直接取走，等到实验室再行处理，这样为整个揭取、拆迁工作节约了大量时间。

（三）2011年9月至10月"揭取内蒙古鄂托克旗乌兰镇米拉壕墓葬群壁画"

1. 原址壁画状况

（1）壁画无地仗层，在砒砂岩表面涂刷黄色作底后用矿物颜料绘制，是目前为止从未涉及过的壁画揭取类型。砒砂岩成岩程度低、结构强度低，遇水如泥、遇风成砂。

（2）大量颜料层起翘。

（3）砒砂岩层状断裂、稳定性差。

因此，该类壁画无法采用以往传统的"画面层和地仗层一同揭取的方法"，在实施揭取之前须进行揭取实验，筛选、制定出揭取工艺的关键点。

2. 揭取实验

（1）起翘颜料层回贴。主要解决起翘颜料层的软化问题，使很脆、稍遇外力即破碎脱落的起翘颜料层具有一定韧性是实施回贴的关键，对多种有机黏合剂进行不同浓度、渗透深度、操作工艺等的对比分析、筛选，最终确定使用乳化后的丙烯酸类有机材料。回贴、加固时先将配置好的软化试剂用毛笔尖蘸取后轻敷于起翘颜料层背面，待湿润即可，再以同样方法将2%—3%的丙烯酸乳液渗透一遍，待稍干时使用5%的丙烯酸乳液渗透。对于起翘颜料层回贴对应面的处理：先用毛笔蘸取软化试剂轻涂一遍后，再使用10%的丙烯酸乳液涂刷，待其稍作吸收指触发黏时，再使用玻璃纸轻敷于起翘颜料层表面、使用棉花扎成的拓包在玻璃纸上顺着回贴方向轻轻碾压。

（2）砒砂岩层状断裂。其导致壁画画面出现断裂，断裂处壁画大量脱落、岩体风化严重，形成松软砂土且有流失，使支撑体稳定性极差，存在较大安全隐患。清理松软的砂土，对清理处进行渗透加固，使用黏性较高的泥土填充修补断裂处，以防揭取壁画在后期修复中出现画面错位。

3. 揭取壁画

（1）画面清理。用软毛刷清除表面较松软的附着物，根据土垢、泥浆硬度，先用手术刀机械法剔除软质部分，然后用2A软化去除硬质部分；用棉签蘸取2%氯胺-T溶液、采取少量多次的方法清洗霉斑。注意不能伤及壁画颜料层。

（2）画面加固。选用了一种新型砂岩加固材料和传统的颜料层回贴材料。对酥碱部位采用滴注法加固，加固材料可选用2B-WB-S-1风化砂岩专用加固材料或AC-33，浓度控制在3%—5%，且由低到高依次递增，使酥碱壁画层的强度稳定增加；对于起翘颜料层回贴面存在酥碱病害的砒砂岩表层，应先行加固砒砂岩表层。空鼓：小面积涂刷回贴，先将黏结填充材料灌注空鼓处，再用竹刀等工具加压回贴，回贴材料可选用AC-33。脱落：加固其边缘，使已脱落壁画周围稳定。开裂：在开裂边缘注射加固材料。

（3）确定切割线。尽量选择画面空白处或次要部位。

（4）封贴画面。采用传统工艺和材料。

（5）分割壁画。使用电动切割机或用特制壁画切割刀具沿确定的切割线将壁画分割成适当的幅块。

（6）制作壁画夹板。

（7）切割壁画。将壁画夹板一面贴靠于揭取壁画表面，使用石材切割机与成套传统铲取工具相配合的方法，从背面将壁画从砒砂岩体上切割、剥离开。

（8）包装切割壁画。将切割下来的壁画仍置于揭取时贴靠在壁画表面的夹板上，视壁画背部平整情况，考虑是否需要填充物进行铺垫包装，再用另一块大小一致的夹板将壁画夹紧、固定。

三、墓葬壁画传统揭取技术的几点讨论

首先是墓葬壁画传统揭取中的材料问题，特别是贴布黏合剂的选择。贴布使用最多的就是桃胶，其次是团粉浆糊，揭去贴布的时候都很难完全去除，桃胶凝固时呈半透明浅褐色晶体，对壁画造成污染。就像前文提到的，这两种黏合剂都十分容易滋生霉菌，虽然目前采取化学手段可以暂时抑制霉菌，但是如果揭取壁画数量大，那么壁画在实验室内等待修复的时间也就越长，无法保证在这段时间画面绝对不长霉菌。而西方常用的动物胶，由于其具有不稳定性，残留干燥时可能会引起画面层的撕裂。此外，要去除这些天然有机物黏合剂需要用温度较高的水，这样会破坏脆弱的画面层，并且使画面层在一段时间内处于潮湿的状态。

20世纪80年代末到90年代初，我国所用的聚乙烯醇、三甲树脂，甚至近年来的Paraloid B-72这些高分子合成材料，它们也都存在或多或少的问题。聚乙烯醇也需要热水去除；三甲树脂和Paraloid B-72均要使用大量有机溶剂去除，对操作人员和环境会造成一定危害，三甲树脂中的长链烷基易发生交联反应，分子量增加从而使溶解性降低，增大了去除的难度[①]。

1998年，Hangleiter H M报道曾使用浸渍环十二烷的纱布对壁画表面进行保

---

① 成倩、赵丹丹、郭宏：《早期失效保护修复材料对壁画的影响》，《文物保护与考古科学》2013年第2期。

护①，表明可挥发性物质具有良好的可逆性，目前，环十二烷和薄荷醇作为临时加固剂在国际上受到欢迎②，那么笔者认为可考虑将其作为壁画揭取的材料而继续研究发展。

其次，墓葬环境对壁画揭取的影响也十分关键。大部分墓室的相对湿度都很高，为了加速贴布和墙体的干燥，常用炭火或者红外加热器来烘烤壁画画面，有时壁画表面的干燥程度适合揭取，但是此时墙体过于干燥，这给用刀锯剥离壁画增加阻力，容易造成滑刀或来回挫动刀锯而破坏画面的现象。仅仅凭借经验来测试烘干程度判断壁画剥离时间是不够的，应建立科学的温湿度指标来提高壁画揭取质量。

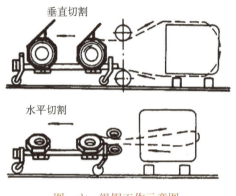

图一六　绳锯工作示意图

此外，在现有的壁画揭取技术中，需要使用铲刀等工具施加机械外力来剥离壁画。受到壁画结构和人力因素的影响，当壁画地仗层与支撑体接触的一面凹凸不平时，铲刀容易发生走向变化戳出画面。揭取操作过程中，受到工具条件限制，操作人员无法严格地控制用力大小和动作幅度。无论是从哪个方向开始揭取，为了使铲刀有一定空间继续剥离，先剥离的壁画必然会产生弯曲，可能造成壁画就此断裂。因此，揭取工具也应该加以改进。

受到建筑业切割机的启发，用于切割大理石的绳锯有潜力成为替代人工剥离壁画的工具（图一六）。绳锯由绳锯驱动、飞轮、导向轮和金刚石绳锯链条组成，广泛应用于拆迁、拆除公司的施工项目中，适合于钢筋混凝土、岩石、陶瓷、砖墙等坚硬材料的切割。使用时将绳锯链条套在需要切割的物体上，可进行横向和纵向切割。但目前，要将绳锯应用到壁画揭取中还有一些问题，一是绳锯的操作工艺，绳锯机固定支点难以实现，对此还需改进；二是绳锯切割过程需要冷却水，这在壁画揭取中是不能实现的。

新兴的激光切割机也引发我们的兴趣，其工作原理是，激光束照射材料，局部温度急速升高达到熔点，材料发生汽化，从而达到切割的目的。切缝时的工艺参数（切割速度、激光器功率、气体压力等）及运动轨迹均由数控系统控制，割缝处的汽

①　Hangleiter H M. Erfahrungen mit flüchtigen Bindemitteln. Part 2: vorübergehende Verfestigung, schützende oder verdämmende Versiegelung von Oberflächen an Gemälden, Stein oder Wandmalereien, Restauro: Zeitschrift für Kunsttechniken, Restaurierung und Museumsfragen, 1998, (7).

②　罗宏杰、韩向娜、黄晓等：《环十二烷在文物保护中的应用进展》，《中国材料进展》2012年第11期。

化溢出物和熔融物被一定压力的辅助气体吹除。与其他常见的切割加工方法相比，激光切割工件无机械变形[1]。如果应用在壁画揭取上，激光切割机存在的最大问题就是高温汽化，高温很有可能破坏壁画表面（图一七—图二〇）。此外，目前激光切割机的工业设计、机械结构受到墓葬现场条件的限制，实际操作不易实现。

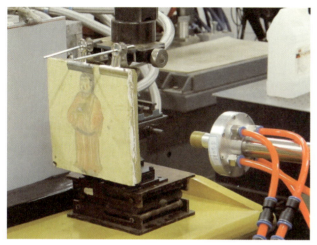

图一七　壁画地仗层切割实验

图一八　壁画地仗层切割实验结果

图一九　岩石切割实验

图二〇　岩石切割实验结果

　　针对这些问题，日后可与机械专家合作对工业用切割机进行改良，比如控制绳锯速度、缩小链条直径、反复试验得出适合地仗层切割的激光参数等，从而研制出合适的新型揭取工具，改进壁画揭取效果。

（原载《陕西历史博物馆"全球视野下中国古代壁画保护研究"国际学术研讨会论文集（2014年版）》，三秦出版社，2016年）

---

①　余淑荣、樊丁：《激光加工技术及发展现状》，能源工程焊接国际论坛，上海，2005年。

唐昭陵新城公主墓壁画揭取和修复

杨文宗

（陕西历史博物馆）

摘要： 本文主要介绍了唐昭陵陪葬墓新城公主墓壁画的保护修复工作所采用的技术工艺、修复流程等，根据新城公主墓壁画的结构和实际保存状况，针对性地制定了科学合理的现场揭取和后期保护修复技术路线，经过修复人员近一年野外考古现场的工作，最终成功实施了此次墓葬壁画的揭取搬迁和保护修复任务。

关键词： 壁画揭取　壁画加固　画面清洗

新城公主墓位于陕西省礼泉县烟霞乡东坪村北，属唐太宗昭陵陵区的一座陪葬墓，该墓于1994年10月下旬至1995年6月进行了发掘、清理，其内绘大量壁画。该墓所处地理环境所限，经各方专家共同商定，对该墓内的大量壁画采取异地保存。本人有幸参与此项壁画的揭取及对揭取壁画的加固修复工作，现以这次壁画的保护为例谈谈对唐代壁画揭取、修复技术的一些想法。

一、壁画的结构及保存状况

该墓壁画绘于墓道、过洞、天井四壁下部及甬道和墓室，绘制面积较大。从壁画整体布局看，具有较典型的唐代早期风格。壁画的制作工艺严格按照传统壁画的制作程序，即在墓葬构筑完成后，开始壁画墙面的处理。墓室墙面壁画的制作是在青砖表面先涂抹一层厚1—2厘米的麦草泥，经多遍收压使壁面光滑平整，晾干后，再涂一层厚约1厘米的白灰膏，表面用胶矾水涂刷，待壁面半干后在表面使用矿物颜料作画。墓道两侧壁画则是在修整的生土表面采用上述工序进行制作的。

该墓壁画因所处位置不同，其保存状况有很大差异。处于墓室的壁画残缺严重，该墓曾经被盗，壁画有人为破坏痕迹。白灰层质地较为坚硬，保存状况尚好。

在过洞、墓道绘制的壁画，其白灰层酥碱粉化严重，质地酥松，麦草泥层制作粗糙，壁画表面附着泥土及其他污染物质，壁画所用颜料为朱砂、赭石、石青、石绿、藤黄及墨，附着在墓道壁画表面的颜料有粉状、脱胶病变，墓室壁画颜料附着情况较好。

二、壁画揭取

根据该墓壁画的实际状况，经各方专家研究，该墓葬壁画的揭取范围定为墓室四壁、甬道、过洞、墓道局部。揭取采用传统方法，即对壁画进行分块后，使用粗布粘贴画面，从侧面或下面进行铲取。具体揭取步骤如下。

（1）前期准备。工具：平铲、鱼头锯、锯条、手术刀、剪刀、火箱等。药品：桃胶、蒸馏水等。材料：木龙骨、胶合板、绳子、毛刷、白粗布等。

（2）根据壁画的面积确定壁画揭取块数，对整个壁画进行临摹、拍照、记录。墓室揭取10幅，甬道揭取6幅，过洞揭取2幅，墓道揭取4幅。

（3）确定切割线位置，测量揭取壁画尺寸、制作壁画夹板。切割线确定在没有主要绘画内容的次要部位（尽量避开画面的主要部位），采用0.5厘米厚的胶合板及5厘米×5厘米×200厘米的木龙骨制作壁画夹板，夹板大小依揭取壁画尺寸而定。夹板表面附着2.5厘米厚的海绵，其上覆盖一层塑料膜。

（4）切割、开缝。按确定好的切割线，使用手术刀、锯条锯开壁画石灰皮、麦草泥地仗层，切割缝为1—2毫米。

（5）刷胶、贴布。用水与桃胶按100：40的比例调制桃胶，用纱布将搅拌的胶液过滤，除去杂质待用。将白粗布按揭取壁画的尺寸四周各长出20厘米裁剪好备用。

将调制好的胶液用软毛刷均匀地涂刷在壁画表面，再将白粗布贴于其上，并按事先预留的尺寸留于四周，使用一根合适的木条将贴于壁画上的粗布上端卷起固定在墙壁上。

（6）烘烤画面。烘烤贴布的壁画使胶液迅速固化。

（7）揭取。使用长柄平铲沿锯开的切缝由下而上从背面逐段将壁画白灰层连同麦草泥层从墙体上剥离下来。

（8）上夹板。在壁画将要剥离至上部时，将做好的夹板下方靠紧墙壁，使壁画下半部落在夹板上，在壁画全部剥离后迅速提起固定于墙壁上的卷轴，将揭取壁画整体置于夹板上，将另一块夹板盖在揭取下来壁画上的背面，固定上下夹板。

该墓共揭取壁画22块，采用厢式货车运至陕西历史博物馆壁画库内。

三、加固、修复壁画背面

1999年10月开始对新城公主墓壁画进行加固修复，到目前为止共加固修复墓室壁画2幅，具体实施办法如下。

（1）加固环境。加固环境为自然环境，即室内温、湿度无人为控制，加固、修复环境无防尘措施，修复用灯具采用防紫外线灯管。

（2）加固修复用工具、药品、材料。木制工作台，微型吸尘器、油画刀、雕刻、手术刀、毛笔、毛刷、五金组合工具、天平、量杯、放大镜等。药品：聚乙烯醇、环氧树脂、酒精、丙酮、蒸馏水、聚酰胺等。材料：石灰膏、铝合金管材、玻璃纤维布、木条、脱脂纱条等。

（3）加固修复前，对所修壁画进行照相、绘图、记录，填写修复档案。

（4）打开壁画夹板，使壁画背面向上，将壁画置于工作台上。清除壁画背面的泥土及杂物：①先将背面附着的较酥松的泥土及杂物用毛刷由里向外轻轻刷向四边后去除；②清理壁画背面时，将麦草泥层一起清除，只保留石灰层，方法是用蒸馏水加酒精软化泥土层后用手术刀、竹刀等剔除。

（5）加固石灰层，制作隔离层。对清理干净的石灰层，使用2%—5%的聚乙烯醇溶液从低浓度至高浓度对石灰层进行渗透加固。即先用2%溶液涂刷一遍，再用5%溶液涂刷一遍，之后将纱布剪成长条状，四周拉毛边，用15%的聚乙醋酸乙烯乳液黏贴在壁画背面待其固化后，在表面加上厚约1厘米的石灰膏层，方法：将适量麻丝剪成长约4厘米的短节，与5%的聚乙烯醇溶液一起加入石灰膏中，搅拌均匀后填加在壁画背面，抹平晾干。

（6）加接龙骨架。将环氧树脂与聚酰胺按1∶1的比例调匀，刷涂于壁画背面的隔离层上，厚约0.1厘米，贴一层玻璃纤维布，如此重复，粘贴2次。用3厘米×5厘米的铝型材按壁画的大小制作铝合金框架，将制作好的铝合金框架粘贴在壁画背面。

四、清理、修复画面

（1）揭布。将上述加固过的壁画画面向上置于修复台上，使用60℃左右的热水浸湿毛巾覆盖于壁画画面上，待贴于画面的桃胶溶解后，轻轻揭去画面贴布。

（2）画面清洗。使用棉签蘸取蒸馏水清洗画面残留的桃胶，对干结的泥土，使用手术刀、竹刀进行剔除，对附着于画面上坚硬的钙质结垢，先用稀释的乙醇浸湿、软化后剔除。

（3）除霉斑。该壁画在揭取画面贴布后，画面有大量的霉斑污染，采用棉签蘸取0.02%的霉敌乙醇溶液及5%的双氧水轻擦去除。

（4）画面修补。对于画面残缺的部分，使用白灰膏、适量麻丝及5%的聚醋酸乙烯乳液调匀后填补，待修补的部位干结后对其表面着色作旧，以达到与整体壁画色调协调一致的效果。

以上分四个步骤对唐昭陵新城公主墓壁画的揭取、修复做了比较全面的介绍。众所周知，唐壁画墓基本上都是皇亲国戚和官僚权贵的墓葬。昭陵的陪葬墓多属"功臣密戚及德业尤著者"，享受国葬的荣典，其中的壁画应由官方统一组织制作，当遵循一定程式而比较规范。因此，新城公主墓壁画在制作方法、材料构成等方面，相当程度上代表唐墓壁画的制作特点。对新城公主墓壁画实施的揭取、修复和加固，其主要工艺程序正是我国自20世纪50年代以来一直沿用至今的一种针对唐代墓葬壁画的主要保护方法。这种方法在长期实践中不断得到改进、完善，其所使用的保护材料随时代科技的发展、变化，被性能更加优良的新材料替代。本人自20世纪80年代中期开始一直从事古代墓葬壁画的保护修复工作，而且以唐墓壁画居多，从大量的实际工作中，看到这种沿用近五十年的壁画保护方法存在的弊病并由此产生一些想法。

1. 实施操作方面

壁画揭取的本质就是施加机械外力，使带有画面层的地仗层与支撑体分离开。在新城公主墓壁画揭取中采用平铲从墙体剥离壁画（即带有颜料的白灰层和草泥层）的操作方式，在揭取中发生有铲刀损伤壁画的情况。究其原因，主要是所使用的揭取工具平头铲不合理所致，由于铲取工具简易，受工具条件所限，使得人为因素的作用很大，操作人员在操作中用力大小、动作幅度等对壁画产生的震动都无法合理控制，很难做到准确无误。另外，壁画在铲取时是由边缘向里进行铲取，这就必须使先剥离开的部分被抬起离开支撑体（墙面）一定距离，以便刀、铲有一定空间向里剥离壁画，这样必然使先剥离的壁画产生弯曲，极易造成壁画局部断裂，因此有必要对壁画揭取工艺及工具作进一步改进，使其规范合理。

对此，我们认为对有条件的墓室壁画，不要采取揭取处理的方法，最好采用就地保护，即将壁画所处环境条件进行人为控制，以使壁画处于最佳的保存状态，达到理想的保护效果，这在一些发达国家已有成功的先例。例如日本的高松墓壁画、装饰古坟博物馆的墓室壁画及欧洲一些国家的墓葬壁画等均采用原址保护方式，避免了人为因素对壁画造成的损坏。

对于无法就地保护，需进行揭取的墓葬壁画，据有关报道，目前山西省有关部门采取整体搬迁的保护方法值得借鉴。即对带壁画的墓葬进行整体搬迁并取得了成功，这对壁画保护也是一种新的尝试，为墓葬壁画的异地保护开创了新的思路。我认为对小型墓葬的壁画保护可采取连同支撑体（砖墙）加固后一同搬迁的方法，这样可使壁画得到完整保存，不受损伤。

再者，可采用"套取"的方法对壁画进行揭取，即按揭取壁画的大小做成一个箱形体，将壁画的画面套住，从壁画背面连同一定厚度的支撑体一同切割或锯下，使被切割的壁画装入套住壁画的箱内,这种方法适合对墓道壁画的揭取及支撑体为夯土的壁画揭取,而对于砖砌的墓室壁画则不适宜,用"套取"方法揭取墓葬壁画目前已有采用。

另据徐毓明教授编著的《艺术品和图书、档案保养法》一书中介绍的国外一种揭取壁画的新设备。其核心装置是一个经特殊设计的平面型真空装置,上面装配有可以调节的外部密封条,装置上的吸气板备有许多小板,采用的核心材料是一种干黏合剂纸衬,这种纸衬须用强度很高的纸来做,且能够被浸湿,并用一种水溶性很好的黏合剂覆盖在它上面,这种纸衬以后可以用热水浸洗除掉,操作方法是把做好的纸衬展开,紧紧地覆盖在壁画表面,把上述真空装置安装到壁画表面上,再把装置上的吸气板放置好,最后用真空吸力把壁画画面层从墙壁上拉脱下来,而对揭取壁画不会造成损坏。此项技术虽无进一步的详细资料介绍,但其运用的原理是科学的,理论上是合理的,这种方法的优点在于彻底消除了人为因素在壁画揭取具体操作中的影响,此项技术值得我们进一步关注。

就目前而言,揭取工具方面,我认为急需研制、开发出一种设计合理、性能稳定、便于操作的壁画揭取机械工具,以代替平铲、鱼头锯这些简易工具。如与有关方面专家合作,研制出一种机械长柄式切割机,就可在一定程度上减少人为因素的作用。此设想是这样的,切割刀片、传送带、伸缩机械臂、动力装置是该切割机的主要组成部分,工作原理是传送带带动机械臂顶端的刀片从而达到切割剥离壁画的作用。操作机械臂可根据需要变换长度及角度。

在新城公主墓壁画具体揭取步骤(5)刷胶、贴布中,为了防止颜料层进一步脱落,采用软毛刷涂刷的方式对颜料层进行刷胶加固,但是这个过程中由于毛刷与画面互相摩擦,画面颜料就会进一步脱落,在后来的壁画揭取中,我们使用喷枪将胶液以雾状的形式均匀喷涂在颜料层上,避免了揭取中壁画颜料的脱落,效果很好。在揭取步骤(6)烘烤画面中,采用木炭火箱进行烘烤,其缺点是制作极不方便,且木炭燃烧产生的CO气体和大量的烟尘对工作人员和壁画造成了危害和污染,对此改用一组红外灯作为热源对壁画进行烘烤,代替木炭火箱,这在后来的操作使用中效果较为理想。

2. 使用材料方面

新城公主墓壁画揭取中,贴布使用的黏合剂为植物胶——桃胶。这也是我国使用时间较长的一种壁画揭取用黏合剂,其缺点是易潮解霉变,桃胶本身又呈半透明状浅褐色晶体,对壁画会造成污染,也给后期清理、修复壁画画面带来很大麻烦。目前国际上在文物修复中使用的一种丙烯酸树脂B-72型黏合剂可用来替代桃胶,其特点是无色透明,性能稳定。2000年9月在揭取唐惠陵墓壁画时,法国专家采用这种材料作为黏合剂,效果很好,使用方法为将其溶于丙酮配制成一定浓度的溶液。

其优点是不会对壁画造成霉变污染，也不会发生潮解脱胶等现象，更主要的是采用这种材料后无需对壁画表面进行烘烤，其可自行固化，减少了操作环节，另外，残留在壁画画面上的 B-72 溶解后，渗透到壁画中还能起到加固壁画的作用，是一种非常理想的替代材料。

　　总之，随着壁画保护修复人员在大量实际工作中的不断摸索、总结，唐墓壁画的揭取保护技术将会日臻完善。

（原载《考古与文物丛刊》（第五号），2001 年陕增刊 2009 号）

唐昭陵新城公主墓壁画揭取和修复

新安县梁庄北宋壁画墓壁画的揭取

杨文宗[1]　杨蔚青[2]

（1.陕西历史博物馆；2.洛阳古墓博物馆）

摘要： 本文主要讲述对宋代墓葬中壁画的揭取保护方法，即针对宋代墓葬壁画制作的使用材料，制作方法，以及目前存在的病变，采用科学合理的清洗、加固措施后对其实施的成功揭取保护。

关键词： 壁画　清洗　加固　揭取

　　位于河南新安县北冶梁庄的一座北宋墓葬，因属黄河小浪底水利工程淹没区，须对其立即实施搬迁。该墓内绘有大量壁画，因此对壁画的保护处理成为这次搬迁的主要内容。应洛阳古墓博物馆的邀请，经对该墓壁画的实地考察，于2000年5月对其实施抢救性的揭取，现将这次揭取的方法简记如下，以求得专家学者指证。

　　新安县北冶梁庄北宋壁画墓，自1988年由洛阳市文物工作队发掘清理后一直在原址封存。此墓坐北朝南，为八角形单室仿木结构建筑，由墓道、甬道、墓室三部分组成。墓室内壁除墓门一面外，其余七壁均绘有壁画或砖砌假门、假窗等装饰；顶部斗拱、眼壁上亦有彩绘和装饰花卉图案，壁画内容有男、女主人开芳宴图，持杖门吏图，假山牡丹图等，装饰图案有宝相花、云纹等图案。壁画、彩绘、装饰图案均色彩鲜艳，线条流畅细腻，反映了当时的时代风貌，对研究宋代生活习俗、服饰、绘画艺术等方面均有重要参考价值（参见《考古与文物》1996年第4期该墓的发掘报告）。

一、墓内壁画情况简介

1.壁画内容

　　此墓壁画计有如下几种：①男、女主人开芳宴图。共两幅。壁画长1.3、高1.1米。男、女主人分别位于东西两壁，均侧身面向墓门，端坐于桌前，桌上有盘盏之类。墓主人身侧各立有侍者三人。②持杖门吏图。共两幅。尺寸亦长1.3、高1.1米，内容相同，各绘一双手持杖门吏侧身面向墓门而立，背后有假山牡丹图案。③在墓的东北、西北两壁应各有一幅假山牡丹图，其上部为假窗，下部牡丹图长1.33、高0.43米（其中西北壁壁画被破坏）。④在斗拱上施有彩绘，眼壁上也多有花草、云纹等装饰图案画，其尺寸依各层斗拱而大小不一，最大尺寸为长1.3、高0.3米，次之为长0.5、高0.15米，最小尺寸为长0.3、高0.15米。

2. 制作方法

通过观察和仪器分析，这些壁画的制作方法应是在以小砖砌好墓室后，在墓壁上先涂一层薄泥灰，再涂抹一层白灰取平，而后在白灰上以矿物质颜料落墨施彩。从一些损毁的壁画断面可以清楚地看到这些分层，同时我们也发现在眼壁上的装饰画没有泥灰层，而且在白灰中还可看到当时掺有麦糠、麦壳的痕迹。

3. 现存状况

此墓在发掘前就曾遭盗掘，在发掘后的封存过程中又遭侵扰，墓内壁画多处有被利器破坏而脱落损毁的现象，致使多幅保存尚好的壁画及假门假窗都遭到破坏，不复原貌。所幸几幅主要壁画破损面积不大，情况尚可。因渗水、淤泥等原因，在这些壁画表面大面积堆积着呈片状、鳞状的红色泥土，多处甚至将画面完全盖住，有些地方还有植物的根系附着于表面。从损毁的断面可以观察到壁画的地仗层厚薄不匀，最厚处约1厘米，最薄处为0.1—0.2厘米，给揭取工作造成了极大难度。

二、确定揭取、拆迁方案

鉴于时间紧迫、条件有限，我们确定了先揭取主要的和保存较好的四幅：男、女主人开芳宴图和两幅持杖门吏图；再揭取次要的，如假山牡丹图、眼壁间装饰图等。待壁画揭取完后再开始编号拆迁有建筑特色的建筑构件和其他构件。壁画揭取的基本过程是：对壁画画面的清理；对壁画画面的加固；对壁画进行封贴、烘烤；从正面铲取壁画并对其包装。

三、对壁画画面的清理

对壁画画面的清理是一个关键的基础性工作，它直接关系到下一步加固画面时化学药物能否很好地渗透进画面，也关系到棉布封贴时能否与画面结合紧密，还关系到揭取后存放过程中画面表面是否会滋生大量病变和将来修复工作量的大小。这是一个非常细致的过程，应当在不伤及颜料层和地仗层的前提下，完全彻底地将壁画表面清理干净。清理的结果应当是只留下清洁的颜料层和地仗层。

对于画面的植物根系等杂物，我们用棉签小心地剔除，必要时可以先用蒸馏水润湿，对于壁画表面的红色泥土，一般情况下是采取浸水的棉签、棉球，一点一点地擦拭下来，先擦拭无颜料的地方，后擦拭有颜料的地方，并时刻注意勿将颜料带下，对于那些因墓挖开后风干在壁画表面的较厚的土层，我们用特别配制的松土剂对其进行疏松、软化，然后小心地剔除掉。清理工作耗费了大量的时间，有时半天，一个人也只能清理一小片地方。

四、对壁画画面的加固

对于壁画画面的加固主要是指加固正面的颜料层和地仗层。这里分为三种情况。①对壁画整体大面积普遍的加固：我们分别将较低浓度的 B-60 或 B-72 丙酮溶液装入喷壶进行喷涂加固，喷涂时距画面有适当的距离，而且需均匀喷涂，不留遗漏；②对于画面上空鼓、酥解等处的局部加固；我们用注射器注射的方法对其进行渗透加固，B-72 加固强度大，聚乙烯醇缩丁醛加固韧性好、渗透性好，分别视不同情况而采用；③对于破裂损毁的裂缝和断面附近，我们采用将宣纸剪裁成小窄条，然后用强力胶的水溶液将宣纸条粘在裂缝处和断面附近的做法，用来增加这些地方的强度。在加固过程中，一些化学药物对人体有害，我们采取了必要的防护措施。

五、对壁画进行封贴、烘烤

这是完全独立的两个过程，但在实施时是完全相连的，即完成对一块壁画的封贴后，就要对其进行烘烤。其目的是在壁画表面形成一个可以让壁画颜料层和地仗层依托的附着体，使其在揭取过程中不至于碎裂。

封贴。我们用配制好的桃胶将棉布封贴于壁画表面，并在桃胶内适量加入霉敌以减少将来存放时产生霉变的可能性。要点是桃胶要涂匀，不能太多，棉布要贴平整，还要用排笔刷平。

烘烤。这是为了使桃胶内的水分迅速排出，为下一步的揭取做准备。我们采用炭火、碘钨灯架和电吹风来综合烘干。炭火取其热量大；碘钨灯取其轻便；电吹风用来灵活地烘干边边角角。烘干的结果是使布面干燥，既不能烤焦棉布，也不能使之迅速回潮。

六、从正面铲取壁画并对其进行包装

对一块壁画贴布、烘干后就可以从正面进行铲取，一般是从壁画的下边缘开始，用铲刀将壁画地仗层一点一点与墙体剥离开来。为防止在铲取过程中壁画两边边缘与墙体的粘连，要先切槽将其断开。在画面与墙体脱离开时，迅速将已准备好的包装夹板与正面的棉布相贴，然后反转平放于地上。操作中既要快又要稳，这样已剥离的壁画连同棉布即放于夹板之上。夹板的制作如下：在九合板背面加龙骨增加板的坚固程度，在正面铺厚海绵后再加一层塑料布，用两块这样的夹板夹住一块壁画，外面用杠子压紧捆实，确保壁画在其内既不会晃动，也不会被挤碎变形。

七、对眼壁间小块壁画的特别处理

在揭取墓内壁上的主要壁画时，我们均采用如前所述的方法，此法虽好，但烦琐费时，若对眼壁间的小块装饰壁画也采用这种办法，则工期太长。于是，针对眼壁间壁画块小的特点，我们不拘一格地采取了更为便捷的方法。

我们一边对这些小块壁画进行加固、封贴、烘烤，一边动手编号并拆除墓顶的砖。当拆到这些小块壁画所在层时，由于时间长，棉布正面又有些潮，但是也正因为时间关系和墓顶已拆，壁画的背砖水分降低，整个墓内也形成由下往上的循环气流，这些都促使壁画有自然脱离背砖的趋势，即壁画地仗层与后背支撑体（背砖）之间产生了缝隙，而且由于墓顶已拆，操作方便，我们从上面用灰刀、小铲等工具插入壁画与砖之间轻撬，很轻易地揭下几块，对有些大部分脱离，而只有一两块砖与之粘连的，就将砖断开，只要在包装时加垫趁平即可。看来，虽说湿度是壁画保护的不利因素，但只要勤于观察，因势利导，善加利用，就可以化不利为有利，利用湿度促进壁画的揭取。对于有几块与砖结合紧密的壁画，我们采取将棉布反包于砖上，用铁丝箍紧，然后将砖断开，连壁画带砖直接取走的办法，等回到实验室再行处理，这样为整个揭取、拆迁工作节约了大量时间。

壁画揭取完后，对其他有建筑特色的建筑构件及墓体进行了编号、拆迁和装箱、运输。

该壁画墓是近些年来洛阳附近发现的宋代重要墓葬之一，其中壁画时代特征非常明显，对我们研究这一时期的绘画、社会习俗很有帮助，到目前为止，在陕西古墓葬的发掘中，带有壁画的宋墓并不多见，此次新安县北宋壁画的迁移复原保护工作，必将为我们陕西文保界在这一领域内的工作带来有益的参考和借鉴。

（原载《中国文物保护技术协会第二届学术年会论文集》，科学出版社，2002年）

新安县梁庄北宋壁画墓壁画的揭取

唐韩休墓壁画的抢救性保护

杨文宗

（陕西历史博物馆）

摘要： 唐韩休墓位于陕西省西安市长安区大兆乡郭新庄村南，为唐玄宗时期尚书右丞韩休与夫人柳氏的合葬墓。由于韩休墓所在地多雨潮湿，不适合在原址进行墓内壁画的修复、研究和展示，故将其揭取后搬迁至陕西历史博物馆。为此，在调查与评估壁画保存现状、研究壁画制作材料与工艺、分析壁画病害原因的基础上，依据壁画地仗层与支撑体的黏接状况及操作环境等因素，制订合理的实施方案，分别采用揭取壁画和整体搬迁的方法，将壁画转移至博物馆壁画修复室。本次抢救性保护没有现成的模式可供参考，完全依照实际情况实时修正具体方案，最终达到传统方法与新科技的紧密结合。

关键词： 韩休墓　壁画　抢救性保护

唐韩休墓位于陕西省西安市长安区大兆乡郭新庄村南，为唐玄宗时期尚书右丞韩休与夫人柳氏的合葬墓。墓葬坐北向南，由长斜坡墓道、5个过洞、5个天井、甬道和墓室组成，平面呈刀把形，深约11米，总长约40米。该墓的墓道、过洞、天井部分保存有白灰层，并有红色影作木构痕迹。墓内壁画保存较为完好，尤其是墓室内，其内绘有精美的乐舞图、山水图、朱雀玄武图等。

墓葬内5个天井及甬道两侧的墙壁上均绘有壁画，但损毁严重。墓室为砖券结构，东西、南北向长度均为4米，高4.88米，其中墙壁高度为2.48米，穹顶高度为2.4米，砖墙厚约0.15米。整个墓室由下向上呈梭子形，四面墙壁底部均为弧形，弧度最大处与墙脚垂直面相距10厘米。墓室东壁绘乐舞图，南壁西侧绘朱雀图，北壁西侧绘玄武图，东侧绘山水图，西壁为6扇屏风画，绘树下高士图，其中2幅已被盗。壁画绘画技法娴熟、水平高超，保存有清晰完好的题记。北壁西侧玄武图已被破坏，仅留蛇的一部分。东侧的山水图画面完整，面积为4.13平方米，是目前西安地区唐代墓葬壁画中唯一一幅独屏山水图，画中红日青云凌驾于群山之上，两座茅庵亭阁修建在嶙峋山峰之间，另有树木、溪水点缀其间（图一）。东壁乐舞图面积较大，达到8.97平方米，南北两侧分别绘有男女乐队共14人，另有男女舞者于画面

图一　韩休墓墓室北壁山水图

中央共舞，中间以一棵常见于南方的芭蕉树分隔开，各个人物表情生动、形象逼真（图二）。

　　韩休墓所在的西安市长安区春夏多雨潮湿、秋冬低温干燥，温湿度变化较明显。墓葬被发掘后，壁画与埋藏环境固有的平衡被打破，温湿度、二氧化碳浓度等因素突变，极易导致壁画被进一步破坏。鉴于韩休墓壁画的重要价值，故将其揭取后搬迁至陕西历史博物馆进行修复、研究和展示。

一、前期调查与研究

　　1. 激光三维扫描与高光谱摄影

　　为了全面保存壁画原始信息，对全部壁画进行拍照，并通过激光三维扫描及高光谱成像技术采集墓室形制及图像信息。

　　2. 墓室微环境监测

　　对墓室微环境进行实时监测、记录。监测结果表明，韩休墓墓室环境的温度

图二　韩休墓墓室东壁乐舞图

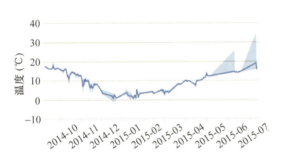

图三　韩休墓大气温度监测数据

变化较大（图三），相对湿度较高（图四），土壤含水率较大（图五），空气中二氧化碳含量超标（图六），对壁画的保存极为不利。

3.壁画结构与绘画材料分析

通过使用超景深显微镜观察脱落的壁画残片，可知韩休墓壁画为传统的墓葬壁画制作方法，即在平整砖壁上敷含麦秆的草泥层，再抹一层夹杂有少量植物纤维的白灰层，白灰层厚度约3毫米，最后在白灰层上绘制画面，颜料层厚度为144—1179微米（图七）。

通过拉曼光谱分析脱落的红色、绿色、黄色、橘红色、黑色壁画残片，可知红色颜料为赭石（$Fe_2O_3 \cdot nH_2O$），绿色颜料为石绿（$CuCO_3 \cdot Cu(OH)_2$），黄色颜料为铅丹（Pb_3O_4）以及少量铅白（$2PbCO_3 \cdot Pb(OH)_2$），橘红偏黄颜料可能为赭

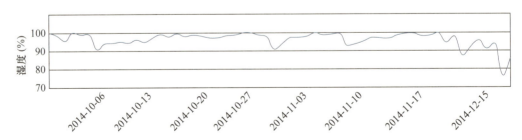

图四　韩休墓大气湿度监测数据

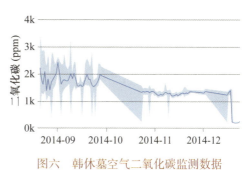

图五　韩休墓土壤含水率监测数据　　　　　图六　韩休墓空气二氧化碳监测数据

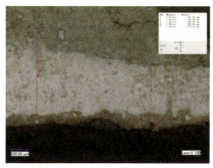

图七　韩休墓壁画样块显微照片

石（Fe_2O_3-nH_2O），黄色颜料为土黄（Fe_2O_3），黑色颜料为炭黑。

4. 壁画保存现状调查

根据《古代壁画现状调查规范》（WW/T 0006-2007）和《古代壁画病害与图示》（GB/T 30237-2013）对韩休墓内壁画的保存状况进行调查，可见壁画发生了空鼓、开裂、酥碱、霉斑、起翘、局部脱落、泥垢污染、烟熏等病害，其中空鼓和开裂尤为严重。

5. 可溶盐与霉菌分析

为了解墓葬不同深度可溶盐含量的变化，特在不同深度取少量土壤样品，另在甬道裸露的墓砖上刮取少量白色析出物进行离子色谱测试。土壤中阳离子主要为Ca^{2+}，阴离子主要是NO_3^-和SO_4^{2-}。土壤总含盐量的分布规律为自上而下逐渐降低，尤其是Ca^{2+}，NO_3^-和SO_4^{2-}亦同样呈现随深度减少的规律，说明土壤中可溶盐主要在地面附近富集。对比析出物样品与其他样品数据可知，析出物中K^+、Mg^{2+}和Ca^{2+}的含量较高。尽管析出物的取样位置较低，但含盐量仍然较高，说明在毛细水的作用下，盐分在墙体表面聚集。离子在壁画表面富集的程度越高，对壁画的危害就越大，加上墓室里的高湿度环境，共同构成壁画上半部分酥碱病害的主要原因。

通过对墓室东壁乐舞图上出现的微生物进行取样分析，分离鉴定出下列霉菌菌种：镰刀霉、桔青霉、鲁氏毛霉、华根霉、圆弧青霉、短密青霉、米曲霉、互隔交链孢霉、蜡叶芽枝孢霉。这些霉菌以颜料胶结物为营养源，在壁画表面繁殖生长。已鉴定出的这些霉菌分泌代谢产物一般为色素、蛋白酶、有机弱酸、淀粉酶等化合物，不仅形成污染画面的霉斑，而且极易腐蚀颜料层，使画面颜料稳定性降低，甚至剥落。

二、现场保护

由于韩休墓壁画存在空鼓、开裂、酥碱、霉斑、起翘、局部脱落、泥垢污染等病害，为了保证揭取、搬迁工作的顺利进行，以及降低后期博物馆实验室内清理工作的难度，需对壁画进行清理、加固。

1. 表面清理

墓室和甬道内堆积的大量泥土对壁画表面造成严重污染，使用棉签蘸取50%的乙醇溶液对表面泥垢进行处理，个别泥垢较厚处使用脱脂棉蘸取50%的乙醇溶液覆盖润湿后清理。

2. 加固

图八 贴纱布加固壁画

对壁画开裂边缘使用泥膏，加固即将脱落的壁画边缘部位，面积较小的缺失部位也使用泥膏填补，个别有继续脱落可能的缺失部位更需及时处理。对表面空鼓处，使用质量分数5%的Primal AC-33溶液进行灌浆加固；对空鼓严重即将脱落处，使用质量分数30%的Primal AC-33溶液浸3厘米×5厘米大小的纱布条，贴于空鼓部位（图八）。对于酥碱壁画，使用质量分数5%—15%的Primal AC-33溶液滴渗加固。

3. 防霉处理

针对壁画表面已经存在的微生物污染，依据霉菌分离鉴定结果，使用棉签蘸取少量50%的乙醇溶液进行清理。同时，配置0.05%的霉敌乙醇溶液对整个壁画进行喷淋。

三、揭取保护

针对壁画保存现状以及壁画地仗层与支撑体的黏接状况，韩休墓壁画的迁移分别采用整体搬迁和揭取两种方式。其中，山水图、乐舞图、朱雀图等其他壁画由于画幅较大，且壁画地仗层与砖墙体结合紧密，故采用分割墙体的方式，使壁画与墙体整体搬迁。甬道壁画、墓室西壁4幅屏风壁画、玄武图及穹顶壁画均为面积不大的单幅壁画，壁画地仗层与墙体黏接较差，有足够的操作空间，故采用揭取方式，其工艺如下。

1. 确定壁画切割线

根据壁画尺寸、内容等因素，确定壁画的分割部位。分割线尽量选在没有内容的空白处，或者是避开画面线条处、人物面部及手部。对于墓室西壁屏风画，则以单幅屏风画外侧边框为切割线。

2. 制作防护夹板

按照壁画切割线尺寸制作木龙骨防护夹板。由于壁画揭取时正值冬季，墓室内温度接近零度，相对湿度在95%以上，画面上常有冷凝水。为保证加固效果，用热风机烘干壁画表面后喷淋10%的AC33水溶液，重复3—4次。

3. 画面保护

选用质量分数为1.5%的Paraloid B-72丙酮溶液喷雾，以增强颜料层整体强度。粘贴宣纸以保护画面颜料层不被破坏，若直接贴纱布或者纹理较粗的纸张，都会粘连颜料层，或在画面上残留网格纹，给画面后期修复留下隐患。粘贴宣纸的工艺如下。

（1）熬制10%—12%的桃胶水溶液，使用前过网滤掉胶液中的杂质，以免影响纸张与壁画画面之间的结合。

（2）按壁画分块情况裁剪纸张形状，裁剪长15、宽5厘米的小纸条和25厘米×25厘米的宣纸。

（3）壁画画面上均匀涂刷胶液，注意不流淌也不留空白。

（4）为了便于揭取后对错位变形壁画进行校正，不对画块内存在的小裂隙进行补泥修复，仅在粘贴宣纸前将小纸条粘贴到裂隙两侧，起到临时加固的作用。

（5）粘贴宣纸，将25厘米×25厘米的宣纸完全展平与画面贴合，用湿毛巾从中间向两边擀压挤出气泡。

宣纸粘贴完成后，由于墓葬内空间比较封闭，空气对流缓慢，所以选用暖风机烘干，待胶液完全干化后，检查纸张是否完全和画面贴合，存在空隙处补胶贴实。此外，严格按图纸在宣纸上书写编号，并在块与块的切割缝处标记局部对位线，便于后期壁画回贴拼对。

在粘贴宣纸外再贴一层纱布，其目的在于增强壁画强度，减少揭取和搬运过程中因受力不均而造成的壁画破损和断裂。粘贴纱布的工艺如下。

（1）熬制10%—15%的桃胶水溶液，使用前过网滤掉胶液中的杂质，以免影响纱布与宣纸之间的结合。

（2）宣纸上均匀涂刷胶液，注意不流淌也不留空白。

（3）粘贴纱布，将纱布完全展平，与宣纸贴合。

4. 揭取壁画

整个画面干燥后，将壁画从地仗层处与墙体分割。

5. 清理保护地仗层

将揭取后的壁画反转，清理地仗层以使之平整，并喷洒0.05%的霉敌溶液。

6. 固定壁画

待壁画地仗层完全干燥后，盖上夹板，固定螺栓，搬迁至博物馆工作室，以进行后期修复工作。

四、整体搬迁

1. 前期准备

由于关中地区夏季突发性降雨较多，考虑到壁画搬迁工作周期较长，在墓室上方搭建防雨棚，并开挖好排水渠或加装排水装置，防止积水倒灌入墓室。此外，因整体搬迁壁画需从墓室外围进行加固，故将墓室外围的生土挖掘至离墓室1米左右，留出所需的操作空间（图九）。

图九　韩休墓壁画整体搬迁前的墓室外景

2. 壁画整体搬迁

山水图、乐舞图、朱雀图3幅壁画的面积较大，分别达到4.13平方米、8.97平方米和4.32平方米，直接揭取壁画很难保证画面的完整。因此，采用整体加固壁画背面砖体，壁画连砖体一同搬迁的方法。经计算，山水图背面砖块共540块左右，按每块砖3千克计算，总重1.63吨，再加上使用的加固材料，约2吨重。乐舞图共有1010块砖，毛重约4吨，朱雀图毛重与山水图相当。为了在整个保护搬迁过程中保持墙体的稳定性，按照山水图、朱雀图、乐舞图的顺序进行前期处理和吊装壁画，具体工艺如下：

（1）灌浆加固：分别对乐舞图和朱雀图壁画空鼓病害进行灌浆加固。经过筛选试验，确定使用Remmers和水硬性石灰1∶2的混合物作为灌浆材料。先用针头在空鼓部位上方扎一小孔，再将灌浆材料注入其中。

（2）画面加固：搬迁工作期间恰逢雨季，壁画返潮严重，用炭火烘干画面后用5%的Paraloid B-72喷涂加固。

（3）画面保护：用毛刷从上至下涂刷20%的Paraloid B-72丙酮溶液，将裁好的纱布用木条固定在墙上端，共贴2层纱布。

（4）清理背面砖墙：使用灰铲和灰刀对壁画背面砖缝的泥土进行清理。

（5）加固砖墙：使用西安建筑科技大学提供的高延性纤维增强水泥基复合砂浆材料加固墙体。由上到下将复合砂浆材料填入砖缝，3小时后再对砖墙整体涂抹复合砂浆材料，厚约1厘米。隔半天之后涂刷第二层，直至总厚约3厘米为止。

（6）石膏固定壁画：将塑料薄膜覆盖在画面之上，以裁剪好的麻布片蘸取石膏灰浆，一片一片贴附在壁画上，共贴3至4层。随后，将木质框架用石膏麻布片固定在画面上，再用麻布片蘸取石膏填补木框架与画面的空隙。

（7）安装钢架基座：将壁画墙基周围的地面下挖50厘米，留出操作空间，组织工人将工字形钢逐步横穿墙基，焊接在起吊钢板上。

（8）焊接安装钢架：将钢架基座与壁画墙体外围钢架焊接成为一个整体，用以保护壁画安全，同时方便起吊运输。

（9）起吊运输：由于壁画与墙体重量大，加之墓葬深约11米，考虑到壁画的安全性，使用50吨吊车实施作业。此外，墓室所在地距陕西历史博物馆约16千米，途经县级公路、市区，需制定行车路线，尽可能避免途中颠簸。

吊装结束后，将壁画低速运输回博物馆，放置在专门搭建的库房中保存，待下一步修复。

五、结语

此次韩休墓壁画保护工作揭取壁画13幅，总面积约22平方米，已全部放入陕西历史博物馆壁画修复室妥善保存，并已开展相关保护修复工作。

在本次韩休墓壁画保护中，运用三维激光扫描、高清图像采集等数字化手段，为壁画原真信息保存与再现、数字化模拟修复、考古研究等提供了重要资料。同时，在保护工作伊始即开展微环境监测，密切关注现场环境变化，并对壁画样品进行了分析，初步了解壁画制作工艺与材料等信息，不仅为制定搬迁方案提供了重要依据，也为日后实验室修复壁画提供了参考。

　　韩休墓壁画众多，大小不一，选择正确的揭取方法十分重要。壁画与砖体整体搬迁过程中，基于搬迁对象体量较大以及后期的室内修复及展陈的考量，在加固材料的选择和使用工艺上也进行了有益探讨。此次壁画揭取搬迁工作，历时约1年5个月，最终取得圆满成功，为后期对壁画进行修复、研究及展示奠定了良好基础。

（原载《中国国家博物馆馆刊》2016年第12期）

如何揭取搬迁并异地保存
——唐韩休墓壁画的保护

杨文宗

（陕西历史博物馆）

摘要： 韩休墓内绘有精美的壁画，为了对墓室内的壁画实施修复，采用揭取搬迁、异地保存的手段对墓葬壁画进行保护。实际工作中，首先对整座墓葬进行了三维信息扫描、高光谱图像记录、高清数码信息记录，并进行壁画基本材料检测分析、霉菌和酥碱等病害分析工作。同时，在墓室内安装壁画保存环境及文物本体变化的实时监测数据系统，对环境温湿度、土壤梯度、含水率等数据进行实时记录与分析。

通过这些科学分析手段得到壁画制作材料、制作工艺等信息，并在其基础上制定保护修复方案，对壁画实施保护修复工作，最终达到理想的修复效果。此次修复工作形成了信息完整的韩休墓壁画数据库，能为今后壁画的保存与保护工作提供科学有效的参考。

关键词： 韩休墓　壁画保护　揭取搬迁　异地保存

韩休墓位于陕西省西安市长安区大兆乡郭新庄村南。2014年2月，陕西历史博物馆与陕西省考古研究院联合对该墓进行抢救性发掘。发掘显示，韩休墓为长斜坡墓道，单砖室墓，坐北朝南。墓葬南北长40.6米，由墓道、5个过洞、5个天井、6个壁龛、封门、甬道、墓室等几部分组成，虽遭到严重盗扰，但墓葬形制基本完整。在发掘过程中，发现墓道、过洞、天井部分仅在墙面隐约有白灰层及红色影作木构痕迹，甬道与墓室中壁画保存较为完好，尤其是墓室内的壁画，绘有精美的乐舞图、山水图、朱雀玄武图、屏风图等。鉴于其为抢救性发掘，无法进行原址保护，遂对该墓葬壁画进行搬迁保护。

一、历史背景

通过对两块墓志的初步释读，判定该墓是唐玄宗朝尚书右丞韩休与夫人柳氏的合葬墓。韩休，京兆长安人，开元初年为虢州刺史，后转尚书右丞。开元二十一年迁黄门侍郎、同中书门下平章事，同年十二月罢相，转为工部尚书。开元二十八年五月卒，年68岁。谥号文忠，追赐太子少师，宝应元年，追赠太子太师，扬州大都督。夫人柳氏，卒于天宝七年，合葬祖茔。其子韩滉，是唐代著名画家，所绘《五牛图》是现存唐画中的珍品。韩滉开创了田园风俗绘画的先声，对后世耕织图的发展也有一定的启示意义，韩休墓壁画也因之更受瞩目。

二、壁画的保护与揭取流程

墓葬壁画的脆弱性决定了最佳保护手段的唯一性，即揭取搬迁、异地保存。保护的艰巨性——大环境（气候、自然环境的影响）、微环境（墓葬内部条件）、揭取条件的制约，决定了须选择合理科学的揭取、搬迁、保护方法和材料。鉴于此，我们严格制定了韩休墓壁画揭取搬迁方案。

壁画保存现状调查

方案设计之初，我们对壁画保存环境、病害状况等进行调查，采用目前较为先进的无线传输监测终端，对壁画微环境的土壤含水率、温湿度等相关基础数据进行实时监测、记录，从而准确记录壁画所在微环境的相关数据。根据现场环境监测仪器的数据统计，韩休墓墓室环境湿度相对较高，温度变化较大，土壤含水率较大，空气中二氧化碳含量超标，对壁画的保存非常不利。

按《古代壁画现状调查规范》（WW/T 0006-2007）和《古代壁画病害与图示》（GB/T 30237-2013）对韩休墓内的壁画病害进行调查，发现目前墓葬内壁画存在空鼓、开裂、酥碱、霉斑、起翘、局部脱落、泥垢污染、烟熏等病害，其中空鼓和开裂尤为严重。面积最大的乐舞图（图一），整幅壁画存在多种病害，画面左侧乐队人物缺失脱落严重，个别部位起甲、空鼓明显；右侧乐队有一处明显空鼓（图二），有随时脱落的可能；壁画底部及上部植物处酥碱、裂隙较多，尤其是树叶部位，酥碱（图三）较为严重，同时有大量的霉斑；中部人物个别有褪色痕迹，也有少许空鼓；由于墓室曾被土埋，整幅壁画表面覆盖大量的泥垢污染，另，壁画底部有人为造成的明显分割线。山水图（图四）最严重的是空鼓病害，其面积较大且程度较严重，主要分布在画面的中部及下部；由空鼓引起的起甲（图五）、裂隙造成画面极不稳定；壁画的下部个别部位有少量缺失，右侧上部山石处有明显的霉斑以及点状脱

图一　乐舞图

图二　空鼓

图三　酥碱

落。朱雀图（图六）缺失较少，且缺失部位都位于边缘，但碎裂、酥碱、空鼓、点状脱落和裂隙病害非常严重，个别部位有褪色的痕迹，还有少量泥垢、霉斑和起甲等病害分布。玄武图因受盗墓分子的破坏，约有二分之一的面积缺失脱落，缺失部分位于壁画中心，且边缘有明显的人为破坏痕迹，对其价值损害较大，同时壁画碎裂、空鼓、酥碱也较为严重，有少量泥垢和霉斑污染。针对壁画现有病害，此次韩休墓保护工作结合离子色谱、扫描电镜及傅里叶红外光谱分析等多种科学检测分析方法，以及对霉菌菌种进行鉴定以探究壁画的病害成因。

通过对带颜料的脱落壁画样块使用超景深显微镜观察可知，韩休墓壁画为传统墓葬壁画制作方法，即在平整的砖壁上敷含麦秆的草泥层，再抹一层夹杂有少量植物纤维的白灰层，最后在白灰层上绘制画面，即颜料层。通过便携荧光、便携拉曼、

43

图四　山水图

图五　起甲

图六　朱雀图

X射线衍射（XRD）对壁画制作的材质工艺做进一步分析，材质工艺调查结论显示：该壁画主要由草拌泥层（6.47—9.31毫米）、白灰层（1290—3710微米）、颜料层（黑色：炭黑；蓝色：靛蓝；绿色：孔雀石；黄色：帆铅矿；橘红色：Fe_2O_3；暗红色：赤铁矿）组成。经XRD分析，可知地仗层矿物组成有石英、方解石、斜长石、伊利石、绿泥石、钾长石、赤铁矿以及少量角闪石；白灰层矿物组成有石英、方解石、斜长石、伊利石、绿泥石、钾长石、赤铁矿。

此外，还进行了壁画表面霉菌取样鉴定分析、甬道烟熏痕迹红外光谱分析、土壤可溶盐含量离子色谱分析、红外热成像分析。

三、方案的制定与论证

根据唐韩休墓葬壁画的基本情况，考虑到本次韩休墓发掘的重要性及其壁画较高的考古、艺术价值，经过对揭取方案的多次论证，确定了分两阶段实施，采用从地仗层切割、剥离与分割壁画墙体相结合揭取壁画的方案。

第一阶段主要针对面积较小的壁画，采用传统的揭取方法，即为从壁画背面地仗层与墙体分割的方法进行处理，对墓葬甬道壁画、墓室西壁四幅屏风画进行揭取；涉及壁画单幅面积不大，有足够的操作空间，使用传统铲取法。

第二阶段针对墓室内玄武图、穹顶壁画继续使用传统铲取法搬迁，对于大幅壁画，采用连同壁画支撑体（即砖墙）分体搬迁的方式处理。山水图、乐舞图、朱雀图由于画幅较大，最终考虑采用分割壁画墙体的方法进行整体搬迁。

1. 壁画表面清理

由于墓室和甬道内堆积有大量泥土，对壁画表面造成了严重的污染，在揭取前需对其进行清理，不仅防止壁画表面病害的加剧，同时为下一步工作提供帮助（图七、图八）。

图七　壁画表面泥渍清理　　　　　图八　清理区域试验对比

2. 脆弱部位加固

对壁画开裂边缘和缺失部位使用泥膏加固修补，使即将脱落的壁画边缘部位更加牢固。空鼓部位使用适宜浓度的AC33（Primal丙烯酸乳液）水溶液对其进行灌浆处理；对于空鼓严重即将脱落的部位，使用AC33水溶液将3厘米×5厘米大小的纱布条贴于空鼓处；酥碱部位加固，使用适宜浓度的AC33水溶液进行滴渗；喷洒或涂刷低浓度的AC33水溶液进行整体渗透加固。

3. 微生物污染防治

针对壁画表面已经存在的微生物污染，先使用棉签蘸取少量2A溶液（去离子水：乙醇＝1∶1）进行清理，接着配制适量浓度的霉敌乙醇溶液对整个墓室壁画进行喷淋。

图九　微生物防治

先后使用棉签蘸取蛋白酶和10%的麝香草酚乙醇溶液对黑色霉菌做清除处理。这些方法有一些效果，但仍有新生霉菌存在。经陕西师范大学历史文化遗产保护教育部工程研究中心推荐，使用强碱性电解水乙醇溶液清除顽固霉斑和广谱生物灭杀剂百菌清加二甲基二癸基氯化铵灭菌。通过棉签擦拭滚动的方法对同一区域多次处理，不适合大面积喷涂。结果表明，霉斑已有所淡化，这两种药剂的灭菌除斑效果较为理想（图九）。

4. 前期试验

使用非水分散体系硅丙乳液、陕西师范大学历史文化遗产保护教育部工程研究中心研制的CB壁画加固剂等相关材料，对脆弱酥碱部位加固试验，使用强碱性电解水乙醇溶液清除顽固霉斑和广谱生物灭杀剂百菌清加二甲基二癸基氯化铵进行灭菌。此后，对墓室壁画还使用了CB材料进行加固。首先对于酥粉区域使用较低浓度的水性氟材料喷涂预加固，待水性氟固化一到两天后，滴注CB材料进行渗透加固。反复加固四次后，经过仔细观察和触摸感觉，加固后疏松脱落的现象得到了有效缓解且对颜料层未造成损害。确认达到理想要求之后，使用CB材料加固墓室壁画。

5. 揭取材料的准备

准备制作壁画揭取保护所使用的设备和材料。

壁画揭取具体步骤：

（1）画面清理与加固；

（2）确定壁画切割线，根据壁画尺寸、内容等确定壁画分割部位；

（3）熬制桃胶，壁画表面封贴皮纸；

（4）壁画表面的预烘烤；

（5）壁画表面封贴纱布（图一〇）；

（6）烘烤画面（图一一）；

（7）用手术刀切开分割线；

（8）揭取壁画，将壁画从地仗层处与墙体切割剥离（图一二）；

（9）清理背土（图一三），包装运输。

图一〇　封贴纱布

图一一　烘烤画面

图一二　切割剥离

图一三　清理背土

四、壁画的分体搬迁

1. 准备工作

在墓室上方搭建防雨棚，防止积水倒灌入墓室；组织工人提前将墓室外围的生土继续挖掘至离墓室1米左右，留出操作空间。穹顶壁画揭取完成后，从墓室顶部盗洞处逐层单块拆除穹顶砖块，并拍照、标号记录。

2. 具体步骤

病害处理—纱布正面封贴—清理背面砖墙—背面墙体加固—正面石膏加固—安装钢架基座—焊装钢架—起吊运输。

目前，韩休墓壁画经历了前期方案论证、前期准备、传统揭取、穹顶拆砖、整体加固、吊装运输过程，安全搬迁并妥善存放于陕西历史博物馆的专用修复室内，有专人管理并对环境实时监测，预计年后开展修复。

3.韩休墓壁画的脆弱性决定了最佳保护手段的唯一性，即揭取搬迁、异地保存

五、壁画搬迁后的保护

第一阶段揭取的壁画保存在壁画保护部修复室中，目前已完成西壁树下高士图（图一四）的修复。

图一四　树下高士图

六、壁画信息的调查

壁画处于夹板状态。壁画上下为木质夹板，尺寸略大于壁画本体，两块木板向壁画的一侧都钉有白色塑料膜，膜内包有海绵，最后用螺栓固定，形成稳定结构。

壁画背部草泥层的清理首先进行背部现状描述记录，其次绘制壁画病害图，再使用清理工具清理草泥层，最后用石灰填补地仗背部缺失部分（图一五、图一六）。

清理工具主要以手术刀及壁画专用修复工具为主，对坚硬难剔除的部位用2A溶液或去离子水润湿，再用手术刀进行剔除。某些地仗局部破裂或酥粉严重，清理时可以用5%的AC33溶液对其部位进行渗透加固（图一七）。

图一五　画面清理

图一六　硬污清理

图一七　渗透加固

制作壁画背部过渡层、黏接支撑体时将裁剪好的5厘米×10厘米的纱布条平整贴上，再涂刷一遍10%的AC33溶液，直至贴满整幅壁画。待背部纱布干燥后，用加入麻丝的白灰膏填补壁画缺失部位。再将配制好的白灰膏填补在壁画地仗层背面，制作过渡层的厚度约1厘米。待过渡材料钙化后，将调试好的环氧树脂胶均匀地涂抹在壁画过渡层表面。然后将准备好的蜂窝铝板黏接在壁画背部，用沙袋压在表面（图一八、图一九）。

图一八　画面全色

图一九　背部缺失填补

壁画正面纱布的揭取待环氧树脂胶固化后，将壁画翻转至正面，用热毛巾敷在壁画表面纱布上，软化壁画表面的桃胶。桃胶软化后，用镊子和毛笔轻轻揭掉壁画表面的纱布。

七、壁画正面的修复

表面清理结束后，对壁画某些部位的脆弱、酥碱等问题，可用5%—10%的AC33进行渗透加固。画面颜色补全要求达到"远看一致，近看有别"的美学。色调应与原画基调一致，又略微浅一色。画面填色所用颜料是矿物质颜料，包括朱砂、赭石、花青、焦茶、铬黄等。

八、小结

在韩休墓壁画保护性揭取搬迁工作中，对整座墓葬进行了三维信息扫描、高光谱图像记录、高清数码信息记录、壁画基本材料检测分析（颜料、色度）、霉菌和酥碱等病害分析，充分体现出多学科协作在墓葬壁画实际保护工作中的特点。

此外，本次壁画保护性揭取搬迁工作，还安装了墓葬内壁画保存环境及文物本体变化的实时监测数据系统，对环境温湿度、土壤梯度、含水率等数据进行实时记录与分析；每天的日常工作都被记录在工作日志中，形成数万字的工作记录。这些文字工作，连同海量的高清数码照片、视频记录、墓葬三维信息扫描等数据，不仅能够形成一个信息完整的韩休墓壁画数据库，还能为今后壁画的保存与保护工作提供科学有效的参考资料。

（原载《典藏》2018年第1期）

馆藏唐墓壁画侍女侏儒图的保护修复

杨文宗

（陕西历史博物馆）

摘要： 陕西历史博物馆馆藏唐昭陵陪葬墓章怀太子墓揭取的侍女侏儒图出现严重扭曲变形，已造成壁画画面裂隙、壁画地仗断裂等许多病害，严重威胁到该壁画的安全保管和展示利用。为了消除壁画本体的安全隐患，达到壁画有效利用与展示要求，通过对该幅壁画的全面检测分析，决定对变形严重的壁画木龙骨支撑体去除、更换不锈钢空心管材支撑体，从而成功治理了侍女侏儒图壁画存在的病害。

关键词： 变形木龙骨　不锈钢空心管材

馆藏古代壁画的支撑体种类有石膏、木龙骨、铝合金框架、蜂窝铝板、方钢材料等，其中石膏、木龙骨支撑体病变较多。近年，陕西历史博物馆对馆藏的仕女侏儒图进行了更换支撑体的修复工作。

侍女侏儒图（图一）编号B临22，1971年于唐乾陵陪葬墓章怀太子墓前室南壁东侧揭取。1974—1976年在原陕西省博物馆进行保护修复，修复方法为：首先铲除壁画背面草泥层，留下2—3毫米厚的白灰层，以3%—5%的乳胶溶液渗透加固白灰层。待壁画颜料层彻底阴干后，于地仗层上用环氧树脂胶依次贴棉布、玻璃纤维布和棉布，最终在白灰层上形成厚1.5毫米的背衬（图二）。采用干燥、不易变形的白松木制作框架，使用环氧树脂胶把框架黏接在背衬上。最后清理修复壁画正面封贴的棉布和桃胶。

图一　侍女侏儒图

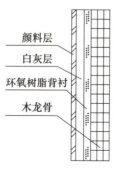

颜料层
白灰层
环氧树脂背衬
木龙骨

图二　壁画层面结构

一、修复前保存状况

壁画修复前四周无边框；画面尺寸为168厘米×102.5厘米；后背木框为170厘米×105厘米；木龙骨截面为2.5厘米×3.5厘米。壁画整体起翘变形严重，水平最大上翘达20厘米。画面局部出现交错裂隙，颜料层产生不同程度的褪、变色，最高侍女绿裙几乎变为黑褐色。壁画整体颜色、线条明显淡化。多处颜料层龟裂起甲，甚至呈鳞片状破裂、脱落。

二、保护修复关键技术分析及其试验

壁画背衬环氧树脂层性脆、显刚性，由于固化时的收缩引起残余应力存在，易引起应力集中导致壁画弯曲、开裂，作为湿度敏感材料的木龙骨支撑体力学性质不稳定，以及壁画保存环境的温湿度变化，都是造成壁画表面开裂、起甲、破裂等多种类型损坏的因素。去除壁画后背变形支撑体——木龙骨，用具有高内聚强度、高刚性和高抗变形能力的材料替换，并谨慎使用适当的黏结剂，是壁画保护的一个重要手段。

试验一：在侍女侜儒图壁画背衬取样，将样品处理成长30、宽10、厚1毫米的薄片，与同成分、同规格的新固化材料作对比，使用万能材料试验机、红外光谱仪分别从力学强度、化学成分方面判断环氧树脂背衬的老化程度。

试验结果如下。

1. 抗拉强度（表一）

表一　样品抗拉强度实验数据

名称	试验速度（毫米/分）	最大力量（千克力）	最大力量应力（千克力/平方毫米）	最大力量位移（毫米）	断裂力（千克力）	断裂点位移（毫米）	断裂点应力（千克力/平方毫米）
新固化环氧树脂	30	47.7	1.59	1.61	33.5	1.63	1.12
20世纪70年代环氧树脂	30	42.55	1.42	L75	21.4	1.77	0.71

2. 红外光谱

从样品抗拉强度来看，旧有支撑体的环氧树脂和新固化材料最大承受力量分别为42.55千克力和47.7千克力，前者在30余年的时间里，力学强度有所衰减，但变化不大，能够继续使用。从样品成分来看，旧有支撑体的环氧树脂和新固化材料的红外光谱的曲线主要峰值基本一致，前者略有衰减，说明材料有一定老化，但变化量不大。综合来看，侍女侜儒图壁画作为20世纪70年代支撑体的环氧树脂黏接层，在没有弯曲变形或其他特殊情况下可不进行去除。

由于侍女侏儒图修复时将草泥层彻底去除，背衬直接在白灰层上制作，壁画颜料层＋白灰层厚度仅有3毫米，如果剔除环氧树脂背衬，极易对颜料层造成严重的损害，这种损害大于不剔除环氧树脂背衬带来的负面影响。据此我们决定保留棉纤维增强的环氧树脂背衬。

试验二：选用不锈钢空心方形管材（壁厚1毫米）作壁画背面支撑体，我们对这种管材的抗拉、抗弯、抗压、耐腐蚀程度等指标进行测试，与铝合金材料作比较（表二）。

表二　不锈钢和铝合金材料的比较

序号	检测项目	不锈钢（250毫米×40毫米）	铝合金（250毫米×40毫米）
1	3毫米变形时荷载/KN	3.1	0.1
2	抗弯荷载/KN	3.9	0.2

测试数据说明，不锈钢管材的焊接处比铝合金的连接处抗弯强度要高很多，这与焊接工艺和材质本身的强度有直接关系。不锈钢管材的综合性能优于铝合金，不锈钢管材可采用点焊加工成形，整体不易产生扭曲变形，而铝合金型材只可通过螺丝连接成形，其整体性差、易变形。

为尽可能减少壁画体构成材料种类，增大壁画整体内不同种类材料之间的力学相容性，故采用与背衬组分比例相同的环氧树脂进行不锈钢空心管材框架与壁画棉纤维增强环氧树脂背衬的黏结。

试验三：分离壁画变形支撑体及剔除环氧黏结层时产生的震动会波及壁画本体，对壁画造成新的损坏，因此筛选出安全有效的去除工具很关键（表三、表四）。

表三　几种工具去除后背木龙骨的效果比较

名称	剔除性能	使用效果	对壁画本体的影响
木工锯	局部去除有用	一般	造成一定的震动
木工丝锯	操作灵活，锯取速度较慢	良好	无安全隐患
电动手锯	切割效率高，但不易操作	好	易造成地仗层伤害
木工凿	局部去除有用	一般	造成一定的震动
电动切割机	切割效率高	好	容易产生粉尘污染
电刨	剔除性能差	不理想	震动大

表四　几种工具去除环氧黏结剂的效果比较

名称	剔除性能	使用效果	对壁画本体的影响
加热手术刀	速度慢，效率低	良好	无
高压热枪	去除速度较快，效率高，操作不便	良好	会使局部温度剧增，造成局部的热膨胀
热风台	去除速度较快，效率高，操作不便	良好	会使局部温度剧增，造成局部的热膨胀
电烙铁	速度慢，效率低	一般	无
微型切割机	便于操作	良好	产生一定的粉尘污染

通过对各种剔除工具的综合比较，最有效的剔除方法应是针对不同的剔除环节采用适合的工具。

图三　壁画病变图

三、壁画的修复保护过程

1. 壁画画面处理

在壁画画面处理前进行现状记录、照相，并绘制病变图（图三），而后使用吸耳球、软毛刷、丙烯酸乳液（美国罗门哈斯公司生产）等对画面附着尘土进行清理，使用棉签、2A、3A等溶液对画面污垢、霉菌进行清洗。清洗完毕后，采用AC33溶液对局部画面颜料层起甲和空鼓部分进行回贴处理。对画面整体采用2%的AC33溶液喷淋加固的方式，由低浓度到高浓度各加固一遍。最后对加固过的画面用2%的Paraloid B-72（美国罗门哈斯公司生产）丙酮溶液进行喷涂、封护。在封护中采用桃胶作黏接剂，皮纸和粗布作为封贴材料。画面贴封皮纸可防止粗布直接封贴对画面留下布纹痕迹。为防止涂胶产生的摩擦，将胶液先涂刷在皮纸和粗布上，再轻轻提起皮纸贴敷在画面上。为防止胶液在后续的工作中产生霉变，对封贴的皮纸和粗布喷涂一定的防霉剂。在完成了封贴之后即进入去除失效木龙骨支撑体的步骤。

2. 去除失效木龙骨支撑体

依据表二、表三的试验结果，首先采用电动切割机对木龙骨进行纵向分段切割，再采用钢丝锯进行横向切割，以完成对木龙骨的主体去除。为确保壁画本体的安全，初步切割需要保留2毫米厚的木龙骨层。

针对初步切割保留的2毫米木龙骨层的剔除，用微型切割机和超薄切割打磨片从环氧黏接层进行横向切割出锯口，再使用线状丝锯条或钢锯条横向锯开。同时也需要使用凿、锯、木刻刀、手锯等工具相配合剔除，最终实现木龙骨层和壁画地仗的分离。

3. 去除支撑体之后对壁画本体的修整、清理与矫形

因该壁画最初的修复加固工艺未采用过渡层，本体直接与黏接环氧层相接，

为确保壁画本体的安全，故决定不剔除环氧层，只对环氧层作修整处理。环氧层表面高低不平，故采用热刀片、微型打磨机对环氧层进行打磨、剔薄并修至平整。木龙骨与环氧树脂层后背之间的环氧树脂，用电动或气动雕磨机清理时一定要控制好打磨片角度，控制转速，以防对壁画造成伤害。最后采用木工夹进行反向加压矫形。

4. 不锈钢空心管材支撑体的黏接

首先要制作新的不锈钢支撑体。要求黏接面平整，完全覆盖原来木龙骨的黏接痕迹。材料截面长5、宽2.5、壁厚约0.1厘米，每米重约1.03千克。龙骨长170、宽103、壁厚2.5厘米。

通过前期试验结果表明，采用6101环氧树脂（E-44，无锡化工厂生产）：乙二胺：二甲苯＝100：10：10，凤凰牌环氧：双头凤牌环氧树脂固化剂＝1：1，或者凤凰牌环氧：乙二胺＝100：7作为黏结剂最为合适。

黏接过程分为四步。一，先将支撑体放置于壁画黏接面上，标出黏接范围。使用角磨机对不锈钢支撑体黏接面进行打磨，使黏接面粗糙。对壁画本体的黏接面进行清理，用小毛刷、干布将壁画背面清理干净，使黏接部位不要附着有尘埃或打磨时产生的粉末。使用丙酮擦洗打磨后的不锈钢面及清理的壁画黏接面。二，采用凤凰牌环氧：双头凤牌环氧树脂固化剂＝1：1作为黏接剂。三，分别在壁画黏接面和不锈钢支撑体的黏结面上均匀地涂抹一层厚度均不超过1毫米的黏接材料。四，将已经涂抹好黏接材料的不锈钢支撑体与壁画本体进行黏接，仔细检查黏接标记，确保完全黏接，无错位和移位。

黏接完成后，先揭去画面贴布，用蘸过热水的毛巾（以不滴水为宜）覆盖在画面上，软化画面贴布和桃胶，注意不要使画面过于潮湿。用镊子轻轻夹起画面贴布，将其揭开，迅速揭去贴布。再揭去画面贴纸，用蘸过热水的毛巾（以不滴水为宜）覆盖在画面上，软化画面上的一层贴纸，用镊子轻轻揭开画面贴纸，在干燥难以揭去的部位，用毛笔或小毛刷蘸少许热水使其软化，注意不要将颜料带起。在将画面贴纸揭开后，用热毛巾清洗或棉签滚动的方法清除画面附着的残留胶液（图四）。

四、结论

此次馆藏仕女侏儒图壁画的保护修复，在选择材料、工具及把握操作力度上均以最大程度减小对壁画颜料层的干预为原则。通过试验，制定了针对更换木龙骨支撑体的保护修复方案，希望能为今后古代壁画的此类修复工作提供一定的参考和借鉴。

1

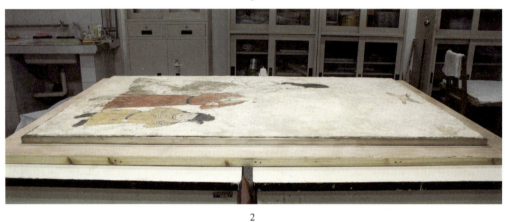

2

图四　壁画修复前后对比
1. 修复前起翘变形　2. 修复后

　　附记：本文得到陕西历史博物馆保管部杨效俊博士、刘芃馆员、中国文化遗产研究院郭宏博士、成倩博士的支持与帮助，在此表示诚挚的谢意！

参 考 书 目

［1］　陕西省博物馆、乾县文教局唐墓发掘组：《唐章怀太子墓发掘简报》，《文物》1972年第7期。

（原载《考古与文物》2009年第5期）

从支撑体的不同类型谈陕西历史博物馆馆藏唐墓壁画的病害特征

杨文宗　王　佳　张　蜓

（陕西历史博物馆）

摘要：陕西历史博物馆馆藏唐墓壁画数量多、等级高、保存状况相对较好，并具有较完整的序列性，在全国乃至全世界都是绝无仅有的，既具有代表性、标本性，又具备一定的数量规模。这批珍贵的历史遗存历经千年岁月的印记，又经历了不同时期的发掘、盗窃、揭取、加固、修复，展示在我们眼前的馆藏唐墓壁画已经悄然地以不同的支撑加固状态呈现于世，也因之而显现出不同的病害特征。陕西历史博物馆馆藏唐墓壁画支撑体类型主要有石膏、木龙骨、大漆、环氧、铝合金、蜂窝铝板等材质，因而引起的病害各异，主要有断裂、变形、开胶、空鼓等，本文通过对馆藏唐墓壁画基本信息及病害状况的系统调查，详述陕西历史博物馆馆藏唐墓壁画支撑加固及病害情况，总结归纳出陕西历史博物馆馆藏唐墓壁画不同支撑类型所呈现出的不同病害特征。

关键词：支撑体　唐墓壁画　馆藏壁画　病害特征

一、引言

陕西历史博物馆收藏唐墓壁画554幅，约1000平方米，一级品108幅、二级品74幅、三级品170幅、一般壁画202幅。其中473幅揭取自20座相关信息已明确的墓葬：初唐时期的李寿墓、执失奉节墓、新城长公主墓、韦贵妃墓、李爽墓、房龄大长公主墓、李凤墓、淮南大长公主墓、懿德太子墓、章怀太子墓、永泰公主墓、韦泂墓、薛氏墓，盛唐时期的苏思勖墓、张去奢墓、南里王村韦氏墓、白家口4号墓，中唐时期的唐安公主墓、郯国大长公主墓，晚唐时期的杨玄略墓；余下的81幅目前无法确定其出处。按支撑体种类统计，石膏加固333幅、大漆类22幅、木龙骨加固60幅、铝合金加固50幅、无支撑体（泥皮类）5幅、处夹板之中尚未修复加固的84

幅。这些壁画最早是1952年在西安东郊经五路揭取的苏思勖墓壁画，最晚是2003年在三原县揭取的淮南大长公主墓壁画，囊括了我国墓葬壁画揭取保护、修复技术发展中的所有阶段，典型地记录了唐墓壁画自1949年至今不同时期大规模发现、揭取和入藏所使用的方法、工艺、材料。

我国馆藏壁画不同种类支撑体是过去60年间古壁画迁移保护技术水平的集中体现。由于揭取时间不同，加固修复方法和材料、保存状况也各有不同，因而显现出不同的病害特征。笔者对陕西历史博物馆馆藏唐墓壁画基本信息及病害状况进行了系统调查，确定了馆藏唐墓壁画支撑体类型主要有石膏、木龙骨＋大漆、木龙骨/无缝钢管或角铁＋环氧树脂、铝合金型材＋环氧树脂、蜂窝铝板等材质，病害状况各异，主要有断裂、变形、开胶、空鼓、颜料层脱落等病害特征，以下将展开详细的论述。

二、陕西历史博物馆馆藏唐墓壁画支撑体类型

唐墓壁画多数绘制在墓道、墓室内的壁面上。对于绘制在壁面麦草泥上或麦草泥上面的白灰层上的壁画，称为"有地仗层壁画"，直接绘制在壁面上的称为"无地仗层壁画"。有地仗层壁画由于地仗材料多为黏土，受潮或遇水而强度降低甚至变形，进而导致壁画表面脱落、空鼓、开裂；无地仗层壁画由于直接绘制在壁面上，壁面的任何位移、震动都会对壁画本体造成更加严重的破坏，加之颜料层中胶结材料发生水解而失去黏结性，使得颜料层起翘、粉化、脱落等。由于唐墓壁画被发现后，在原址保护难度极大，故主要采取揭取后重新加固修复的方法保护，揭取后的壁画首先需要选择和制作新的支撑体对其进行加固。

陕西历史博物馆馆藏唐墓壁画支撑体有以下几种类型：

（1）石膏支撑体：包含石膏浇铸块、石膏木箱结构、石膏木箱加玻璃盖结构、石膏木边框结构等几种支撑加固方式。这种方法加固的壁画存在质量过大、不易搬运、易断裂、画面锈斑（石膏中使用钢筋、铁丝作筋所致）污染、表面有盐析等问题。据统计，陕西历史博物馆藏有近10座唐墓的壁画采用这种方法加固。

（2）木龙骨＋大漆支撑体：使用木龙骨作为壁画的支撑体，并用大漆将木龙骨与壁画黏结起来，木龙骨材料以红松为主，20世纪60年代使用这种方法加固。陕西历史博物馆收藏的永泰公主墓出土壁画多使用这种方法加固。

（3）木龙骨/无缝钢管或角铁＋环氧树脂支撑体：使用木质龙骨为壁画的支撑体，并用环氧树脂将木龙骨与壁画背面黏结起来。20世纪60年代末至70年代多使用这种方法，并一直沿用到20世纪80年代。对于章怀太子墓、懿德太子墓和永泰公主墓中揭取的大幅面壁画，使用无缝钢管或角铁＋环氧树脂支撑体加固。

（4）铝合金型材＋环氧树脂支撑体：使用铝合金型材框架作为壁画的支撑体，

并用环氧树脂将铝合金型材支撑体与壁画黏结起来，这种方法成为20世纪80年代以来我国墓葬壁画修复加固时普遍使用的加固技术。如陕西历史博物馆收藏的执失奉节墓、新城公主墓、南里王村唐墓、唐安公主墓等出土壁画。

（5）蜂窝铝板支撑体：使用新型航空材料——蜂窝铝板作为壁画的支撑体，并用丙烯酸树脂或环氧树脂等将蜂窝铝板与壁画背面黏结起来。我国接触这种方法较晚，还在试验探索阶段，并未大量使用。陕西历史博物馆馆藏壁画只有个别几幅使用这种方法加固。

三、不同类型支撑体唐墓壁画的揭取、保护修复情况

不同类型支撑体唐墓壁画反映出的揭取保护时间、技术、工艺、方法、材料各不相同。

20世纪50、60年代　桃胶贴布加固壁画表面后锯铲揭取。石膏为主要支撑体材料，通常在石膏中加入麻刀、竹片或钢筋以提高石膏韧性。如韦洞墓、薛氏墓、苏思勖墓、张去奢墓、杨玄略墓出土壁画。

20世纪70年代　桃胶贴布加固壁画表面后锯铲揭取。用聚醋酸乙烯乳液加固清理后的壁画背面，用灰膏作过渡层，用环氧树脂将木龙骨或钢管与壁画背面过渡层黏结起来作支撑体。如懿德太子墓、章怀太子墓、房陵大长公主墓、李凤墓、韦贵妃墓、李寿墓出土壁画。

20世纪80年代　桃胶贴布加固壁画表面后锯铲揭取。用环氧树脂将铝合金型材与壁画背面黏结起来作支撑体，如唐安公主墓、南里王村韦氏墓出土壁画。

20世纪90年代至今，桃胶贴布加固壁画表面后锯铲揭取。用Paraloid B-72加固清理后的壁画背面、用灰膏作过渡层、用环氧树脂将蜂窝板与壁画背面黏结起来作支撑体。如新城长公主墓、淮南公主墓出土壁画。

四、陕西历史博物馆馆藏唐墓壁画支撑加固及病害状况

陕西历史博物馆馆藏唐墓壁画支撑加固方式各异，主要是随着发掘、揭取及保护修复所处时代的技术条件而发展，根据支撑加固主材的不同，大致包括石膏（又有石膏加木框、石膏加木箱等形式）、木龙骨（其中又包含大漆—木龙骨、环氧树脂—木龙骨两种形式）、金属合金（又有无缝钢管、铝合金型材等形式）、蜂窝铝板四大支撑加固类型。其中石膏加固壁画数量最多，达333幅；木龙骨次之，铝合金再次之，蜂窝铝板支撑体的壁画最少。另有5幅无支撑体（泥皮类）壁画和84幅处于夹板中支撑加固情况不明的壁画。

笔者利用高清照相、三维环扫、文字记录等手段对陕西历史博物馆馆藏各类型唐墓壁画进行普查，对壁画基本信息、保存状况、病害特征等进行了归纳整理，对陕西历史博物馆馆藏的（除部分出处不明及夹板状态的壁画外）唐墓壁画支撑加固情况及其相应病害列表如下（图一、图二；表一）。

图一　石膏支撑体壁画病害现状（B临168）　　图二　木龙骨支撑体壁画病害现状（B临138）

表一　馆藏各唐墓壁画支撑加固及病害状况表

墓主	入葬时间（年）	发掘时间（年）	支撑加固方式	病害情况
李寿	631	1973	木龙骨木边框、石膏木边框	1. 画面石膏后补修复做旧粗糙，影响整体协调性；画面泥渍污染、小块脱落较多；贴布纹较多；2. 背部可见环氧玻璃纤维布层，正面有环氧胶质残留；3. 附着大量泥土；4. 多处残破
执失奉节	658	1957	（夹板中）	不明
新城长公主	663	1994—1995	环氧树脂—铝合金龙骨	1. 多处残缺；2. 严重霉变；3. 剥落较多；4. 有前人处理痕迹
李爽	668	1956	石膏木箱、铝合金	1. 盐分析出；2. 龟裂、错位、残缺；3. 有前处理的残缺修补痕迹
房陵大长公主	673	1975	环氧树脂—木龙骨木边框	1. 严重缺失，大面积后补做旧或未做旧，画面不协调、泥渍污染；2. 多处空鼓、起甲、小碎裂；3. 酥碱极严重；4. 龟裂严重；5. 有前处理痕迹，画面有少量铅笔、记号笔涂写痕迹及油漆流痕、划痕等
李凤	675	1973	环氧树脂—木龙骨木边框	1. 画面附着有大量泥土、灰尘；大块缺失后补做旧，画面协调性较差；2. 局部有空鼓、龟裂、裂隙、剥落；3. 残缺较多，伴有较多泥渍、裂缝、小碎裂等病害及少量颜料层脱落病害
永泰公主李仙蕙	706	1960—1962	木龙骨、石膏、石膏—木边框、木龙骨—大漆支撑加固	1. 画面不平整、碎裂较多，灰尘污染严重，有大面积胶质残留及大量胶质流痕，缺失后补做旧不协调，整体显脏；2. 局部残缺、错位，少量霉迹、布纹；3. 空鼓、剥落、酥碱；4. 画面颜料层片状、无序脱落较多，有起甲；5. 整体断裂严重
章怀太子李贤	706	1971	木龙骨及其他方式支撑加固	1. 画面附着大量泥土、灰尘、碎裂、裂隙较多，另有泥渍、划痕分布；2. 局部龟裂、错位、剥落、空鼓；3. 地仗疏松、蜂窝状脱落较多；4. 画面有不同程度断裂、整体变形；5. 局部颜料脱落；6. 有大量前处理痕迹，部分支撑体木质变形

墓主	入葬时间（年）	发掘时间（年）	支撑加固方式	病害情况
懿德太子李重润	706	1971	木龙骨—木边框、铝合金钢管支撑加固	1. 画面情况较差，碎裂、后补部位不协调，表面附着大量泥污、钙质结垢物；2. 画面有不同程度断裂、裂缝，多处剥落、空鼓、龟裂；3. 多处缺失、裂隙、错位，局部变形严重；4. 有大量前处理痕迹；5. 颜料层脱落情况较严重；地仗酥碱疏松；另有不少潮湿时按下去的凹坑
韦泂	708	1959	石膏—木箱结构支撑加固	1. 左下角严重残缺；2. 局部酥碱、脱落；3. 画面断裂情况较多，碎裂、裂隙严重；4. 木箱遭虫蛀导致有的画面出现蛀孔；5. 边沿木屑、尘土污染
咸阳底张湾薛氏	710	1953	石膏—木箱—玻璃盖结构支撑加固	1. 风化剥落严重；2. 多处裂缝、局部残缺；3. 画面污染严重；4. 泥渍及钙质结垢污染严重；5. 部分颜料层脱落；石膏加固时的加筋材料显现锈斑
苏思勖	745	1952	大部分为石膏（加竹筋），另有蜂窝板支撑加固结构	1. 风化、剥落、空鼓、酥碱；2. 残缺、错位、整体断裂；3. 附着灰尘、泥土；4. 画面不规则碎裂，大面积后补做旧；5. 地仗酥碱、小脱落问题较多；6. 石膏支撑体断裂、石膏边沿有小磕伤
张去奢	747	1953	石膏	1. 缺失后补不平整、不协调；2. 画面有裂缝，石膏中加筋材料显现锈迹
张去逸	748	1953	石膏	1. 缺失后补不平整、不协调；2. 画面有裂缝，石膏中加筋材料显现锈迹
南里王村	762左右	1987	铝合金型材支撑加固	1. 画面粗糙、多疏松；2. 霉变较严重；3. 有大量前处理痕迹；4. 缺失后补未做旧，裂隙多；5. 铅丹变色；6. 部分壁画直接在麦草泥层刷石灰水作画，画面脆弱；7. 画面泥渍较多，颜料层有脱落，另有霉斑迹象；8. 支撑体与壁画黏接处开胶
唐安公主	784	1989	铝合金	1. 画面霉菌严重污染；2. 地仗疏松，受霉菌侵蚀严重；3. 修补砂浆颗粒粗糙，色差较大；4. 霉迹明显且多；5. 碎裂情况多；6. 另有布纹、开胶等现象
郏国大长公主	787	1953	/	/
杨玄略	864	1953	石膏、石膏—木箱	1. 画面模糊不清；2. 多处残缺；3. 局部断裂；4. 有前处理痕迹；5. 石膏修补未做旧，不协调；画面缺失较多，另有裂缝

其他出处：韦贵妃、白家口唐墓、耶律世昌、淮南公主、李神通、西安市、不明墓主（不明墓主壁画可能为：郑仁泰、阿史那忠、苏君、惠庄太子李㧑、薛莫、高力士、宋氏、高元珪、姚存古、梁元翰、高克从等）

五、不同支撑体壁画所显现的病害特征

不同支撑结构的馆藏唐墓壁画中，其颜料层、地仗层、支撑体所呈现出的病害各异，下表（表二）为不同支撑体壁画所显现的病害特征情况，泥皮类无支撑体壁

从支撑体的不同类型谈陕西历史博物馆馆藏唐墓壁画的病害特征

画及处于夹板中支撑加固状况不明的壁画暂未列入。

表二　不同支撑体壁画所显现的病害特征

支撑体类型	使用年代	黏接材料	支撑体材料	已出现的病害		
				颜料层	地仗层	支撑体
石膏	20世纪50至60年代	石膏	石膏中加麻刀、竹片、钢筋	脱落、画面盐析	断裂、变形、碎裂	断裂、磕伤
大漆＋木龙骨	20世纪50至60年代	大漆	木龙骨，多为红松木	脱落、胶质残留、画面不清晰	木龙骨滋生霉菌	变形
环氧树脂＋木龙骨	20世纪60至70年代	环氧树脂	木龙骨，多为红松木	霉迹、颜料脱落、泥渍、裂隙、胶质残留、起甲、划痕	碎裂、空鼓、不平整	开胶、虫蛀、变形
环氧树脂＋钢管/铝合金型材	20世纪70至80年代	环氧树脂	无缝钢管或铝合金型材	霉迹、脱落、起甲、胶质残留、划痕、泥渍	不平整、碎裂、空鼓	开胶、变形
蜂窝铝板	20世纪90年代	环氧树脂或B-72	蜂窝铝板	霉斑、泥渍	碎裂、酥碱	/

　　笔者曾对不同的支撑加固材料做过物理力学性能评估，从密度、吸水性、热膨胀性等物理性能及抗压、抗弯、抗拉强度等力学性能来看，铝合金型材和蜂窝铝板更适合作为支撑体，其他支撑材料均有不足，如石膏密度大、脆性大，木龙骨热膨胀系数高等。从支撑加固体系的结构来看，馆藏壁画龙骨型框架支撑结构会导致壁画在竖直放置、倾斜放置、水平放置时，支撑体各部分受力不均而产生支撑体框架整体扭曲变形的危险。制样测试研究实验结果显示，蜂窝铝板、空心方钢管、铝合金型材框架的整体性较好。

　　综合不同支撑加固体系的整体性能，不难找出壁画某种病害特征显示出来的缘由之所在。石膏支撑体易吸潮、脆性大、笨重，因而在保存及搬挪过程中极易出现粉化、断裂、画面碎裂、磕伤等病害；木龙骨支撑体为有机质材料，木龙骨易吸潮、黏接材料（大漆、环氧）存在老化问题，因而在展贮过程中会随着周围环境的变化而产生变形、空鼓、开胶、虫蛀、胶质残留等病害特征；金属、合金支撑体自身物理性能较好，但是黏接材料的存在以及支撑框架形式的不同而引发开胶、变形等病害特征出现；蜂窝铝板支撑体由于不透气，且亦是与壁画黏接结合，易导致酥碱等病害特征出现（图三—图五）。

六、小结

　　综合以上唐墓壁画揭取加固、支撑保护及病害特征等情况可以看出，石膏支撑

B临282病害图

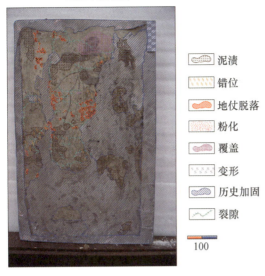

泥渍
错位
地仗脱落
粉化
覆盖
变形
历史加固
裂隙

100

图三　石膏支撑体壁画病害图

B临137病害图

缺失修补做旧
缺失修补未做旧
钙化土垢污染
裂隙
点状脱落
褪色
变形
地仗脱落

200

图四　木龙骨支撑体壁画病害图

B临95病害图

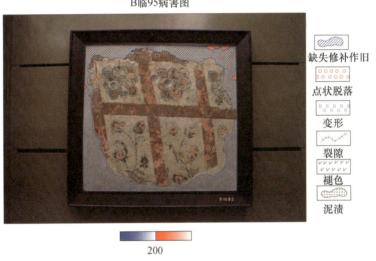

缺失修补作旧
点状脱落
变形
裂隙
褪色
泥渍

200

图五　金属合金支撑体壁画病害图

加固的壁画更容易出现断裂、变形、磕伤、画面及地仗碎裂等病害；大漆＋木龙骨支撑加固的壁画易出现变形、画面不清等病害；环氧树脂＋木龙骨支撑加固的壁画更易产生开胶、变形、裂隙、虫蛀、胶质残留等病害；环氧树脂＋无缝钢管／铝合金型材支撑加固的壁画更易产生空鼓、胶质残留等病害；蜂窝铝板目前暂未发现因支撑体不适而引起的病害，但大面积使用仍存在一定风险。

当然，每种支撑加固方法都有其独特的优点，工艺措施得当也不失为一种好的做法。唐墓壁画揭取后支撑体材料的选择，与各个时期我国墓葬壁画揭取保护修复的方法、工艺相对应，也反映了唐墓壁画揭取保护和修复技术不断提高的历史发展过程。

参 考 书 目

［1］ 单暐、王和平:《不同结构的唐墓壁画揭取方法综述》,《唐墓壁画研究文集》,三秦出版社,2001年,第401—403页。

［2］ 郭宏、马清林:《馆藏壁画保护技术》,科学出版社,2011年。

［3］ 陕西省考古研究所:《汉唐墓室壁画规范化保护修复》,《中国文化遗产》2004年第3期。

［4］ 李淑琴、王啸啸:《中德壁画修复保护方法初探》,《中国文物保护技术协会第二届学术年会论文集》,科学出版社,2002年,第131—135页。

［5］ 陕西历史博物馆:《陕西历史博物馆藏唐墓壁画保护修复研究报告》,三秦出版社,2011年。

（原载《文博》2014年第1期）

鄂托克旗乌兰镇米拉壕墓葬壁画抢救性揭取保护

杨文宗[1]　尹春雷[2]

（1.陕西历史博物馆；2.鄂尔多斯青铜器博物馆）

摘要： 本文是对内蒙古自治区鄂尔多斯鄂托克旗米拉壕汉墓壁画的保护修复工作的总结、归纳；由于该壁画墓所处地质环境的特殊性，其地质构造、壁画制作工艺、壁画本体存在病害状况的复杂性，使得米拉壕汉墓壁画的保护工作面临着许多新问题。经过一系列的针对性试验研究，成功研发出砒砂岩层地质构造形成的特殊支撑体壁画的揭取工艺方法，并对抢救性发掘的五座汉代壁画墓实施了保护搬迁；同时也填补了以往针对这一类型壁画无法有效保护的技术空白。

关键词： 砒砂岩　无地仗壁画　壁画清洗　颜料起甲

一、墓葬地理环境等背景概述

鄂托克，蒙古语为"营"或"部"之意，后演变为部落名称，建旗取部落名称，即"鄂托克旗"。位于内蒙古自治区鄂尔多斯市西部，地处东经106°41′—108°54′，北纬38°18′—40°11′。是鄂尔多斯高原的重要组成部分。东南部为毛乌素沙漠，中北部为多尔奔温都尔梁地，黄河流经西北边缘，地势西北高东南低，海拔在1100—1900米。鄂托克旗气候干旱少雨，风沙较大，日照充足，属于典型的温带大陆性季风气候。年降雨量少，蒸发量大。年降雨量为250毫米左右，年蒸发量为3000毫米左右，降雨主要集中在7—9月份。年平均气温6.4℃左右。

古代，这里气候温和，雨水充沛，水草丰美，适合人类生存繁衍。早在商周时期，这里便是狄、匈奴等北方游牧民族活动的区域，也是中原农耕文化与北方游牧文化碰撞、交错的地带。大量汉墓、汉城的发现，展示出以匈奴为代表的北方游牧民族文化遗存、汉文化遗存的丰富性。据考古资料表明，鄂尔多斯地区汉代墓葬正式发掘数量较少，多为抢救性清理发掘。1990年，抢救发掘鄂托克旗巴彦淖尔乡境内凤凰山汉墓群（距乌兰镇约40千米），发现了壁画墓。壁画内容丰富，色彩艳丽，民族地域特色鲜明，对于研究汉代鄂尔多斯地区历史文化有着十分重要的意义，在国内外文博界引起了广泛关注。

今天，大规模基本建设工程的开展，促使文物保护工作更显紧迫、繁重。2010年，鄂尔多斯青铜器博物馆考古队对米拉壕汉墓群的抢救性清理发掘，就是为配合地区基本建设开展的一项重要工作。在清理发掘过程中，接连发现了五座壁画墓，这是继凤凰山壁画墓之后的又一次重要发现，充分说明了这一地区有着丰富的民族文化遗存，必须得到应有的保护。应鄂尔多斯青铜器博物馆之邀，在2010年9月至10月间，我与鄂尔多斯青铜器博物馆考古队工作人员一起对米拉壕汉代壁画墓展开了实地勘察，进行拍照、采样、试验等前期工作，基本掌握了该墓葬壁画保存现状、存在病害以及环境条件等基本情况，通过与主管部门等进行多方研究，决定对米拉壕汉墓壁画进行科学合理的保护，鉴于米拉壕汉墓构造、壁画制作工艺、地质结构、气候条件的特殊性，以及壁画本体存在病害状况的复杂性，使得米拉壕汉墓壁画的保护工作面临着许多新问题。因而，采用什么样的技术路线、方法、材料，以及科学严谨的操作技术，才能够使这些珍贵的壁画得到科学合理的保护，至关重要。在前期调查研究、加固试验的基础上，根据壁画现存病害的危重程度，对照壁画样品分析检测的图谱、数据，遵照文物保护的一般原则，制定出一整套米拉壕汉墓壁画揭取保护实施方案，实行该五座墓壁画的抢救性揭取保护。

二、米拉壕汉墓概况与壁画保存现状

（一）概况

米拉壕墓葬群位于鄂托克旗政府所在地乌兰镇东南角、苏里格街东约1千米处。鄂托克旗乌兰镇米拉壕移民小区在此建设，为了配合移民工程建设，遵照《中华人民共和国文物保护法》和《内蒙古文物保护管理条例》的有关规定，鄂尔多斯青铜器博物馆于2010年9月7日开始对工程范围内进行田野调查和考古发掘工作。

米拉壕墓葬群所在地地势东高西低，分布着低山、丘陵、滩地和沙丘。沙地植被覆盖较广，生长有较多的沙柳、沙刺、油蒿等野生植物。墓葬群地层堆积分为5层：①淤积沙土；②原耕种层；③浅灰褐色沙质土；④白色沙质土；⑤砒砂岩层。墓葬所在地层为砒砂岩层，土质松散潮湿。在目前已经发掘的墓葬群中，发现有壁画的墓葬五座，分别为：

2010EWM.M23

墓葬方向： 由东向西GPS为北纬30°05′39.45″，东经108°00′14.75″。

时　　代： 依据墓葬的形制结构及壁画内容初步判断为汉代。

形制结构： 竖穴斜坡土洞墓带单耳室。

墓葬尺寸：

墓　　室： 进深390、宽177、高153厘米。

墓　　门： 宽86、高100厘米。

耳　　室： 进深93、宽142、高103厘米。

2010EWM.M19

墓葬方向： 由东向西GPS为北纬30°05′40.27″，东经108°00′14.47″。

时　　代： 依据墓葬的形制结构及壁画内容初步判断为汉代。

形制结构： 竖穴斜坡土洞墓带单耳室。

墓葬尺寸：

墓　　室： 底长360、宽176、壁高133、顶宽175厘米。

墓　　道： 长10米、深250、底宽100厘米。

耳　　室： 进深93、高133、宽105厘米。

2010EWM.M25

墓葬方向： 由南向北GPS为北纬30°05′50.82″，东经108°00′08.87″。

时　　代： 依据墓葬的形制结构及壁画内容初步判断为汉代。

形制结构： 竖穴斜坡土洞墓带单耳室。

墓葬尺寸：

墓　　室： 进深388、宽183、高160厘米。

墓　　道： 长443、残宽110、深234、坡长435厘米。

耳　　室： 进深140、宽100、高110厘米。

2010EWM.M27

墓葬方向： 由北向南GPS为北纬30°05′51.05″，东经108°00′08.13″。

时　　代： 依据墓葬的形制结构及壁画内容初步判断为汉代。

形制结构： 竖穴斜坡土洞墓带单耳室。

墓葬尺寸：

墓　　室： 底长420、宽170、高150厘米。

墓　　道： 长540、残宽110厘米。

耳　　室： 进深90、宽140、高110厘米。

2010EWM.M30

墓葬方向： 由东向西GPS为北纬30°05′39.45″，东经108°00′14.75″。

时　　代：依据墓葬的形制结构及壁画内容初步判断为汉代。

形制结构：竖穴斜坡土洞墓带单耳室。

墓葬尺寸：

墓　　室：底长375、宽175、壁高155、底至顶高175厘米。

墓　　道：深325、底宽110、底长1307厘米。

耳　　室：进深95、宽144、高100厘米。

（二）壁画保存现状

1. 壁画病害调查与评估

米拉壕墓葬群多为汉代墓葬。墓内壁画基本绘制于墓室四周、墓顶、耳室，绘制工艺简单，即在砒砂岩表面涂刷黄色作为底色后使用矿物颜料作画。墓室打开后内外温、湿度急剧变化，使壁画的大量颜料层发生起翘、脱落；墓葬受地下水的影响，造成地面以上一米高度的壁画全部脱落；壁画受微生物侵害严重。

2010EWM.M23

壁画内容及状况：因墓葬早年遭盗掘和自然因素的影响，壁画受到较为严重的损毁。壁画底部已经大面积脱落，上半部分残留壁画存在起甲、空鼓、霉变等病害。残留壁画的内容包括：车马图、农耕图、狩猎图、放牧图。

（1）壁画分布：分布于墓室四周及顶部，现存壁画面积约17.07平方米。

（2）壁画结构材质：①支撑体：砒砂岩层支撑体。②地仗层：无。③颜料层：可以辨认的颜色种类有黑、红、绿、蓝、白五种颜色。

（3）壁画病害主要类型见图一——图五。

2010EWM.M19

壁画内容及状况：壁画底部已经大面积脱落，上半部分残留壁画存在起甲、霉变等病害。残留壁画的内容包括：狩猎图、放牧图等。

（1）壁画分布：分布于墓室四周及顶部，现存面积约19.6平方米。

图一　颜料层粉化

图二　颜料层酥碱

图三　颜料层脱落　　　　　　　　　　图四　支撑体坍塌

图五　支撑体脱落

（2）壁画结构材质：①支撑体：砒砂岩层支撑体。②地仗层：无。③颜料层：可以辨认的颜色种类有黑、红、绿、蓝、黄五种颜色。

（3）壁画病害主要类型如图六—图八。

图六　颜料层脱落　　　　　　　　　　图七　颜料层起甲

2010EWM.M25

壁画内容及状况：由于壁画所处地理环境是以砒砂岩为支撑体的地下墓葬，支

图八　颜料层粉化褪色

撑体质地酥松、地下湿度很大，壁画损毁严重。壁画底部已经大面积脱落，上半部分残留壁画存在起甲、霉变、脱落、酥碱等病害。残留壁画的内容包括：狩猎图、放牧图等。

（1）壁画分布：分布于墓室四周及顶部，现存面积约19.5平方米。

（2）壁画结构材质：①支撑体：砒砂岩层支撑体。②地仗层：无。③颜料层：可以辨认的颜色种类有黑、红、绿、黄、白五种颜色。

（3）壁画病害主要类型如图九、图一〇。

图九　颜料层及表层支撑体脱落、剥离　　　　　图一〇　颜料层酥碱、起翘

2010EWM.M27

壁画内容及状况：由于自然因素造成壁画严重受损。壁画底部已经大面积脱落，上半部分残留壁画存在起甲、空鼓、霉变等病害。残留壁画的内容包括车马图、农耕图、狩猎图、放牧图，以及房屋建筑、衣柜、服饰、鞋子、弓箭、花鸟等图案。

（1）壁画分布：分布于墓室四周及顶部，现存面积约19平方米。

（2）壁画结构材质：①支撑体：砒砂岩层支撑体。②地仗层：无。③颜料层：

可以辨认的颜色种类有黑、红、黄、白、绿、蓝六种颜色。

（3）壁画病害主要类型如图一一、图一二。

图一一　颜料层粉化、起甲

图一二　植物根系对壁画的破坏

2010EWM.M30

壁画内容及状况：自然因素及早年遭盗掘，使壁画受到严重破坏。壁画整体已经大面积脱落，上半部分残留壁画存在起甲、霉变等病害。残留壁画形象无法辨认。

（1）壁画分布：分布于墓室四周及顶部，现存面积约17平方米。

（2）壁画结构材质：①支撑体：砒砂岩层支撑体。②地仗层：无。③颜料层：可以辨认的颜色种类有黑、红、蓝三种颜色。

（3）壁画病害主要类型如图一三—图一五。

总体来说，米拉壕墓葬群壁画整体保存状况差、病害种类多、损坏程度严重，急需实施抢救性保护。

图一三　画面附着钙质结垢

图一四　壁画支撑体断裂

2.揭取保护的迫切性和必要性

由于2010年该地区基本建设已经开始，9月份考古清理发掘完成后，已是数月

图一五　壁画支撑体错位

有余，壁画墓原有相对稳定、平衡的保存环境已经被打破，温湿度的急剧变化及空气的流动、光线的照射等因素，都会对壁画产生各种影响，加重壁画病害的劣化态势，造成更大的损失。因此，对米拉壕墓葬群壁画进行科学系统的保护修复，迫在眉睫，抢救性揭取保护势在必行。

1）壁画具有较高的历史、艺术、科学价值

米拉壕墓葬群为汉代墓葬，历史悠久；壁画墓的出土，是继凤凰山汉墓壁画后的又一次重要发现；壁画不仅内容丰富、形象生动、色彩艳丽，更是北方游牧民族文化的真实反映，有着重要的历史价值、艺术价值和科学研究价值。

2）壁画病害类型多，保存条件差

通过前期调查，发现壁画产生的病害种类多达几十种。其中沙泥覆盖、颜料层褪色、粉化、酥碱起甲、脱落、植物、虫害等是最为严重的病害类型，直接影响壁画的稳定性。此外，壁画所处的保存条件极差，无法进行原址保护。

3）壁画体量大，施工难度高

五座墓葬壁画总面积合计九十余平方米，体量之大，国内实属少见。壁画颜料层粉化、褪色、酥碱严重，给表面清理工作带来了极大困难。墓室所处的地质环境为砒砂岩：成岩程度低、沙粒间胶结程度差、结构强度低，遇水如泥、遇风成砂，质地松散、支撑强度差，使得壁画支撑结构松散，且有大量坍塌，对壁画揭取工作造成很大难度。因此，需要耗费大量的高性能材料、工具和众多专业人员对其进行多环节的保护修复处理。

三、壁画抢救性揭取保护方案及实施

（一）保护修复的依据和原则

根据《中华人民共和国文物保护法》《中国文物古迹保护准则》及国内外较先进

的文物保护修复理念、方法、规范和最新出台的《中华人民共和国文物保护行业标准》，本次壁画揭取保护修复遵循以下原则。

1）不改变原状原则

主要指在保护修复过程中，保留壁画的原始历史信息，不使壁画颜色发生改变。

2）最少干预原则

凡是近期没有危险的，应尽量少干预；必须干预时，只对有害部分进行尽可能少的干预。因此，一般较完整、老化变质不严重的壁画，都把重点放在改善其所处的环境上；当壁画材料老化变质程度已经很严重，且变质速度很快，如不对它进行保护已无法保存下来时，才采用修复材料对其进行直接干预。

3）预防为主的原则

量变引起质变是事物发展的普遍规律。这种量变对文物材料来说有着很大的潜在威胁，所以在文物保护工作中应未雨绸缪，防患于未然。对待壁画，我们应该采取科学管理的态度，预防为主的原则非常重要。

4）尽可能完全显现壁画的画面内容

壁画修复的直接目的是保存画面完整，尽可能完全显现壁画的画面内容，并且在延缓壁画老化，延长壁画寿命的基础上利于陈列展示。这也是本次修复工程的主要目的。

5）安全性原则

不可对壁画材料造成进一步损害，不可引入新的危害因素，修复以后不得在壁画中残留或挥发出有害物质，修复后对人员安全不造成危害。

6）保护修复材料可操作性原则

符合文物修复可逆性的条件，所用试剂材料原则上应当具有可逆性和可再处理性。所有试剂材料不破坏壁画的历史、艺术、科技信息。应选择无色、透明、无光泽，防水性能好，具备适当的黏接力和渗透力，对画面的颜料层和地仗层无任何损害，并且具有可逆性的材料。所有材料可在需要的时候去除，其分解物不致破坏画面原有的结构和材料。加固剂、封护剂和防霉试剂应具有较长时间的老化期，老化后分解后的产物不会对壁画的材料和结构产生损害。

7）所有的壁画修复保护记录资料应具体翔实、准确完整

（二）壁画揭取方案及实施

1. 前期研究

1）壁画保存状况调查

（1）确定保护修复的范围，统计各类保护修复施工面积。

（2）通过壁画摄影、测量、手绘与计算机制图等方法绘制壁画现状图和病害图。

（3）采集样品进行X荧光、拉曼光谱等分析，准确了解壁画制作工艺、病害成分及成因、保存状态，为制定系统的保护修复方案提供科学依据（分析结果见附表）。

（4）采取收集文献资料、现场调查或监测的方式，采集与被保护对象密切相关的气候、水文、地质环境等信息或数据。

2）壁画揭取实验

本次揭取对象为无地仗层、直接绘制在砒砂岩上的壁画，是目前为止从未涉及过的壁画揭取类型，技术难点：①该类壁画无法采用以往传统揭取中从支撑体表面剥离的方法；②大量颜料层起翘；③砒砂岩层状断裂、稳定性差。因此在采取揭取措施前须筛选、制定出揭取工艺的关键点：①起翘颜料层回贴：通过大量实验解决了起翘颜料层的软化问题，使很脆、稍遇外力即破碎脱落的起翘颜料层具有一定韧性是实施回贴的关键，对多种有机黏合剂进行不同浓度、渗透梯度、操作工艺等一系列的对比分析和筛选，最终确定起翘颜料层软化、画面加固材料的配比、浓度和操作工艺。我们主要选取乳化后的丙烯酸类有机材料，回贴、加固时先将配置好的软化试剂用毛笔尖蘸取后轻敷于起翘颜料层背面，待湿润即可，再以同样方法将2%—3%丙烯酸乳液渗透一遍，待稍干后使用5%的丙烯酸乳液渗透。对于起翘颜料层回贴对应面的处理：先用毛笔蘸取软化试剂轻涂一遍后，使用10%的丙烯酸乳液涂刷，待其稍作吸收指触发黏，再使用玻璃纸轻敷于起翘颜料层表面、使用棉花扎的拓包在玻璃纸上顺着回贴方向轻碾。②砒砂岩层状断裂：其导致壁画画面出现断裂，断裂处壁画大量脱落、岩体风化严重，形成松软沙土且有流失，使得支撑体稳定性极差，存在较大安全隐患。对松软的沙土进行清理，对清理处进行渗透加固，使用黏性较高的泥土填充修补断裂处，以防止揭取壁画在后期修复时出现画面错位现象。

2. 主要施工步骤

1）画面清理

使用软毛刷清除表面较松软的附着物；根据土垢和泥浆硬度，先用手术刀机械法剔除软质部分，然后用2A软化去除硬质部分；用棉签蘸取2%的氯胺-T溶液，少量多次清洗霉斑。注意不能伤及壁画颜料层（图一六）。

2）画面加固

选用了一种新型砂岩加固材料和传统的颜料层回贴材料（图一七—图一九）。

酥碱：采用滴注法加固，加固材料可选择2B-WB-S-1风化砂岩专用加固材料或AC-33，浓度控制在3%—5%即可，溶液浓度由低到高依次递增，使酥碱壁画层强度稳定增加；对于起翘颜料层回贴面存在酥碱病害的砒砂岩表层，应先对其进行加固。

空鼓：小面积涂刷回帖。先将黏结填充材料灌注空鼓处，再用竹刀等工具加压回贴，回贴材料可选用AC-33。

图一六　画面清理实验

图一七　配置画面加固材料

图一八　B-72加固实验

图一九　AC-33加固实验

脱落：对脱落边缘进行加固，使已脱落壁画周围稳定。

开裂：用注射法在颜料层开裂边缘注射加固材料。

3）确定切割线

尽量选择画面空白处或是次要部位作为切割线。

4）封贴画面

使用传统工艺和材料（图二〇、图二一）。

图二〇　画面封贴皮纸实验

图二一　画面封贴麻布实验

5）分割壁画

使用电动切割机或用特制壁画切割刀具沿事先确定的切割线将壁画分割成适当的幅块。

6）制作壁画夹板

按分割壁画面积大小制作壁画夹板。每块壁画制作大小一致的两块板子。

7）切割壁画

将做好的壁画夹板一面贴靠于揭取壁画表面，使用石材切割机与成套经改进的传统铲取工具相配合的方法，从背面将壁画从砒砂岩体上切割、剥离开。

8）包装切割壁画

将切割下来的壁画仍置于揭取时贴靠在壁画表面的夹板上，视壁画背部平整情况，考虑是否需要填充物进行铺垫包装，然后再用另一块大小一致的夹板将壁画夹紧、固定。

（三）壁画后期加固修复方案及实施

1. 相关材料及工艺筛选实验

按照壁画原结构、材料、工艺，利用所处墓壁材质制作若干实验块。

1）筛选修复加固材料

经过新作地仗层（过渡层）强度、新作地仗层与揭取壁画背面结合牢度、修复后壁画的稳定性、是否影响下一工序等多项测试比较，最终选定墓葬中起支撑作用的砒砂岩，经粉碎、研磨、过筛等工序，作为制作新地仗层（过渡层）的材料；选定AC-33黏合剂，配制成不同浓度分别用于调制砂浆（作新地仗层用）和黏接新支撑体。

2）筛选修复加固涉及的关键工艺

（1）黏接新支撑体。选取蜂窝铝板作为新支撑体材料。新支撑体黏接的传统做法是制作好壁画背面地仗层或过渡层，待其完全干透再进行支撑体黏接，考虑到新制作的地仗层所含水分会渗透到画面贴布导致画面贴布用胶液溶解，渗透下的水分长时间富集在画面造成霉菌滋生、画面污染，此次使用砒砂岩砂浆在壁画背面制作完地仗层后即进行支撑体黏接工序。在实际操作中，先打磨蜂窝铝板黏接面，再涂刷1—2毫米厚的AC-33黏合剂，随后粘贴一层颗粒较大的沙粒以增加黏接面的表面积。

（2）去除壁画表面贴布、清除画面残留胶液。伴随新地仗层的制作及新支撑体的黏接，AC-33黏合剂会渗透到画面及画面贴布上，如果完全固化再进行溶解，其速度会非常缓慢且效果不理想，因此，制作新地仗层、黏接新支撑体所使用黏合剂的固化时间、固化程度有别于以往的传统情况，即在新支撑体黏接过12小时就可去除壁画表面贴布、清除画面残留胶液。

2. 主要操作步骤

1）壁画背面的修复

壁画背面清理→壁画背面加固→壁画背面制作地仗层→壁画背面制作支撑体（图二二—图二七）。

图二二　画面清洗

图二三　画面修补

图二四　画面贴敷除胶

图二五　背面加固

图二六　地仗层材料

图二七　制作支撑体黏接面

2）壁画正面的修复

（1）先用热敷法揭去加固画面时所覆的纱布，再用热棉球去除画面残留桃胶和AC-33黏合剂。

（2）对于顽固污渍，先用2A溶液润湿，使用壁画专用修复刀具小心地将污迹组织刮磨松散后，再用蘸有2A溶液的棉签将松散的污渍沾除；对于颜料层的清理，先用低浓度六偏磷酸钠溶液刷于覆盖在壁画表面的宣纸上，以软化颜料层表面残留的泥土及钙化物，再加以清理，操作手法同于以上所提顽渍的清理，只是应更加谨慎；对较难清理有可能伤及颜料层的污渍，留待以后处理；对黑色霉斑的处理，先用软毛刷扫除部分霉菌，再用小剔刀剔除剩余附着在颜料层上的霉菌，之后用蘸有2A溶液的脱脂棉在画面上滚动以沾除残余霉菌。使用丙酮和无水乙醇喷洒壁画表面，再用霉敌溶液喷洒进行防霉处理，减少霉菌再滋生的机会。

四、技术路线

（一）工艺流程（图二八）

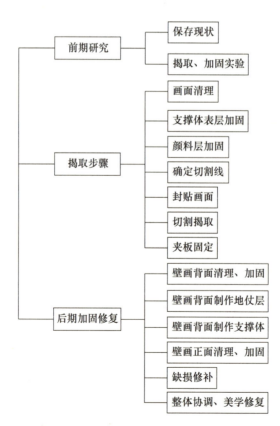

图二八　工艺流程

修复后画面效果如图二九、图三〇。

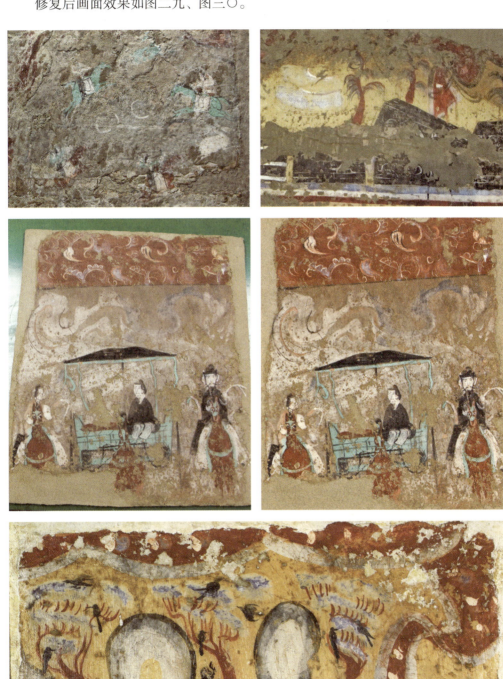

图二九　修复后画面

图三〇 修复后画面

（二）主要保护修复材料（表一）

表一 主要保护修复材料

序号	类别	品名	配比	作用
1	清洗	去离子水	按2A或3A配比	软化、清理表面易除无机污渍
2		无水乙醇		
3		丙酮		
4		氯胺-T	2%—3%	除霉
5		霉敌	3%—5%	防霉
6		双氧水	3%—5%	除油烟
7		氨水	3%—5%	除有机难溶物
8		柠檬酸铵	5%	辅助用剂
9		草酸	5%	辅助用剂
10		氢氧化钠	5%	辅助用剂
11		离子交换树脂（进口）	商品配比	除难溶水渍、钙质结壳
12		六偏磷酸钠	10%	除难溶水渍、钙质结壳
13		EDTA二钠盐	10%	除难溶水渍、钙质结壳
14	加固	AC-33	3%—5%	颜料层、支撑体表层加固
15		B-72		颜料层、支撑体表层加固
16		专用乳胶	3%—10%	支撑体表层加固
17		桃胶	3%—10%	颜料层加固、壁画揭取
18		特制灰膏	纯	支撑体表层修补
19	修补	专用砂浆	商品配比	支撑体修补

附表　X荧光及拉曼光谱分析结果统计表

样品名	颜色	峰值	拉曼结果	荧光结果	综合结论
M30-3	黄色	224vs；409m	Fe_2O_3	Ca，Fe	Fe_2O_3
M19-4	黄色	462vs；640；687；776；888	钡白	Ca，Fe	
M19-7	深红色	127；462		Fe，Ca	
M19-8	铁红	276；470；711；1085；1173		Fe，Ca，Pb	
M23-1	红色	220；252；292vs；404；607	Fe_2O_3	Fe，Cu，Pb	Fe_2O_3
M23-2	黑色			Ca，Fe，Mn	
M23-3	绿色	150；177；267；430；1490	巴黎绿	Fe，Cu，Ca	
M23-5	蓝色	420；813；1313；1475；1499	埃及蓝	Fe，Cu，Pb，As	
	紫色	348；461；583			
M23-6	淡红	244；409m；1319	Fe_2O_3	Ca，Fe	Fe_2O_3
M23-7	褐色	292vs；404m	Fe_2O_3	Fe，Ca	Fe_2O_3
M23-8	白色	279；710；895；1084vs	$CaCO_3$	Ca，Fe	$CaCO_3$

（原载《色·物象·变与辨——首届"曲江壁画论坛"论文集》，
文物出版社，2014年）

鄂托克旗乌兰镇米拉壕墓葬壁画抢救性揭取保护

陕西历史博物馆馆藏石膏加固唐墓壁画的再保护

杨文宗

（陕西历史博物馆）

摘要： 石膏加固壁画作为20世纪五六十年代针对墓葬壁画揭取搬迁采用的一种工艺方法，目前已显现出许多弊端，本文通过大量实验研究摸索出一套去除更换壁画石膏支撑体的有效方法，消除了石膏加固壁画存在的安全隐患，解决了石膏壁画不易保管、展陈的难题，同时也能使壁画的社会价值得到更好的发挥。

关键词： 石膏支撑体　加强筋

陕西历史博物馆目前珍藏有唐代墓葬壁画500余幅、2000余平方米，以章怀太子墓、永泰公主墓、懿德太子墓等壁画为代表的这批唐墓壁画极具历史、研究和欣赏价值，享誉中外。其中约40%是20世纪五六十年代进行考古发掘时从原址揭取、保存下来的。由于当时条件所限，这样相当数量的唐墓壁画都是采用石膏灌注壁画背面进行加固处理的，而且在加固时未采取统一的技术标准和加固材料，如石膏加固层厚度大小不一、石膏层与壁画之间未做过渡层、加固层中使用不同材料的加强筋有竹片、钢筋等。

现在看，以石膏作为壁画背衬的加固材料，无论从科学保护，还是从合理利用等角度，已突显其诸多弊端：

（1）体积过大。石膏背衬厚度达5—10厘米。

（2）重量大。有的壁画重达100千克左右，搬运、展示都不方便。

（3）材质强度较差，具脆性、易折断。

（4）石膏返潮性大。

这些从揭取加固至今一直放置在库房的唐墓壁画，其揭取保护所采用的方法、材料和自然环境等因素，导致目前存在大量病变，基本上有以下几种：龟裂、起甲、空鼓、酥碱、裂缝、断裂、变形。为使这批珍贵的唐墓壁画得以更长久地保存，便于保管、展示、研究，现亟需去除其石膏背衬，采用新材料和技术进行加固等方式的再保护。

半个多世纪前揭取、加固的这批唐墓壁画，当时未作相应的保护修复记录，包括：揭取前壁画状况；揭取工艺、方法及使用材料、工具；修复、加固方法。再者，目前揭取壁画再保护中剔除石膏背衬的方法、工艺无章可循。所以我们对石膏加固唐墓壁画的再保护工作分以下三步完成。

一、掌握这批唐墓壁画的整体状况

选择一幅具有一定代表性的石膏加固唐墓壁画，进行相关工艺、材料的科学分析研究，以及资料的收集、整理等。

唐苏思勖墓壁画（图一）

编号：原编号59M1　馆藏编号B临51

级别：一级

尺寸：148厘米×66厘米，木框边宽19厘米×15厘米

加固方式：石膏、木箱套装。

背衬：石膏。

保存现状：画面附着大量灰尘，局部存有泥土和钙质结垢物、蜂窝状剥落、空鼓、残缺、断裂、变形（壁画两端上翘，中部下凹）等病变（图二）。

图一　壁画原状

该壁画于1959年2月西安东郊经五路（纬十路南侧坡地）苏思勖墓墓室北壁出土，是目前馆藏唐墓壁画中已知出土年代最早的壁画珍品之一，出土时间距今47年（2006年）。

通过观察，掌握了当年制作石膏背衬工艺的基本情况：①清理壁画背面；②在壁画背面放置加强筋（竹片、钢筋），用调制好的石膏灌注在清理好的壁画背面，厚8—10厘米不等；③待石膏凝固后，将其置于之前制成的木箱中。对该壁画的石膏背衬进行扫描电镜和红外光谱分析（图三）。结果显示为背衬石膏结晶均匀，质地尚好，表明石膏特性基本保持，其对壁画的加固支撑仍在起作用，为安全剔除石膏提供了科学依据。

图二　壁画局部病变

83

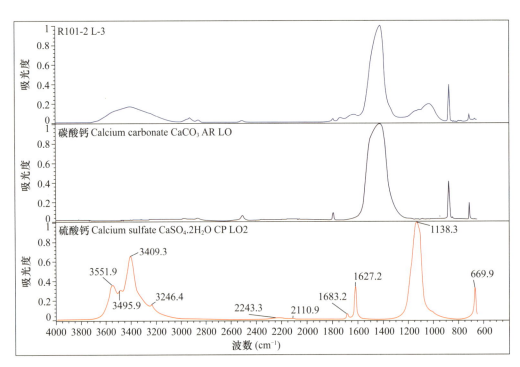

图三　扫描电镜和红外光谱分析

二、制作石膏背衬壁画样块，进行模拟修复试验

古代壁画是由多种材料组成的复合体，至今已经历了一千多年，受到各种因素的影响，这些材料的保存状态极不均衡，对于外力产生的反应差别很大。去除壁画石膏背衬的合理方法，其实质就是找到构成壁画各种材料所能承受剔除石膏时所产生的震动、冲击力等的平衡点，既去除石膏背衬，又对壁画层不造成损害，还要有利于今后的再处理。进行模拟修复试验正是解决这一关键问题的一条有效途径。

按与B临51一致的工艺、材料制作石膏背衬厚度相同的壁画试验块：a.加强筋为竹片；b.加强筋为钢筋；c.无加强筋。

（1）在石灰层一面绘制颜料层，待其完全晾干后：a.用桃胶作黏合剂；b.用B-72作黏合剂；c.用团粉作黏合剂。将纱布、豆腐布、无纺布分别粘贴在试验块的颜料层上，作壁画画面封护材料的筛选试验（图四、图五）。

（2）翻转画面：制作夹板，夹板与画面之间加缓冲层（可使用海绵、麻纸、毛毡等），使石膏背衬朝上放置。

（3）分层去除石膏背衬：对将要剔除的石膏层按每层1厘米的厚度分为四层，用手提切割机把石膏层面划割成长、宽、厚均为1厘米的方格状，用刀具从侧面水平方向切除石膏，对于不规则区域使用自制手锯剔除。如此共剔除三层石膏背衬后，基本采用手工操作去除石膏加强筋，直至保留的壁画试验块厚度为4厘米左右。

图四　壁画画面封贴纱布试验　　　　　图五　揭去壁画画面封贴纱布试验

（4）再一次翻转壁画试验块，使颜料层朝上，揭去贴布，清洗之。

经过以上试验，观察比较试验块a、b、c的颜料层状况，得出结论：①桃胶、细纱布作壁画画面封护用黏合剂、贴布效果最佳；②剔除石膏工具：手提式电动切割机、电刨、自制手锯、手铲、剔刀；③采用机械切割和手工剔除并用，进行分层、分块，水平方向去除石膏层。

三、根据模拟试验结果，确定有效可行的再保护方案，对代表性壁画实施再保护

（1）对壁画B临51现状做详细记录，绘制病变图。记录要紧跟修复工作进展，以保留准确、翔实的科学数据。

（2）画面清洗加固。采用机械剔除或化学清洗相结合的方法去除附着在画面的霉斑、泥垢，之后喷洒浓度1%—1.5%的B-72溶液，进行画面渗透加固。

（3）画面贴布。使用桃胶、纱布封贴壁画画面。

（4）翻转壁画。使用事先准备好的壁画夹板将壁画背面向上置于工作台上。具体实施方法：由于该壁画断裂变形、其背面无法完全与夹板接触，需使用海绵、木楔填实中间的空隙，再用锯屑铺平封贴好的壁画画面以作缓冲层，最后用海绵、空心纸板包裹、固定在壁画四周，高度与壁画厚度一致。

为防止壁画在剔除石膏的过程中受潮霉变，我们将夹板用手电钻进行钻孔，使画面具有透气性。用绳子、铁丝捆绑好夹板翻转壁画。

（5）分层剔除壁画背面的石膏层。

（6）渗透加固壁画地仗层。对剔除石膏层后的壁画背面，采用丙烯酸乳液由低浓度到高浓度渗透加固三遍。

（7）制作隔离层。用备好的石灰膏加入适量麻丝，将其涂抹在加固好的壁画地仗层上，厚度1厘米。

（8）黏接蜂窝铝板。根据修复壁画大小制作一块作为支撑用的蜂窝铝板，待制作的隔离层完全干结后抹一层调制好的环氧树脂胶，将一层玻璃纤维布粘贴其上，共贴玻璃纤维布两层。最后将蜂窝铝板用环氧树脂胶黏在壁画背面。

（9）揭去画面贴布。待环氧树脂完全固化后将壁画翻转，使用白毛巾蘸取加热的蒸馏水敷在画面贴布上，待桃胶溶解后，轻轻揭去贴布。

（10）清洗画面。使用蒸馏水、乙醇、丙酮等试剂对画面附着的胶液、霉斑等污染物进行清理，使用手术刀等剔除泥土等钙质结垢物。

（11）修复画面。对画面残缺进行补全、做旧，以使画面整体效果达到远看浑然一体，近看新旧有别的效果。

（12）封护画面。用2%的B-72溶液封护画面（图六）。

图六　修复后状况

选取唐苏思勖墓壁画为代表，通过对其成功实施了以更换背面支撑材料为关键环节的再保护，我们较全面地掌握了这批馆藏石膏加固唐墓壁画的原加固工艺，建立起有连续性、较完整的壁画保护、修复档案。一套科学规范的剔除壁画背面陈旧加固层的应用技术已具雏形，同时亦为建设中的唐墓壁画陈列馆壁画展出前的大规模保护修复提供了翔实可靠的依据。

（原载《陕西历史博物馆馆刊》（第十四辑），三秦出版社，2007年）

陕西唐墓壁画揭取后的保护与修复技术

杨文宗[1]　刘 芃[1]　惠 任[2]

（1.陕西历史博物馆；2.西北大学）

摘要： 本文通过对陕西50多年来在唐墓壁画保护修复技术上传承与发展的总结，概述了陕西唐墓壁画保护修复的三个阶段及壁画保护修复的几种类型。并对每一时期壁画的保护修复技术做了优劣对比的介绍，同时探讨了唐墓壁画保护修复技术在新思路、新技术、新材料影响下的未来发展方向。

关键词： 陕西　唐墓壁画　保护修复技术　发展

唐代墓室壁画以规模宏大、题材丰富，表现形式多姿多样，为世人所瞩目，在海内外有很大影响。其珍贵的历史和艺术价值，更为国内外研究者所重视。陕西历史博物馆目前珍藏有唐代墓室壁画500余幅，2000余平方米，其中有著名的章怀太子墓、永泰公主墓、懿德太子墓等一批历史价值、研究价值、欣赏价值极高的墓室壁画。在陕西历史博物馆馆藏的这批珍贵壁画中，最早者是20世纪50年代配合基本建设而进行考古发掘时抢救性揭取的。这开创了陕西乃至全国对唐代墓室壁画进行保护工作的先河。

众所周知，墓室壁画因其材质的特殊性及对其保存条件的较高要求，给研究工作及陈列展出带来了极大困难。如何保护好这些珍贵的壁画成为研究和欣赏这些壁画首要解决的问题。陕西唐墓壁画的保护修复工作自20世纪50年代以来，迄今已半个多世纪。陕西的文物保护修复工作者筚路蓝缕，由当初的简陋草创、探索方法、抢救保护，到如今的多学科、新技术的应用，国际间的合作、深层次的研究。经过几代人的努力，已在唐墓壁画的保护修复技术和应用上形成一套比较成熟的方法和经验。本文试以陕西历史博物馆馆藏唐墓壁画保护修复为例，以壁画保护修复前后几十年时间为线索，点线结合，将陕西唐墓壁画的保护修复技术传承与发展的历史脉络做一概述。

一、壁画保护修复技术传承

壁画保护修复技术的几个发展时期

馆藏唐墓壁画在揭取时间上跨度较大，壁画揭取、加固修复方法也各不相同。揭取年代最早的是1953年西安西郊枣园杨玄略墓壁画、咸阳底张湾出土的张去逸墓壁画等，最近的则是2003年揭取的淮南大长公主墓壁画，期间整整半个多世纪。按壁画保护修复技术的传承与发展时间顺序可分三个阶段：第一阶段以20世纪50年代至60年代中期为起步探索阶段，第二阶段以70年代至80年代为逐步成熟阶段，第三阶段以90年代至今为成熟发展阶段。

1. 起步探索阶段

20世纪50、60年代揭取的壁画大多采用石膏做背衬加固的保护方法，例如：1953年西安西郊枣园杨玄略墓壁画[1]，咸阳底张湾薛氏墓壁画[2]，1956年西安南郊羊头镇李爽墓壁画[3]，1958年西安东郊苏思勖墓壁画[4]（图一），1959年长安县南里王村韦

图一　苏思勖墓壁画

① 王仁波、何修龄、单暐：《陕西唐墓壁画之研究》，《文博》1984年第2期。

② 王仁波、何修龄、单暐：《陕西唐墓壁画之研究》，《文博》1984年第2期。

③ 陕西省文物管理委员会：《西安羊头镇唐李爽墓的发掘》，《文物》1959年第3期。

④ 陕西考古所唐墓工作组：《西安东郊唐苏思勖墓清理简报》，《考古》1960年第1期。

洞墓壁画①，1961年乾陵永泰公主墓壁画等②。

这类壁画的保护修复方法是将墓室壁画经科学划分采用切割揭取，将揭取下来壁画背面的泥层小心剔除至0.2—0.5厘米的厚度。背面加网状竹片龙骨或网状细钢筋龙骨，龙骨之间用细麻或铁丝绑扎。然后在壁画四周围木框浇灌石膏，厚度为5—8厘米。画面缺失部分修复则是采用石膏修补。

以上方式的目的是使脆弱材质壁画本体得到一个较为稳固的支撑保护体，从而使所承载壁画历史艺术信息的泥质灰层（即地仗层）能长久保存，便于壁画搬运收藏。由于墓室壁画的保护修复此前可借鉴的资料和技术极少。当时西北文物考古工作队队长茹士安先生与文物修复师郑郁文先生对此进行了探索，他们借鉴斯坦因在西域揭取壁画的方法，采用套箱揭取法对壁画进行保护③。

2. 逐步成熟阶段

直到20世纪70年代，壁画的保护主要还是对支撑体的研究和改进。这一时期对壁画背部用石膏、环氧树脂和大漆等加固材料进行了应用试验，最终发现环氧树脂背衬取得了较好的加固效果。此后用环氧树脂进行的支撑体加固技术在壁画保护与修复中被广泛应用。20世纪70年代大多采用环氧树脂和木龙骨对壁画进行背衬加固，例如：1971年乾陵懿德太子墓④、章怀太子墓⑤的壁画，1973年三原陵前乡永康陵李寿墓⑥壁画，1975年富平县吕村乡房陵长公主墓⑦壁画，1973年富平县吕村乡李凤墓⑧壁画。其中，1971年懿德太子墓部分壁画采用了环氧树脂、无缝钢管对壁画进行背衬加固（图二）。这一时期的保护修复方法为，对揭取壁画背面泥层进行剔除，此环节仍沿用20世纪五六十年

图二　懿德太子墓壁画

---

① 陕西省文物管理委员会：《长安县南里王村唐韦泂墓发掘记》，《文物》1959年第8期。

② 陕西省文物管理委员会：《唐永泰公主墓发掘简报》，《文物》1964年第1期。

③ 茹士安：《介绍我们处理古墓壁画的一些经验》，《文物参考资料》1955年第5期。

④ 陕西省博物馆、乾陵文教局唐墓发掘组：《唐懿德太子墓发掘简报》，《文物》1972年第7期。

⑤ 陕西省博物馆、乾陵文教局唐墓发掘组：《唐章怀太子墓发掘简报》，《文物》1972年第7期。

⑥ 陕西省博物馆、陕西省文管会：《唐李寿墓发掘简报》，《文物》1974年第9期。

⑦ 安峥地：《唐房陵大长公主墓清理简报》，《文博》1990年第1期。

⑧ 富平县文化馆、陕西省博物馆、陕西省文物管理委员会：《唐李凤墓发掘简报》，《考古》1977年第5期。

代的做法，根据保存状况剔除至0.2—0.5厘米的厚度，然后用加玻璃纤维布衬和环氧树脂涂刷，再在环氧树脂上黏接网状松木龙骨（每根龙骨为4厘米×2厘米），此法优点较之石膏加固支撑体大大减轻了壁画加固后的重量，支撑体强度、韧性好于石膏，而且便于搬运存放，但用松木龙骨加固后因木材干燥固形工艺没有做好，木材受潮后发生变形，因此使得壁画也随之弯曲变形。在以后的工作中就逐渐淘汰了木龙骨，此外对于面积较大的壁画，当时的文物保护工作者考虑到木龙骨在支撑壁画方面因木材本身和工艺制作问题，对这类较大壁画采用特殊钢材（无缝钢管）作为背衬支撑体，在20世纪70年代那个物资匮乏、材料落后的特殊时期，这已经是陕西文保工作者所采取的超前（较为先进的）材料了，这一方法应用于懿德太子墓巨幅壁画仪仗出行图的保护中。无缝钢管的优点在于它的坚固和不易变形性，能承受面积及重量较大的壁画所需支撑的荷载，但因其成本较高，自身重量大，不宜搬动，所以除了在面积较大的壁画中使用外，没有大范围推广。而在以后则被铝合金等新型材料所取代。

对于壁画画面的保护修复工作，则仍集中在清洗一般泥土和对大面积缺失的补全上，此外，对一些局部缺失的画面进行了艺术性修复，如对补全部分进行补色，使整个修补画面与壁画原画面色调统一，即"远看一致，近看有别"，从而避免因画面色调反差过大造成视觉上的不适。此外对一小部分有据可依的画面进行补绘，如红色的影作木构，以及地角栏框线，一些画面边缘人物及旗帜有缺损的部分依据残留痕迹进行了一些描绘，这样做主要从整体性及观赏性考虑，但因涉及壁画真实性（原真性）原则争议，这方面只是做了很小的一部分尝试，此后在画面修复工作中所做的主要是画面色调统一。

3. 成熟发展阶段

改革开放以来，随着新技术新材料的发展，保护修复技术也有了较大提高，开始采用环氧树脂＋铝合金型材进行背衬加固。例如：1989年长安县南里王村唐墓壁画[1]，1995年昭陵新城公主[2]墓壁画。

这一时期传承了以前的背衬支撑体的加固方法，在对待泥层部分仍是尽量剔除干净并保留0.2—0.5厘米的灰泥层（图三）。随后用聚乙烯醇缩丁醛、B-72等加固材料对背后进行渗透加固，并用熟石灰膏加麻纤维对壁画背衬进行强度加固，这一做法对壁画起到隔离保护作用，所用材料为与壁画灰泥层相同，使其与壁画本体能较

---

① 赵力光、王九刚：《长安县南里王村唐壁画墓》，《文博》1989年第4期。

② 陕西省考古研究所、陕西历史博物馆、昭陵博物馆：《唐昭陵新城长公主墓发掘简报》，《考古与文物》1997年第3期；陕西省考古研究所、陕西历史博物馆、礼泉县昭陵博物馆：《唐新城长公主墓发掘报告》，科学出版社，2004年。

图三　背衬支撑体

好地容和。这一层加固灰泥膏厚1厘米，同时也为以后壁画的再处理留有操作空间。将来如果对壁画进行处理，只需剔除这1厘米左右的灰层即可，不会伤及壁画本体。背面支撑体这时采用了铝合金，它的特点是轻便、易加工、强度高、耐腐蚀。此后还采用了铝蜂窝复合材料，铝蜂窝复合材料是一种特制的六角形蜂窝芯材，属一种高质量、轻质、高强度的绿色环保复合材料。相互连接的蜂窝芯就如同无数个工字钢，芯层分布固定在整个板面内，不易产生剪切，使板块更加稳定，更抗弯绕和抗压。由于蜂窝复合板之间的空气层被蜂窝分割成众多闭塞小室，限制了空气的运动，热量的传播受到极大阻碍。所以它具有隔热作用。铝蜂窝板采用高强度优质铝合金板和铝合金蜂窝加工而成。蜂窝高度一般为10毫米或15毫米，同等重量的铝蜂窝板，其抗风压大大超越于铝单板型材，并且有不易变形、平直度好的特点。即使尺寸很大也能达到极高的平直度，蜂窝板以最小的重量达到最大的强度和挠度。这极符合壁画支撑体所要求的各项指标，可以避免以往因木龙骨材质变形引起壁画变形的弊端。

在画面修复方面也采用了灰泥膏进行填补，仍做到"远看一致，近看有别"色调统一的效果。画面清洗采用丙酮＋去离子水的方法，首先对画面有灰尘和泥垢的地方进行处理，然后对于霉变等部位进行生物化学处理，最后在清理过后的画面用B-72进行渗透加固。

4. 优缺点对比

综上所述，至今我们共使用过石膏、木龙骨、无缝钢管、铝合金四种壁画的加固保护方法，前三种方法在不同的历史时期对壁画起到了一定的保护作用，如前所述，这些材料也存在着一定的局限性。在支撑体上我们不断寻求重量更轻、强度更大、平整度更好及更便于操作的材料。所以在上述几种壁画支撑体材料中，铝蜂窝材属于比较好的材料，目前使用较为广泛。

壁画在揭取时使用桃胶作为黏合剂贴护画面，但此方法对画面颜色有所影响，容易使画面发黄。

早期工作对画面所进行的是泥土清洗和画面补全。当时的做法是大面积的缺失不进行补全，仅用石膏填补空缺，对于小面积补全则依照资料进行描绘，以保持其整体完整性，这项工作是在有据可查的基础上进行的，中国文物保护修复一开始就在对待缺失部分的处理上进行了认真探索，这种大面积缺失不补全，小面积缺失补全的做法，在目前国际上的壁画修复工作中也是有益的探索和研究。早期工作的遗憾之处是资料记录较少，尤其是文物保护修复技术与当时人们的普遍认识有关，认为修复是一个事务性的技术工作，与文物研究本身没有多大关系，文物修复工作只是为考古及博物馆服务。这样使得当时一些老同志在工作中很好的经验和方法没有得到及时的总结和记录。

经过多年实践，对于壁画修补材料的选择使用，应遵循原材料、原工艺的保护修复原则。灰泥层采用生石灰淋制的石灰膏，这与壁画原始制作工艺是一致的。此外，在灰泥层中加麻刀、麻刀灰或纸筋灰，这些都是在石灰砂浆中掺加的纤维状物质，使墙面灰浆的韧性增强，提高抵抗裂缝的能力。麻刀是用乱麻绳剁碎加工成的，是一种建筑材料，掺在熟石灰中，一般用于墙面抹灰，现在也有成品售卖，麻刀在里面的作用是防止开裂。这种方法在研究唐墓壁画的制作方法时就发现了，至今在壁画保护中仍然使用。

二、21世纪壁画保护与修复技术的发展

20世纪90年代末随着国际合作的广泛开展，壁画保护与国际保护修复技术结合起来，极大地推动了保护修复技术的发展。此外，壁画保护修复不再是一项简单的技术工作，而与考古、艺术、物理、化学、材料等学科结合起来，形成一门对壁画的历史、绘制方法、制作技术以及保护和修复方法进行研究的综合科学研究。在此基础上，一方面总结前人经验，进一步发展壁画保护技术和修复技术；另一方面通过科学保护和理论指导，研究壁画本身的制作技术和古代绘画工艺，对壁画本身进行更深层次的了解。同时吸取国外先进经验，总结50多年来的发展经验，逐步建立起我们的壁画保护修复理论体系和保护修复规范，用于指导实际工作。

（一）这一时期在总结保护修复经验的基础上对壁画保护、修复程序和病变定名进行了制定和完善

首先对壁画病变名称进行了较为详细的分类和定名，借鉴国内敦煌壁画保护和国外壁画保护的先进经验，对以往约定俗成的名称进行了科学界定。病变名称主要

归纳为以下几类。

1. 残缺

因为壁画材质的老化、病变等自然因素及盗墓贼人为的破坏，所有壁画画面均存在着不同程度的残缺。例如：章怀太子墓的殿堂侍卫图。

2. 画面结垢

画面附着泥土、钙质结垢等，由于墓室坍塌、淤土堆积等原因，壁画表面附着大量泥土，揭取时未能完全清理。另外，因出土时间较久，画面泥土成为质地较硬的结垢，影响展出效果，不利于壁画的长久保存。例如：李寿墓的仪仗出行图。

3. 龟裂、起甲

因壁画地仗层、颜料层、表面泥层内所含胶质材料过多，或由于地仗层内的收缩变化等引起的微小开裂现象貌似龟背而得名，其进一步发展即为起甲。例如：房陵公主墓的捧盒侍女图。

4. 空鼓

指壁画灰泥层与墙体在制作时因材料应力不同而产生局部剥离的现象。例如：懿德太子墓的架鹰驯鹞图。

5. 酥碱

酥碱是盐害的俗称，也有盐化、返碱、白霜等名称，为壁画常见的病变。是指在水分参与下，地仗层（壁画所依托的土体或墙体内部）中的盐分向外部运动，在壁画表面产生富集作用，并由于盐类结晶导致壁画内部和表面的破坏，称为"返碱""白霜"。由于盐害的产生改变了壁画及地仗层的结构，可使地仗层膨胀鼓起、酥松、粉化、脱落，严重者可使地仗层逐渐散落。例如：永泰公主墓的宫女图，苏思勖墓的奏乐图等。

6. 霉变

指在阴暗、潮湿环境下微生物霉菌在壁画上繁殖形成霉斑，也称"发霉""霉腐"等。造成此种现象的原因是潮湿、温暖、不透气，致使霉菌繁殖，壁画上出现斑斑点点的霉菌菌落，不仅从整体上减弱了壁画的外观效果，而且会直接或间接地腐蚀壁画。另外还有灰尘附着于画面上，滋生微生物，产生霉菌。例如：新城公主墓的宫女图。

7. 变色、褪色

光照、灰尘、霉菌等自然因素造成壁画色彩变色、褪色。例如：章怀太子墓的提罐侍女（NO.72）及捧盆景侍女（NO.74）。

8. 裂缝、断裂

这种情况是由于壁画地仗层材质收缩不均造成的。当制作大幅壁画墙壁时，地仗层不是一气呵成的，而是分层制作（壁画下部及上部之间），后因地仗层受环境影响收缩不均产生裂缝，另外，若雨水从盗洞进入墓室内，地仗层材质受潮湿环境影响也会产生变化，雨水进入地仗层衔接处冲刷造成裂缝，此外，靠近地面部分的材质酥碱、剥落，使其承重能力减弱，在上部地仗层的重压下产生断裂。例如：懿德太子墓的牵豹图，李寿墓的仪仗出行图。

9. 变形

因为揭取时的壁画加固方式为环氧树脂、木龙骨加固，二者的收缩率不一，导致壁画产生变形现象。例如：章怀太子墓的提罐侍女图。

总之，壁画中的病变现象大多并非以单一的形式出现，往往是一幅壁画中多个病变形式并存。了解其病变现状及产生原因对我们的保护与修复工作是极为重要的。这也是半个多世纪以来壁画保护工作者们所总结的经验。

（二）对于壁画病变的成因做了大量研究

除了壁画本体外，在环境、生物、修复材料、技术规则上都进行了探讨。这就使由当初的以抢救性保护修复壁画为主要目的，转为对壁画如何长久保存、持久维护和保护修复更深层次的研究为主，并在保护修复理论上开始逐步完善。

经过50多年的发展，陕西唐墓壁画保护修复基本形成了一套较为完备的方法。先略作一介绍。

1. 保护指导原则

遵循《中华人民共和国文物保护法》①、《中华人民共和国文物保护法实施条例》②中对文物保护修复的要求及原则，同时也是适应国际古迹遗址理事会所制定的《国际古迹保护与修复宪章》③、《考古遗产保护与管理宪章》④等有关文物保护修复的法律条文及国际有关协会的保护指导原则。

2. 壁画修复、保护的前期准备工作

1）壁画修复前的资料搜集

在修复前对所修复壁画的档案资料进行搜集和研究，以了解壁画此前的揭取、保护、修复，是否做过样品分析、实验等，对比其现状了解壁画材质老化、病变的情况。此外，还应了解壁画的历史、艺术、考古等方面的背景知识。同时对壁画现状做详细记录，包括文字、绘图、照相、录像、计算机记录分析等。记录工作要紧跟壁画的保护修复工作进展而进行，认真做好每一个步骤的记录，以保留大量科学

---

① 中华人民共和国第九届全国人大常委会第三十次会议于2002年10月28日修订通过，并公布施行。

② 2003年5月13日国务院第8次常务会议通过。

③ 第二届历史古迹建筑师及技师国际会议于1964年5月25日在威尼斯通过。

④ 国际古迹遗址理事会全体大会第九届会议于1990年10月在洛桑通过。

数据，积累经验，为以后的科学研究、保护、修复提供可靠依据。

2）科学分析

在修复前提取相关样品进行颜料、土样、环氧树脂老化物、微生物等方面的分析，以了解壁画材质结构、病变成因、加固材料的老化等情况，从而便于对壁画保存现状做出科学论断，为选择正确的保护、修复技术及材料提供可靠的依据。

另外，由于年代较久，有些壁画的前人修复痕迹已与壁画原壁不易区分，建议用软X射线等手段进行分析，以分清修补部位和原始部位，了解壁画的原状及修复过程。此外，还应分析壁画底层是否还有壁画和壁画绘制工艺，为修复、保护壁画及以后的壁画复制提供科学依据。

3）筛选、检验保护修复材料

在实施保护修复前，对国内外壁画保护、修复中常采用的清洗、加固、黏接、背衬、补全、封护等材料进行组合筛选实验。在壁画保护修复中应根据壁画材质的特点，谨慎选择所使用的技术和材料。一般应选择化学性质稳定、能保护壁画本身而不改变壁画的材料。同时，材料还要具有可逆性或可再处理性，以便材料老化后能方便去除，不影响后续处理。另外，要尽可能选用与壁画材质相同的材料，在保护、修复时尽量避免对壁画产生新的损害。

目前常用材料如下：

清洗材料如：去离子水、双氧水、乙醇、丙酮、离子交换树脂等。

加固、黏接、背衬、补全、封护材料如：石膏、环氧树脂、聚乙烯醇、聚乙烯醇缩丁醛、三甲树脂（甲基丙烯酸甲脂、甲基丙烯酸丁脂和甲基丙烯酸的共聚物）、Paraloid B-72、丙烯酸乳液、环氧树脂乳胶 SITE-FX、桃胶、糠醛等。

另外，还有其他材料如：除霉用麝香草酚、邻基苯酚钠、霉敌等。

修复用组合筛选的材料在壁画残块上做加固后的地仗层耐压试验、色彩变化试验、温湿度变化试验、防霉菌试验等。根据试验的结果，经专家论证，选取化学性质稳定、具有可逆性，并能保护壁画本身材质结构而不改变壁画材质结构的保护修复材料进行实际操作。

（三）壁画保护、修复的具体实施

根据壁画保存现状、病变情况、画幅大小等因素制定保护修复方案，选择保护修复场地、设备和工具。操作步骤拟分为以下几步。

1. 清洗

分机械清洗和化学清洗两种办法。首先进行预清洗，在画面边缘部位选取小区域对表面附着的泥土、钙质结垢、灰尘、霉菌等进行清洗，达到满意效果以后，以此清洗效果为标准进行全面清洗。这样可以使由多人进行清洗工作的大幅壁画画面清洗效果保持统一。机械方法用手术刀、竹刀等操作，化学方法采用筛选后的化学试剂。根据具体情况，两种办法配合使用。

2. 加固

根据所筛选的经过试验的加固剂对壁画进行局部（空鼓、酥碱等）或整体加固。

3. 黏接

针对具体情况选择黏接材料，对于断裂壁画进行黏接，并在背面进行背衬加固。

4. 补全

本着"修旧如旧""保持原貌"的修复原则，对画面残缺处进行补全，尽量采取与原壁相同的材质进行修补，同时，还要注意与原壁有所区别，并且不影响展出效果。

5. 封护

对修复完成后的壁画进行整体或局部封护。

经过以上保护修复，壁画在色彩、地仗层强度、防紫外线、防霉菌、加固材料耐老化、透气、防水等方面得到增强，以达到较长久地保存壁画的目的，同时达到良好的观赏效果，便于展出以及研究。

6. 定期检查

由于保护、修复材料都有一定的时效性，所以在壁画进入展厅或库房后，要定期检查壁画，随时了解壁画现状及壁画保护修复材料的老化情况，发现问题随时解决，同时做好记录。

现在我们在针对50多年来在唐墓壁画揭取、保护、修复、保存等方面的经验与教训，作以系统的研究，建立起唐代墓室壁画在揭取、保护、修复、保存方面的基础数据库，为陕西历史博物馆唐墓壁画馆成立后壁画的展出及深入研究打下良好的基础。

与此同时，我们还通过以上研究方法对现存石膏背衬壁画进行一次较为全面的再保护和二次修复，建立一套完整科学的修复方案和科学的数据库，并为正在进行中的唐墓壁画陈列馆壁画展出前的保护修复提供翔实可靠的数据。

三、总结

对于壁画的保护，国内外专家学者一直都在不断进行研究。保护修复采用的工艺方法及所用材料药品也在不断的更新完善。如上所述陕西唐墓壁画从当初的采用石膏加固到采用龙骨作为壁画背面的支撑体；当初使用角铁钢管作为龙骨材料，至20世纪70年代更换为优质木材，至20世纪80年代大量使用铝型材作为壁画背面的龙骨材料等。而国外也在随着时代的发展不断使用新型材料对壁画实行保护处理，如现今国外对壁画背面的加固采用先进的航空蜂窝材料等。陕西文物保护工作者在保护材料、手段的不断更新下，也对唐墓壁画的保护不断进行研究探索。另外，早期保护处理的壁画随着时间的推移，在今天出现了很多病变问题，已成为摆在当今的一项重大课题。文物保护修复者也在不断地采取相应的保护处理措施。如在20世纪70年代使用木龙骨加固壁画，木质材料自身特性的局限使壁画产生扭曲变形，以及壁画在室内长期受光线、尘埃等影响产生的颜料褪色问题等研究，都已做了有益的试验和实践，从而使这些珍贵的人类文化遗存得以继续有效保存。

唐墓壁画保护是一项长期而艰巨的工程，半个多世纪以来，文物保护工作者在不断取得保护成就的同时，也在不断面临新的问题，这就需要我们总结以往经验，不断推陈出新，把这项前人已经开创的事业继续下去，并取得更高的成就。

（原载《文物科技研究》（第六期），科学出版社，2009年）

陕西唐墓壁画揭取后的保护与修复技术

陕西历史博物馆馆藏唐墓壁画病害情况及其处理方法探讨

杨文宗　张　蜓　王　佳

（陕西历史博物馆）

摘要： 陕西历史博物馆馆藏唐墓壁画500余幅，珍藏了自631年李寿墓至864年杨玄略墓等20余座不同身份、级别墓主人墓葬中出土的珍品唐墓壁画。这些壁画在墓中保存状况差别很大，并且其制作工艺方法有异；加之这些唐墓壁画揭取时间不一，基本上从20世纪50年代至今均有出土，不同时期的壁画揭取保护技术水平相异。鉴于此，这些唐墓壁画经受历史沧桑的洗礼流传至今，大多都产生了各种各样的病变，本文在馆藏唐墓壁画病害调查的基础上，从壁画本体病害、修复性损伤、综合病害分析等几个方面深入认识陕西历史博物馆馆藏唐墓壁画存在的病害情况，借鉴国内外在壁画保护修复上的经验教训，提出保护修复建议，以期对后期保护修复提供一定的指导作用。

关键词： 唐墓壁画　病害情况　病害处理　壁画保护

一、导言

唐代墓葬壁画盛行，绘画技法达到了鼎盛，墓葬壁画发掘出土后，壁画不具备原址保存的条件而被揭取并收藏于博物馆保存和展览，从而形成了馆藏唐墓壁画。陕西历史博物馆收藏了500余幅唐墓壁画，分别来自章怀太子墓、懿德太子墓、永泰公主墓、房陵大长公主墓、李寿墓、苏思勖墓等22个有墓主信息的墓葬壁画，以及一些无墓主信息和西安市文物保护考古所（现西安市文物保护考古研究院）移交的壁画。这些壁画都是在当时条件下无法进行原址保存而抢救性揭取转移至室内进行保管的，其间也对一些壁画进行过修复，但是总的来说，大部分壁画还是存在着很多影响长期保存、亟待发现和处理的问题，需要进一步调查保护。

馆藏唐墓壁画病害信息的调查是壁画前期现状调查的核心内容，也是后期开展病害机理研究、筛选修复材料、预防性保护等研究的前提条件。本次针对陕西历史博物馆馆藏唐墓壁画的病害调查，除采取传统的现场观察记录、测量病害面积、拍照及绘制病害图的方法外，还引入了新的馆藏唐墓壁画信息调查系统，将调查的壁画病害信息录入该系统，可以简单快捷地进行查询、分类、统计及搜索，使得壁画病害信息更为直观，同时，该系统还可以录入壁画的修复信息，为今后针对壁画病害的修复工作提供指导。另外，由于传统病害调查方法的滞后和不完善，本次调查改进了壁画病害信息的数字采集及病害图绘制的方法，使用了更先进的技术和设备进行壁画调查方法的改良，为馆藏唐墓壁画信息调查系统提供了数据支持。

二、陕西历史博物馆馆藏唐墓壁画病害情况

（一）病害概况

经过上千年的埋藏，又历经发掘、揭取、搬迁、后期加固修复等过程，很多壁画都存在着各种病害，根据国家文物局发布的《古代壁画病害与图示》（WW/T0001-2007），调查发现唐墓壁画存在的主要病害有：

（1）地仗疏松、缺失、酥碱、凹坑、地仗局部脱落。

（2）画面不平整、积尘污染、缺失、褪色、颜料层脱落、粉化、划痕、龟裂、起甲、污渍流痕、泥渍覆盖污染、其他覆盖物、霉斑、霉迹、蛛网、后补不协调。

（3）断裂、错位、变形、空鼓、碎裂、残缺、灰尘、木材虫蛀、石膏受潮粉化、石膏支撑体断裂、环氧黏接层开胶、木龙骨变形等。

所有病害类型中，尤其以画面泥渍覆盖、地仗层空鼓、画面破碎、错位变形、缺失、裂隙等较为普遍。可以说一幅唐墓壁画从揭取后，就已存在着各种病害，而由于后天保存环境恶劣及不当修复等原因，又会积累新的病害，所以对唐墓壁画病害的调查，要综合各种原因进行分析。

（二）病害分类及详述

馆藏壁画病害主要分为画面病害、地仗病害、支撑体病害。

1.画面病害

画面病害主要是壁画画面层存在的对壁画造成损害、影响壁画保存安全的各种问题，对此我们又将其分为画面污染、颜料层病害、人为破坏三个方面。

1）画面污染

包括了有机物污染和无机物污染两类，无机物污染包括：

泥土污染：泥浆覆盖污染壁画，如图一所示。

覆盖：壁画表面被其他材料所涂刷、遮盖。

水渍：因水侵蚀在壁画表面留下沉积物或痕迹，如图二所示。

图一　泥土污染

图二　水渍

图三　霉斑

有机物污染包括：

霉斑：微生物滋长对壁画表面造成损害，如图三所示。

残留胶：不规范修复造成壁画表面胶液残留。

油漆：不规范修复导致油漆滴落在壁画表面，如图四所示。

烟熏：壁画表面被燃烧物熏黑。

图四　油漆

盐霜：地仗层中的盐分由于湿度过高而迁移到壁画表面形成"白霜"。

2）颜料层病害

褪色：壁画表面由于光照或灰尘影响造成色彩黯淡，颜色由深变浅，如图五所示。

颜料层脱落：颜料层与地仗层黏接不牢而分裂脱落，如图六所示。

粉化：壁画表面颜料中的胶结材料老化失去作用，造成颜料颗粒脱落，如图七所示。

龟裂起甲：壁画颜料层和地仗层由于材料或胶结材料强度不同，而在温湿度变化时造成热胀冷缩产生形变，如图八所示。

裂隙：壁画支撑体或地仗层开裂导致裂缝，如图九所示。

3）人为破坏

划痕：壁画在原址遭到人为破坏或在后期搬运时人为操作失误所致。

图五　褪色

图六　颜料层脱落

图七　粉化

图八　龟裂起甲

图九　裂隙

涂写：画面表面被人为书写或刻画。

磨损：搬运过程中壁画表面与其他物体摩擦所致。

2. 地仗病害

地仗病害主要是指对壁画地仗本体稳定性产生影响的各种因素，可分为自然环境下地仗产生的病害和人为因素对地仗造成的损伤。

1）自然环境下的病害

酥碱：壁画地仗中的可溶盐随环境温湿度变化而在溶解、结晶过程中产生的膨胀、收缩交替作用，使得地仗结构遭到破坏。

破碎：地仗因外力作用而出现碎裂，也有人为的原因，如图一〇所示。

缺失：壁画地仗层从支撑体上掉落，如图一一所示。

图一〇　地仗层破碎

图一一　地仗层缺失

图一二　人工切割

空鼓：壁画地仗层局部脱离支撑体或过渡层，但并未完全脱离，仍与之相连。

疏松：地仗层长期受到各种侵蚀造成疏松、强度降低。

2）人为因素产生的病害

人工切割：揭取时用特殊工具对壁画切割分离所产生的裂隙，如图一二所示。

错位：揭取后未能准确拼接或是壁画埋藏时由于墓道填土变形所致。

3.支撑体病害

支撑体病害主要是由支撑体选材及加固方式所产生的病害，陕西历史博物馆馆藏唐墓壁画支撑体目前共有四种不同材质和类型，即石膏支撑体、环氧树脂及木龙骨支撑体、环氧树脂及铝合金型材支撑体、环氧树脂及蜂窝铝板支撑体。支撑体的病害主要有如下几种：

裂缝：石膏和木龙骨支撑体出现比较普遍，由于石膏硬度大、脆性高，在搬运和保存过程中极易产生裂缝。而木龙骨支撑体由于选材不当，木质材料未经过充分干燥而造成沿木材纹理产生的裂缝。

断裂：也常出现在石膏支撑体中，人为和自然原因都会造成断裂，如图一三所示。

变形：常见于木龙骨支撑体，由于木质材料受湿度影响极易产生形变，而选材时若未经过充分干燥，都极易造成木龙骨支撑体在后期保存时产生形变，如图一四所示。

图一三　支撑体断裂

图一四　支撑体变形

开胶：常见于铝合金支撑体，黏接工艺不当，黏接材料固化过快，都会造成支撑体与环氧树脂脱离，如图一五所示。

虫蛀和糟朽：保存环境不当以及并未对木龙骨进行防虫处理，造成支撑体遭虫蛀，如图一六所示。

图一五　开胶

图一六　虫蛀和糟朽

（三）病害分析

1. 病害调查方法分析

现阶段的文物保护工作中，针对壁画保护的前期病害调查，除采取原有的现场观察记录及照相记录等方法外，这些年由于先进技术和仪器的引入，所使用的调查方法也得到了改进和创新，包括利用三维扫描仪对壁画进行整体扫描，对壁画的形貌进行定位，以三维的角度分析壁画空鼓、支撑体形变、缺失等病害，还可对三维扫描仪多次扫描得到的数据进行对比分析，研究壁画在保存环境中的形貌变化；利用超景深显微镜现场对壁画进行微观形貌的观察，分析研究酥碱、盐析、起甲等颜料层病害成因和危害程度，还可利用其便携式的特点对地仗层碎裂、缺失等病害进行更为细致地观察；利用超声波设备对壁画进行超声波发射，根据超声在通过不同声阻物质时会发生强反射的特点，对得到的数据进行分析，进而判断内部空鼓、断裂及变形情况；利用色度仪、色度计等设备对壁画颜料进行色度分析并建立相关数据库，可进行多次测量，对比研究壁画表面颜料层在保存环境中的变色、褪色情况和程度；利用紫外光谱设备对壁画表面进行紫外光照射，再观察壁画表面的异常情况，根据紫外光对不同物质，尤其是无机质和有机质照射后成像不同等特点，分析研究壁画表面是否经过再处理；还可利用X荧光光谱仪对壁画颜料层、地仗层成分进行分析，确定不同颜色的颜料成分，进而判断其来源，针对其便携性的特点，分析检测可以在调查现场进行；还有利用地理信息系统对壁画进行分析，为壁画建立庞大的数据信息库，可以详细统计壁画病害的分布及各种病害类型的面积等。

本次针对陕西历史博物馆馆藏唐墓壁画的病害调查分析也采取了许多先进的调查方法和手段，主要包括三维扫描仪、超景深显微镜、超声波设备、紫外光谱仪、X荧光光谱分析等。

2. 陕西历史博物馆馆藏唐墓壁画存在的病害统计

各个墓葬所出土壁画由于制作工艺及揭取手段所产生的主要病害及分布比例如表一所示（22个有墓主信息的墓葬中列出典型的几座，另有无墓主信息墓葬壁画）。

表一　唐代不同时期壁画保存状况

时间区间	典型壁画墓	壁画保存状况
初唐（618—712年）	李寿墓、房陵大长公主墓、李凤墓、懿德太子墓、章怀太子墓、永泰公主墓、韦洞墓、咸阳底张湾薛氏墓	大部分画面较完整，内容清晰、颜色较好，少部分画面不清晰，略有褪色；绿色颜料脱落缺失较多
盛唐（713—766年）	苏思勖墓、张去奢墓、张去逸墓、南里王村墓	画面内容好，线条、颜色清晰；石膏支撑体有断裂
中唐（766—835年）	唐安公主墓、郑国大长公主墓、姚存古墓	画面内容难辨，地仗疏松
晚唐（836—907年）	杨玄略墓、梁元翰墓、高克从墓	画面内容尚可辨，略有褪色

根据不同年代揭取壁画的不同材料、技术、工艺流程，将壁画的病害比例归类如表二。

表二　不同揭取加固方法对壁画保存的影响

发掘揭取时间	壁画墓葬代表	揭取保护材料、工艺、方法	典型病害	中度病变（%）	重度病变（%）	濒危（%）
20世纪50、60年代	韦洞墓、薛氏墓、苏思勖墓、张去奢墓、杨玄略墓	桃胶贴布加固后锯铲揭取；石膏为主要支撑体材料，加竹筋或钢筋加固修复	泥渍结垢污染；整体断裂、小磕伤；碎裂、裂隙；虫蛀；补缺、做旧协调性差；地仗酥碱、脱落	20	20	60

发掘揭取时间	壁画墓葬代表	揭取保护材料、工艺、方法	典型病害	中度病变（%）	重度病变（%）	濒危（%）
20世纪70年代	懿德太子墓、章怀太子墓、永泰公主墓、李寿墓	桃胶贴布加固后锯铲揭取，聚醋酸乙烯乳液加固；环氧树脂黏合木龙骨或钢管作支撑	不平整；碎裂、裂隙；泥渍、划痕；胶质残留；后补粗糙不协调；颜料脱落、起甲；空鼓	30	30	40
20世纪80年代	唐安公主墓、南里王村墓	桃胶贴布加固后锯铲揭取，环氧树脂黏合铝合金型材作支撑	霉迹、碎裂、泥渍、颜料脱落、开胶	15	15	70
20世纪90年代至今	新城长公主墓、淮南公主墓	桃胶贴布加固后锯铲揭取，B-72、石灰过渡层、蜂窝板支撑加固	碎裂、霉斑、泥渍、地仗酥碱	10	0	90

3. 陕西历史博物馆馆藏唐墓壁画本体病害分析

壁画画面、地仗层病害都属于壁画本体病害，从表一、表二中可以看出，初唐、盛唐时期的墓葬壁画保存较好，而中唐和晚唐时期的墓葬壁画保存较差，大多数已经面临濒危。从制作工艺来说，初唐、盛唐时期墓葬壁画制作工艺水平较完善，盛唐时期由于国库充盈，绘画技术百花齐放，绘画人才比比皆是，墓葬壁画的制作水平和艺术水准都达到顶峰，同时有了强大的财力支持，帝王陵墓的修建也十分讲究，使得壁画的支撑体十分牢靠。而到了中唐、晚唐时期，国库空虚，人才凋敝，壁画制作水平较差，使用的材料也无法与盛唐时期相比，所以壁画本体的耐久性也非常差，揭取后也就不易保存。

从揭取及保护方面来说，20世纪五六十年代揭取的壁画由于技术落后，又无经验遵循，采用了石膏作为壁画新支撑体的主要材料，由于石膏密度高，脆性大，十分不易保存，而且石膏支撑体壁画重量也较大，搬运过程十分不便，所以那时揭取保护的壁画到现在都出现了问题，如：支撑体断裂、变形，地仗层缺失、破碎，颜料脱落、褪色、粉化等。而20世纪70年代及以后揭取的壁画，除了墓葬内本身保存环境较差的以外，其余揭取后保存现状都较好。如20世纪70年代揭取的懿德太子墓、章怀太子墓、永泰公主墓壁画等。因为有了前人揭取墓葬壁画的经验，并且在技术上有了改进，使得壁画在揭取后得到了更好的保存。同时，由于这些壁画内容精美，画面保留较好，多数现已成为国宝级文物，得到了人们的重视，这也是其保存现状较好的一个原因。

4. 陕西历史博物馆馆藏唐墓壁画修复性损伤分析

修复性损伤是近些年来提出的一个观点，修复人员在修复过程中由于理论知识不充足、修复工具材料落后或是人为失误而引发的对文物造成的损伤。这些损伤有些是当下就能看到的，比如划痕、磨损等；有些损伤是要日后随着时间的推移，所使用的修复材料出现问题才能发现的，比如石膏支撑体的碎裂等，胶粘剂的老化或可逆性较差等。

1）馆藏壁画修复材料选用不当

贴布材料选用不当：选用纱布贴布会留下布纹，贴布用的黏结剂的种类、浓度选用不当会导致壁画表面眩光、颜料层片状脱落、胶霉变、胶残留等问题。

图一七　铆钉破坏画面结构

画面修复材料选材不当：使用与壁画本体不兼容的修复材料会导致壁画出现新的修复性损伤，甚至危及整体。如图一七所示。

修补材料选用不当：如使用石膏或其他材料进行修补导致画面协调性差、碎裂等问题。

支撑体材料选用不当：选取未经一系列防霉防蛀处理的木材作为支撑材料会产生诸如虫害、受潮弯曲变形、开裂等病害；选用石膏作为支撑材料会导致壁画变得笨重、易碎裂、易发生机械性损伤等危及壁画的问题；使用劣质蜂窝板材会导致壁画和支撑材料在重力作用下变形。

2）工艺方法使用不当

例如在支撑体与壁画之间未增加过渡层或过渡层使用不合理，导致壁画后续可再处理性受到影响，有的甚至直接导致断裂、开胶等问题。

陕西历史博物馆馆藏唐墓壁画的病害主要是在其制作工艺方法、保存状况、揭取加固工艺方法、保存方式等因素综合作用下形成的，每种病害的产生有其特定的原因，但往往不是单一的原因所致，所以在今后的保护修复中需要考虑到多方面的因素，以求规避对壁画有可能产生不良影响的操作，挑选最为适合的保护修复方法。

三、陕西历史博物馆唐墓壁画保护病害调查及修复探讨

（一）病害调查方法探讨

针对病害情况复杂、种类较多的陕西历史博物馆馆藏唐墓壁画，本次病害调查采取了更先进、更广泛的手段方法。传统的壁画病害调查方法存在病害确认不准确、病害程度难以确定、缺少科技手段等弊端，为了避免这些缺点，此次调查首先使用了先进的仪器设备，超景深显微镜、超声波、X射线光谱等仪器，能从各个角度分析、统计、研究壁画病害的成因、成分、危害程度及分布情况，并且这些调查都是无损的、高效的，为制定保护修复方案提供了更为准确的科学依据。其次，对传统

调查方法进行了改良。如在壁画病害的记录上，引入了馆藏壁画病害信息登录系统，而不再采用人工手写的方法，录入系统的壁画病害信息更直观、更丰富，也更易查询，使壁画病害现场调查记录得到的信息完整无误地保存下来。最后，保留了传统调查方法中可取的部分，如文物的照相记录、病害图绘制等，同时加大了基础工作量，为后续调查提供了第一手资料。总体来说，本次病害调查是以传统调查方法为基础，在对其进行改良的前提下，使用了先进的仪器设备及技术手段，共同完成了壁画的前期病害调查工作。

（二）保护修复探讨

1. 基本流程

馆藏壁画修复的基本流程大致为：前期准备→方案设计→保护修复实施→保护修复效果跟踪→保存环境设置。

主要步骤在于画面清洗、防止颜料层脱落、画面加固、地仗修补填充、地仗加固、更换支撑体这几个方面。

2. 保护修复技术利弊分析

1）材料选择

选择与原材料相近的修复材料才能最大限度地实现兼容性，例如选用合适的修补材料就不会出现现在馆藏壁画中较为普遍的后补材料与壁画本体极不协调的情况。

2）工艺方法

调查中，我们发现即使是用传统的材料进行保护，只要工艺设计合理，同样会减少病害发生的几率。例如房陵的壁画采用木龙骨作为支撑材料，经过近50年的时间并没有发生任何变形，这就提示我们在今后工作中要在工艺设计上多下功夫，新材料具有的优点也要尽可能地通过工艺设计发挥出来。

3）支撑体黏接技术

调查中我们发现，壁画支撑体黏接不合适的情况下就会导致支撑体与壁画本体裂开，甚至使壁画产生变形、折断等新的危害，这就需要在设计支撑体黏接技术时考虑到多方面的情况。

3. 防止修复损伤的设计探讨

针对之前壁画存在的保护修复性损伤以及保护修复过程中可能出现的不利因素，就需要设计保护修复方案及实施方法时在防止修复损伤上下功夫，以下介绍一些防止修复损伤的设计以供探讨。

（1）材料、工艺、方法的选择尽量以最小干预、最大保障为原则，减少人为损伤几率。

（2）加强人员培训及模拟练习，熟练操作、精细修复。

（3）以传统工艺方法制作类似的模拟壁画，熟悉传统制作工艺，并依据传统制作工艺结合现代修复方法进行模拟修复练习。

四、小结

综上所述，可以看出陕西历史博物馆馆藏唐墓壁画病害种类多、范围广、情况严重，在这些病害的威胁下，很大一部分壁画已经面临濒危，亟待保护修复。从壁画病害的种类上来看，现阶段存在的病害主要是画面的泥渍覆盖、胶质残留、裂隙、颜料层脱落、粉化、霉斑、地仗碎裂、脱落、支撑体变形、断裂、腐朽等。针对这些病害问题，在今后的保护方案设计中应该重点加强画面清洗、加固、修补，以及地仗加固、支撑体材料工艺改良，同时在保护修补过程中规避人为风险，选取合适的修复、加固材料，借鉴之前的壁画保护修复经验，防止再次引入修复性损伤，还需遵循最小干预、不改变文物原状等修复原则，并多加以修复前试验，力图把陕西历史博物馆馆藏唐墓壁画保护工作做好。

参 考 书 目

[1] 郭宏、马清林：《馆藏壁画保护技术》，科学出版社，2011年。

[2] 陕西历史博物馆：《陕西历史博物馆藏唐墓壁画保护修复研究报告》，三秦出版社，2011年。

[3] 杨文宗：《古代壁画加固工艺》，《文博》1996年第1期。

[4] 张群喜：《唐墓壁画的保护研究》，《唐墓壁画研究文集》，三秦出版社，2001年。

[5] 李淑琴：《对壁画保护修复采用不同方法之效果比较》，《文物保护与修复纪实——第八届全国考古与文物保护（化学）学术会议论文集》，岭南美术出版社，2004年。

[6] 罗世平、廖旸：《古代壁画墓》，文物出版社，2005年，第189、190页。

[7] 杨文宗：《略谈古代壁画揭取中的保护工作》，《陕西历史博物馆馆刊（第四辑）》，西北大学出版社，1997年，第320、321页。

[8] 王世襄：《记修整壁画的"脱胎换骨法"》，《文物参考资料》1957年第3期。

[9] 张群喜、李文怡、卢轩：《已加固"颠倒"唐墓壁画的科学分离与保护研究》，《文物保护与修复纪实——第八届全国考古与文物保护（化学）学术会议论文集》，岭南美术出版社，2004年，第273—281页。

[10] 单暐、王和平：《不同结构的唐墓壁画揭取方法综述》，《唐墓壁画研究文集》，三秦出版社，2001年。

[11] 白崇斌、樊娟、张孝绒等：《彬县五代冯晖墓壁画加固技术小结》，《考古与文物》1994年第6期。

[12] 李淑琴、王啸啸：《中德壁画修复保护方法初探》，《中国文物保护技术协会第二届学术年会

论文集》，科学出版社，2002年，第131—135页。

［13］ 窦淑梅：《壁画揭裱的体会及主要收获》，《文物世界》2006年第2期。

［14］ 陆鸿年：《怎样用传统方法复制古代壁画》，《文物参考资料》1958年第10期。

（原载《中意合作古代壁画保护与研究学术研讨会论文集》，

文物出版社，2016年）

陕西历史博物馆馆藏唐墓壁画病害情况及其处理方法探讨

一幅唐墓壁画的抢救性保护修复

王　佳　杨文宗　马艺蓉

（陕西历史博物馆）

摘要：陕西历史博物馆的披帛仕女图保存状况差，抢救保护迫在眉睫。保护工作首先通过前期文物信息调查，了解该壁画的揭取情况、保护修复历史和病害状况，并进行前期实验，以选取合适的修复材料和修复工具，制定科学的修复方案。修复步骤包括清理背部草泥层、加固背部、填补缺失部位、更换支撑体、清理表面和颜色补全等。此外，对壁画的红外成像信息和颜色光谱信息进行了采集和分析。整个修复过程遵循了文物保护修复的原则和标准。壁画的成功修复为我国文化遗产保护事业提供了宝贵的经验。

关键词：抢救性保护　墓葬壁画　壁画修复　红外照相

2013 年 3 月 24 日，陕西历史博物馆壁画保护修复研究中心接收了两幅由征集处移交的壁画，据征集处的工作人员叙述，两幅壁画为盗墓犯揭取，其中一幅背部已有修复痕迹，另一幅的背板尚未揭开，被公安干警缴获后移交至我馆。两幅壁画为涉案文物，需要在短时间内进行抢救性修复。

一、文物基本信息

本文所介绍的是其中一幅披帛仕女图的修复情况，壁画画芯尺寸为 88 厘米 ×40 厘米，面积约 0.3 平方米，如图一所示，壁画修复前状态为背面朝下平铺在木板上，背部无任何支撑体支撑。此外，据警方透露这幅壁画是从西安市南郊航天城附近的一个唐墓中发现的，墓葬被盗后，陕西省考古研究院对墓葬进行了清理发掘，墓葬编号为 M16。这幅壁画在修复过程中，陕西省文物局文物鉴定中心的鉴定人员根据画面情况对壁画进行了命名和定级，确定该壁画为唐墓壁画，名称为《披帛仕女图》，二级文物。

图一　壁画背部修复前

二、前期调查

1. 揭取情况调查

壁画为盗墓犯揭取，揭取采用传统方法，即先在壁画表面刷一层桃胶后粘贴纱布，接着烘烤干燥，再用刀或锯子划定切割线，用长铲刀从背部剥离壁画，使其脱离墙面，最后放入夹板中固定的方法。方法虽传统，但由于不是正规考古发掘揭取，其揭取水平有限，效果并不好。壁画颜料层个别部位与表面纱布黏接不牢靠，纱布表面也有明显的微生物病害及黑色污染，应是烘烤时烧焦所致。

2. 保护修复历史调查

壁画背部草泥层有明显的清理痕迹，个别部位尤其是中间的草泥层已基本清理干净，露出完整的白灰层，有明显的刀割划痕迹，并未发现有任何化学药剂或有机胶残留。此外，壁画背部四周被一圈条状橡皮泥包围，应该是揭取后为防止壁画边缘残块掉落而人为制作的，起到固定的作用。

3. 病害调查

壁画背面朝上放置在木板上，背部两端残留有大量较厚的草泥层，中间约1/3的部位草泥层有被清理的痕迹，露出较薄的白灰层，同时还有多处背部已缺失、碎裂，可见正面揭取时使用的纱布；此外，壁画背部边缘还存有少量的石膏块，比壁画厚，与正面纱布已脱离，取下观察可见正面的颜料层。

以画中仕女头部为上部，壁画正面有多处裂隙，个别部位缺失严重，仕女头部尤其是眼睛部位已脱落，壁画上部及边缘有明显碎裂，面积约占整幅壁画面积的1/3；此外，壁画表面尤其是碎裂和裂隙处残留有大量泥垢，其中大部分是由背部草泥层渗透过来所致。

三、保护修复

1. 前期实验

在修复过程中，针对壁画与蜂窝铝板黏接所使用的不同类型环氧树脂进行了前期实验，选择3种环氧树脂分别标为A1、A2、A3，3种固化剂分别为B1、B2、B3，互相按照1:1的比例调配出9种胶粘剂做成实验块，放置24小时后观察效果，发现A1与B1的搭配最好（固化速度合适且颜色较浅），故选其作为壁画背部与蜂窝铝板的黏接材料。

2. 修复材料和工具的选取

本次壁画修复材料和工具的选取严格遵从《中华人民共和国文物保护法》《中国文物古迹保护准则》等纲领性法律法规和文件；同时尊重实际情况，尽量遵循"保持文物原真性原则""最小干预原则""可再处理原则"等文物保护修复准则；所选取的材料均为壁画保护工作多年来使用的常规材料、工具，包括：胶粘材料、渗透加固材料、表面封护材料、临时填补材料、表面着色材料等。

3. 修复步骤

根据技术路线，修复步骤主要包括壁画背部草泥层清理、背部加固、背部填补、更换支撑体、表面清理、颜色补全等，每一步都要有文字及影像资料记录。

1）清理背部草泥层

清理时主要用手术刀对草泥层小心剔除；对于草泥层较为坚硬的部位，先用毛笔蘸取去离子水对其进行润湿，再用手术刀剔除。清理草泥层的同时，对壁画背部四周包围的橡皮泥也进行了去除，由于橡皮泥已基本失效，故用手术刀小心切割取下即可。

清理的效果以达到刚好清除干净草泥而不损伤白灰层为最佳，但是在实际情况中，个别部位地仗碎裂严重，清理时力度稍大就会造成壁画残块脱落；另有一些部位草泥层与白灰层黏接较为牢固，可能是之前的修复过程中用胶液进行了渗透加固，极难完全清理掉，对这些部位的草泥层，均需建立在不损伤壁画表面的基础上进行清理。

2）背部加固、填补

草泥层清理完后，壁画背部较脆弱，需进行渗透加固，加固时先配置5%—8%的AC33水溶液作为加固剂，用毛刷蘸取少许溶液在壁画背面白灰层上涂刷以加固，涂刷一遍待其干燥后再次涂刷，共涂3遍。

渗透加固结束后，对壁画背部缺失部位进行填补。填补材料为灰膏与少量麻刀混合搅拌均匀而成，在填补前，先用小毛刷蘸取5%—8%的AC33水溶液对需填补部位边缘进行润湿，再用灰刀挖取适量填补材料进行修补。待填补材料干燥后，需在填补部位贴上纱布条，裁剪一些4厘米×10厘米的纱布条，另配置5%的AC33胶液，用毛刷在填补材料上从一边开始涂刷，直至将壁画背面全部贴满纱布条为止。放置待其干燥。

3）更换支撑体

根据画芯大小，挑选两根木条，厚2、宽4厘米，将其固定在画芯周围，固定好木条后，先用石灰、适量麻刀及少量10%的AC33水溶液配置成过渡材料，再配置20%的AC33水溶液，用毛刷均涂刷在背面纱布上，过渡层厚度约10毫米，可以边缘木框高度为参考。

待过渡材料干燥固定后，取下周围加固的木条，然后对壁画背后上背板，背板选择蜂窝铝板，先根据壁画的大小切割一块与之等大的蜂窝铝板，再裁剪与壁画等大的玻璃纤维布两张以备用。用环氧树脂及固化剂配置胶液，用竹刀和木片将胶液均匀涂抹在壁画背部；再分别将两块玻璃纤维布贴在壁画背部，同时在蜂窝铝板上也涂刷一层胶粘剂，之后将铝板严丝合缝地扣在壁画背部，清理周围溢出的胶液，裁剪多余的玻璃纤维布；最后用砖块均匀压在背板上，等待胶液固化。

4）表面清理与填补

经过12个小时以上的固化，壁画背部已与蜂窝铝板黏接牢固，将壁画翻转至正面朝上，取下木板，清理掉残存在上面的塑料布，开始揭取表面纱布。准备几条开水烫过的白毛巾敷在纱布上，直至表面桃胶融化，之后开始揭取。用手术刀小心从边缘开始将纱布与壁画表面分离，分离出一部分纱布后可将纱布卷在敷着的毛巾上，并向下揭取。揭取完成后，用剪刀清理周围的残留胶和玻璃纤维布。

配置2A溶液（去离子水：无水乙醇＝1：1），用棉签蘸2A溶液后清理颜料层上的泥垢污染。完成后再制作修补材料填补表面缺失，同时找平边缘，修补材料与背部修补材料相同，填补后该部位要比周围原始壁画略低，以求区别，填补完成后晾干。

5）颜色补全

在壁画四周加装木框，背部固定不锈钢垫片。并在不锈钢垫片下又加衬了厚度相当的橡胶垫片，减少壁画震动。

随后开始表面全色，一般使用国画颜料调配至与壁画底色相似的颜色，颜料包括藤黄、石绿、钛白、赭石等，但要比壁画底色稍浅，用干净的毛笔蘸取少量调配好的颜料，先在宣纸上试色，再在壁画上操作。对于有明显线条或画面内容的部位，可以先绘一层较淡的背景色，而不能盲目地绘上壁画的内容，造成整体画面的不协调。

图二　修复后效果

壁画修复工作基本完成后，放置在合适的环境中观察其是否有新的病害产生。修复后效果如图二所示。

四、科学分析手段的应用

1. 红外照相系统的应用

红外照相系统简单来说就是通过给相机安装红外滤镜和接收装置，从而使正常光照射下的文物呈现红外光照射的效果。近些年来，红外照相系统已经越来越多地应用到了文物行业，通过红外成像可以观察到文物表面肉眼不可见的信息。

在本幅壁画的正面修复工作开始之前，首先对其表面进行全面的红外拍照工作，找出一些存在于壁画原始信息的位置，如：起稿线、墨迹等，在修复过程中就应对其进行保护，防止壁画因修复而遭到破坏。

本次使用的红外相机是日本富士公司的 IS Pro 型红外单反数码相机，在同一位置分别使用普通滤镜和红外滤镜拍照，选用的红外滤镜为 Peca 902，可以过滤掉波长 700 纳米以下的光，只显示波长 700 纳米以上的红外光。红外照相更好地体现了壁画的表面线条，对表面的清理工作提供了帮助。

2. 非接触式文物颜色测量系统的应用

在壁画表面全色的过程中，使用了非接触式文物颜色测量仪，对壁画重新做的颜色和壁画本体颜色进行了比对，同时对壁画本体同一种颜色进行了多点测量，观察是否有褪色、变色的情况。

非接触式文物颜色测量系统的原理是建立在 LAB 色空间基础上进行的。L* 表示明度值；a* 表示红/绿值，b* 表示黄/蓝值。在这一色空间中，+a* 为红色方向，−a* 为绿色方向，+b* 为黄色方向，−b* 为蓝色方向。通过对不同颜色 L*a*b* 值差值的测量，得出 △L*、△a*、△b*，通过差值判断两个颜色之间的区别。

本次使用的颜色测量仪为美国爱色丽公司生产的 VS450（WB）非接触式颜色测量仪，其特点是非接触测量、45/0 度几何光学结构（最贴近人眼的观察模式）、冷光源、双测量孔径等。对披帛侍女图选取三个黑白色点进行颜色测量，光源为 D65-10，具体情况见表一。

编号	位置	壁画本体/人工着色
1	人物头发下端	壁画本体
2	人物衣服左侧线条	壁画本体
3	人物头发中间部位	人工着色

以1号为标样，黑色颜料三个点的L*a*b*值及色差值测量情况见表二。

表二　取样点L*a*b*值及色差值

编号	L*	a*	b*
1	47.51	1.83	5.73
	△L*	△a*	△b*
2	−4.32	−0.5	−0.96
3	8	−1.88	−1.57

可见，即便是同一幅画的同一种颜料，其本身亦存在一定的色差（1和2对比），而人工着色的颜料明显比壁画本体明度更高（3和1、2对比），说明颜色较浅亮。图三为三个样品的光谱曲线，横坐标为波长，纵坐标表示颜色对不同光波的反射率，红色曲线为1号，蓝色为2号，棕色为3号，结果显示三种颜料的光谱曲线略有不同，但是除明度各有高低外，其他色度差别不大。

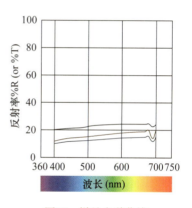

图三　样品光谱曲线

五、结语

本幅壁画修复工作具有一定的特殊性，也遇到了一些困难，首先，它是抢救性修复，需要在很短的时间内完成修复工作，只能使用现有的仪器进行检测分析；其次，因为无法获得壁画揭取的原始资料，壁画揭取时使用的工艺和材料不明，也没有可以参考的依据。这幅披帛侍女图的修复保护工作历时2个多月，在壁画保护修复研究中心修复人员的共同努力下完成了抢救性修复，保护了文物本体，同时也为公安机关的调查取证和文物定名定级工作提供了支持，修复效果也获得国内外专家的一致好评。

但是，修复工作也有不足之处，如科学分析手段运用太少，除色差仪外，并未使用其他科学仪器对壁画的颜料、地仗成分进行分析等，根据需要可以在修复完成后继续对壁画进行无损检测分析，同时在修复过程中收集到的壁画脱落残块也可以用作样品进行科学分析。

附记：感谢壁画保护修复研究中心同事张群喜、孙强及王蕾在保护修复过程中提供的帮助和指导！

参 考 书 目

[1]　郭宏、马清林：《馆藏壁画保护技术》，科学出版社，2011年。

[2]　陕西历史博物馆：《陕西历史博物馆藏唐墓壁画保护修复研究报告》，三秦出版社，2011年。

[3]　铁付德、孙淑云、王九一：《已揭取壁画的损坏及保护修复》，《中原文物》2004年第1期。

[4]　杨文宗、郭宏、葛琴雅：《馆藏壁画失效支撑体去除技术研究》，《文博》2009年第6期。

[5]　杨蕊：《北宋富弼墓壁画的揭取及修复保护》，《文物保护与考古科学》2010年第1期。

（原载《陕西历史博物馆馆刊》（总第二十一辑），三秦出版社，2014年）

馆藏壁画支撑体的制作工艺及材料选择

杨文宗　张　蜓

（陕西历史博物馆）

摘要： 目前大部分壁画由于各种原因，已无法进行原址保存而选择迁移揭取保护，故馆藏壁画随之出现，近年来有关其支撑保护问题已成为馆藏壁画保护中的重要研究方向。本文就我国馆藏壁画支撑体发展历程、不同支撑体的制作技术工艺、各类支撑体性能介绍引出馆藏壁画支撑体材料的选用要求，对已有几种支撑体结构材质性能和实际应用效果进行评估，并对目前选用的壁画支撑体材料及其应用的最新动态进行介绍。

关键词： 馆藏壁画　支撑体　制作工艺　材料选择

古代壁画是珍贵的历史文化遗存，它是人类历史上最早的绘画形式之一，具有极高的历史价值、艺术价值和科研价值。中国古代壁画以干壁画为主，从研究角度来说，根据图案、绘制位置的不同，可将壁画分为建筑壁画、石窟壁画和墓葬壁画三种。

壁画的保护方式分为原址保护和迁移保护两种。从国际文物保护理念来看，原址保存是文物的理想保护状态，而墓葬壁画长期处于地下，发掘后原始保存环境突变，其保护往往是抢救性的，如不及时进行保护处理，就会产生脱落、酥碱、褪色等严重病变，甚至出现脱落、坍塌。加之墓葬多处于野外环境，分布范围不一，以及技术、经费等问题的制约，基本上很难实现原址保护。因此，墓葬壁画的保护通常采用揭取后迁移至室内作进一步保护、保存和展示，由此形成馆藏壁画。

由于大部分墓葬壁画地仗为黏土材料，易吸收墓葬中的水分软化，丧失强度，其在揭取之前就已处于濒危状态；壁画经过抢救性揭取、迁移、修复，要经历许多人为干预过程，不同时期所用保护修复材料和工艺水平的局限，导致壁画在新的保存环境中又出现新的病变；其中最为典型的就是壁画支撑体，由于其选用材料、制作工艺等方面的不当，壁画出现了许多问题。因此，支撑体的制作得当与否对于壁画的保护、展陈非常关键。

一、我国馆藏壁画支撑体概况

（一）我国馆藏壁画支撑体发展历程

我国馆藏壁画在揭取时间上跨度较大，壁画揭取、加固修复方法也不尽相同。揭取年代最早开始于20世纪50年代。按照壁画保护修复技术发展的时间顺序，壁画支撑体的制作经历了四个阶段：第一阶段自20世纪50年代至60年代中期，使用石膏为材料制作壁画支撑体；第二阶段自20世纪70年代至80年代，使用木材制作框架式支撑体；第三阶段自20世纪90年代至今，使用金属材料制作壁画支撑体；第四阶段为近几年，新型材料蜂窝铝材被用作壁画支撑材料。

（二）馆藏壁画不同支撑体的制作技术工艺

1. 石膏支撑体

20世纪50、60年代揭取的壁画大多采用石膏做支撑体（背衬）加固的保护方法，例如：1958年西安东郊苏思勖墓壁画（图一）。

这类壁画的保护修复方法是对墓室壁画切割揭取，剔除壁画背面泥层至0.2—0.5厘米的厚度，背面加网状竹片龙骨或网状细钢筋龙骨，龙骨之间用细麻或铁丝绑扎，最后在壁画四周加木框，浇灌石膏（图二），厚度为5—8厘米。

图一　苏思勖墓壁画石膏支撑体　　　　　　图二　浇灌石膏

2. 木龙骨支撑体

20世纪70年代至80年代，壁画支撑体的制作方法是对揭取壁画背面的泥层进行剔除，此环节仍沿用20世纪五六十年代的做法，根据保存状况剔除至0.2—0.5厘米的厚度，再用环氧树脂涂刷，分两次粘贴两层玻璃纤维布衬，最后用环氧树脂黏接网状松木龙骨（每根龙骨4厘米×3厘米）（图三），例如：1971年乾陵出土懿德太子墓、章怀太子墓的壁画，1973年出土的三原陵前乡永康陵李寿墓壁画，1975年出土的富平县吕村乡房陵长公主墓壁画，1973年出土的富平县吕村乡李凤墓壁画。其中，1971年懿德太子墓部分壁画采用了环氧树脂、无缝钢管对壁画进行背衬加固的方法。

3. 金属材料支撑体

20世纪80年代末以来，随着新技术、新材料的出现，壁画的保护修复技术有了较大提高，开始采用铝合金龙骨型材制作壁画支撑体，即环氧树脂＋铝合金型材进行背衬加固（图四）。组成铝合金框架的铝合金与其他金属材料相比，具有密度小、强度高、耐蚀性好、易加工等特点，铝合金框架材质规整，不易变形。例如：1989年出土的长安县南里王村唐墓壁画，1995年出土的昭陵新城公主墓壁画。这一时期传承了之前壁画支撑体的制作方法，在对待泥层部分仍是尽量剔除干净，保留0.2—0.5厘米的灰泥层（图五）。随后用聚乙烯醇缩丁醛、B-72等加固材料对壁画背面进行渗透加固，并用熟石灰膏加麻纤维对壁画背面进行强度加固，这一做法对壁画起到隔离保护作用，所用材料与壁画灰泥层相同，使之能与壁画本体较好地兼容。这一层加固灰泥膏厚1厘米，为以后壁画的再处理留下了操作空间。

图三　环氧树脂黏接网状松木龙骨　　　图四　环氧树脂＋铝合金型材进行背衬加固

4. 新型材料蜂窝铝板支撑体

近年来，随着科学技术的发展，采用了铝蜂窝复合材料（图六）制作新的馆藏壁画支撑体，按壁画尺寸裁取蜂窝铝板，使用环氧树脂或丙烯酸类树脂粘贴于壁画背面。

蜂窝铝板具有质轻、抗弯曲性好、不易变形、表面平整、易加工、减震和高强度等优良性能，深受欧洲壁画保护界的推崇。在对陕西历史博物馆壁画库房的所有上等级的251幅壁画的调查中发现，采用蜂窝铝板作为支撑材料的壁画有3幅，占总数的1%。现在陕西历史博物馆中使用的蜂窝铝板是由中航西安飞机工业集团股份有限责任公司生产的，由底板、面板及蜂窝芯复合而成，其结构如图七所示。

这种材料作为支撑体，重量轻，相对稳定，平整，黏接面大，黏接性能好，美观。例1：房龄公主墓捧果盘侍女图采用蜂窝铝芯（面板为环氧树脂）板加固，画面

图五　修复后的壁画厚度　　　　　　　　图六　铝蜂窝复合材料

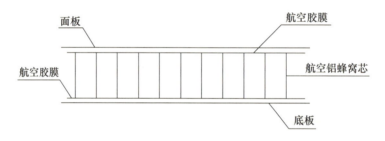

图七　蜂窝板的结构示意图

平整，整体协调，轻便美观。加固好的壁画总厚度为1.4厘米，画面本体厚0.4厘米，蜂窝铝板厚1厘米。例2：B临51，苏思勖墓的仕女图采用蜂窝铝板（铝）加固，加固好的壁画总厚度为2.5厘米，画面本体厚0.5厘米，蜂窝铝板厚1厘米，石灰过渡层厚1厘米，效果很理想。

（三）各类支撑体性能总结

（1）石膏支撑体：质量大，不耐水，潮湿环境下易溶解；力学强度低，易产生断裂。

（2）木龙骨支撑体：质轻，吸水性强，易燃，易受菌类、昆虫和微生物的腐蚀，湿胀干缩性强，热膨胀系数大，在温湿度波动较大条件下会产生物理形变和开裂；抗弯抗压强度高。

（3）铝合金支撑体：质轻、耐腐蚀；各项力学强度高。

（4）蜂窝铝板支撑体：质量最轻、耐腐蚀、整体性好、使用方便。

二、馆藏壁画支撑体材料的选用要求

壁画的支撑体起着承载壁画的作用，使壁画能够安全、稳定地展出和存贮，它是壁画赖以存在的基础。作为壁画支撑体，要求选用的材料应具备：

（1）支撑体材料不能对壁画本体产生危害。

（2）支撑体材料应具备质轻和良好的抗拉、抗弯、抗压的物理力学性能。

（3）支撑体材料应具有耐腐蚀、抗氧化等稳定的化学性能。

（4）支撑体材料应具有良好的展陈效果。

三、对几种支撑体结构材质性能和实际应用效果的评估

通过调查，目前国内馆藏壁画支撑体有龙骨型和非龙骨型两种类型，龙骨型包括：环氧树脂＋木龙骨、大漆＋木龙骨、环氧树脂＋角铁、环氧树脂＋无缝钢管、环氧树脂＋铝合金龙骨；非龙骨型包括石膏木框和蜂窝铝板。

我们对其物理力学性能进行了测试，主要测定了石膏和木龙骨的吸湿性、湿胀性、密度、热膨胀系数、抗拉强度、抗弯强度、抗压强度等；铝合金和蜂窝铝板的密度、热膨胀系数、抗弯强度、抗拉强度、抗压强度等，表一为部分数据情况。

表一　支撑体材料的物理力学性能测试结果

项目	石膏	木材	铝合金管	蜂窝铝板
密度（g/cm³）	1.32	0.44	0.45	0.2
吸水率（%）	50	>100（40后）	无	无
热膨胀系数（/℃）	1.3×10^{-4}	0.7×10^{-3}	2.35×10^{-5}	2.3×10^{-5}
抗压强度（MPa）	5.54/5.66（加麻）	32.8	≥250	1.72
弹性模量（MPa）	$3.6 \times 10^{-2}/20$（加麻）	0.99×10^4	7×10^4	4×10^4
抗拉强度（MPa）	0.15/0.59（加麻）	98.1	≥230	≥83

通过对以上几种支撑体材料性能（物理方面、力学方面）的评估，以及对几类不同材质支撑体实际使用效果的调查，我们认为石膏是最不适用的一种壁画支撑体材料，在库房存放过程中已出现了大量的断裂、脱落等现象，应及时进行更换，以

防对壁画造成进一步的损坏。

木龙骨是可以使用的一种支撑体材料，如果修复处理工艺严密，选材得当，黏接牢固，是可以继续使用的。但其自身存在易燃、易受微生物和虫害影响、湿胀干缩的特性，在后期保存中仍有安全隐患，因此在出现了铝合金管材和蜂窝铝板的条件下，应尽可能使用后两种材料。

目前铝合金管材是使用最为普遍的壁画支撑体材料，通过对其物理力学性能的评估，认为它是理想的一种支撑体材料。除此之外，在实际操作过程中，它的黏接面积较小，大大缓解了黏接材料的透气性问题，而且根据画面尺寸易于加工，框架结构轻便，防水绝缘，因此推荐使用。

新型的蜂窝铝板也是理想的壁画支撑体材料，铝合金的材质使它和铝合金管材有着相近的物理力学性能，但是它最大的特点在于轻便、表面平整、不易变形、支撑强度大、易加工，这是其他几种材料均无法比拟的。它可根据画面大小直接定做，无拼缝或接口，表面平整，壁画层受力均匀，整体性好。但是这种材料的造价相对较高，若条件允许也建议使用。

四、目前选用壁画支撑体材料及其应用的最新动态

（一）超轻多孔金属材料

超轻多孔金属材料，又称泡沫金属材料，是20世纪80年代后期国际上迅速发展起来的一种具有优异的物理特性和良好的机械性能的新型工程材料。其具有密度小、刚度大、强度好、减震性能好、电磁屏蔽性能高等优异的物理性能，在一些高技术领域获得了广泛应用。例如：泡沫金属，尤其是泡沫铝（图八）重量非常轻，密度只有水密度的1/4左右，强度很好，又兼具隔声、隔热、比强度高、比表面积大、减震性能好等优良性能。不同的铸造方法生产出来的泡沫铝不尽相同，从结构上看，泡沫铝可分为闭孔泡沫铝和开孔泡沫铝[1]。厂家还可以根据用户提供的使用条件、性能要求、空隙率、厚度、颜色、收缩系数等性能进

图八　泡沫铝

---

[1]　陈祥、李言祥：《金属泡沫材料研究进展》，《材料导报》2003年第5期。

行铸造，可以根据扫描图纸铸造适用于壁画使用的形状，很有潜力成为新型的壁画保护支撑材料。这种材料特别是对于弧形等不规则壁画，在材料选用及工艺等方面占有很大优势，而事实上，若是应用于平面壁画的保护中，已有的泡沫铝生产工艺水平完全足以制作出相应的平面板材，其强度亦足以承载壁画的重量，而厚度不到1厘米，估计其重量，1平方米仅900多克，而且平均造价比蜂窝铝板低得多，是很有潜力作为壁画的支撑主体材料使用的。

（二）碳纤维复合材料

碳纤维复合材料（图九）是一种纤维增强复合材料，是比铝轻、比钢强、比头发细、含碳量大于90%的纤维状碳材料，是应用最广的高性能纤维[①]。例如：碳纤维布用于结构构件的抗拉、抗剪和抗震加固，与配套胶粘剂共同使用，形成完整的高性能增强体系，该体系适用于梁、柱、板、隧道、圆形、弧等。

碳纤维加固材料在维修加固土木建筑和基础设施方面的应用已经取得了长足发展，也是维修加固文物建筑的优良材料。如日本现代壁画揭取保护中曾以碳纤维黏结修补裂缝[②]，中国陕西西岳庙"少昊之都"石牌坊石梁的加固就使用碳

图九　碳纤维复合材料

纤维布树脂基增强材料[③]，中国台湾地区的历史性建筑结构体也采用碳纤维补强，碳纤维树脂基复合材料具有重量轻、强度高、施工便捷及不破坏原结构体的特点，因此已成为历史建筑补强的新起之秀[④]。目前，意大利最新的不规则壁画支撑保护中就用碳纤维材料作为支撑体，国内也有尝试性应用。

碳纤维复合材料的这些性能基本符合壁画支撑体结构材料的要求，将这些优良的性能发挥到最好、操作工艺如何设计等问题的解决，无疑会对壁画的支撑保护材料进入一种新的材料使用阶段产生巨大作用。

---

① 沈曾民：《新型碳材料》，化学工业出版社，2003年，第53页。
② 冈岩太郎：《法界寺国宝阿弥堂内壁画修复报告》，《西安唐墓壁画国际学术讨论会论集》，2001年第10期。
③ 毛筱霏、赵冬、陈平等：《CFRP加固石质文物抗弯性能研究》，《工业建筑》2008年第7期。
④ 郭金升：《碳纤维复合材料与砖造砌体之黏著强度研究》，"国立"成功大学（台湾），2003年。

五、结语

壁画是一种重要的历史遗存，壁画的保护也有着举足轻重的作用，做好壁画保护中的支撑展贮工作是很多壁画保护工作者一直在努力的工作方向之一，其意义也是很重大的。对支撑材料的选用要知道为什么用、怎样用，在材料的筛选上，自始至终都要经过科学的试验、测试、实验论证，对任何影响壁画安全的因素都要尽可能消除，确定最佳支撑体材料及实施操作方案。一种材料及其应用也不可能适合所有壁画的支撑结构，应该在坚持总结传统材料及其使用的工艺技法的同时，关注新科技的发展及应用，找出适合于不同情况下的不同支撑结构保护方案，更好地保护我们珍贵的壁画资源。

（原载《文物保护新论（二）》，《全国第十一届考古与文物保护化学学术研讨会论文集》，文物出版社，2010年）

貳

古代壁画科学分析研究

馆藏唐墓壁画病害综合研究

杨文宗　张　蜓　王　佳

（陕西历史博物馆）

摘要： 陕西历史博物馆馆藏唐墓壁画种类多、数量大，珍藏了自20世纪50年代至今发现的近30座不同身份、级别墓主人墓葬中出土的唐墓壁画，由于壁画自身制作工艺水平及保存状况不一，加之后续揭取保护及保存方式方法不同，馆藏唐墓壁画出现了各种不同的病害状况，主要分为画面病害、地仗病害、支撑体病害等几个方面。馆藏唐墓壁画综合研究即是在对其病害调查整理的基础上进行的分类、分析、探讨，以期为唐墓壁画的保护修复提供基础借鉴。

关键词： 唐墓壁画　病害研究　壁画保护

一、引言

唐朝时期墓葬壁画盛行，墓葬壁画绘制技法等也进入鼎盛时期，目前已知章怀太子墓、懿德太子墓、永泰公主墓、房陵大长公主墓、李寿墓、苏思勖墓、武惠妃墓、韩休墓等众多唐代墓葬中都有唐墓壁画出土，然而大多数唐墓壁画由于种种原因限制，不具备原址保存的条件而被揭取并收藏于博物馆中保存和展览。陕西历史博物馆收藏有20世纪50年代至今揭取保护的源自不同唐墓出土的六百余幅唐墓壁画[①]，具有相对完整的序列性，其揭取工艺技法也涵盖了不同揭取保护时期的各项工艺技法，其病害状况基本可以代表馆藏唐墓壁画的病害特征，本文以陕西历史博物馆馆藏唐墓壁画病害调查结果为基础，对馆藏唐墓壁画病害展开综合研究。

二、馆藏唐墓壁画病害调查

馆藏唐墓壁画病害调查是壁画保护修复过程中前期现状调查阶段的核心内容，

---

① 陕西历史博物馆：《陕西历史博物馆馆藏唐墓壁画保护修复研究报告》，三秦出版社，2011年。

也是后期开展病害机理研究、修复材料筛选、预防性保护方案设计等研究的基础。馆藏壁画不同于石窟壁画，其病害状况亦不相同，2011年笔者申报主持了陕西省文物局的课题《陕西历史博物馆馆藏唐墓壁画病害调查》，其间对馆藏唐墓壁画展开了系统调查，调查结果如下：

1. 馆藏唐墓壁画病害种类

馆藏唐墓壁画病害种类根据其结构划分为画面病害、地仗病害和支撑体病害三类，具体状况如图一所示。

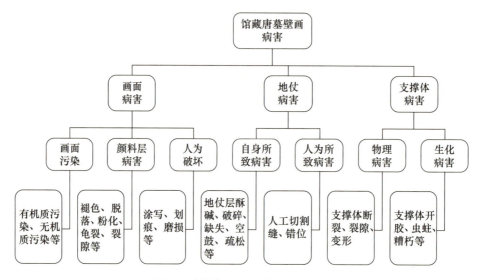

图一　馆藏唐墓壁画病害分类图表

调查发现馆藏唐墓壁画存在的病害按照馆藏壁画结构来划分，主要包含画面病害、地仗病害和支撑体病害三个方面（如图一所示）。画面病害主要为画面不平整、积尘污染、缺失、褪色、颜料层脱落、粉化、划痕、龟裂、起甲、污渍流痕、泥渍覆盖污染、其他覆盖物、霉斑、霉迹、蛛网、后补不协调等，地仗病害主要为地仗疏松、缺失、酥碱、凹坑、地仗局部脱落等，支撑体病害主要为支撑体断裂、错位、变形、空鼓、碎裂、残缺、灰尘、木材虫蛀、石膏受潮粉化、石膏支撑体断裂、环氧黏接层分离、木龙骨变形等。所有病害类型中，尤其以画面泥渍覆盖、地仗层空鼓、画面破碎、错位变形、缺失、裂隙等较为普遍[1]。由于脱离原址，唐墓壁画从保护性揭取操作实施之初，就已存在着各种病害，加之后期各种干预以及后天保存环境不够理想，抑或保护修复水平有限导致的不当修复等原因，又会产生新的病害，所以对唐墓壁画病害的调查研究是一个持续性的过程，部分典型壁画病害状况图如下（图二—图一三）。

---

[1]　杨文宗等：《陕西历史博物馆馆藏唐墓壁画病害情况及其处理方法探讨》，《中意合作古代壁画保护与研究学术研讨会论文集》，文物出版社，2016年。

图二　画面无机质污染（泥土覆盖）　　　　图三　画面有机质污染（胶痕）

图四　画面裂隙　　　　　　　　　图五　画面颜料层褪色

图六　画面酥碱　　　　　　　　图七　画面脱落、缺失

图八　地仗缺失　　　　　　　　图九　支撑体断裂

图一○　支撑体变形

图一一　支撑体与地仗层分离

图一二　木质支撑体虫蛀、糟朽

图一三　人为钉痕

2. 馆藏唐墓壁画病害分时期统计

不同时期的唐墓壁画绘制技法不尽相同，其制作工艺方法决定其本体病害，通过对病害调查资料的整理得出馆藏唐墓壁画的病害，按初唐、盛唐、中唐、晚唐统计如表一。

表一　唐代不同时期壁画保存状况

时间区间	典型壁画墓	壁画保存状况
初唐 （618—712年）	李寿墓、房陵大长公主墓、李凤墓、懿德太子墓、章怀太子墓、永泰公主墓、韦洞墓、咸阳底张湾薛氏墓	大部分画面较完整，内容清晰、颜色较好，少部分画面不清晰，略有褪色；绿色颜料脱落缺失较多
盛唐 （713—766年）	苏思勖墓、张去奢墓、张去逸墓、南里王村墓、贞顺皇后墓、韩休墓	画面内容好，线条、颜色清晰；石膏支撑体有断裂
中唐 （766—835年）	唐安公主墓、郯国大长公主墓、姚存古墓	画面内容难辨，地仗疏松
晚唐 （836—907年）	杨玄略墓、梁元翰墓、高克从墓	画面内容尚可辨，略有褪色

壁画画面、地仗层病害都属于壁画本体病害，与壁画的绘制工艺有关，从表一可以看出，初唐、盛唐时期的墓葬壁画保存较好，而中唐和晚唐时期的墓葬壁画保存较差，大多数中晚唐壁画已至濒危程度。溯源制作工艺，初唐、盛唐时期墓葬壁

画制作工艺水平较完善，盛唐时期由于国库充盈，绘画技术百花齐放，绘画人才比比皆是，墓葬壁画的制作水平和艺术水准都达到了顶峰，同时有了强大的财力支持，帝王陵墓的修建也十分讲究，使得壁画的支撑体十分牢靠。而到了中唐、晚唐时期，国库空虚，人才凋敝，壁画制作水平较差，使用的材料也无法与盛唐时期相媲美，所以壁画本体的耐久性也非常差，揭取后也就不易保存。

3. 馆藏唐墓壁画病害按揭取保护方式统计

馆藏唐墓壁画存在的病害亦包含后续保护性损伤，馆藏壁画保护修复源自壁画的揭取异地保护，揭取保护技术也有其发展阶段，不同手段对应的馆藏壁画也有差异，根据不同年代揭取壁画的不同材料、技术、工艺流程，对比不同时期的揭取保护手段下馆藏唐墓壁画病害状况，列于表二。

表二　不同揭取加固方法对壁画保存的影响

发掘揭取时间	典型壁画墓	揭取保护材料、工艺、方法	典型病害	中度病变比例	重度病变比例	濒危壁画比例
20世纪50、60年代	韦泂墓、薛氏墓、苏思勖墓、张去奢墓、杨玄略墓	桃胶贴布加固后锯铲揭取；石膏为主要支撑体材料，加竹筋或钢筋加固修复	泥渍结垢污染、整体断裂；小磕伤、碎裂、裂隙、虫蛀、补缺做旧协调性差、地仗酥碱、脱落	20%	20%	60%
20世纪70年代	懿德太子墓、章怀太子墓、永泰公主墓、李寿墓	桃胶贴布加固后锯铲揭取，之后聚醋酸乙烯乳液加固；环氧树脂黏合木龙骨或钢管作支撑	不平整；碎裂、裂隙、泥渍、划痕、胶质残留，后补粗糙不协调，颜料脱落、起甲、空鼓	30%	30%	40%
20世纪80年代	唐安公主墓、南里王村墓	桃胶贴布加固后锯铲揭取，之后环氧树脂黏合铝合金型材作支撑	霉迹、碎裂、泥渍、颜料脱落、开胶	15%	15%	70%
20世纪90年代至今	新城长公主墓、淮南公主墓、贞顺皇后墓、韩休墓	桃胶贴布加固后锯铲揭取，之后B-72、石灰过渡层、蜂窝板支撑加固	碎裂、霉斑、泥渍、地仗酥碱	30%	10%	60%

从揭取及保护方面来说，20世纪五六十年代揭取的壁画由于技术落后，又无经验遵循，采用了石膏作为壁画新支撑体的主要材料。石膏密度高，脆性大，十分不易保存，而且石膏支撑体壁画重量也较大，搬运过程十分不便，所以那时揭取保护的壁画到现在都出现了问题，如：支撑体断裂、变形、地仗层缺失、破碎、颜料脱落、褪色、粉化等。而20世纪70年代及以后揭取的壁画，除了墓葬内本身保存环境较差的外，揭取后保存现状都较好。如20世纪70年代揭取的懿德太子墓、章怀太子墓、永泰公主墓壁画等。因为有了前人揭取墓葬壁画的经验，并且在技术上有了改进，使得壁画在揭取后得到了更好的保存。同时，由于这些壁画内容精美，画面保

留较好，多数现已成为国宝级文物，得到了人们的重视，这也是其保存现状较好的一个原因。

4. 新的病害调查方法的介入

这些年随着先进技术和仪器的引入，馆藏壁画病害调查所使用的调查手段也在原有的现场观察记录及照相记录等方法之外得到了改进和创新，也使得我们能够更好地发现、认识这些病害，这些新的病害调查方法包括：

利用三维扫描仪对壁画进行整体扫描，对壁画的形貌进行定位，以三维的角度分析壁画空鼓、支撑体形变、缺失等病害，还可对三维扫描仪多次扫描得到的数据进行对比分析，研究壁画在保存环境中的形貌变化。

利用超景深显微镜现场对壁画进行微观形貌的观察，分析研究酥碱、盐析、起甲等颜料层病害成因和危害程度，还可利用其便携式的特点对地仗层碎裂、缺失等病害进行更为细致地观察（图一四、图一五）；利用超声波设备对壁画进行超声波发射，根据超声在通过不同声阻物质时会发生强反射的特点，对得到反射的数据进行分析，从而判断内部空鼓、断裂及变形情况。

图一四　壁画表面颜料超景深显微观察

图一五　壁画地仗剖面超景深显微观察

图一六　激光拉曼分析颜料成分

利用色度仪、色度计等设备对壁画颜料进行色度分析并建立相关数据库，可进行多次测量，对比研究壁画表面颜料层在保存环境中的变色、褪色情况和程度（图一六）。

利用紫外光谱设备对壁画表面进行紫外光照射，再观察壁画表面的异常情况，根据紫外光对不同物质，尤其是无机质和有机质照射后成像不同等特点，分析研究壁画表面是否经过再处理。

还可利用X射线荧光光谱仪对壁画颜料层、地仗层成分进行分析（图一七），确

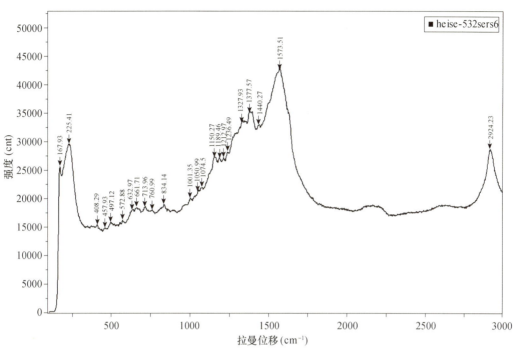

图一七　颜料成分分析结果（红色颜料为铁红）

定不同颜色颜料的成分，进而判断其来源，针对其便携性的特点，分析检测可以在调查现场进行。还可利用地理信息系统对壁画进行分析，为壁画建立庞大的数据信息库，可以详细统计壁画病害的分布及各种病害类型的面积等。

三、馆藏唐墓壁画病害状况分析

1. 馆藏唐墓壁画本体病害状况分析

馆藏壁画的本体病害主要包含壁画画面病害及壁画地仗层病害，大多与壁画的绘制工艺有关，唐墓壁画的制作工艺大致为先挖掘墓室墓道形成泥土墙面，再以泥、沙、石灰混合灰浆沿泥土墙面砌成砖墙，抹上麦草泥、石灰地仗层后在其上绘制壁画①。初唐、盛唐时期墓葬壁画制作工艺水平较完善，墓葬壁画的制作水平和艺术水准都达到了顶峰，墙面、草泥层、石灰地仗层厚度相对较厚，壁画绘制颜料亦佳，其主要本体病害源自保存环境变化所引起的颜料变色、褪色等；中唐、晚唐时期，壁画制作水平较差，墙面、草泥层、地仗层厚度都有所减弱，有的壁画地仗层甚至薄至不到1毫米，仅靠草泥层支撑，没有石灰地仗层的隔离，墙体盐分很容易渗入，致使画面酥碱、粉化、盐霜、颜料附着力降低等，由于壁画本体的耐久性差，揭取过程损伤也相对较大，揭取后也就不易保存，这是馆藏唐墓壁画病害状况的内因。

---

① 郭宏、马清林：《馆藏壁画保护技术》，科学出版社，2011年。

2.馆藏唐墓壁画保存环境分析

馆藏唐墓壁画是一种特殊的存在，墓葬壁画位于地下墓葬之中，经历数百年光阴，已经逐步形成了一种平衡状态，随着出土、发掘、揭取的逐步进行，原有的保存状态被打破，其被重新置入了一个新的环境体系之中，需要一定时间才能形成新的平衡。而墓葬壁画保存有其特殊的环境需求，不同的温湿度环境下，其变化反应不一，需要有一个相对稳定的温湿度环境，然而囿于种种原因，大多数保存场地没有办法提供一个恒温恒湿的保存环境，这也就是很多壁画会产生一些诸如变形、褪色等保存性病害的原因。

3.馆藏唐墓壁画保护修复性损伤分析

保护修复性损伤是近些年来提出的一个观点，修复人员在修复过程中由于理论知识不充足、修复工具材料落后或是人为失误而引发的对文物的损伤。这些损伤有些是当下就能看到的，比如划痕、磨损等，有些损伤是要日后随着时间的推移，所使用的修复材料出现问题时才能发现的，比如揭取切割震动导致的损伤、石膏支撑体的碎裂、胶粘材料老化或可逆性较差等，馆藏唐墓壁画的保护修复过程也存在一定问题。

首先是保护修复材料选用不当，馆藏壁画揭取保护时贴布材料选用不当，选用纱布贴布会留下布纹，贴布用的黏结剂的种类、浓度选用不当会导致壁画表面眩光、颜料层片状脱落、胶霉变、胶残留等问题；画面修复材料选材不当，使用与壁画本体不兼容的修复材料导致壁画出现新的修复性损伤，甚至危及整体；修补材料选用不当，如使用石膏或其他材料进行修补导致画面协调性差、碎裂等问题；支撑体材料选用不当，如选取未经一系列防霉防蛀处理的木材作为支撑材料会产生诸如虫害、受潮弯曲变形、开裂等病害威胁；选用石膏作为支撑材料会使壁画变得笨重、易碎裂、易发生机械性损伤等危及壁画的问题；使用劣质蜂窝板材会导致壁画和支撑材料在重力作用下变形的问题。

其次是工艺方法使用不当，如馆藏唐墓壁画保护修复时在支撑体与壁画之间未增加过渡层或过渡层使用不合理，导致壁画后续可再处理性受到影响，有的甚至直接导致断裂、开胶等问题。

综上所述，馆藏唐墓壁画的病害主要是其在制作工艺方法、保存环境、揭取加固工艺方法、保存方式等因素的综合作用下形成的，每种病害的产生有其特定的原因，但往往不是单一的原因所致，所以在今后的保护修复中需要考虑到多方面的因素，以求规避对壁画有可能产生不良影响的操作，挑选最为适合的保护修复方法。

四、馆藏唐墓壁画病害保护修复处理方式探讨

馆藏唐墓壁画保护修复的基本流程大致为：前期准备、方案设计、保护修复实

施、保护修复效果跟踪、保存环境设置。主要步骤是画面清洗、防止颜料层脱落、画面加固、地仗修补填充、地仗加固、更换支撑体这几个方面。

1. 保护修复技术利弊分析

材料选择方面，选择与原材料相近的修复材料能最大限度地实现兼容性，例如选用合适的修补材料就不会出现目前馆藏壁画中较为普遍的后补材料与壁画本体极不协调的情况。工艺方法方面，即使是用传统的材料进行保护，只要工艺设计合理，同样会减少病害发生的概率[1]，例如房陵大长公主墓的壁画采用木龙骨作为支撑材料，经过近50年的时间并没有发生任何变形，这就提示我们在今后的工作中要在工艺设计上多下功夫，新的材料有的优点也要尽可能地通过工艺设计发挥出来。支撑体黏接技术方面，馆藏唐墓壁画支撑体黏接不合适的情况下就会导致支撑体与壁画本体裂开，甚至使壁画产生变形、折断等新的危害，这就需要在设计支撑体黏接技术时考虑到多方面的情况。

2. 防止修复损伤的设计探讨

针对之前壁画存在的保护修复性损伤以及保护修复过程中可能出现的不利因素，保护修复方案的设计及实施需要将重点放在防止修复损伤上，其探讨如下：材料、工艺、方法的选择尽量以最小干预、最大保障为原则，减少人为损伤的概率；增强人员培训及模拟练习，熟练操作、精细修复；以传统工艺方法制作类似的模拟壁画，熟悉传统制作工艺，并依据传统制作工艺结合现代修复方法进行模拟修复练习。

五、小结

综上所述，中国古代墓葬壁画繁多，唐墓壁画是其中重要的一种遗存[2]。而馆藏唐墓壁画病害主要产生于内部本体状况、保存环境因素、保护修复材料技术工艺等原因，内因无法改变，这就需要我们多在环境控制和保护修复材料、技术方法的选择和使用上下功夫，不断提高馆藏唐墓壁画的保护修复技术水平，通过环境控制延缓各项病害的发生和劣变速度，更好地保护好这一璀璨的历史、艺术遗存。

（原载《文博》2017年第5期）

---

① 李淑琴：《对壁画保护修复采用不同方法之效果比较》，《文物保护与修复纪实——第八届全国考古与文物保护（化学）学术会议论文集》，岭南美术出版社，2004年。

② 罗世平、廖旸：《古代壁画墓》，文物出版社，2005年，第189、190页。

我国墓葬壁画的保护方法

杨文宗[1] 郭 宏[2]

（1.陕西历史博物馆；2.中国文化遗产研究院）

摘要： 壁画的发展与不同民族在各个历史时期的生活习俗、宗教、哲学、美学观念等紧密相连。同时，壁画的制作也与当时社会的政治、经济、文化、技术发展水平相适应，因此古代壁画极具历史、艺术、科学技术价值。墓葬壁画出现并最终形成一种丧葬文化现象是在汉代。汉代墓葬壁画自西汉前期形成以后，不断发展演变并形成了一套非常系统完整的体系，表达了深邃而复杂的信仰和丧葬观念，丰富和发展了中国古代绘画的造型技巧和艺术表现形式，因此，墓葬壁画在早期绘画史和思想史上都占有非常重要的地位。本文对创刊至2015年发表在《考古学报》《考古与文物》等十余种期刊上的有关墓葬壁画方面的资料进行了系统整理，据此研究了我国墓葬壁画的分布区域及特征，总结墓葬壁画的保护模式与方法，并就墓葬壁画保护的研究方向提出建议。

关键词： 墓葬壁画 发现 保护

壁画的发展与不同民族在各个历史时期的生活习俗、宗教、哲学、美学观念等紧密相连。同时，壁画的制作也与当时社会的政治、经济、文化、技术发展水平相适应，因此，古代壁画极具历史、艺术、科学技术价值。壁画艺术也因此被称为"墙壁上的博物馆"。壁画保护也始终是我国文物保护领域中的重点与难点。

按照壁画所依附的建筑物形式，将其分为石窟壁画、寺观壁画、殿堂壁画、墓葬壁画。我国壁画具有六大特点：①时代之早；②时代之连贯；③数量之多；④种类之全；⑤分布之广；⑥创作民族之多。

依据现有资料，墓葬壁画出现并最终形成一种丧葬文化现象是在汉代。汉代墓葬壁画自西汉前期形成以后，不断发展演变并形成了一套非常系统完整的体系，表达了深邃而复杂的信仰和丧葬观念，丰富和发展了中国古代绘画的造型技巧和艺术表现形式，因此，墓葬壁画在早期绘画史和思想史上都占有非常重要的地位。

汉代前期政治和经济繁荣稳定，是我国壁画艺术发展的重要历史时期，《汉官典职》中所述"尚书奏事于明光殿，省中皆以胡粉涂壁，紫青界之，画古烈士，重行书赞"，反映了汉代建筑壁画制作的繁荣。同时，在黄老思想的影响下，统治者幻想安葬后享受生前的生活，由此壁画艺术在墓葬中得到发展。由于年代久远及社会变迁，汉代之前的建筑壁画很少发现，较常见的是汉代的墓葬壁画。

一、我国墓葬壁画的发现

据对《考古学报》《考古》《文物》《考古与文物》《文博》《中原文物》《北方文物》《文物春秋》《华夏考古》《内蒙古文物考古》《辽海文物学刊》《江汉考古》等创刊至2015年壁画墓发掘报告或研究文章的统计（个别壁画遗址因未发表或损毁等原因可能未统计在内），我国各处发现的壁画墓计454座，如果将吉林高句丽时期（3—6世纪）壁画墓计算在内，可达486座，其年代自西汉始，历经东汉、隋、唐、宋、辽、元、金、明等各朝代（表一）。主要分布于陕西、河南、山西、内蒙古、河北等，主要特点是分布于古代政治、经济、文化中心的周边地区，具有很强的地域性。

表一　中国墓葬壁画分布、数量统计表

地区	西汉	新莽	东汉	三国	晋	南北朝	隋	唐	五代	宋	辽	西夏	金	元	明	合计
北京					1	1		2			12		1			17
辽宁			2	2	3	3					27		3	1		41
内蒙古			3						7		30	6		6		52
河北			4			8			1	17	13		3	1	1	48
山西			3			8	2	16		7	11		22	5	1	75
陕西	2	1	2			6	6	47	1	1				2		68
河南	6	4	11			9		1		17			3	1	3	55
新疆						5		1								6
甘肃			7	3	15	2				1			1		2	31
宁夏						2	1	1		1						5
山东			4			3	1			2			3	10		23
四川			3						1							5
安徽			2													2
湖北									4	2						6
江苏			1			3				2						6
江西										1						1
广东								1		1						2
福建										7				1		8
浙江						1										1
云南					2											2
合计	8	5	42	5	21	50	10	73	11	59	93	6	36	27	8	454

二、我国墓葬壁画保护的基本模式

经过我国半个多世纪以来的文物保护工作，截至目前，对于墓葬壁画普遍采取的保护方法主要分为两种形式，即原址保护和迁址保护，具体有原址保护、搬迁保护、揭取保护、临摹照相提取资料等多种方式。

1. 现地原址保护

原址保存主要采用回填、封护及建设保护设施并开放展示等手段，而回填或封护是比较常用的办法。原址封护又可分为两种情形，一种是长期回填或封护，基本上很少再揭开，墓室中壁画保存状况如何不得而知，例如内蒙古赤峰宝山1、2号辽代壁画墓，洛阳宜阳丰李新莽壁画墓，洛阳伊川元代壁画墓等。另一种是不完全封护，而是建设简易保护设施和监测装置，不定期开放参观或定期监测壁画保存状态，如西安交通大学西汉壁画墓，西安理工大学西汉壁画墓，洛阳玻璃厂东汉壁画墓，酒泉丁家闸五号壁画墓，嘉峪关果园六、七号画像砖墓，大同沙岭北魏壁画墓等。

原址保护的另一种手段是建设墓葬原址陈列馆或博物馆，对外长期开放参观，如新疆吐鲁番阿斯塔那壁画墓，河南密县打虎亭汉墓，辽宁大连营城子汉墓，吉林集安高句丽部分壁画墓，广州南越王汉墓等。另外一些壁画墓因发掘时壁画保存状况较差，虽称原址回填保护，事实上已不复存在。

2. 异地搬迁保护

即迁址保护，通常采用揭取壁画和搬迁墓室相结合或整体搬迁墓室而异地修复保存等方式。据不完全统计，我国已有近60座壁画墓实施了异地搬迁保护，分三种方式。

1）解体搬迁保护

1973年发掘的甘肃嘉峪关新城五号魏晋壁画墓解体搬迁至甘肃省博物馆，采用半地下式复原保护，1975年开始对外不定期开放参观[①]。近年来，发现墓室因渗水及潮湿环境等因素影响，壁画发生了病害。2000年敦煌佛爷庙湾133号画像砖墓异地搬迁复原保护。另外，甘肃河西地区和陇东南地区的一些画像砖和彩绘砖雕墓部分或全部拆除搬迁保护。

河南省搬迁保护的壁画墓有禹州市白沙宋墓、新安县北宋李村宋村壁画墓以及洛阳数座汉代壁画墓。洛阳古代艺术博物馆除了保存揭取的墓葬壁画外，搬迁复原上自西汉，下迄宋金时期的代表性墓葬25座，其中包括最具价值的西汉、北魏等不

---

① 陈庚龄、薛俊彦、马清林：《甘肃酒泉、嘉峪关地区现存墓葬壁画半地下复原保护的可行性研究》，《第六届全国考古与文物保护化学学术会议论文集》，2000年。

同时期的壁画墓17座，壁画面积约400平方米。

2）揭取壁画与墓砖搬迁复原

2008年河南巩义市涉村镇后村施工中发现一座宋代壁画墓，具有很高的艺术价值和研究价值，当地文物部门决定对该墓进行迁移保护。临摹壁画工作完成后，将壁画整体揭取下来，然后对墓砖编号后进行搬迁复原。

3）整体搬迁异地保护

近年来，随着文物保护理念和技术的进步，以及文物保护经费的大力投入，国内部分地区已经开始对一些文物价值重大、异地搬迁保护可行的壁画墓实施了所谓"整体打包"吊装搬迁的保护方式。例如，2008年在陕西渭南临渭区崇凝镇靳上村发现一座金末元初的壁画墓，为了保存壁画的完整性，充分发挥文物价值，经过多次勘测准备，最终进行整体吊装并搬迁至陕西省考古研究院泾渭基地修复保存。同样，2009年陕西韩城市盘乐村发现的宋代壁画墓，壁画直接绘在砖面上，无法揭取，在对重约11吨的壁画墓进行内外防护加固处理后，实施了整体吊装搬迁，实现了异地保护。

3. 壁画揭取保护

受出土壁画保存状况、保护技术水平、现场保存条件等因素所限，原址保存难度极大，实践中比较普遍的方法仍然是揭取壁画异地室内保护，这也是文物保护及考古界公认的墓葬壁画的最佳保护方法，也是最常用的墓葬壁画保护手段。据不完全统计，包括以下所列我国墓葬壁画揭取保护的壁画墓和画像砖墓，数量已多达170多座。

陕西历史博物馆保存有包括章怀太子墓、懿德太子墓、永泰公主墓、新城公主墓、房陵公主墓、李爽墓等20多座唐墓中揭取的各类珍贵壁画近600幅，达1000平方米[1]。这些壁画大多是20世纪50—80年代发掘揭取的，先后采用了桃胶贴布、石膏衬底加固的保护性揭取方法[2]。咸阳市文物保护中心现存的大部分馆藏壁画为20世纪70年代末至80年代初揭取的唐昭陵陪葬墓壁画、五代冯晖墓壁画、臧怀亮墓壁画、三原县博物馆移交代管的部分揭取壁画，共计200余幅国宝级珍贵壁画。20世纪90年代，尤其是2000年以来，陕西省考古研究院发掘、保护性揭取和修复汉唐壁画墓20余座，如旬邑县百子村东汉墓葬壁画、定边郝滩东汉壁画、乾县唐僖宗靖陵、富平唐李邕墓、蒲城唐李宪墓出土壁画的保护修复等[3]。

---

① 段萍：《唐墓壁画保存现状及保护修复方法》，《中国文物科学研究》2007年第4期。
② 杨军昌等：《陕西文物科技保护研究综述》，《考古与文物》2008年第6期；雒长安：《唐墓壁画的发掘与保护》，《文博》1997年第2期。
③ 陕西省考古研究院：《汉唐墓葬壁画保护与修复》，三秦出版社，2010年。

4.临摹、复制与再现

墓葬壁画的影像图文资料提取、临摹以及复制不但是保存壁画历史信息的重要手段，也是实现壁画墓原址保护和展示利用的有效方式①。如日本奈良飞鸟资料馆有高松冢和龟虎古坟的复制模型，中国内蒙古和林格尔县盛乐博物馆复制有和林格尔汉墓，河南新密打虎亭汉墓博物馆在壁画墓近旁复制一座壁画墓，供公众参观学习。

三、墓葬壁画的原址保护

据不完全统计，国内考古发掘的560余座壁画墓中，采用完全封闭状态和不完全封闭状态的原址保护壁画墓约160座，但能够真正实现壁画原址保护与对外开放的为数不多。如截至2010年，河南省壁画墓发掘或调查后原地封存保护的共有19座，占壁画墓总数80余座的24%②。甘肃河西地区发现的50余座魏晋十六国壁画墓中，实行原址保存的约18座，但能够在有效保护墓葬壁画或画像砖的前提下真正实行长期对外开放的则非常有限，多数实行封闭回填保护。国内很多地区原址保护的墓葬壁画大都不同程度地出现过壁画病害，均存在部分壁画出现起甲、变色、褪色、霉变等现象，甚至有的画面已漫漶不清，存在着原址保护技术难题。

综合考察我国考古发现的墓葬壁画原址保护管理及展示利用状况，大致表现为以下几种类型。

（1）原址保护长期开放类型。

（2）原址保护不定期开放类型。

（3）原开放现临时封闭类型。

（4）保护性临时封闭监测类型。

（5）封闭回填无监测无定期维护类型。

（6）暂时性原址保护。

总之，通过以上资料整理发现，根据壁画墓的开放程度，原址保护可分为长期回填封闭保护、不完全封闭保护、对外开放保护三种情形。另外，由于当时墓葬壁画一般保存状况极差、人为破坏严重或因基本建设用地所需等原因，一些壁画墓考古清理发掘后消失无存。

墓葬壁画的原址保护，经历了近半个世纪的不断探索，已经取得了很多技术进步。自20世纪70年代开展对部分墓葬壁画的原址保护工作，尤其是20世纪80年代以来，从墓葬壁画本身研究到保护技术，再到保护理念，都有了大幅提高，改变了

---

① 石瑜：《唐长安墓室壁画的复制与保护》，《陕西师范大学学报》（哲学社会科学版）2004年第1期。

② 徐婵菲、王爱文：《河南墓葬壁画保护状况调查》，《中国文物报》2006年11月17日第8版。

以前揭取或回填的保护方式。而现在保护理念和思想发生了根本性变化，一旦发现墓葬壁画，虽然其会受到墓室本身损坏严重、建设用地等多种因素的限制，但首先考虑的仍然是原址保护，只有在多方论证原址保护确实行不通的情况下才采取搬迁或揭取保护的方式，这也促进了原址保护技术的不断探索和进步。回填是最简单的一种保护方式，但随之而来的问题更多，回填后如何保证文物的安全？文物保护用地征与不征？如何防范盗墓者？如何解决对公众的文化遗产展示利用？一旦发生自然地质灾害导致壁画被毁，谁来承担责任等。因此，对于墓葬壁画回填保护应持谨慎态度，不能简单地实施保护性永久回填了事。

四、总结

总体来看，开放式参观的原址保护的壁画墓数量非常有限，实践中发现这些墓葬壁画容易发生不同程度的霉变、剥落等病害，有较多的原址壁画墓展馆因保护问题而暂时关闭或者复制壁画墓供公众参观，如打虎亭东汉壁画墓、和林格尔东汉壁画墓等。从坚持原真性、历史性、完整性和最小干预的文物保护原则和理念来看，原址保存方式将是墓葬壁画保护的最终走向[①]。

虽然在墓葬壁画原址保护与利用方面有过很多尝试，取得了很好的效果，但仍存在不少问题。封闭墓门虽然有利于壁画的保护，但不利于壁画的展示、研究和随时观测壁画保存状况，有些壁画墓自封闭之日起就没有打开过。不完全封闭状态的原址保护壁画墓，虽然有保护性建筑或封闭墓道口，需要时可随时进入墓室查看，但这种状态的壁画墓容易受到自然和人为因素的破坏。现有的壁画保存条件、保护措施既不利于对壁画的研究，又不利于观众的参观。如1998年发表的资料显示，河北省几十年来投入数百万元经费发掘清理了30余座壁画墓，但很多进行封闭回填保护，临摹的汉至宋金时期上千平方米的墓葬壁画全部装箱存放在文物库房内，给参观学习、专门研究都造成不便[②]。

有学者主张墓葬壁画的整体搬迁异地半地下复原保护方式，其认为厚厚的地层能保持恒定的温度，且北方相对干燥的土壤亦较易维持合适的湿度，加之这两种方式更能够全面地反映墓葬文化，增加博物馆的历史氛围，而且迁址保护给我们提供了在新址预先构造理想环境的机会[③]。然而，如果搬迁或揭取壁画，必然给壁画造成

① 杨蕊：《墓葬壁画：原位与迁址保存的分析与思考》，《文物保护与修复的问题》（卷四），文物出版社，2009年。
② 郭太原：《河北古墓葬壁画的保护与利用》，《文物春秋》1998年第1期。
③ 魏象：《壁画墓葬保护的浅见》，《东南文化》2005年第6期。

不可逆的损伤。因此，原则上墓葬壁画在原址、原环境中保存无疑是最理想的保护方式，不仅避免了揭取和搬运对壁画造成的二次损坏，也有利于壁画的保护和修复，更为重要的是保护了文物所处的整体环境并增强了壁画的实用性和观赏性。

通过对国内外墓葬壁画保护状况的简要梳理和述评，针对墓葬壁画原址保护乃至国内墓葬壁画的保护，提出以下几方面的想法和建议。

一是创新墓葬壁画保护理念，坚持墓葬壁画原址保护的原则和整体保护的理念。墓葬壁画的揭取，是因其不具备保护的环境和技术条件而无可奈何的情况下所采取的措施，揭取并不意味着保护工作的结束，甚至从此壁画就会安然无恙，不会出现其他问题。文物自身材质的老化是无法避免的自然规律，采取的任何保护措施都只能是延缓其劣化的速度而已。随着文物保护理念的不断创新和进步，墓葬壁画原址保护是必然所致，壁画与其所依托的墓葬建筑是共生依存的关系，不可分割，只有与其环境背景进行原址一体化保存，才能全面展示其丰富的历史文化内涵和价值。对于高句丽墓葬壁画同样要坚持一以贯之的原址保护原则和理念，任何揭取壁画而造成的不可逆的割裂壁画与墓葬建筑的原真性关系都是不可取的。

二是高句丽墓葬壁画保护，尤其是原址保护是一项跨学科、交叉性的综合科学，涉及历史、民族、考古、绘画、艺术、建筑、物理、化学、生物、地质、环境、工程技术、材料等多个学科领域，需要发挥多门类的专业特长，加强多学科综合研究，开展持续性联合研究攻关，把相关研究贯穿到墓葬壁画原址保护工程的始终，从而在墓葬壁画原址保护与修复中遵循并实现"真实性和不改变文物原状"的原则。

三是不断探索创新墓葬壁画的保护技术，从技术上保证实现原址保护。随着保护技术的进步和不断创新，原址保护会逐渐成为墓葬壁画保护的主流选择。结合高句丽墓葬壁画的保存状况和实际情况，借鉴国内外墓葬壁画保护的成功经验和失败教训，深化保护措施和技术，以实现原址保护的目的。西方墓葬壁画较少见，但采用原址保存的较多，在原址保存、保护、修复壁画方面有着比较成熟的经验和先进的技术，日本一直为实现墓葬壁画原址保护的理念而不懈探索，这些成果都是值得我们参考借鉴的。

四是重视墓葬壁画考古发掘现场的应急保护措施，为长期原址保护创造更有利的条件。众所周知，墓葬壁画位于距地表一定距离的墓道、甬道、墓室等位置，考古发掘前，墓葬壁画处于长期稳定的密闭环境中，而考古发掘出土后，墓葬壁画瞬时暴露在空气中，原有环境平衡被打破，自然光照、温湿度变化、微生物和有害气体等因素对壁画造成严重影响。因此，在墓葬壁画新的环境平衡建立起来之前，在确定选择原址保护、揭取保护、整体搬迁或回填保护之前，壁画的现场保护工作即成为第一个紧急而关键的环节。

五是无论墓葬壁画揭取保存还是原址保存，保护都是一项长期而艰巨的任务，应当加强保护管理，重视开展环境监测和控制，建立并开展定期检查制度，随时了解壁画变化情况，以便发现墓葬壁画病害问题时能够得到及时解决。在问题发生之初就能够快速解决，从而尽可能地延长壁画的寿命。

六是在有效保护的前提下，尽可能实现合理利用。保护与利用是文化遗产工作永恒的主题，文物保护的目的之一是合理利用，使高句丽墓葬壁画得到合理利用，体现其社会经济文化价值，发挥其所拥有的文化遗产特殊功能。另外，不能低估社会公众对历史、文化的兴趣与追求以及审美能力。因此，在有效保护高句丽墓葬壁画的关键前提下，选择怎样的模式和方式与公众发生交流和对话，实现其特殊价值，是一个值得探讨的问题。应当选择展示与利用模式，既向公众传播其文化遗产价值，又提高文物保护意识，实现全社会共同保护高句丽墓葬壁画这一珍贵文化遗产的目的。

五、结论

（1）对于规模大、价值极高的墓葬壁画应该进行原址保护。

（2）对于规模小、大型起重吊装设备可以到达现场的墓葬壁画应该采用整体搬迁保护。

（3）无法采用上述两种方法的墓葬壁画应该采用揭取保护。

（4）壁画经过抢救性揭取、迁移、修复，经历了多次人为干预，不同时期所用保护修复材料和工艺水平的局限，导致壁画出现新的病变，应该加大馆藏壁画保护修复技术的研发。

（5）应废弃墓葬壁画回填保护的模式。

（原载《文物保护与考古科学》2017年第4期）

我国墓葬壁画的保护方法

馆藏壁画失效支撑体去除技术研究

杨文宗[1]　郭　宏[2]　葛琴雅[2]

（1.陕西历史博物馆；2.中国文化遗产研究院）

摘要： 馆藏壁画绝大多数为墓葬揭取，墓葬壁画作为一种丧葬文化现象，在早期绘画史和思想史中都占有非常重要的地位。馆藏壁画的支撑体是壁画从原址揭取下来后，为长期保存壁画、便于移动与展示，而在其背面重新黏接的。起支撑保护作用的支撑体类型有石膏支撑体、环氧树脂＋木龙骨支撑体、环氧树脂＋铝合金龙骨支撑体等。随着支撑体材料的失效，壁画也遭受不同程度的损伤。因此，失效支撑体的更换是今后馆藏壁画保护不可避免的工作。本文全面系统总结了馆藏壁画失效支撑体的类型及其去除技术及工艺，为今后壁画的保护修复提供了技术支撑。

关键词： 馆藏壁画　失效　支撑体　去除

壁画是依附于建筑物墙壁上的绘画，是人类艺术创造和表现的重要形式之一，主要存在于寺庙、殿堂、民居和墓葬中。中国壁画始于先秦，跨越汉、魏晋南北朝、隋唐、五代、宋、辽、西夏、金、元、明、清各个时代，具有悠久的历史和独特的艺术风格，发展脉络清晰，内容丰富，类型齐全，遗存量大，是我国文化遗产的重要组成部分。当建筑物在环境或结构上的危险已经威胁到壁画的安全保存时，通常将壁画揭取并收藏于博物馆中进行保存和展览，从而形成馆藏壁画。

现存馆藏壁画绝大多数为墓葬揭取，仅有极少数石窟和寺院揭取的壁画。依据现有考古发掘资料，墓葬壁画出现并最终形成一种丧葬文化现象是在汉代。汉代墓葬壁画自西汉前期形成以后，不断发展演变并形成了一套系统完整的体系，表达了深邃而复杂的信仰和丧葬观念，丰富和发展了中国古代绘画的造型技巧和艺术表现形式。因此，墓葬壁画在早期绘画史和思想史上都占有非常重要的地位，具有极高的历史价值、艺术价值和科学价值。

任何形式的古代壁画，其制作和构成都有三部分，即壁画的支撑体（墙壁或岩体）、灰泥层（也称地仗层）、颜料层（或称绘画层）。其中任何一部分发生变化，都会对壁画的整体结构产生影响从而引起壁画的病变与损坏[1]。大部分墓葬壁画地仗为黏土材料，易吸收墓葬中的水分软化，丧失强度，使其在揭取之前就已经处于濒危状态。壁画经过抢救性揭取、迁移、修复，经历许多人为干预过程。不同时期所使用保护修复材料及其工艺技术的局限，导致壁画在新的保存环境中又出现了新的病变。其中，支撑体失效是影响壁画长期保存与展示的主要因素之一。

馆藏壁画的支撑体是壁画抢救性揭取后，再次修复时人为添加的，目的是使脆弱材质组成的壁画本体得到保护，从而使壁画所承载的历史、艺术、科学信息能够长久保存，以及便于移动和展示壁画。当馆藏壁画的支撑体丧失这一作用，甚至威胁到壁画的保存与展示时，称之为支撑体失效。为了长久保存和展示馆藏壁画，对于失效的支撑体，必须在保证壁画安全的情况下予以去除，因此馆藏壁画失效支撑体去除技术是现代馆藏壁画保护修复面临的关键技术之一。

一、馆藏壁画支撑体概述

众所周知，20世纪50年代为配合基本建设而进行的考古发掘，当时抢救性揭取了大批墓葬壁画，同时也开创了我国馆藏壁画保护修复工作的先河。陕西历史博物馆唐墓壁画的保护修复自20世纪50年代至今从未间断，我国各个时期的支撑体技术在此均有实物例证，杨文宗、张群喜等人做过系统调查与总结。按壁画支撑体材料，可分为20世纪50年代至60年代中期的起步探索阶段、20世纪70年代至80年代的发展阶段、20世纪90年代至今的成熟阶段[2]。

20世纪50至60年代，由于墓葬壁画保护修复可借鉴的资料和技术极少，当时的西北文物考古工作队队长茹士安先生采用套箱方法对壁画进行揭取保护[3]。揭取后的壁画保护修复采用石膏支撑体技术，即将揭取后的壁画背面的地仗层剔除至0.2—0.5厘米厚度，背面加网状竹片（或细钢筋）龙骨，龙骨之间用细麻或铁丝绑扎，然后在壁画背面浇灌厚度为5—8厘米的石膏层，画面缺失部分用石膏修补，如图一所示。

20世纪70年代，馆藏壁画保护修复的主要方向仍然是对支撑体的研究和改进。这一时期对壁画所用石膏、环氧树脂和大漆等支撑体材料进行了对比分析，环氧树脂＋木龙骨支撑体的效果较好。对揭取壁画地仗层减薄至0.2—0.5厘米的厚度，然

① 段修业：《对莫高窟壁画制作材料的认识》，《敦煌研究》1988年第3期。
② 杨文宗、刘芃、惠任：《陕西唐墓壁画支撑体技术的传承与发展》，《文物科技研究（第六辑）》，科学出版社，2009年。
③ 茹士安：《介绍我们处理古墓壁画的一些经验》，《文物参考资料》1955年第5期。

后用加玻璃纤维布的环氧树脂涂刷，再在固化后的环氧树脂层上黏接网状松木龙骨，如图二所示。此后，这种支撑体技术在全国各地的馆藏壁画保护修复中得到广泛应用，例如陕西、山西、内蒙古、宁夏、河北、云南、四川等地。

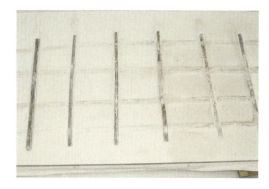

图一　壁画背面的钢筋龙骨

图二　环氧树脂＋木龙骨支撑体

图三　环氧树脂＋铝合金龙骨支撑体

20世纪80年代，采用环氧树脂＋铝合金龙骨支撑体技术，将揭去壁画的地仗层减薄至0.2—0.5厘米的厚度，用聚乙烯醇缩丁醛、B-72等材料对地仗层进行渗透加固，用掺加麻纤维的熟石灰制作过渡层，然后制作环氧树脂＋铝合金龙骨支撑体，如图三所示。此后的20世纪90年代，环氧树脂＋铝合金龙骨支撑体被更为轻便、易加工、强度高、耐腐蚀的蜂窝铝复合板材所取代。

二、馆藏壁画失效支撑体类型

对于馆藏壁画的支撑体技术，从最初的石膏到环氧树脂＋木龙骨，此后的环氧树脂＋铝合金龙骨直至现代的蜂窝铝板材。其中，以石膏和环氧树脂＋木龙骨支撑体技术修复的馆藏壁画数量最多，出现的问题也最为突出。

20世纪60年代，石膏是一种用得比较普遍的支撑体材料，石膏泥层吸收湿气，减弱壁画对支撑层的内聚力，也可引起内嵌金属构架的生锈。湿气的吸收又可引起硫酸钙盐向壁画表面迁移，导致出现灰色和白色的斑点。另外，采用石膏作支撑体时会导致壁画极其笨重且易碎，在搬运、陈列和保存过程中，由于其自身的重量，壁画极易遭受机械性损坏的危险，如图四—图六所示。

图四　石膏加固壁画出现断裂

图五　石膏迁移污染画面　　　　　　图六　石膏支撑体中的钢筋生锈污染画面

（一）石膏支撑体

以我国保存馆藏壁画最多的陕西历史博物馆为例，各类支撑体所占比例如图七所示。以石膏支撑体加固的壁画有西安西郊枣园杨玄略墓壁画、咸阳底张湾薛氏墓壁画、西安南郊羊头镇李爽墓壁画、西安东郊苏思勖墓

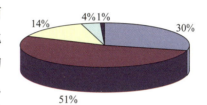

图七　陕西历史博物馆支撑体种类比例分布

石膏
木龙骨、大漆
铝合金框架
角铁、钢管
蜂窝铝板

壁画、长安县南里王村韦洞墓壁画、乾陵永泰公主墓壁画等[①]，占该馆已修复壁画的30%。我国其他地区也保存了大量以石膏为支撑体的馆藏壁画，包括：山西永乐宫壁画、山东嘉祥山隋墓壁画、辽宁北票莲花山辽墓壁画[②]。

（二）环氧树脂＋木龙骨支撑体

以环氧树脂＋木龙骨为支撑体修复的壁画更多，包括乾陵懿德太子墓壁画、章怀太子墓壁画、三原永康陵李寿墓壁画、富平房陵长公主墓壁画和李凤墓壁画等[③]。我国其他地区保存的馆藏壁画几乎全部是以环氧树脂＋木龙骨为支撑体的，例如北周李贤墓壁画、少林寺千佛殿壁画和河南芒砀山西汉柿园墓壁画[④]。

20世纪70年代，采用环氧树脂＋木龙骨（铝合金型材）框架作为支撑体，至80

① 段修业：《对莫高窟壁画制作材料的认识》，《敦煌研究》1988年第3期。

② 祁英涛、柴泽俊、吴克华：《永乐宫壁画迁移修复技术报告》，《山西文物》1982年第2期；孟振亚：《山东嘉祥山一号隋墓壁画揭取方法》，《文物》1981年第4期；李宏伟：《辽宁北票莲花山辽墓壁画揭取》，《考古》1988年第7期。

③ 段修业：《对莫高窟壁画制作材料的认识》，《敦煌研究》1988年第3期。

④ 徐毓明：《北周李贤墓壁画的揭取和修复新技术》，《文物保护与考古科学》1990年第1期；陈进良、蔡全法：《少林寺千佛殿壁画的临摹揭取与复原》，《中原文物》1987年第4期；陈进良：《柿园汉墓壁画揭取报告》，《芒砀山西汉梁王墓地》，文物出版社，2001年。

年代逐渐在中国北方地区的壁画保护中形成主流①。环氧后背的厚度大约1毫米，并与木龙骨（铝合金）框架配合组成支撑体。较之石膏加固支撑体，其优点是显著减轻了壁画修复后的重量，便于保存和展出时的搬运，而且支撑体强度、韧性好于石膏。但木质材料容易糟朽和遭受虫害，从而导致壁画多种类型的损坏。此外，木质材料的吸水性也容易引起壁画弯曲、变形和开裂②，如图八、图九所示。同时，罗黎等人在其研究中指出，环氧树脂具有不透水、变形张力大等致命缺陷，他们认为亟待研究新的替代材料③。谢伟指出，采用环氧树脂加固壁画后背的缺点越来越多地暴露了出来，甚至他认为采用这样的方法对壁画反而造成了一定程度的保护性损坏④，杜小帆、泽田正昭等人认为，环氧树脂的不可逆性使壁画再修复处理成为难以解决的课题⑤。

图八　木龙骨虫蛀　　　　　　　　图九　木龙骨变形

三、馆藏壁画失效支撑体去除技术研究

长期以来，有关馆藏壁画的保护研究，多集中在揭取方法以及揭取过程中对壁画正面的保护和材料的选用上，而对壁画揭取后修复所用支撑材料的系统研究较少，有关失效支撑体的去除技术研究则更少。笔者在进行"濒危馆藏壁画抢救性保护工程——馆藏壁画保护综合研究"项目时，对各类失效支撑体去除技术进行了系统总结。失效支撑体去除的原则是：如果支撑体发生的变化对馆藏壁画不构成直接危害，

---

① 李西星：《陕西唐代墓葬壁画》，《陕西历史博物馆馆刊（2）》，三秦出版社，1995年，第259—263页。
② 铁付德等：《西汉柿园墓"四神云气图"壁画综合保护研究》，技术成果，cstaID: CG2003025521.
③ 罗黎、张群喜、徐建国：《陕西唐代墓葬壁画》，《陕西历史博物馆馆刊（第一辑）》，三秦出版社，1994年，第209—214页。
④ 谢伟：《唐墓壁画保护若干问题探讨》《陕西唐代墓葬壁画》，《陕西历史博物馆馆刊（第五辑）》，西北大学出版社，1998年，第345—353页。
⑤ 杜小帆、泽田正昭等：《古代墓室壁画的保护与修复》，《西安唐墓壁画国际学术讨论会论集》，2001年，第20—24页。

不宜将其更换；如果变化已危害到壁画的保存、展出，则必须去除并替换新型支撑体。去除失效支撑体的根本要求是：既能够完全去除失效支撑体，又要对壁画本体产生的影响最小，尤其是不能损伤壁画颜料层。

（一）画面保护

古代壁画由多种材料组成，且经历了千余年的变化，各类材料保存状况差异很大，为使构成壁画的各种材料能够承受去除失效支撑体时所产生的震动、冲击力，以及后续的画面修复，去除馆藏壁画失效支撑体前，首先应对壁画颜料层进行加固保护，对于任何形式失效支撑体的去除，都是不可缺少的工作。有关去除失效支撑体前的画面保护，葛琴雅等人在修复内蒙古大昭寺揭去壁画时，总结了一套行之有效的方法[①]。

（二）画面清洁

（1）对壁画保存现状进行调查，记录、标注病害部位。

（2）用软毛刷或洗耳球清除画面的尘埃，格外留意起甲、酥碱或粉化等病害部位。

（3）用牙科打磨机刮除壁画周围的环氧树脂，对于环氧树脂颗粒，用加热的解剖刀刮除。

（4）将医用棉签蘸温热纯净水，轻轻擦除壁画表面污垢。

（5）用相应的试剂擦除壁画表面的钙质土垢、残留胶、霉斑等污染物。

（三）颜料层加固

（1）用注射器吸取加固剂溶液，滴渗于画面病害部位，注意不使针尖接触画面。依据壁画制作材料与工艺研究成果，以及壁画病害类型，选择合适的加固剂种类；根据病害程度，分别使用不同浓度的加固剂溶液。

（2）加固剂干燥约80%的程度后，用壁画修复专用刀具进行龟裂起甲等病害的修复，并在画面上覆盖一层宣纸，用纺绸包裹医用脱脂棉拓包来回滚压，使病害颜料层与地仗层牢固黏接。按压时力度应均匀，避免在画面上产生压痕。

（3）为有效控制操作，一次滴注修复的画面不超过4平方厘米。

（四）画面封护

（1）为了保护画面的完整性，防止在去除失效支撑体过程中对壁画造成的意外

① 葛琴雅、成倩、孙延忠等：《内蒙古大昭寺壁画失效支撑体去除技术研究》，《文物科技研究（第六辑）》，科学出版社，2009年。

摩擦和创伤，用喷壶均匀喷洒壁画表面封护剂。依据颜料胶结材料分析数据选择合适的封护剂种类，原则上封护剂与颜料胶结材料的溶剂是不相溶的，以便于后续的修复工作。

（2）喷洒壁画表面封护剂时应均匀，如果不均匀，则喷洒封护剂较多的部位会产生炫光，可用蘸相应溶剂的棉签轻轻滚动除去多余的封护剂。

（3）在画面缺失、裂隙等病害部位覆盖宣纸纸条，并涂刷1.5%的桃胶溶液使纸条粘贴在画面上，用拓包滚压尽量做到之间无气泡。

（4）依据壁画画面尺寸裁剪宣纸，并使宣纸光面向下覆盖画面，在宣纸上刷一层桃胶，使宣纸与壁画黏接。依据壁画颜料层保存状况，可黏接1—2层宣纸。

（5）如果壁画整体保存状况较差，为了更好地保护壁画颜料层，可在宣纸上涂刷桃胶，黏接1—2层纱布。

（6）静置壁画，待自然干燥。

（五）翻转壁画

（1）依据壁画尺寸和重量，制作具有缓冲作用的背板。在木板上先放置一层2厘米厚的海绵，在海绵上铺上宣纸。

（2）将背板轻放在壁画上，并用胶带黏接使壁画与背板连接成为一个整体。

（3）翻转背板，使壁画的支撑体向上。如果壁画尺寸较大、失效支撑体厚重易断裂，可在专用的壁画翻转工作台上实施背板的翻转。

四、石膏支撑体的去除技术

为使去除失效支撑体时所产生的震动、冲击力对壁画本体不产生新的破坏，经采访当时参与修复的工作人员、现场调查及科学分析，掌握了石膏支撑体加固壁画的工艺，并按照原工艺制作了模拟试块，进行失效石膏支撑体去除试验。依据试验结果，选择唐苏思勖墓壁画为代表，进行石膏支撑体的去除方法研究，并总结经验形成失效支撑体去除技术。

（1）用手提切割机将石膏支撑体划割成1厘米×1厘米的方格。

（2）对石膏支撑体按每层1厘米的厚度进行分层，用刀具从侧面水平方向切除石膏，对于不规则区域使用自制手锯剔除。

（3）手工去除石膏支撑体中的竹篾（或钢筋）加强筋。

（4）用铲刀等工具完全清除剩余的石膏层，直至露出壁画原地仗层。

（5）依据壁画地仗层保存现状，选择适当浓度的AC-33或聚醋酸乙烯酯乳液渗透加固地仗层。

（6）依据壁画原址保存时的地仗层信息资料，制作壁画过渡层，以便于黏接新的支撑体。

五、环氧树脂＋木龙骨支撑体的去除技术

以环氧树脂＋木龙骨为支撑体的馆藏壁画可分为两种类型。一类是壁画原草泥地仗层完全被清除，仅保留厚1—2毫米的白灰层，在白灰层上用环氧树脂贴一层棉布（或纱布、玻璃纤维布），其上用环氧树脂再贴一层玻璃纤维布，即在壁画白灰层上制作厚度约1.5毫米的加玻璃纤维布（或棉纤维）增强环氧树脂背衬，然后在背衬上黏接网状木龙骨框架。典型的有河南博物院西汉四神云气图[①]，称之为无草泥地仗层馆藏壁画。另一类是保留了壁画部分原草泥地仗层，在草泥地仗层上用环氧树脂贴一层或两层玻璃纤维布，然后在背衬上黏接网状木龙骨框架，典型的有内蒙古大昭寺壁画[②]，称之为有草泥地仗层馆藏壁画。对于不同类型的环氧树脂＋木龙骨支撑体的去除，采用不同的方法。

（一）无草泥地仗层的环氧树脂＋木龙骨失效支撑体的去除

此类壁画的白灰层仅厚2毫米，且原修复没有制作可供分离的过渡层，没有可容下分离工具操作的空间，若从此层分离风险极高。为确保壁画安全，只能去除变形木龙骨而保留环氧树脂层。因此，分离只能从木龙骨框架与环氧树脂层之间进行，且只能用机械去除变形木龙骨而保留环氧树脂层。

有关此类支撑体的去除，铁付德等人试验比较了各种方法，结果表明，脑外科手术用丝锯对壁画的震动最小。线状丝锯条可任意改变方向，适合任意部位龙骨的分离，由于是手工操作，可随时感受到震动的大小，可将振动控制在最小。为了确保龙骨分离过程不对环氧树脂层后背或灰泥层造成损坏，丝锯分离缝选择在距环氧树脂层后背2毫米处，余下的薄木层采用木刻刀手动轻轻铲除。木龙骨与环氧树脂层后背之间的环氧树脂，用电动或气动雕磨、控制转速，使向下轻压的力度与沿平面滑动的速度良好配合，控制震动，确保不对壁画造成伤害。采用此种方法，对壁画后背木龙骨及固定用环氧胶进行去除。3人在45个工作日内共进行了100.63米的木龙骨分离和残留环氧树脂胶的处理，效率较低。

为此，笔者通过模拟试验后的效果评估，选择唐侍女侏儒图的修复进行失效支

---

① 铁付德等：《西汉柿园墓"四神云气图"壁画综合保护研究》，技术成果，cstaID: CG2003025521.
② 成倩、杜晓黎、王晏民等：《内蒙古大昭寺壁画的历史与现状调查》，《文物科技研究（第六辑）》，科学出版社，2009年。

撑体去除技术研究，总结了一套效率较高、对壁画本体影响较小的方法。

（1）用切割效率高的电动切割机对木龙骨进行间距为3—4毫米的分段切割。

（2）沿锯缝用钢丝锯对木龙骨进行切割，完成对木龙骨的主体去除。为确保壁画本体的安全，保留约2毫米厚的木龙骨。

（3）针对保留2毫米厚木龙骨的剔除，先使用超薄打磨片的微型切割机从环氧黏接层进行切割；然后在木工凿、木工锯、木刻刀、手锯等工具的配合下，用线状丝锯或钢锯条剔除。

（4）用木刻刀和电热吹风机手动轻轻铲除残留的薄木层。

（5）用热刀片、微型打磨机等工具将高低不平的环氧层表面进行打磨、修整，以便于黏接新的支撑体。

（6）壁画局部矫形。对起翘、变形严重的部位进行局部矫形，即按起翘、变形的面积大小裁取木工板放置在变形部位上面，使用木工夹卡制加压，加压不可一次复原，应缓慢多次进行，木工夹下部丝口每次调节距离以2—5毫米为宜，直至壁画变形部位达到水平。

（7）壁画整体矫形。使用制作好的壁画夹板将变形的壁画放置在夹板中央，用木工夹沿夹板周边卡制加压，逐渐使壁画整体达到平整，矫形时间持续约15天。

（8）黏接新的支撑体。

（二）有草泥地仗层的环氧树脂＋木龙骨失效支撑体的去除

由于此类壁画在原修复时保留了一定厚度的地仗层，为分离支撑体留下了可容下分离工具的操作空间，去除失效支撑体相对简便。通过对内蒙古大昭寺壁画的修复，总结了一套效率较高、对壁画本体影响较小的支撑体去除方法。

（1）用电动切割机对木龙骨进行间距约10厘米的分段切割。

（2）用修复刀剔除切割后的木龙骨段，完成对木龙骨的主体去除。

（3）用角磨机将玻璃纤维布与环氧树脂混合层（纤维布＋环氧层）切割成条状，然后用电热吹风机加热，待环氧树脂层变软后，用镊子夹起并去除条状玻璃纤维布。

（4）用电热吹风机加热并用修复刀剔除残留有环氧树脂的地仗层。

（5）用修复刀减薄、平整壁画地仗层，用角磨机将地仗层的边缘打磨成楔形，以便于后期拼接壁画。

（6）依据壁画原地仗层材料分析数据，选择合适浓度的AC-33或聚醋酸乙烯酯乳液渗透加固地仗层。

（7）依据壁画原地仗层材料的分析数据，制作壁画过渡层。

（8）黏接新的支撑体。

六、总结

如前所述，馆藏壁画的支撑体是壁画从原址揭取下来后，为长期保存壁画、便于移动与陈列，而在其背面重新黏接的，主要类型有石膏、环氧树脂＋木龙骨、环氧树脂＋铝合金龙骨、蜂窝铝板等。其中，石膏和环氧树脂＋木龙骨支撑体是使用最早的两类，自20世纪50年代开始，延续使用30余年，现存的绝大多数馆藏壁画是用这两类支撑体进行加固的，虽对壁画起到了一定的保护作用，但也存在着不可避免的缺陷。以陕西历史博物馆馆藏壁画为例，以石膏为支撑体的壁画，有2/3以上出现断裂、地仗层空鼓、脱落，其余由于重量过大或石膏易吸水老化等原因，也处于濒危状况。以环氧树脂＋木龙骨为支撑体的壁画，有1/3以上已经出现变形、壁画裂缝、脱落等病害。目前，这些壁画均需要更换支撑体。

选取唐苏思勖墓壁画、唐侍女侏儒图壁画、内蒙古大昭寺壁画等不同类型的支撑体壁画，通过失效支撑体去除技术研究，全面系统地总结了馆藏壁画失效支撑体去除的关键技术及工艺，为今后壁画的保护修复提供了技术支撑。

（原载《文博》2009年第6期）

馆藏壁画失效支撑体去除技术研究

唐韩休墓壁画保护现状调查与分析

杨文宗[1] 张媛媛[2] 王 佳[1]

（1.陕西历史博物馆；2.西北工业大学材料学院）

摘要： 2014年2月，陕西历史博物馆和陕西省考古研究院联合发掘一座唐代壁画墓，墓内壁画保存较为完好，极具历史、考古和艺术价值。通过三维影像记录、环境监测及科学检测分析，进一步了解壁画绘制工艺及保存现状，科技手段包括拉曼光谱、红外光谱、X射线衍射分析、离子色谱、扫描电子显微镜等。检测结果表明该墓壁画不宜原址保存，并且为下一步壁画搬迁保护提供了理论依据。

关键词： 壁画保护 科学分析 环境监测

2014年2月，陕西历史博物馆和陕西省考古研究院联合发掘了一座内有精美唐代壁画的墓葬。该墓位于陕西省西安市长安区大兆乡郭新庄村南，是由长斜坡墓道、4个过洞、5个天井、甬道和墓室组成的唐代高等级墓葬。通过墓志判断该墓是唐玄宗朝尚书右丞韩休与夫人柳氏的合葬墓。发掘中发现墓道、过洞、天井部分仅在墙面隐约有白灰层以及红色影作木构痕迹，而甬道与墓室中的壁画保存较为完好。

一、墓葬现状及壁画分布

墓室坐北朝南，墓道开口水平长13.75米，北壁从开口至坡底深4.15米。甬道长约7.7、高1.2米，两侧均绘有壁画，但损毁严重，东西两侧仍可见两幅残破的二人抬箱图及其他人物画。

墓室为砖券结构，东西向、南北向均为4米，四周墙壁高2.48米，穹顶高2.4米。整个墓室由下向上呈梭子形，四面墙壁底部均为弧形。

墓室东壁绘乐舞图（图一），南壁西侧绘朱雀图（图二），北壁西侧绘玄武图（图三），北壁东侧绘山水图（图四），西壁绘六扇屏风树下高士图（图五），其中两幅已被盗墓分子盗走。壁画的绘画技法娴熟，水平十分高超，这些壁画保存得较为

图一 东壁乐舞图

图二 南壁朱雀图

图三 北壁西侧玄武图

图四 北壁东侧山水图

图五 西壁高士图

清晰完好且题材罕见。北壁东侧的山水图画面完整，是目前西安地区唐代墓葬唯一的独屏山水图。

二、壁画现状调查

（一）壁画图像采集

对壁画保存状况进行拍照，并采用三维数字化技术（图六、图七）对甬道和墓室壁画图像信息及光谱信息进行采集。

图六　甬道三维影像图　　　　图七　甬道三维模型图

（二）保存环境调查

针对韩休墓壁画所处环境，我们采用了目前较为先进的无线传输监测终端，对壁画微环境的土壤含水率、温湿度等相关基础数据进行实时监测、记录，从而准确记录壁画所在微环境的相关数据。

根据现场环境监测仪器的数据统计，韩休墓墓室环境相对湿度较高，温度变化较大，墓葬土壤含水率较大，墓室内空气中二氧化碳含量超标，对壁画的保存非常不利。

（三）壁画材料及工艺调查

1.地仗结构

通过对带颜料的脱落壁画样块使用超景深显微镜观察（图八），可知韩休墓壁画为传统的墓葬壁画制作方法，即在平整的砖壁上敷含麦秆的草泥层，再抹一层夹杂有少量植物纤维的白灰层，白灰层厚度约3mm；最后在白灰层上绘制画面，颜料层厚度为144—1179μm。

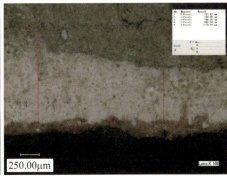

图八　壁画样块剖面显微观察

对分离壁画脱落残块的地仗层与白灰层做XRD矿物分析。土壤矿物组成有石英、方解石、斜长石、伊利石、绿泥石、钾长石、赤铁矿以及少量角闪石。白灰层矿物组成有石英、方解石、斜长石、伊利石、绿泥石、钾长石、赤铁矿。

2. 颜料成分分析

收集屏风画脱落的红色、绿色残块，以及玄武图脱落的黄色、橘红色、黑色残块，对其进行拉曼光谱分析[①]。

样品1至样品4的测试使用法国JY公司LabRAM HR 800型激光共焦拉曼光谱仪。样品5黑色颜料使用Renishaw公司inVia显微拉曼光谱仪。

样品1取自墓室西壁屏风画脱落的红色残块，附有少量灰泥层。拉曼谱图特征峰228cm^{-1}、283cm^{-1}、411cm^{-1}显示所用红色颜料为赭石$Fe_2O_3 \cdot nH_2O$（图九）。

样品2取自墓室西壁屏风画脱落的绿色残块，附有少量灰泥层。拉曼谱图180cm^{-1}、220cm^{-1}、267cm^{-1}、432cm^{-1}及534cm^{-1}处的特征峰显示绿色颜料为石绿$CuCO_3 \cdot Cu(OH)_2$（图一〇）。

样品3取自墓室北壁玄武图脱落的黄色残块，附有少量灰泥层。拉曼谱图中122cm^{-1}、151cm^{-1}和549cm^{-1}是铅丹Pb_3O_4的特征峰，说明所用黄色颜料为铅丹（图一一）。

样品4取自墓室北壁玄武图脱落的橘红偏黄色残块。拉曼谱图显示所用橘红偏黄颜料可能为赭石$Fe_2O_3 \cdot nH_2O$（图一二）。

样品5取自墓室北壁玄武图脱落的黄色残块，附有少量灰泥层。拉曼谱图显示所用黄色颜料是土黄Fe_2O_3（图一三），黑色颜料则呈现明显的炭黑特征峰（图一四）。

① Bell I M, Clark R J, Gibbs P J. Raman spectroscopic library of natural and synthetic pigments (pre-approximately 1850 AD), Spectrochim Acta A MolBiomol Spectrosc, 1997 (12): 2159-2179. 王继英、魏凌、刘照军：《中国古代艺术品常用矿物颜料的拉曼光谱》，《光散射学报》2012年第1期；刘照军、王继英、韩礼刚等：《中国古代艺术品常用矿物颜料的拉曼光谱（二）》，《光散射学报》2013年第2期。

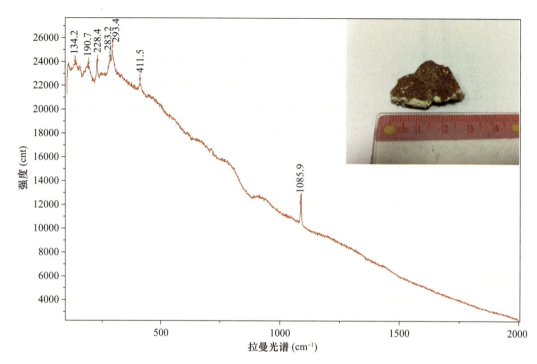

图九　样品1红色颜料及拉曼谱图

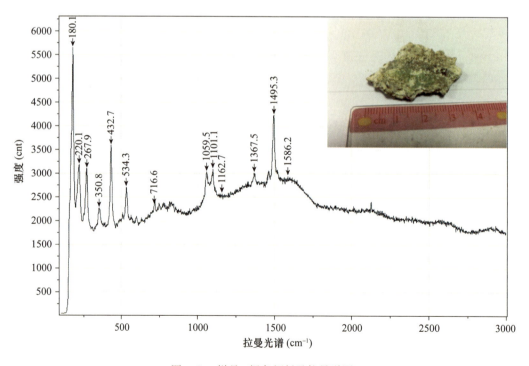

图一〇　样品2绿色颜料及拉曼谱图

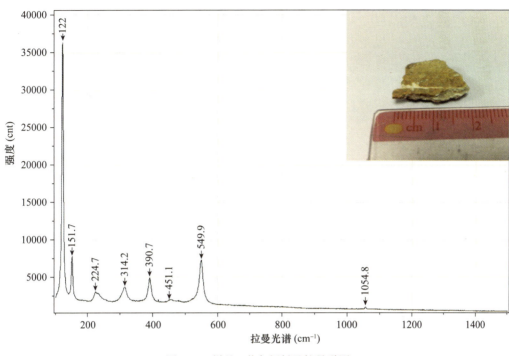

图一一 样品3黄色颜料及拉曼谱图

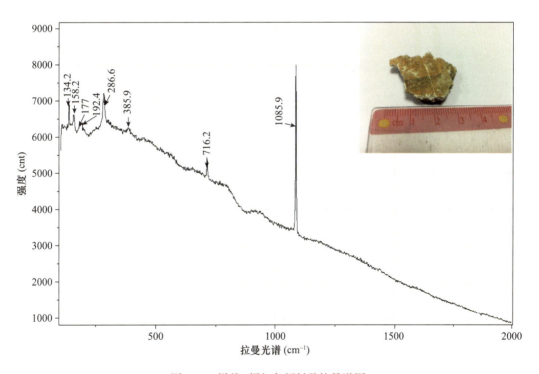

图一二 样品4橘红色颜料及拉曼谱图

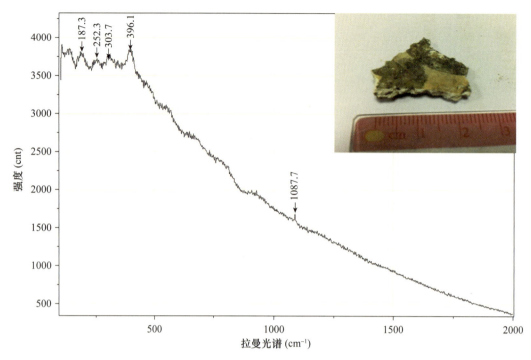

图一三　样品5黄色颜料及拉曼谱图

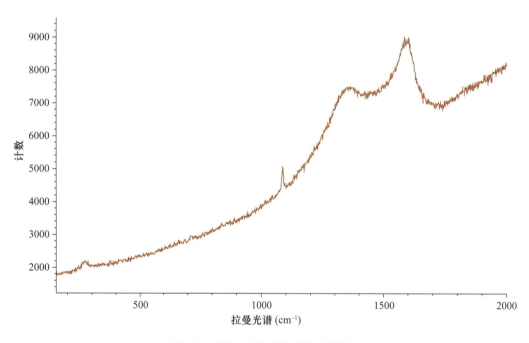

图一四　样品5黑色颜料及拉曼谱图

（四）壁画病害调查

通过韩休墓内的壁画病害调查，发现目前墓葬内壁画存在空鼓、开裂、酥碱、霉斑、起翘、局部脱落、泥垢污染、烟熏等病害，其中空鼓和开裂病害尤为严重。

乐舞图保存状况最差，整幅壁画存在多种病害，画面缺失脱落严重，个别部位起甲、空鼓明显；右侧有一处明显空鼓，有随时脱落的可能；壁画底部以及上部酥碱、裂隙较多，同时存在有大量的霉斑；中部个别部位有褪色痕迹，也有少许空鼓；由于墓室曾被土埋，整幅壁画表面覆盖有大量的泥垢污染，另外，壁画底部能看到明显的分割线。山水图最严重的是空鼓病害，其面积较大且程度较严重，主要分布在画面的中部及下部；由空鼓引起的起甲、裂隙造成画面极不稳定；壁画的下部个别部位有少量缺失，右侧上部有明显的霉斑以及点状脱落。朱雀图缺失较少，且缺失部位都位于边缘，但碎裂、酥碱、空鼓、点状脱落和裂隙病害非常严重，个别部位有褪色的痕迹，另外还有少量泥垢、霉斑和起甲等病害分布。玄武图因受到盗墓分子的破坏，大部分缺失脱落，缺失面积约占总面积的1/2，且缺失部位位于壁画的中心，对其价值损失较大，缺失部位边缘能看到明显的人为破坏痕迹，同时壁画碎裂，空鼓、酥碱也较为严重，有少量泥垢和霉斑污染。

针对壁画现有病害，此次韩休墓保护工作结合了多种科学检测分析方法探究其病害成因。

1. 离子色谱

为了解墓葬不同深度可溶盐含量的变化，特在不同深度取少量土壤样品，另在甬道裸露的墓砖上刮取少量白色析出物进行离子色谱测试。

检测时使用ICS-90/1000离子色谱仪（美国戴安公司），Chromeleon 6.8中文版色谱工作站。所用离子标准储备液（1000mg·L^{-1}或100mg·L^{-1}）自配，试剂全部为基准试剂。所有用水均为电阻率18.2MΩ/cm的去离子水。所用固体Na_2CO_3、甲烷磺酸均为优级纯。

色谱条件为：阴离子使用DionexIonPac AS9-HC阴离子分离柱和IonPac AG9保护柱，12mmol/L Na_2CO_3，流速为1mL/min；阳离子使用DionexIonPac CS12A-HC阳离子分离柱和IonPac CG12保护柱，20mmol/L甲烷磺酸，流速为1mL/min。

对样品进行研磨、烘干、称重、溶样等步骤后再开始检测。分析结果见图一五及表一。

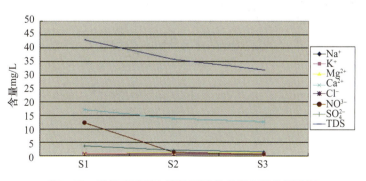

图一五　韩休墓壁画土壤及可溶盐离子色谱分析谱图

表一　韩休墓壁画土壤及可溶盐离子色谱分析结果表

样品名称	Na$^+$ mg/L	K$^+$ mg/L	Mg^{2+} mg/L	Ca^{2+} mg/L	Cl$^-$ mg/L	NO$_3^-$ mg/L	SO$_4^{2-}$ mg/L	TDS mg/L
S-1	0.9149	0.7924	0.9017	17.2185	0.5357	12.3	3.7892	43
S-2	1.134	0.9084	1.14	13.8854	0.6304	1.4256	2.1248	35.8
S-3	1.2388	0.7494	1.1889	12.6717	0.5166	0.6603	1.5948	31.8
S-4	1.0649	3.0167	1.7915	16.9361	0.3222	0.7116	1.059	40.1

图一五横坐标为距地面从上到下的样品。土壤中阳离子主要为Ca^{2+}，阴离子主要是NO$_3^-$和SO$_4^{2-}$。由TDS含量变化可知，土壤总含盐量的分布规律为自上而下逐渐降低，说明土壤中可溶盐主要在地面附近富集。就单个离子浓度而言，尤其是Ca^{2+}、NO$_3^-$和SO$_4^{2-}$同样呈现随高度减少的规律。对比析出物样品S-4与其他样品数据可知，K$^+$、Mg^{2+}和Ca^{2+}的含量较高，虽然取样位置比S-2和S-3低，但是含盐量仍然较高。说明在毛细水的作用下，盐分在墙体表面聚集，并且随着水分蒸发逐渐析出结晶。离子在壁画表面富集的程度越高，对壁画的危害就越大，加上墓室里的高湿度环境，是导致壁画上半部分易出现酥碱病害的原因。

2. 霉菌菌种鉴定

对墓室东壁的乐舞图上出现的微生物进行了取样分析，分离鉴定霉菌菌种包括：镰刀霉、桔青霉、鲁氏毛霉、华根霉、圆弧青霉、短密青霉、米曲霉、互隔交链孢霉、蜡叶芽枝孢霉（图一六）。

编号	霉菌菌种	位置
1	镰刀霉、桔青霉、鲁氏毛霉、华根霉	东壁
2	圆弧青霉、短密青霉	东壁
3	米曲霉、圆弧青霉	东壁
4	互隔交链孢霉	
5	圆弧青霉、蜡叶芽枝孢霉	东壁
6	未检出	
7	未检出	
8	未检出	

图一六　乐舞图霉斑样品分离鉴定霉菌菌种

壁画普遍存在霉斑病害说明墓室内环境利于霉菌的生长，这些霉菌以颜料胶结物为营养源，在壁画表面繁殖生长。已鉴定出的这些霉菌分泌代谢产物一般为色素、蛋白酶、有机弱酸、淀粉酶等化合物，不仅形成霉斑污染画面，而且极易腐蚀颜料层，使画面颜料剥落、稳定性降低。

3. 扫描电镜及傅里叶红外光谱分析

针对甬道和墓室出现的烟熏痕迹，采用了扫描电镜和傅里叶红外光谱探索原因。从微观结构来看，烟熏层厚度为247—736μm（图一七）。使用JSM-7500F型扫描电镜，可以清晰地看到有龟裂纹的白灰层地仗以及呈团絮状沉积在地仗表面的烟熏颗粒（图一八）。

图一七　烟熏痕迹显微图像（300x）　　图一八　烟熏痕迹扫描电镜图（1000x）

为进一步确定烟熏物质成分，使用扫描电镜结合能谱仪，15kV电压下选取不同区域进行元素分析。观察发现元素C含量达到了83.88%，O为14.92%，Ca仅为1.2%，可见烟熏颗粒大部分为有机物，但并不含硫。结合谱图信息发现团状突起为有机物，是烟熏物质，碳氧含量极高，基底层钙含量较烟熏层高，含少量硅元素，因此确定是壁画白灰层，并且白灰层所用材料可确定是碳酸钙。

为了研究烟熏有机物质的结构及来源，对烟熏样品进行红外光谱分析。采用Bruker公司Tensor 27型红外光谱仪进行检测。

由于样品含有白灰层，首先通过与碳酸钙标准谱图对比，发现样品中碳酸钙的特征峰明显（图一九）。

观察谱图可知，3600cm⁻¹—2500cm⁻¹区域有一宽吸收峰，为游离的羟基伸缩振动，2922cm⁻¹和2853cm⁻¹左右分别是亚甲基中碳氢键的不对称伸缩振动和对称伸缩振动。结合1640cm⁻¹的碳碳双键伸缩振动以及1030cm⁻¹附近的宽吸收峰，初步推测黑色烟熏为有机物[1]。

由于墓葬年代久远，又考虑到物质可能为混合物并且受到游离水分及碳酸钙的影响，为了提高谱图分辨率，对样品谱图分别进行生成二阶导数谱图及傅里叶自去卷积处理，发现烟熏物质应为含有链状烷烃的不饱和酯类化合物。据此可推测，引起烟熏的燃料为油脂类，并且很可能是植物油，因为动物油不饱和双键的碳氢键振

①　王庆、牛涛涛、李娟等：《红外光谱法植物油脂分析研究进展》，《广州化工》2012年第19期。

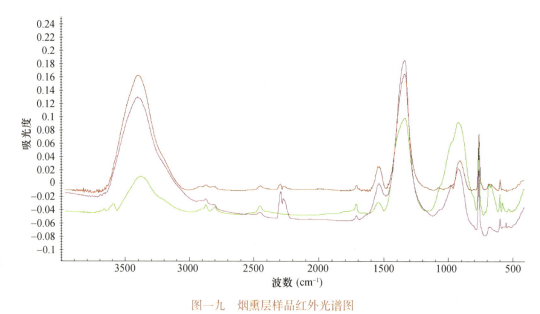

图一九　烟熏层样品红外光谱图

动波数稍低，在3004cm⁻¹左右，而矿物油没有此吸收峰。综合以上红外光谱分析，可推测样品烟熏层可能是以植物油为燃料的油灯照明而生成的[①]。

三、结语

对壁画所处环境进行实时监测，对壁画颜料成分、地仗层结构及病害展开现场科学检测分析，这些都为制定科学合理的韩休墓壁画保护修复方案提供了必要的基本信息。经过多次组织专家对揭取方案进行论证，形成了分两阶段实施、采用从地仗层切割、剥离与分割壁画墙体相结合揭取壁画的方案。第一阶段采用传统铲取法对墓葬甬道壁画、墓室西壁四幅屏风画进行揭取；第二阶段墓室内玄武图、穹顶壁画继续使用传统铲取法搬迁，山水图、乐舞图、朱雀图由于画幅较大，最终考虑采用分割壁画墙体的方法进行整体搬迁。

附记：本文得到"新型纳米材料在馆藏壁画保护中的应用创新团队"（项目编号：2015KCT-12）陕西省科技重点创新团队的支持，在此表示感谢。

（原载《中原文物》2017年第1期）

---

① 刘养清、赵平、王秀文等：《利用FTIR法快速鉴别植物油、动物油及矿物油》，《2008年中国机械工程年会暨甘肃省学术年会文集》，兰州，2008年。

懿德太子墓白虎图壁画展柜环境监测分析研究

杨文宗　金紫琳　王　佳

（陕西历史博物馆）

摘要： 懿德太子墓出土的白虎图长久以来被陈列在陕西历史博物馆唐代壁画珍品馆展厅的展柜中。展柜内环境的优劣直接影响着文物的寿命，为了减缓文物老化速度，需要研究展柜环境变化规律，改善壁画所处环境质量。壁画展柜比其他一般文物展柜的尺寸大，属于大型展柜，而学界目前仍无针对大型展柜环境研究科学的评估体系。本文通过对白虎图壁画展柜内外不同位置布设监测设备的方式，得到展柜内外温度、湿度、光照度、紫外线、二氧化碳、可挥发性有机化合物这几项环境因素的变化情况，以及大型展柜因其空间面积大，展柜内不同位置温度、湿度的差异情况，并结合展厅实际条件提出改善文物环境质量的建议，为进一步科学保护白虎图壁画提供了翔实的依据，同时为大型文物展柜环境的研究提供参考和借鉴。

关键词： 白虎图壁画　环境　调查研究

懿德太子墓出土的壁画白虎图是国家一级文物，出土时由于白虎图壁画上部接近地表耕土而遭到破坏，因此揭取的白虎图壁画只剩白虎的下半部分，画面中能看到白虎的下半身腾跃于祥云之上，显露出非凡的气势。壁画经过揭取及修复后，2011年起在陕西历史博物馆的唐代壁画珍品馆中展陈。文物所处环境会直接影响文物的寿命，当环境适宜时，可延缓其自然损坏过程，当环境恶劣时，会加速文物的损坏[1]。尤其对于展陈中的文物来说，展陈过程中需要考虑展示效果、社教意义、观众体验等限制条件，相比于库房中文物的所处环境条件，展陈文物环境控制需要考

---

① 王蕙贞主编：《文物保护学》，文物出版社，2009年，第404—431页。

虑更多的因素[①]。与其他类文物相比，壁画类文物尺寸较大，白虎图壁画高 1.96、长 6.81 米。因此保存壁画的展柜尺寸也较大，展柜高 3、长 7.5、宽 0.95 米。此外，壁画本体是由多种材料组合而成的复合体，各种材料热膨胀系数不同，使得壁画容易受到展柜内环境因素的影响，加重壁画的裂隙、空鼓、起甲等病害情况。为了减缓白虎图壁画的老化，延长文物寿命，文物保护工作者对白虎图壁画展柜环境进行长期有效的监测，并探究展柜环境的变化情况，希望此次研究能够为壁画的科学保护提供依据。

一、监测部署的方法

展陈白虎图壁画的展柜是从意大利定制进口的，展柜玻璃是防紫外线的夹胶玻璃，柜门可以向外打开至 90°。唐代壁画珍品馆环境调控主要靠展厅中央空调和展柜内部恒湿机两种方式来进行调节。此次监测使用西安元智系统技术有限责任公司的无线网络监测系统，该系统在白虎图展柜内外布设数个微型传感器节点，通过使用覆盖在博物馆的无线通信网络，将每个微型传感器节点采集到的数据通过中继节点传送至监控平台，从而实现对展柜内温湿度、光照、有害气体等环境因素的实时监测。

当前，大多数博物馆取得展柜环境监测数据是依据布置在展柜底面的监测设备

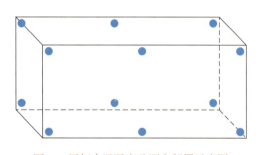

图一　展柜内温湿度监测点部署示意图

得出的，但这种方式仅能监测到靠近展柜底面的环境情况，无法全面立体地获取展柜内部环境参数，特别是针对大型展柜，无法真实立体地获取展柜内部环境参数。因此，此次温湿度研究在不影响文物展示效果的情况下，采用在展柜内壁均匀布设 12 台温湿度监测设备的方式（图一），运用反距离加权插值法原理，对获得的温湿度数据进行分析、处理，根据公式计算出展柜内各个位置的温湿度数据，并以三维图像形式展现，从而获取大型展柜内微环境的温湿度实时分布情况。同时，为了对比展柜内和展柜外的温湿度情况，在展柜外侧部署 6 台展柜外侧温湿度监测点，位置与展柜内侧 6 台温湿度监测设备对应，获取展柜内外温湿度差异情况。此外，在展柜内部部署 1 台光照监测设备、1 台紫外线监测设备，展柜内外对应处部署 2 台二氧化碳监测设备、2 台可挥发性有机化合物监测设备，获取相应环境因素的变化情况（图二）。

---

① 陈元生、解玉林：《博物馆文物保存环境质量标准研究》，《文物保护与考古科学》2002 年第 14 卷增刊；杨璐、黄建华：《文物保存环境基础》，科学出版社，2015 年，第 20 页。

图二　展柜内、外监测设备部署示意图

二、环境监测数据结果分析

（一）温湿度

通过图三至图八可以看出：2016年7月至2018年9月期间，白虎图壁画展柜内外温湿度呈现夏季高、冬季低的趋势，在冬季供暖、夏季制冷时期日波动增大。温度最高26.6℃、最低14.6℃，湿度最高72.6%、最低23.4%。适宜壁画保存的温度为（18—22℃）±2℃，湿度为（35%—65%）±5%。总体来看，展柜内温湿度大多数时间较为适宜，但展柜内环境受到西安市气象条件影响，冬季、夏季极端天气条件下温湿度存在过低或过高的问题。2016年11月至2017年3月，温度受中央空调供暖影响，出现供暖前后最低、供暖期温度上升的现象，2017年11月至2018年3月由于西安市气象条件影响大于中央空调供暖影响，因此温度虽出现供暖后温度上升，但整体仍然呈现下降的趋势，间接导致湿度的升高。图三至图六显示展柜内温湿度和

图三　展柜内温湿度数据图

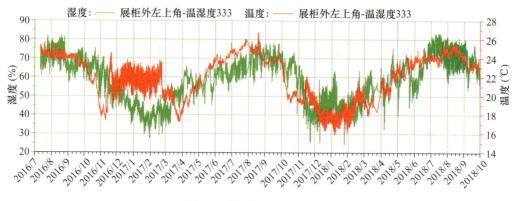

图四　展柜外温湿度数据图

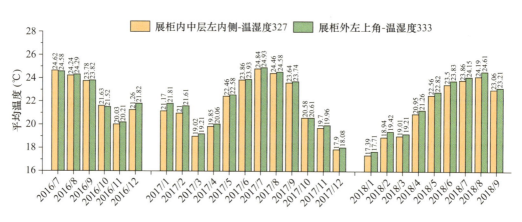

图五　展柜内外每月平均温度对比

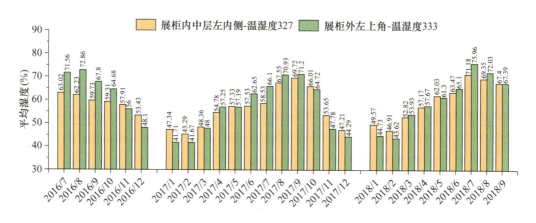

图六　展柜内外每月平均湿度对比

展柜外温湿度的波动趋势基本一致，图七、图八显示展柜内温湿度波动幅度小于展柜外。图八显示，2017年11月展柜内的湿度波动范围异常增大，推测是由于展柜内恒湿机调节故障造成的。

　　图九是壁画展柜一个季度温湿度（平均值）及其平均日波动生成的空间分布图，由此可直观反映出大型壁画展柜微环境温湿度的分布情况。从图九得知：壁画展柜

图七　展柜内外每月温度波动范围对比

图八　展柜内外每月湿度波动范围对比

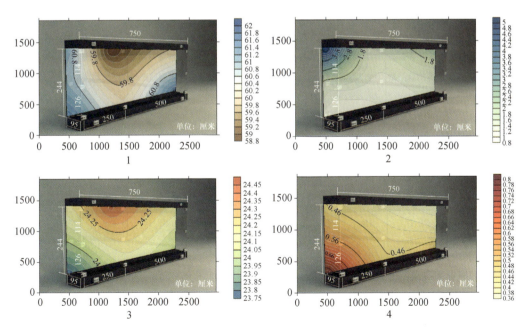

图九　展柜内温湿度及其平均日波动空间分布图

1. 展柜内湿度（平均值）空间分布图（湿度：%）　2. 展柜内湿度平均日波动空间分布图（湿度：%）
3. 展柜内温度（平均值）空间分布图（温度：℃）　4. 展柜内温度平均日波动空间分布图（温度：℃）

内部不同位置温度湿度有所差别，不同位置温度差最大0.8℃、湿度差最大5%。图中显示展柜内上层中间温度高、湿度低，展柜内下层两边湿度高、温度低，其主要原因为展柜内上层安装有感应式LED光源，LED光源在使用过程中发热导致展柜内上层温度较高，温度较高则湿度较低。图九还显示湿度波动展柜内下层小于上层，其原因是展柜内恒湿机位于展柜最下层，恒湿机起到湿度低时增加湿度、湿度高时降低湿度的作用，因此，接近恒湿机的展柜下层湿度波动小，远离恒湿机的展柜上层湿度波动大。

综上：第一，展柜内温湿度呈现夏季高、冬季低的趋势，温湿度波动呈现夏季波动范围小、冬季波动范围大、在特殊时段如冬季供暖和夏季制冷时期显著增大的特点。在日常的环境调控中，出于节约能源考虑，壁画展厅中央空调设置为分时段打开（每日打开时间为2：00—6：00、8：00—12：00、14：00—18：00、20：00—24：00），根据温湿度监测分析结果，建议在特殊时段及气象条件变化大时，通过延长空调开启时间、加大空调力度等手动调节方式，尽可能使温湿度尽快处于稳定状态，降低温湿度波动幅度。第二，展柜内温湿度和展柜外温湿度的波动趋势基本一致，且温湿度波动幅度明显小于展柜外，说明展柜的密封性使得展柜内温湿度变化情况优于展柜外的变化，后期可采取措施进一步加强展柜密封性，使文物处于更加适宜的环境。第三，由于展柜尺寸较大，展柜微环境温湿度分布不均一，大体规律是展柜内上层中间温度高、湿度低，展柜内下层两边湿度高、温度低，温度差最大0.8℃、湿度差最大5%。相比于其他馆藏文物，壁画文物的上端更接近柜内光源，展柜内上部中央温度高，使得壁画靠近这里的部分更容易在光辐射下产生损坏。同时，壁画是多种材料组合而成的复合体，各种材料热膨胀系数不同，若展柜内不同位置温湿度差过大，容易引发壁画本体各种材料间发生不同速率的变化，从而加重裂隙、空鼓等病害。为了改善展柜内不同位置温湿度分布不均的问题，建议采用优化展柜内照明光源布局的方式进行改善，从而减少由于光源集中引起壁画特定位置病害程度加重的情况。

（二）光照和紫外线

唐代壁画珍品馆的壁画展柜内上部安装感应式LED光源，有人靠近展柜时LED光源开启，离开时展柜内灯光关闭，只依靠展厅走廊公共光源，以此减少文物不必要的光照。通过图一〇、图一一可知：白虎图壁画展柜内光照度大多数时间保持在50lx以下，符合壁画的光照推荐值[①]。2017年8月至11月光照度达到80lx，推测是旺

---

① 《中华人民共和国国家标准GB/T 23863-2009》，《博物馆照明设计规范标准》，中国标准出版社，2009年，第1—8页。

季游客过多导致。2017年展柜内累积光照为188896.02lx·h，年累积光照较高。紫外线强度整体保持在0.2—0.4μW/cm²，展厅内壁画受到的紫外强度略高。

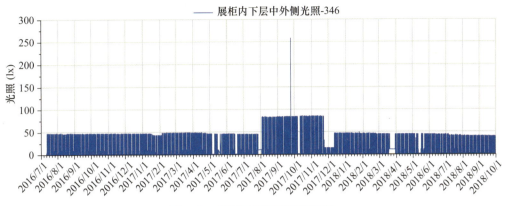

图一〇　壁画展柜光照度数据图

图一一　壁画展柜紫外线强度数据图

　　综上，白虎图壁画展柜内光照度大多数情况下保持在50lx以下，但参观旺季时展柜内略高，超出壁画类文物的光照推荐值。展柜内年累积光照度和展柜内紫外线强度也略超出推荐值。建议设计优化展柜内照明光源布局及数量控制，同时加强旅游旺季观众引导和组织，探索实行分时段观众集中限时参观的可行性，以期从光源和光照时间两方面控制壁画受到的光照强度和辐射量。

（三）二氧化碳

　　白虎图壁画展柜二氧化碳变化情况如图一二所示，从图一二中可看出：①展柜内二氧化碳与展柜外变化趋势一致，且含量低于展柜外；②五一、国庆、春节等假日时，由于游客增多，二氧化碳含量明显上升；③展柜内二氧化碳浓度大多数时间低于1000ppm，有时会高于1000ppm，但2018年7月至8月，二氧化碳浓度升高，超过1000ppm，甚至超过1500ppm；④展柜外二氧化碳在2018年8月时有几天超过2000ppm。以上情况说明展柜内二氧化碳主要来自游客的呼吸代谢产物。二氧化碳与水能形成碳酸，可溶解石灰石，高浓度的二氧化碳对壁画的保护较为不利[1]。同时，超过2000ppm的二氧化碳对人体不利，若人体长期吸入浓度过高的二氧化碳，会造成人体生物钟紊乱。

图一二　壁画展柜内外二氧化碳浓度数据图

综上，壁画展柜内二氧化碳与展柜外二氧化碳浓度变化趋势一致，且含量低于展柜外，说明壁画展厅的二氧化碳主要来自游客的呼吸代谢产物，展柜阻隔了展柜外的部分二氧化碳。二氧化碳浓度在五一、国庆、春节等假日游客众多时过高。高浓度的二氧化碳对文物和游客都有害，建议提升展厅空气交换设备，在二氧化碳含量较高时能够通过空气交换排出高浓度的二氧化碳，并结合游客分时段参观疏导，减少人员短时间内大量聚集，从而避免展厅内产生高浓度二氧化碳。

（四）可挥发性有机化合物

白虎图壁画展柜内外可挥发性有机化合物（VOC）变化情况如图一三所示，可以看出：展柜外可挥发性有机化合物基本保持在500ppb左右，也有部分时段突然升高，最高达到约3300ppb；展柜内可挥发性有机化合物呈下降趋势，从接近1000ppb降低至500ppb。壁画展柜内外的VOC主要来自建筑和装饰材料、人为带入的污染源等。《室内空气质量标准》（GB/T 18883-2002）中规定VOC浓度标准是8h均值低于300ppb[2]，由此可看出展柜内、展柜外的VOC浓度较多时间超出国家标准。展柜内VOC浓度呈下降趋势，推测VOC的来源为展柜内的装修建材，随着时间流逝，VOC

---

① 杨璐、黄建华：《文物保存环境基础》，科学出版社，2015年，第20页。

② 《中华人民共和国国家标准GB/T 18883-2002》，《室内空气质量标准》，中国标准出版社，2002年，第1—3页。

挥发，因此表现为VOC浓度降低。展柜外的VOC主要来自装修建材及人为带来的污染源，因此推测在5月和8月游客数量较多、室外温度较高时，VOC浓度短暂性地升至2000ppb以上。此外，部分时段VOC含量突然升高可能与展厅中增添装饰材料有关。可挥发性有机化合物会对人体造成伤害，也会损害文物安全。

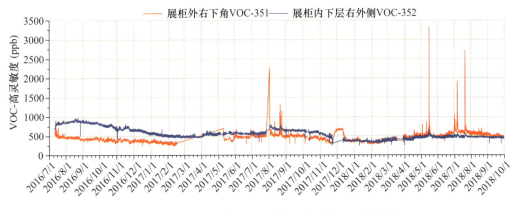

图一三　壁画展柜内外可挥发性有机化合物浓度数据图

综上，壁画展柜外有机挥发物基本保持在500ppb左右，展柜内有机挥发物从近1000ppb降低至500ppb，但均超出300ppb的国家标准。部分时段VOC含量会突然飙升，最高达到约3300ppb，这可能和此时段展厅增添装饰材料、温度较高、参观游客数量多有关。过高的VOC含量会损害游客健康，也对文物保存不利，因此展厅装修装饰时应当使用环保材料，减少额外产生的污染，并且在VOC含量过高时使用空气净化设施加快展厅空气流通，以降低污染。

三、结论与展望

第一，展柜内温湿度、温湿度波动、光照、紫外线、二氧化碳、有机挥发物几项指标在某些时段均不同程度超出文物保存环境相应指标的推荐值。根据相应环境监测结果，此次研究提出调控设备如何控制、展柜设施展厅材料如何改进以及管理措施如何加强等环境调控建议，有助于针对性地改善文物保存环境，为白虎图壁画文物保存空间环境精细化控制提供参考。

第二，白虎图壁画文物展柜属于大型展柜，大型展柜内温湿度分布情况此前少有研究。本次研究通过科学性地在展柜中均匀布置多个监测节点的方式，以三维图像形式直观呈现出壁画展柜温湿度及温湿度平均日波动的空间分布情况，得出了展柜内上层中间温度高、湿度低，展柜内下层两边湿度高、温度低的分布规律，以及展柜内不同位置温度差最高达到0.8℃、湿度差最高达到5%的结果，表明针对白虎图壁画展柜，由于受到光源及恒湿机的影响，展柜内不同位置温湿度存在一定差异。

此次研究可为其他同类大型展柜环境研究起到一定的借鉴指导意义。

第三，壁画本体是由多种材料组合而成的复合体，各种材料热膨胀系数不同、老化速率不一，使得壁画容易受到各项环境因素的影响产生劣化。今后的研究可将展柜内环境因素时空分布变化规律与壁画本体相应位置病害的科学分析相结合，进一步分析病害与环境因素的关联，从而实现文物劣化的有效控制，创造最佳的文物保存环境。

（原载《文博》2021年第4期）

吐谷浑慕容智墓门楼图壁画的科学保护与修复

杨文宗[1, 2]　顾文婷[3]　李　倩[1, 2]　王　佳[1, 2]

（1.陕西历史博物馆；2.陕西历史博物馆馆藏壁画保护修复与材料科学研究国家文物局重点科研基地；3.甘肃省文物考古研究所）

摘要：门楼图是慕容智墓壁画中保存最完整、幅面最大、价值最高的一幅壁画，对于研究唐代早期门楼建筑风格、武威地区吐谷浑王族墓葬特征、唐与吐谷浑民族关系史以及唐文化在丝绸之路上的传播具有重要意义。自揭取后，随着本体结构与保存环境的变化，其正面临着各类病害的威胁，亟待保护修复，遂本研究以门楼图壁画为研究对象，通过壁画成分分析，研究壁画制作材料类别及性能；通过壁画病害研究，确定病害现状与成因，并综合以上研究成果对壁画典型病害进行科学治理，在遵循真实性原则的基础上，采用最小干预手段，按照背面保护修复—正面保护修复—美学修复的顺序进行修复干预，以求能最大限度地保障壁画的安全性和稳定性，为壁画未来的保护展示和价值提取奠定基础，也可为其他相似壁画的保护修复提供重要借鉴。

关键词：慕容智墓　壁画　门楼图　保护修复研究

一、引言

2019年9—12月，甘肃省文物考古研究所在武威市天祝县祁连镇发掘了1座唐墓，由出土墓志可知，墓主人为吐谷浑喜王慕容智，该墓未经盗掘，墓葬形制基本完整，随葬品种类丰富，是目前发现和发掘年代最早、保存最完整的唐代吐谷浑王族墓葬[①]。

墓葬甬道口上端的照墙、甬道、墓室皆装饰有精美壁画，其中甬道口上端的照

[①]　甘肃省文物考古研究所、武威市文物考古研究所、天祝藏族自治县博物馆：《甘肃武周时期吐谷浑喜王慕容智墓发掘简报》，《考古与文物》2021年第2期。

墙上绘门楼图，甬道绘仪卫，墓室壁画则分为上层的天象图和下层的男女侍两部分。壁画以墨线勾勒为主、设色清新典雅、人物造型生动自然，充分反映了唐代审美对吐谷浑地区的影响，具有极高的艺术价值与历史价值，但因墓葬塌毁严重，甬道及墓室的壁画残损严重，整体保存状况较差，甘肃省文物考古研究所随即委托陕西历史博物馆馆藏壁画保护修复与材料科学研究国家文物局重点科研基地对该批壁画进行了揭取保护，共揭取回包括门楼图在内的26幅壁画，移入甘肃省文物考古研究所库房进行下一步保护修复。

（一）壁画现状调查

门楼图壁画高1.65m，宽1.25m，是慕容智墓壁画中面积最大、保存最完整的一幅壁画，壁画以白灰为底，上用红、黑线条勾绘出双层楼阁式建筑，建筑屋顶为庑殿顶，屋角起翘，正脊中间装饰有宝瓶状脊刹，下有台基。上层屋身面阔三间，柱头铺作一斗三升，正面开双扇门，每扇门扉上有圆形泡钉4路，每路5枚，两侧间各开一直棂窗；下层屋身除柱头铺作外，补间还施人字栱，其余则基本与上层相同。门楼图壁画在唐代早、中期高等级墓葬中较为常见，如李贤墓、昭陵长乐公主墓、韦贵妃墓、苏君墓、阿史那忠墓、懿德太子墓、永泰公主墓、李泰墓等[1]。而无论是从双重楼阁的建筑风格，还是一斗三升斗栱、人字形补间铺作、直棂窗等建筑元素来看，慕容智墓出土的门楼图壁画都具有典型的关中地区唐代早中期建筑的特点，但同时又兼备台基、宝瓶状脊刹等关中地区唐代早中期建筑少有的元素，这种同一性与差异性对于研究吐谷浑与唐之间的文化交流、吐谷浑民族葬俗以及唐代建筑发展具有重要意义。

由于墓葬塌陷严重，门楼图壁画在发掘前即被黄土覆盖，受回填土的影响，画面出现了大面积钙化土和泥渍污染，上部和中上部存在地仗层脱落的病害，中下部则是有颜料层脱落的情况。此外，受盐霜影响，画面局部也出现点状脱落和龟裂等病害，壁画整体保存状况较差。而在实验室对揭取回的门楼图壁画进行保护修复工作前的现状调查时发现，上述点状脱落、龟裂等病害因揭取前的预加固而有所改善，壁画背面则主要为泥土覆盖、碎裂、裂隙、缺失等病害，翻至正面后发现正面呈纱布封贴状，中心部位及四周边缘有明显的起翘变形，正下方位出现了小面积霉菌滋生，病害种类较多，且各类病害重叠交错出现，壁画亟待进一步处理。

（二）壁画成分分析

门楼图壁画从内向外可分为泥质地仗层、石灰地仗层、颜料层及其胶结材料等

---

① 赵晋：《壁画墓中的门楼图研究——以九原岗壁画墓门楼图为例》，山西大学硕士学位论文，2018年。

部分，通过对壁画各部分进行成分分析，可以充分了解壁画各部分制作材料的性能差异，同时为壁画的病害成因分析提供科学依据，指导壁画下一步的保护修复工作。

1. 样品信息

取样时遵循最小干预的原则，在确保文物安全、不影响文物原貌及整体性、尽量不破坏壁画的整体信息，且满足分析条件的前提下，选择慕容智墓葬发掘现场门楼图壁画下的散落残块作为分析检测样品（表一）。

表一　门楼图壁画检测样品来源

编号	样品描述	样品位置来源
1	黑色颜料	壁画下的散落残块
2	红色颜料	壁画下的散落残块
3	无颜料地仗层	壁画下的散落残块

2. 方法及分析仪器

由于慕容智墓门楼图壁画的检测样品为壁画散落样品残块，泥质地仗层、石灰地仗层和颜料层混合在一起，因此，在对颜料层和胶结物质进行元素分析和结构分析时，要在超景深显微镜下对样品进行粉末提取，保证颜料样品的纯度，同时综合多种检测手段，以得出较为准确的结论。

1）超景深显微镜

采用日本基恩士VHX-5000型超景深三维显微系统对壁画颜料层表面及颜料层、石灰地仗层和泥质地仗层剖面进行微观形貌观察，检测环境为室内自然环境，镜头为基恩士VH-Z20R镜头，倍率范围为20倍至200倍，观察距离为25.5mm。

2）扫描电镜/能谱仪

采用美国EDAX Octane plus /FEI MLA650F型扫描电镜/能谱仪对壁画颜料成分进行分析，仪器检测环境为温度23℃，湿度40%。

3）激光拉曼分析仪

选用日本HORIBA LabRAM HR Evolution型拉曼光谱仪对壁画颜料成分进行分析。激发波长785nm，功率<300mW，光谱范围50～2000cm^{-1}，积分时间10s。

4）X射线衍射仪

采用D/max-2600/PC强力转靶全自动X射线衍射仪（日本理学株式会社）对壁画颜料成分进行分析，检测选用铜（Cu）靶，狭缝：DS＝SS＝1°，RS＝0.15mm，电压40kV，电流100mA，扫描范围（$2\theta/\theta$）：3°—70°。

5）热裂解-气相色谱-质谱分析仪

采用日本前线实验室（Frontier Lab）热裂解仪PY-3030D搭载岛津（Shimadzu）气相色谱质谱仪GC/MS-QP2010Ultra对壁画颜料中的胶结材料进行分析，色谱柱型号为DB-5MS UI（Agilent J&W），裂解温度600℃，GC/MS-QP2010Ultra的载气气体为高纯氦气，电子压力控制系统采用恒流模式，质谱仪采用EI电离。鉴定化合物的质谱库为NIST14/NIST14s（日本岛津）和数据库EXCAPE（美国盖蒂）。试剂选择四甲基氢氧化铵25%水溶液。

3. 分析结果

1) 泥质地仗层

由壁画断面的显微照片（图一）可知，门楼图壁画地仗层的厚度为8000μm，质地较为疏松，且混有大量植物纤维，植物纤维长度为3000—101000μm，宽度为200—500μm（图二），由纤维特征推测应为麦秸，麦秸秆碾压扁平后有韧性，可以增强泥质地仗强度。地仗层中还发现大量的盐析与植物根系（图三）。

图一　壁画残块断面显微照片　　　　图二　壁画纤维显微照片

图三　壁画地仗层内盐析和植物根系的显微照片

由壁画泥质地仗层样品的衍射图谱（图四）可知，门楼图壁画泥质地仗层含有方解石35.8%、石英27.4%、斜长石15.1%、云母10.7%、绿泥石5.7%、闪石3.7%、钾长石1.6%，由配比来看，符合一般泥土的配比成分。

2) 石灰地仗层

由壁画断面的显微照片（图五）可知，门楼图壁画石灰地仗层的厚度为500—800μm，质地较纯净，杂质较少，但呈疏松状，孔隙较多，颜料层较薄，厚度为15—30μm，与石灰地仗层结合紧密（图六）。

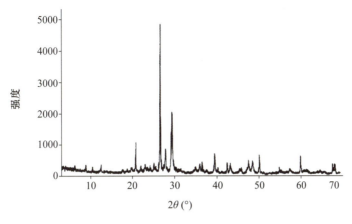

图四　壁画泥质地仗层样品晶相数据图谱

图五　壁画样块断面显微照片

图六　壁画白灰层显微照片

　　由壁画石灰地仗层样品的衍射图谱（图七）可知，门楼图壁画石灰地仗层含有方解石71.4%、石英20.8%、斜长石7.9%，其主要成分为石灰（$CaCO_3$）。

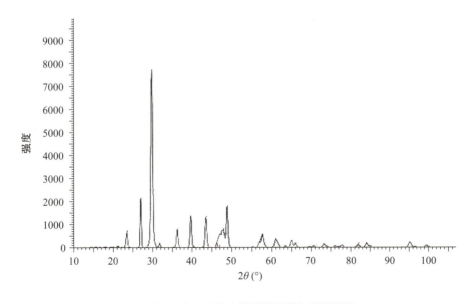

图七　壁画石灰地仗层样品晶相数据图谱

门楼图壁画以红色颜料和黑色颜料为主，其中黑色颜料主要用于绘制建筑屋脊和屋檐，以及窗棂、门上泡钉、柱础等细节，红色颜料则是大范围地用于建筑的主体部分，是画面的主色调。

（1）红色颜料

图八　红色颜料表面显微照片

由红色颜料的显微照片（图八）可知，红色颜料颗粒粒径大小较为均一，整体结合较为致密，但薄厚不均匀，含有少量黑色、黄色、棕色等杂质颗粒，杂质粒径较小，局部表面有盐析。经能谱分析（图九），红色颜料样品含有显色元素Fe。而衍射分析（图一〇）则确认其主要晶相有方解石64.6%、石英15.8%、斜长石5.9%、云母7.3%、绿泥石3.9%、赤铁矿2.5%，其中赤铁矿为红色矿物成分。红色颜料的拉曼峰在227 cm⁻¹、294 cm⁻¹、413 cm⁻¹、505cm⁻¹、615 cm⁻¹（图一一）附近，与铁红的标准图谱基本一致，综合各检测结果，推断壁画红色颜料应为铁红（Fe_2O_3）。铁红因取材方便，成本较低，在唐墓壁画红色颜料中较为常见，且铁红性质稳定，不易变色，门楼图壁画中的红色颜料经检测也没有产生较大的变化[①]。

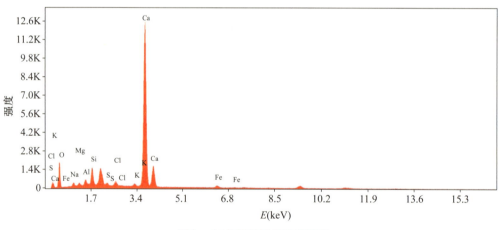

图九　红色颜料样品能谱图谱

（2）黑色颜料

由黑色颜料的显微照片（图一二）可知黑色颜料杂质较多，颗粒较大，表面呈现细裂纹，覆盖较为致密但分布不均匀。经能谱分析（图一三），黑色颜料含有C元素，而衍射分析（图一四）则确认其主要晶相为方解石62.2%、石英11.2%、斜长石

---

① 员雅丽、王江：《北齐徐显秀墓壁画颜料的科学分析》，《文物保护与考古科学》2020年第4期。

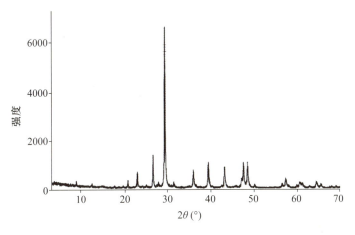

图一〇　红色颜料样品晶相数据图谱

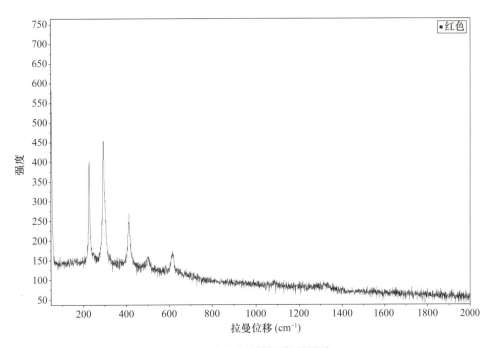

图一一　红色颜料样品拉曼图谱

图一二　黑色颜料表面显微照片

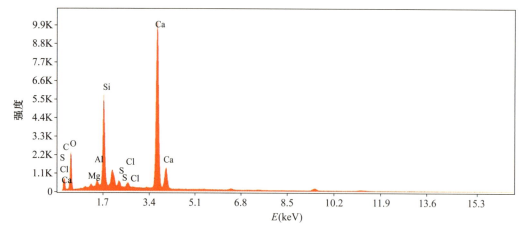

图一三　黑色颜料样品能谱图谱

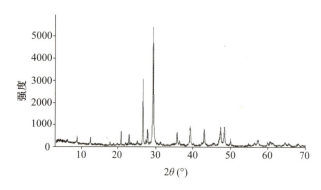

图一四　黑色颜料样品晶相数据图谱

11.2%、云母11.5%、绿泥石3.9%，无显色矿物。其拉曼光谱图谱（图一五）的拉曼峰在1342cm⁻¹、1580 cm⁻¹附近，与炭黑的标准图谱基本一致。综合各检测结果，推断壁画黑色颜料应为炭黑（C），炭黑因易制取，经济成本低，是唐代墓葬壁画常见的黑色颜料。

（3）胶结材料

常见的颜料胶结材料分析方法有红外光谱法、拉曼光谱法、免疫荧光法、气相色谱-质谱联用法、液相色谱-质谱联用法等，其中，气相色谱-质谱联用法灵敏度高、检出限低，可实现颜料的微损分析，是当前最可靠的胶料分析方法[①]。

壁画黑色颜料胶结材料（图一六）和红色颜料胶结材料（图一七）经检测发现有动物胶成分。样品通过甲基化衍生反应和热裂解气相色谱质谱分析，发现了甲基吡咯和甲基吡咯羧酸盐等吡咯衍生物（表二、表三），这些是化合物羟脯氨酸的标志性热裂解产物，羟脯氨酸是动物胶特有的一种氨基酸，鸡蛋和奶类均不含或含量甚

---

① 杨璐、黄建华、申茂盛等：《秦始皇兵马俑彩绘胶料的气相色谱-质谱联用分析》，《分析化学研究报告》2019年第5期。

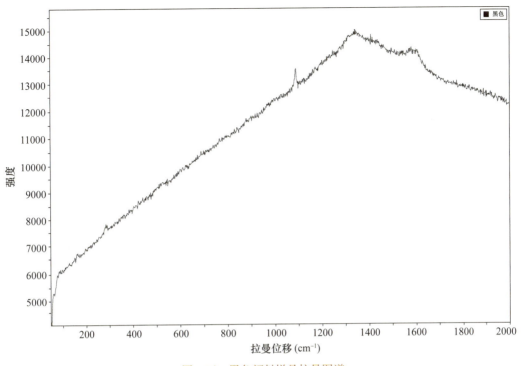

图一五　黑色颜料样品拉曼图谱

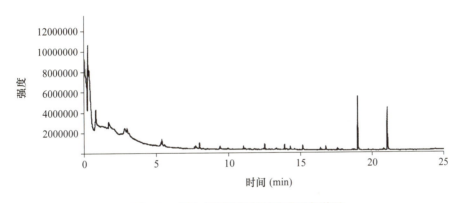

图一六　黑色颜料胶结材料总离子色谱图

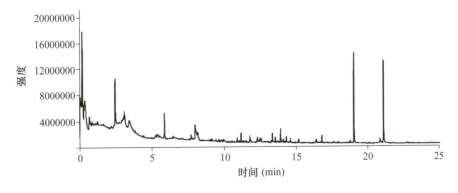

图一七　红色颜料胶结材料总离子色谱

微，可以作为动物胶存在的依据之一。此外，动物胶中的甘氨酸含量较高（表二），高甘氨酸含量也可作为动物胶存在的另一证据[①]。因此，以上结果皆表明该壁画颜料样品含有动物胶。

表二　黑色颜料胶结材料中的特征化合物

标记物	峰面积	保留时间/min
动物胶（蛋白质）		
特征标记物		
1氢-吡咯，1-甲基-	1468358	0.119
血-未知5	105162	11.578
补充标记物		
甘氨酸	5334535	1.72
丙氨酸	3247860	2.987

表三　红色颜料胶结材料中的特征化合物

标记物	峰面积	保留时间/min
动物胶（蛋白质）		
特征标记物		
1氢-吡咯，1-甲基-	3268457	0.0425
血-未知5	245638	11.5983
d-脯氨酸，N-甲酯基-，甲酯	370236	12.3742
补充标记物		
丙氨酸	740092	2.9233
甲基吡咯羧酸盐	1999848	8.1533
蛋白质-未知8	656305	9.9158
蛋白质56-141-156（明胶，蛋白，蛋黄，酪蛋白）	700405	9.9542
血-未知10	722540	9.8183

二、壁画保护修复

门楼图壁画的主要病害有酥碱、起翘、泥土污染等，其中，酥碱主要发生在壁画石灰地仗层，石灰地仗层呈疏松状，孔隙较多，可溶盐在这种多孔材料中会随着周围湿度的变化经历溶解—结晶的反复循环，使壁画产生酥碱病害；起翘病害则是因为揭取后的壁画厚度较薄，在揭取的过程中为了保护壁画颜料层不受损害使用了

———————————

① 杨璐、黄建华、王丽琴等：《文物彩绘常用胶料的氨基酸组成及红外光谱特征研究》，《文物保护与考古科学》2011年第1期。

纱布和桃胶作为封贴材料，揭取完成后又垫了海绵垫作为缓冲材料，留有一定的形变空间，因此在受到桃胶和纱布收缩应力的影响后，壁画地仗层会出现局部的起翘情况；泥土污染病害则主要是因为壁画在发掘前被回填土覆盖，在湿度和微生物的影响下固结在壁画表面。

针对以上重点病害，在设计保护修复方案时，需充分考虑壁画本体材料的性能和壁画各类病害的差异性，始终以壁画的原真性为前提，按照背面保护修复—正面保护修复—美学修复的顺序，只对可能影响壁画的安全性和稳定性进行治理，以求能最大程度地保持壁画本体健康与壁画信息提取之间的平衡。

（一）壁画背面保护修复

壁画转移到实验室后需要先对壁画背部多余的泥质地仗层进行整体清除，之后在填补完整的石灰地仗层后重新制作过渡层和支撑体，以保证壁画的安全稳定。

1. 泥土清理

为保证过渡层能与壁画背部更好地黏接，在修复时需要对壁画背部残留的泥质地仗层进行清理。清理时先进行局部实验，再根据清理效果选择最合适的清理方式，背面泥清理前后结果见图一八、图一九。具体操作如下：

图一八　背面泥土污染病害清理前　　　　　图一九　背面泥土污染病害清理后

第一，对厚度较厚但土质疏松的泥质地仗层，使用竹刀、手术刀、灰铲、毛刷、洗耳球等工具逐层进行清理。

第二，对板结严重且质地较硬的泥质地仗层，先用2A溶液滴渗、涂刷等方式使地仗层软化，待软化剂渗透软化地仗层后，再对其进行清理去除，但软化剂不能用量过多，以免渗透到壁画正面将封贴使用的桃胶溶化，桃胶的溶化—再干燥过程会引发壁画产生霉菌、变形、开裂等病害。

第三，对独立的小块残片上的泥质地仗层，去除时需要一只手稳住去除部位，另一只手用工具慢慢操作，避免出现小块壁画移动错位或破碎现象，必要时可先加固再去除。

第四，对钙化结实的泥质地仗层，因其面积小，质地坚硬，且能和新补地仗层结合紧密，予以保留，同时应将其厚度与周边的地仗层保持一致。

第五，对有少量叠压、错位现象的壁画残块，可先将叠压、错位的残块加固后提取保存，留到正面修复时再进行回贴。如果是大面积移位、错位的残块，则可先将壁画背部简单加固后再翻转至正面进行拼接、复位、固定，之后再翻转到背面进行接下来的修复工作。

2. 矫形处理

壁画背部中心及四周边缘起翘严重，须使用物理法对其进行矫形处理，具体步骤如下：

第一，将澄清石灰水喷洒、涂刷在矫形区域，润湿起翘部位。

第二，待起翘部位软化后，在其上使用沙袋按压进行矫形处理。

3. 壁画加固

Primal AC33（丙烯酸甲酯和甲基丙烯酸甲酯的共聚物）是目前文物保护领域使用最多的一种丙烯酸树脂类加固剂。西北大学赵静对这种材料进行了老化前后分子结构、色度、黏接强度的对比实验，均证明其性能优良，适于脆弱彩绘文物的渗透加固[1]。中国文化遗产研究院在龟兹石窟壁画和库木吐喇石窟壁画修复中采用其作为壁画正面保护材料，取得了较好的效果[2]。陕西历史博物馆在韩休墓等墓葬揭取壁画修复中[3]也多次使用Primal AC33作加固剂，其在壁画修复过程和后期保存展示过程中都展现出了较为稳定的材料性能。

结合材料性能研究和以往壁画修复实践经验，本次保护修复选择AC33作为壁画的加固材料，对壁画进行加固前，先进行加固对比实验，通过三种不同浓度的AC33溶液加固效果的对比，筛选出最适合该类壁画的加固浓度。

最终采用的加固方法为先使用喷壶喷洒石灰水，对壁画脆弱及碎裂部位进行渗透加固，加固次数以2—3遍为宜。之后再使用毛刷蘸取5%的AC33溶液继续加固

---

① 赵静：《高分子文物保护涂层材料的稳定性能及在彩绘文物保护中的应用研究》，西北大学硕士学位论文，2007年。

② 张晓彤：《库木吐喇石窟已揭取壁画保护修复研究报告》，文物出版社，2019年。

③ 杨文宗：《唐韩休墓壁画的抢救性保护》，《中国国家博物馆馆刊》2016年第12期。

2—3遍。对于局部破损、酥碱的部位则采用点滴注射5%的AC33溶液的加固方式进行，以少量多次为宜，其中比较脆弱的地方，可以重复加固多次直至不再下渗为止。待局部矫形全部完成后，使用喷壶装取5%的AC33溶液对壁画背部整体喷淋，待其充分渗透加固后，使用沙袋及壁画盖板进行按压处理。

4. 缺失填补

壁画原石灰地仗层的制作材料为石灰，据超景深显微观测可知，石灰地仗层质地较纯净，杂质较少，无屑杂物，但壁画长期处于墓室高湿避光的环境中，石灰地仗层中添加的植物纤维可能会腐烂糟朽，而纤维留下的空间会逐渐被新产生的碳酸钙所所取代[1]，以至于在显微镜下无法发现添加过的植物纤维的痕迹，且纯石灰膏强度过低，易收缩开裂，因此填补时使用制备好的石灰膏加麻丝混合物作为填补材料，对壁画背部缺失及脆弱部位进行填补加固，缺失填补前后的情况见图二〇、图二一。

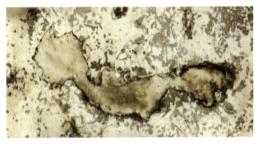 

图二〇　缺失填补前　　　　　　　　　图二一　缺失填补后

5. 制作过渡层

壁画的过渡层选择与壁画石灰地仗层同种材料制作，在制作之前，先使用前期准备好的纱布条（5cm×10cm）对壁画背部整体进行粘贴加固，加固剂为10%的AC33溶液。从壁画背部右顶部边缘开始，按照从右到左的顺序逐层粘贴纱布。待壁画背部纱布条干燥后，使用备好的石灰膏制作壁画背部过渡层。壁画过渡层干燥时间较长，一般将其放置一月以上，待其内部及表面结构稳定后，再开展下一步工作。

6. 黏结支撑体

门楼图壁画背部过渡层制作后，对壁画背部过渡层进行支撑体黏接处理，使用新型材料蜂窝铝板作为壁画支撑体的主要材料，黏结材料选用环氧树脂和玻璃纤维布。我国揭取壁画新支撑体材料的选择经历过石膏、木龙骨、铝合金材、环氧树脂等阶段，目前以蜂窝铝板为主，蜂窝铝板表面平整、易加工、无拼缝或接口、强度高、受力均匀，不易变形，是较为理想的馆藏壁画支撑体材料，而环氧树脂胶接强度高、收缩率小、稳定性好，耐候性和耐腐蚀性优良，是使用最广泛

① 罗黎：《唐墓壁画地仗层加固及材料研究》，《中国文物科学研究》2009年第2期。

吐谷浑慕容智墓门楼图壁画的科学保护与修复

的壁画黏接材料。

（二）壁画正面保护修复

1.表面纱布揭取

壁画揭取时为保护壁画表面颜料层的安全稳定，使用纱布和桃胶作为壁画的揭取材料，壁画正面保护修复时需先对其进行揭取，具体操作步骤如下：

第一，剥离纱布与石灰过渡层接触部位，打开纱布揭取入口。

第二，采用热敷法，使用热毛巾敷在纱布表面5—10分钟。

第三，待纱布与壁画表面的胶质结构融解后，使用手术刀、镊子及毛笔等工具揭除纱布。

2.正面污染物清理

壁画石灰地仗层较薄，且中心部位出现大量酥碱、粉化等病害，因此在清理正面污染物前，须先使用AC33溶液对壁画表面脆弱部位进行加固处理。然后再进行清理对比实验，筛选出壁画正面修复的材料、工具。

选取试验区域后，使用棉签蘸取不同的试剂对相应部位进行清理，清理效果表明45℃去离子水＞2A溶液＞去离子水＞3A溶液（蒸馏水、无水酒精、丙酮1:1:1比例配置），因此选择45℃去离子水和2A溶液作为清理试剂，采用试剂清理与超声波、牙科打磨机、手术刀、竹签等机械清理结合的清理方法。

对于壁画表面桃胶残留物的清理，则使用脱脂棉蘸取加热到45℃的去离子水，敷在清理区域表面，待其桃胶软化融解后使用棉签滚动清除。

3.缺失填补

壁画正面缺失较多，主要集中在壁画中心上部，须对其进行填补加固处理。首先进行填补材料试验，测试石灰膏＋麻刀＋AC33溶液在不同剂量下的坚固程度，选取试验区域后，使用三种不同浓度的AC33溶液进行渗透加固，填补效果比较表明，20%AC33＋麻刀＞15%AC33＋麻刀＞25%AC33＋麻刀＞5%AC33＋麻刀，因此选择20%AC33＋麻刀制作壁画正面填补材料。

在填补之前先使用2A溶液对缺失部位边缘进行涂刷润湿，再用灰刀挖取适量填补材料对缺失区域进行填补，最后用灰刀压实填补材料，使表面平整美观。填补过程中，填补材料与壁画地仗衔接处也需用灰刀压实，避免在填补材料收缩时与壁画分离。同时，为了区别于原石灰地仗层，填补部位略低1mm。

（三）壁画美学修复

待壁画正面修复完成后，须对壁画填补材料进行补色处理。因壁画的完整性及珍贵性等原因，在补色工作中采用晕染法和影线法两种方式进行。其中壁画边缘后补的白灰过渡层区域以晕染法补色，画面中心小面积缺失处，以叠线为面的影线法进行补色。整体补色前，先选择壁画右上角空白区域进行补色试验。经补色后，填补部分与壁画本体颜色和谐，主次分明，门楼建筑斗栱、屋脊、脊刹、门扉、泡钉、窗棱等细节清晰可见（图二三），壁画整体艺术性、完整性和真实性都得到了明显提高。壁画正面保护修复前后对比见图二二、图二三。

图二二　壁画正面保护修复前　　　　　　图二三　壁画正面保护修复后

三、结论

本次研究使用超景深三维显微系统、扫描电镜/能谱仪、激光拉曼分析仪、热裂解-气相色谱-质谱分析仪等检测仪器，对吐谷浑慕容智墓出土的门楼图壁画进行了成分分析，明确了壁画的本体材料；之后在对其进行科学研究和保护修复时，尽可能使用与壁画本体材料相同或相似的材料对壁画进行科学性干预，依次对壁画进行背面修复、正面修复和美学修复，对泥土污染、酥碱、起翘、缺失等病害进行了有效治理，经保护修复后的壁画性能稳定、细节清晰，较为完整地还原了壁画原貌，最大限度地呈现了壁画价值。

（原载《文物保护与考古科学》2022年第3期）

唐懿德太子墓壁画青龙、白虎图的分析检测与保护修复

孟元亮　杨文宗　霍晓彤　金紫琳　李　超

（陕西历史博物馆）

摘要： 懿德太子墓是迄今为止发掘的规模最宏大的唐代墓葬，墓道两壁保存的青龙、白虎图壁画为国家一级文物。由于揭取时间较早，现存相关资料有限，多年没有进行细致全面的体检与保养。2017年8月，壁画基地科研人员对其进行了全面的体检与保护性修复，采用高科技检测手段，如超景深显微成像、激光拉曼、X射线荧光等仪器，对其本体存在的各种病害进行了确定，并制定了保护修复方案与工艺流程。通过保护修复，达到了既保留文物的历史价值，又提升了艺术观赏价值的目的。通过此次修复的科学检测证实，唐墓壁画珍品馆展柜内环境适合壁画的长期保存。

关键词： 唐墓壁画　保护性修复　颜料分析

懿德太子墓位于乾县乾陵东南隅的韩家堡北，是乾陵的十七座陪葬墓之一。懿德太子李重润（682—701年），是唐中宗李显的长子，高宗李治和武则天之孙。大足元年被武则天下令杖毙，神龙二年（706年），中宗继位，为了悼念自己的爱子，李重润被追赠为皇太子，谥号懿德，陪葬乾陵，墓志规格为"号墓为陵"。1971年7月至1972年5月，陕西省博物馆（今陕西历史博物馆）与乾县文教局组成的唐墓发掘组对懿德太子墓进行了发掘。

懿德太子墓是迄今发掘的规模最宏大的唐墓，其详细信息参见《唐懿德太子墓发掘报告》[①]。墓室内壁绘满精美的壁画，面积近400平方米，其中比较完整的有40幅，着重表现懿德太子生前政治上的显赫地位和生活上的奢华。题材包括：仪仗队、青龙、白虎、城墙、阙楼、男侍、驯兽、狩猎和各种缤纷的花饰图案等。

---

① 陕西省考古研究院、乾陵博物馆：《唐懿德太子墓发掘报告》，科学出版社，2016年。

青龙和白虎是唐代贵族墓葬中常见的壁画题材。青龙与白虎均属四神，又称四灵、四象。中国古代以四种动物表明天空四方的星宿，即东方的青龙，西方的白虎，南方的朱雀，北方的玄武。懿德太子墓中的青龙图与白虎图分别位于紧挨墓道口仪仗队的东西两壁，有引导护送墓主人升天的意义。上部因接近地表耕土已遭破坏，仅存下部，青龙与白虎的身躯腾跃于祥云之间，气势非凡。

青龙、白虎图的艺术手法高超，其敷色方法以平涂为主，亦使用晕染、随线彩描、涂金等。颜色使用丰富，除紫、红、绿、黄、蓝、黑等矿物颜料之外，还使用了金和银，堪称初唐至盛唐具有代表性的绘画流派在墓葬壁画中留下的杰作，在唐代绘画真品极为罕见的今天，至为珍贵①。总而言之，懿德太子墓中的壁画是盛唐时期皇室生活的一个缩影，为我们展示着大唐盛世之下的社会风貌，也是我们研究唐代历史不可或缺的珍贵材料。

一、20世纪70年代考古发掘中对其采取的保护措施

青龙、白虎图于20世纪70年代由唐墓发掘组专家揭取，随后异地保护于陕西省博物馆文物库房。由于揭取年代较早，现存资料非常有限。为了追溯完整的青龙、白虎图的历史保护修复记录，笔者对20世纪70—80年代壁画修复资料进行了梳理并且走访了相关人员，调查发现，青龙、白虎图的揭取方式为：使用专门的铲刀将颜料层与草泥层整体从墓道两侧墙面上分离。当时主要使用的壁画加固方式有三种：一是刷大漆加固；二是直接使用石膏对带有草泥层的壁画整体加固；三是随着西方先进技术与材料被引进至我国文保行业后，大范围使用的环氧树脂加固。壁画修复人员对青龙、白虎图进行了细致的观察检测，通过检测结果、历史资料与相关人员的证实，确定青龙、白虎图最初的保护修复使用了当时较为流行的环氧树脂＋木龙骨的方式作为壁画的支撑体，加固壁画。由于馆藏壁画一直存放在原陕西省博物馆的普通库房中，库房没有任何环境控制设施，受户外大气环境影响较大，壁画因此产生了一系列包括木龙骨变形、画面霉菌滋生、积尘较多等病害。1991年陕西历史博物馆建成并对外开放，青龙、白虎图被搬运至陕西历史博物馆壁画库房保存。鉴于唐墓壁画本身材质易碎，彩绘颜料容易受环境影响而发生褪变色，甚至粉化、剥落等因素，1991年新建的陕西历史博物馆唐墓壁画保存库房面积为1200平方米，设计为恒温恒湿（冬季18℃，夏季25℃，湿度为55%±5%），照明光源采用无紫外线荧光灯，极大地改善了唐墓壁画的保存环境。然而由于客观条件限制，仍然无法排除所有对壁画不利的因素，比如无法精确的监测与控制空气污染和降尘等，使得壁

---

① 成建正：《唐墓壁画珍品》，三秦出版社，2011年。

画依然存在产生病害的风险。壁画在库房中的存放方式包括：在带有轨道的抽屉式柜架内用来存放画幅大小合适的壁画，对于特大幅壁画则是将其固定在库内的墙壁上，另有部分壁画受到自身条件的限制，如形状、揭取方式等，则平放在地面或靠在壁画库内的墙壁上，对于揭取后还未修复的壁画则是带夹板存放。

二、保存现状调查

2011年，陕西历史博物馆唐墓壁画珍品馆建成开放，决定将青龙、白虎图迁移至展厅对外展出。本着"人为介入的最小干预性"原则①，简单清理画面泥土，局部加固修复后，青龙图与白虎图被陈列于壁画珍品馆展柜。新建成的唐墓壁画珍品馆展柜设计为恒温恒湿，具体参数详见表一。光照度和紫外线含量也符合国家文物照明标准。但由于西安地区昼夜温差较大，温湿度波动范围较大，对壁画的长期存放保护构成一定程度的威胁。此外，由于壁画珍品馆装饰材料少，通风良好，馆内空气中甲醛含量低于0.01ppm，明显低于其他库房和展厅。展柜内二氧化碳及有机挥发物监测结果见表二与表三。值得注意的是，馆内空气的总悬浮颗粒物含量较高。申秦雁等人通过对壁画馆内颜料色板老化研究表明，壁画颜色的褪变，大多是尘降所导致的②。因此壁画的良好保存环境不仅需要保证温湿度恒定，使用无紫外线光源并尽量减少光照度和照射时间，同时需要尽可能减少污染气体的进入并减少降尘量，为壁画提供一个洁净、密闭、稳定的展览环境。

表一　壁画展柜年平均温湿度

监测点平均值	湿度（%）				温度（℃）			
	平均值	最大值	最小值	波动范围	平均值	最大值	最小值	波动范围
	61.17	70.45	48.69	21.76	22.56	26.67	18.43	8.23

表二　展柜内二氧化碳情况

监测点	监测内容	平均值	最大值	最小值	波动范围	标准差
柜内样点1	VOC（ppd）	383.4	473	254	224	31.7
柜内样点2	VOC（ppd）	682.9	839	415	424	70.9

表三　展柜内有机挥发物情况

监测点	监测内容	平均值	最大值	最小值	波动范围	标准差
柜内样点1	CO_2（ppm）	600.4	1862	470	1392	101
柜内样点2	CO_2（ppm）	586.4	1109	476	633	73.2

---

① 成建正：《唐墓壁画珍品》，三秦出版社，2011年。

② 杨文宗：《陕西历史博物馆馆藏唐墓壁画病害调查研究》，三秦出版社，2015年。

2017年8月，壁画基地的科研人员首次使用现代科学仪器对青龙、白虎图进行了体检，并根据体检结果制定了详细的保护技术路线与修复方案，对青龙、白虎两幅大型壁画实施了一次全面的保护与修复。通过青龙、白虎图的病害调查，我们发现其支撑体、地仗层及颜料层均存在一定程度的病害（图一——图六）。首先，青龙图与白虎图采用木龙骨加环氧树脂作为支撑体，已出现了常见的变形病害。产生原因是多方面的，包括木材使用不当，在使用前没有进行充分干燥，水分发挥后引起形变；木材对环境的波动较为敏感，后期保存展示过程中湿度的变化导致木材的收缩膨胀；木龙骨网格间距不当，支撑体黏结不牢固，存放接触点不够，人为搬运等。两幅壁画的地仗层均有开裂，主要是材料受温湿度影响而失水以及支撑体的变形所引起的。青龙、白虎图壁画颜料层存在的主要病害有泥土污染、人为干预痕迹和部

图一　裂隙

图二　颜料层脱落

图三　人为干预痕迹（切割线）

图四　泥土污染

图五　酥碱及人为修补痕迹

图六　破损

分颜料层脱落，此外还存在少量积灰和微量钙质结垢物。由于两幅壁画位于墓道口，距离地表较近且受回填土的影响，画面污染较为严重，表面钙化土多。20世纪70年代揭取时条件有限，没有清理得很干净，经过揭取加固，泥土或钙化土与胶质一起造成了画面污染，影响壁画颜料层。此外，虽然在合适且稳定的环境中展出存放，但外界环境变化以及人为干预对壁画多少造成了影响，如表面积灰、微小裂隙等。

三、分析检测

为了进一步检测青龙、白虎图的状态，以便于建立档案进行长期有效的保护，研究人员在修复前对两幅壁画进行了一系列科学检测，分析结果如下。

（一）多光谱成像分析

光学成像法作为一种无损检测的手段，目前已被广泛应用于对壁画的分析、检测上。研究人员利用不同光辐射的穿透性，开展对古代壁画的科学诊断。通过多光谱成像分析，能够很好地揭示壁画的内部结构、绘画底稿及修复痕迹的显现，有利于画面显微分析、病害调查记录。

由表四可以看到，在波长为290nm的光源下，可以清楚地看到颜料层的均匀覆盖。当入射光光源波长增长至440nm时，可以清晰地看到在肉眼观察中并不明显的黑色起稿线条。

表四　不同波段光源拍照列表

波段	拍摄图像	图像说明
290nm		此波段下对颜料的区分不明显，但可以看到均匀的颜料覆盖

波段	拍摄图像	图像说明
440nm	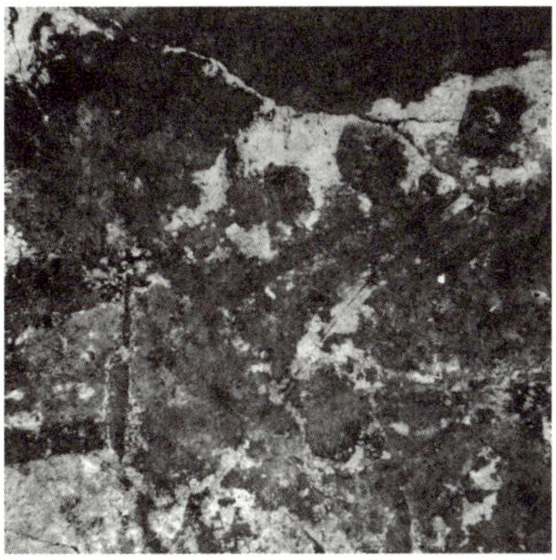	此波段下可略微看到黑色线条
660nm		此波段下观察黑色线条比较明显
820nm		效果与660nm波段相同

（二）超景深成像

　　壁画表面病害种类多样且体积较小，许多病害并不能通过肉眼观察被发现。由于壁画进行维护的时间周期较长，被忽略的微观病害很可能随着时间的累积逐步扩大，最终对壁画造成不可挽回的损害，因此，采用合理的显微设备对壁画表

唐懿德太子墓壁画青龙、白虎图的分析检测与保护修复

195

面进行细致的监测分析，排除各种病害的潜在可能十分重要。本实验室采用超景深成像对壁画表面可能存在病害的区域进行放大，形成清晰且宽阔的立体像，鉴别该区域是否存在病害，或是否有出现病害的风险，从而更好地对壁画进行预防性保护。

唐墓壁画所使用的矿物质颜料一直是唐墓壁画研究领域的一项重要课题，通过超景深成像，可以清晰地观察到矿物质颜料的外形及特点，从而对矿物质颜料的种类进行推测。此外，超景深成像还可与激光拉曼、XRF、XRD及SEM等其他检测设备联用，对颜料进行定性、定量分析。

表五中罗列了通过超景深显微成像分析观察青龙、白虎图发现的各种病害及问题。

表五　超景深显微成像及分析结果

样点编号	放大倍数	成像照片	分析结果
16（青龙）	20		土壤钙化层下覆盖颜料
21（青龙）	30	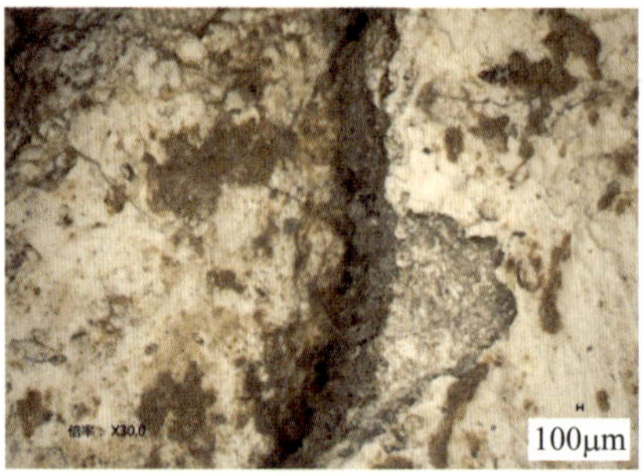	错位
12（青龙）	30	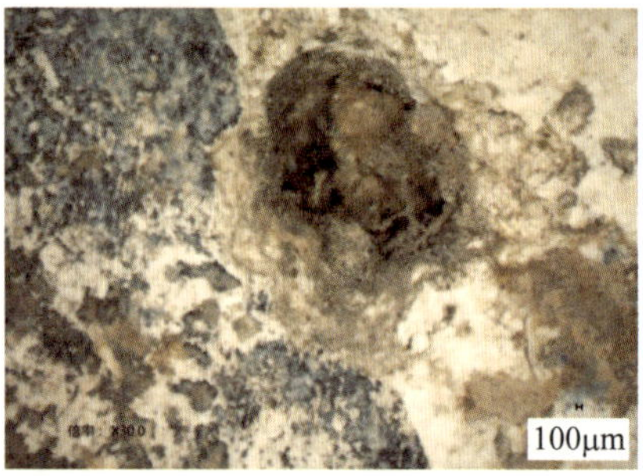	微生物污染

样点编号	放大倍数	成像照片	分析结果
19（白虎）	30		桃胶残留
13（白虎）	30		植物秸秆
19（白虎）	30		石蜡残留
11（白虎）	30		画面中白虎腿部有白色，实际为颜料层脱落。通过这张显微拍摄图可以看出黑色颜料留存与脱落的交界处
04（白虎）	20		仿色做旧的黄色颜料

唐懿德太子墓壁画青龙、白虎图的分析检测与保护修复

为了研究唐墓壁画中所使用的绘画颜料，我们对青龙、白虎图中所使用的颜料也进行了超景深显微分析。见表六。

表六　青龙、白虎图颜料超景深成像

样点编号	颜色	放大倍数	成像照片	结论
08（青龙）	红色	150	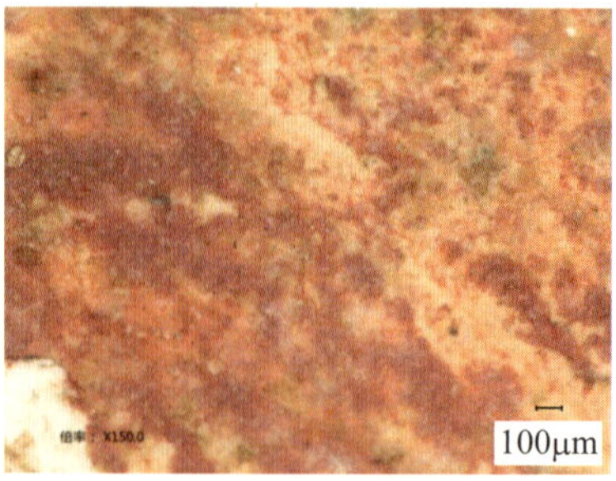 100μm	推测为朱砂或其他含铁元素的矿物颜料
06（青龙）	蓝色	150	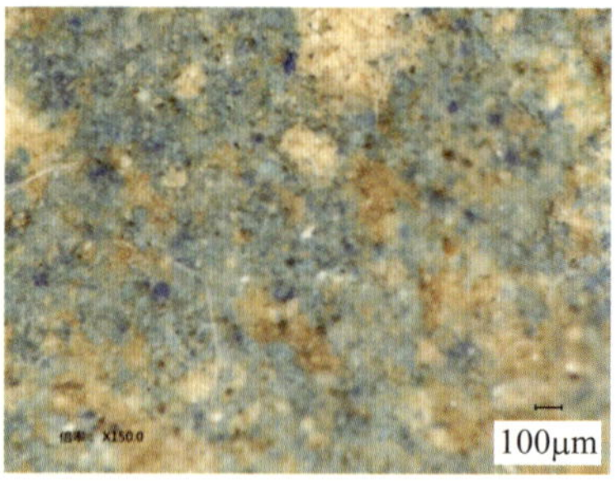 100μm	深蓝色颗粒状颜料，有玻璃光泽，推测为古代常用矿物质蓝颜料——石青，即蓝铜矿
04（白虎）	绿色	150	 100μm	明显的矿物质特点，呈蓝绿色且有玻璃光泽
09（青龙）	黑色	30	 100μm	明显墨迹

唐墓壁画多以较为容易获得的红色作为主色，并不常见蓝、绿色颜料，只有在较高等级的壁画中才可能出现。因此，我们进一步使用高倍数放大镜头观察了两幅壁画中的蓝及蓝绿色颜料。图七与图八中可以看到，在30倍放大镜头下，白虎图样点4上的绿色颜料并不明显，但当切换至150倍放大镜头下，颜料呈现出明显的矿物

图七　30倍放大下的4号样点　　　　图八　150倍放大下的4号样点

质特点，呈蓝绿色且有玻璃光泽，因此初步判断为孔雀石。随后，4号样点被标记并等待激光拉曼实验进一步确定矿物质种类。

（三）激光拉曼与X射线荧光（XRF）

为了进一步对壁画上出现的矿物质颜料进行定性分析，研究人员使用便携式激光拉曼与便携式XRF对多个样点进行了进一步分析。这两种检测无需对检测样本进行制样，无损分析且操作简便，多用于文物材料的分析领域。

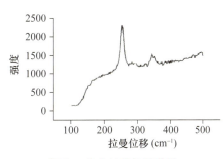

图九　朱砂纯品拉曼谱图

1. 朱砂（HgS）

图九为纯品HgS的拉曼谱图[1]，图中可见HgS在254cm^{-1}处有一较强的峰，与文献报道的特征峰相同，应当为（Hg—S）的伸缩振动[2]，在350cm^{-1}处有一较小的特征峰。图一〇为青龙图8号样点的激光拉曼结果，通过与标准品比对，确认其成分为朱砂。

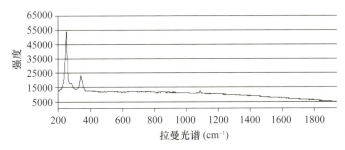

图一〇　青龙图8号样点红色颜料拉曼谱图

① 成建正：《唐墓壁画保护修复研究报告》，三秦出版社，2011年。

② 王旗、曾克武、曾昕睿等：《朱砂的激光Raman光谱分析》，《中国中药杂志》2009年第12期。

如图一一所示，XRF检测结果进一步证实了青龙图8号样点的红色颜料为朱砂。但值得注意的是，青龙、白虎图中还出现了一种无法使用激光拉曼定性的红色颜料，主要出现在大面积使用红色平涂的位置，其XRF检测结果见图一二，通过分析，显示该化合物含有大量的铁元素，据此推断，该红色颜料可能为针铁矿（$HFeO_3$）和赤铁矿（Fe_2O_3）的混合物，由于颜料层较薄，杂质较多且为混合物，故激光拉曼无法精确定性。

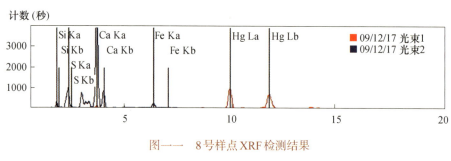

图一一　8号样点XRF检测结果

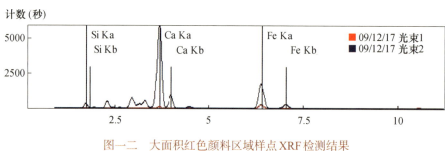

图一二　大面积红色颜料区域样点XRF检测结果

如图一三所示，通过激光拉曼检测与标准库对比，前文所述白虎图壁画4号样点，其蓝绿色矿物质颜料成分与分子式为$Cu_2(OH)_2CO_3$的孔雀石最为吻合。标

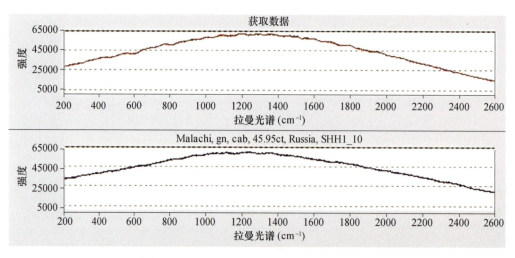

图一三　白虎图壁画4号样点激光拉曼谱图与孔雀石标准谱图对比

准孔雀石的拉曼位移出现在1200cm^{-1}，峰较宽，强度65000，范围由200cm^{-1}至2200cm^{-1}，4号样点的拉曼位移则出现在1300cm^{-1}左右，峰型、强度与范围均与标准谱一致。

如图一四所示，XRF检测结果进一步证实了实验结果。

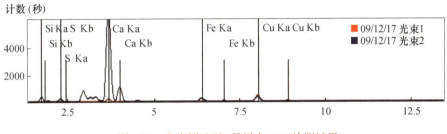

图一四　白虎图壁画4号样点XRF检测结果

2.其他颜料定性分析见下表（表七）

表七　青龙、白虎图颜料成分分析

颜色	成分
红色	朱砂或针铁矿、赤铁矿混合物
蓝色	蓝铜矿［Cu（OH）$_2$（CO$_3$）$_2$］
绿色	孔雀石［Cu$_2$（OH）$_2$CO$_3$］
黑色	炭黑
白色	碳酸钙（CaCO$_3$）

四、青龙、白虎图的保护修复

（一）保护修复材料与工具

针对青龙、白虎两幅壁画的实际情况，依据科学检测结果，我们对两幅壁画进行了保护性修复。本次壁画修复材料和工具的选取严格遵从《中华人民共和国文物保护法》《中国文物古迹保护准则》等纲领性法律法规和文件；同时尊重实际情况，尽量遵循"保持文物原真性原则""最小干预原则""可再处理原则"等文物保护修复准则；所选取的材料均为壁画保护工作多年来使用的常规材料和工具，包括：渗透加固材料、临时填补材料、表面着色材料等（图一五）。

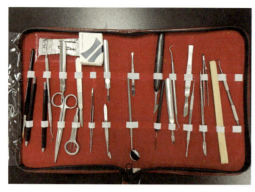

图一五　壁画保护修复部分工具及颜料

（二）保护修复工艺流程（图一六）

科学检测 → 前期准备与记录 → 壁画支撑体矫形 → 表面清理与加固 ↓ 建立修复档案 ← 验收入库 ← 裂隙填补与全色

图一六　青龙、白虎图壁画保护修复工艺流程

（三）保护修复步骤

1.前期准备与记录

通常情况下，对于从未进行过保护修复的壁画，需要先对壁画背面进行绘制病害图、清理草泥层、地仗层加固等一系列保护修复处理。但是青龙、白虎图前期已被保护修复且状态较稳定，因此此次保护修复工作只针对壁画正面。

前期准备与记录工作主要包括记录测量壁画尺寸、检查壁画保存状况、记录病害信息、对壁画进行正面拍照、手工绘制病害图等内容。绘制病害图时，将玻璃纸覆盖于壁画表面，用胶带将四周固定，接着用油性笔按照相关标准手绘壁画病害图，绘完后保存留档（图一七、图一八）。

图一七　手工绘制病害图　　　　　图一八　拍照记录信息

2. 表面清理与加固

壁画表面清洗是壁画保护修复的重要环节，亦是后续加固工作的基础。消除画面污染不仅能够延长壁画寿命，还原壁画的历史、美学价值，也能使壁画更加适应公众的审美需求。青龙、白虎图壁画保存于环境较为稳定的展柜中，表面污染物主要是之前没有清理充分的泥土及其他残留以及少量的积尘，此次采用对壁画分区域清洗的方法进行表面清理。经过前期多次试验，我们发现去离子水与无水乙醇溶液以1∶1比例混合后制成的2A溶液对壁画画面清理效果理想，能够在不损伤画面的同时有效地去除画面残留的泥垢、钙质结垢物、胶质残留和霉菌等污染物。因此，修复人员使用棉签蘸取2A溶液拧至半干，轻轻在壁画表面滚动擦除污染物，同时在清洗过程中检查有无起甲、空鼓等其他病害。针对较为顽固的污染物，使用2A溶液进行软化，随后使用手术刀、微型钻等专用工具进行清理。

清理过程中，发现有少量颜料层起甲、酥碱的现象。修复人员在清洁前对画面进行了预加固处理，方法如下：针对画面起甲，使用40℃的去离子水进行软化，颜料下方注入10%的AC33乳液，使用特制工具将起甲部位进行回贴施压，回贴处使用塑料膜覆盖处理区域，并用小沙袋对操作部位加压以增强与地仗的黏结强度；数小时后，检查回帖是否平整，有无再次起甲，如出现再次起甲则继续上述步骤直至回帖牢固。对于画面酥碱部位，使用澄清石灰水及3%的AC33溶液以点滴方式进行浸透加固，上覆盖薄膜及重物。对于酥碱较为严重的部分，可以上贴日本纸起到保护画面的作用（图一九、图二〇）。

3. 裂隙填补与全色

青龙图与白虎图壁画目前均存在一定程度的裂隙病害。针对画面出现的较小裂隙，修复人员使用AC33进行了渗透加固，随后使用较稠的灰浆填补平整。对于较大的边缘缺失部位，采用灰浆加一定量麻刀调制成糊状抹刷均匀，待半干时抹拭使之平整（图二一）。

唐懿德太子墓壁画青龙、白虎图的分析检测与保护修复

图一九　表面清理

图二〇　画面加固

为了更加真实有效地反映壁画的价值，修复人员本着以下原则对青龙、白虎图新补做的白灰地仗进行了画面色彩的协调处理：第一，确保壁画信息的真实性；第二，保护修复的可辨识性；第三，材料操作工艺的可逆性；第四，人为介入的最小干预性。全色过程中尽可能地将人工重补描绘等痕迹分辨、表示出来，坚持正确反映不同历史时期的信息和状态，对其原始的、本体的真实性不能有一丝一毫的破坏。尤其是对于出现了颜料脱落的画面，禁止重描和补绘，以免造成伪造历史、伪造艺术使壁画失去真实性的恶果（图二二）。我们认为壁画的保护修复是一项长期的工作，短时间内很多现代材料的选择是否可靠无法得出定论。因此在修复过程中，实验室尽可能采用古代壁画原有材料进行修复。全色过程使用天然矿物颜料，本着"远看一致，近看有别"的全色标准，使修复后的壁画既保留真实的历史价值，又提升了艺术观赏价值。

图二一　表面裂隙填补

图二二　画面全色处理

五、结论

本次研究主要针对揭取自唐懿德太子墓中的青龙及白虎两幅大面积壁画的保护修复。研究目的在于：第一，对两幅大型壁画进行检查、清理与保养，判断壁画是否存在病害及产生病害的风险，对已经出现的病害进行处理；第二，通过实验数据分析，判断目前保存壁画的壁画珍品馆内环境是否有利于壁画的长期保存；第三，将现代科学检测手段引入壁画保护修复中，为壁画保护提供新的方法与方向。研究表明，陕西历史博物馆唐墓壁画珍品馆内环境参数基本符合壁画长期保存的条件，有利于防止壁画产生病变。但是我们也应当注意到，展柜内依然存在温湿度的变化，全年温度波动最大值达到8℃，湿度变化达到20%，且数据为整个展柜内的平均值，并没有考虑到展柜内微环境内部变化可能造成的风险。本次研究的亮点在于将超景深显微成像、激光拉曼及X射线荧光等现代科学技术引入壁画保护研究中。通过现代仪器，我们更加全面深入地分析了壁画的保存状况，为修复及后期的长期保护提供了可靠的理论依据。同时，通过科学仪器的联用，我们对壁画颜料成分进行了分析与确认，为研究古代颜料成分提供了新的、可行的方向。在未来的研究中，实验室将着手对古代壁画中所出现过的各种颜料进行系统的分类与分析，通过仪器分析具体判断颜料的种类并归纳整理特征性谱图，形成成果并初步建立数据库。

（原载《文博》2018年第5期）

唐懿德太子墓壁画青龙、白虎图的分析检测与保护修复

扬州重宁寺大雄宝殿彩画保护研究

杨文宗[1]　张晓彤[2]　贾　甲[3]

（1.陕西历史博物馆；2.中国文化遗产研究院；3.陕西省文物保护研究院）

摘要： 扬州重宁寺大雄宝殿处于历史上重宁寺建筑群中的主角地位，其内部天花板、藻井所绘彩画是大雄宝殿价值的重要体现。针对彩画起翘、衬底脱落、空鼓、颜料剥落、积尘、水渍、褪色、粉化等病害，先就彩画制作工艺和材料展开调查研究，并在此基础上分析病害成因，结合文献资料、分析取样、数据统计以及保护修复材料、方法筛选试验，形成重宁寺大雄宝殿彩画保护修复整体思路，为保护修复实施方案的制定提供了可靠依据。

关键词： 重宁寺大雄宝殿彩画　价值评估　病害分析　修复工艺筛选

一、古建筑彩画保护修复的理念和原则

中国建筑彩画是基于中国传统木结构建筑特点，以建筑木构件为载体的绘画类型。建筑彩画通常由地仗层、彩画层两部分构成。地仗层是在木构件上用传统材料做的保护层，是彩画的基层；彩画层是施加在地仗层之上的，具有美化建筑色彩、强化建筑艺术美感之功能，被称为"建筑的外衣"[①]。建筑彩画经自然、人为因素的侵蚀、危害，能保持原貌至多不过几十年，需要适时进行保护和修复。目前国际上对古代建筑进行原真性保护已经成为公认的保护修复理念，即尽量采用原材料、原工艺、原形制进行施工，尽量全面保留其原有时代特征，使保护修复后的彩画与古建风貌更加协调[②]。原真性保护之前须尽可能多地获取建筑各方面的信息，例如地仗层结构、材料组成，彩画层原胶料组分，颜料的成分等；另外，种种原因造成流传多

---

① 肖默：《中国建筑史》，文物出版社，1999年，第872页。
② ICOMOS. The NARA Document on Authenticity, 1994；国际古迹遗址理事会中国国家委员会：《中国文物古迹保护准则（2015年修订版）》，2015年。

年的古建维修技术水平有下降甚至失传的趋势，因此要综合利用光学显微镜、X射线荧光分析（XRF）、X射线衍射分析（XRD）、红外光谱分析（FT-IR）等现代科技手段对古建彩画进行分析研究，以了解建筑彩画的材料组成、制作工艺以及病害机理，为修复保护工作提供依据。

二、大雄宝殿彩画的保存状况

扬州重宁寺位于扬州北城长征路，为江苏省重点文物保护单位，系盐商为迎接乾隆第六次南巡所建，享有"江南诸寺之冠"的盛誉。重宁寺与南侧的天宁寺相互呼应，构成扬州市区现存规模最大的古建筑群，有"江南小故宫"之称，是运河沿线城市中较为典型的佛教寺院，同为清代扬州八大名刹之列。

重宁寺始建于乾隆四十八年（1783年）。咸丰三年（1853年），重宁寺内除大雄宝殿外，其他建筑毁于烟火。同治年间重建。光绪十七年（1891年），住持瑞堂募资重建山门殿。光绪二十七年（1901年），僧人长惺与徒雨山、宝荃又建造了三层五楹的藏经楼，至宣统元年（1909年）竣工，重宁寺又重新形成规模。民国年间，重宁寺规模虽大不如前，但在全国佛教界的地位依旧很高。1929年，中国佛教协会举行全体理事会，在苏州、常州、镇江、南京、扬州、泰州6市中，南京与扬州与会寺庙最多，均为四所，扬州与会四寺分别是天宁寺、重宁寺、万寿寺和长生寺。1931年2月，重宁寺住持雨山赴京拜会国民政府有关部门，并以6000大洋从北京柏林寺请回清刻藏经，重宁寺显现中兴之气。

中华人民共和国成立后，僧人陆续离寺，大雄宝殿等古建筑先后为扬州军分区、扬州市体育学校、武警部队扬州支队及市公安局所占用。1989年，扬州市政府决定将重宁寺全部移交给原国家文物局扬州培训中心管理使用。1990年，全面大修天王殿，并在院内两侧建办公、教学用房。2002年，国家文物局扬州培训中心撤销，移交扬州市文物考古队代管。

重宁寺历尽沧桑，东侧园林已毁，现存天王殿、大殿、藏经楼、三合院式僧房等建筑及附属物，占地面积近10000平方米，建筑面积为2000余平方米。重宁寺大雄宝殿位于天王殿、藏经楼之间，是重宁寺内具有相当高艺术水平的建筑（图一）。现存的珍贵文物包括乾隆皇帝御赐"万寿重宁寺"额和"普现庄严""妙香花雨"两匾、全国寺庙中极为罕见的殿内八根铁栗木方柱、大殿藻井和天花上精致的彩画等（图二）。但是，大雄宝殿因年久失修，残损严重，屋脊破损、渗漏等导致内部天花彩画、藻井彩画开裂，出现裂隙、龟裂、空鼓、剥离、衬底脱落、积尘、水渍、动物损害等病害，严重危及彩画的继续保存与使用。

图一　重宁寺大雄宝殿

1

2

3

4

图二　重宁寺大雄宝殿彩画及匾额

1. 藻井彩画　2. 天花彩画　3. "普现庄严"匾　4. "妙香花雨"匾

（一）彩画类型及面积统计

经现场初步观察，按照彩画制作材料和工艺，可分为两类。

第一类：分布于大殿上层檐、标高分别为11.05米和8.5米桁下的天花板上。天花板由纵横向、水平枋木构成的方格网状"骨架"和由杉木制作的矩形小块面板组成，单体面板又由4—8块木板拼合而成（图三，1）。尺寸为0.95米×1.17米×0.02米的平铺于面阔和进深方向的次间，尺寸为1.17米×1.17米×0.02米的平铺于面阔和进深方向的明间。天花面板合计294块，彩画即以这种杉木面板为支撑体，在油灰衬底上进行创作，每块面板上的彩画都自成一主题单元。彩画内容主要有牡丹、荷花等写生花卉；龙、凤、鹿、麒麟、白鹭等动物；牧童、摆渡者等人物形象以及祥云、法器等纹样，画法千姿百态，画面色调以红、黄、绿、青四种基调为主（图二，2；图三，2）。

第二类：分布于天花正中的藻井之上，呈覆斗八角形，最底层洞口呈正方形，向上加抹角梁，洞口平面变为正八边形，由正八边形向上设多层叠枋至井顶，每层八根叠枋的两端刻半榫连接，并逐层内收，形成上小下大的八边形空洞，顶部设木板天花，藻井的井壁和天花均绘彩画，同样以油灰衬底作为颜料层的基底层（图二，1）。彩画保存面积见表一。

1   2

图三　重宁寺大雄宝殿天花彩画单体面板
1.背面　2.正面

表一　重宁寺大雄宝殿彩画面积统计表

类型	面积（平方米）	总面积（平方米）
天花彩画	（0.95×1.17）（米）×45（幅）=50.02	289.04
	（1.17×1.17）（米）×150（幅）=205.33	
	（1.17×1.2）（米）×24（幅）=33.69	
后檐彩画	13.1米×2.93米	38.38
前檐彩画	（0.4+0.09+0.11）（米）×25.3米	15.18
合计		约342.6

（二）彩画病害面积统计

为了治理重宁寺大雄宝殿的彩画病害，针对天花彩画、藻井彩画存在的病害进行了详细调查与统计。彩画病害主要是起翘、衬底脱落、剥离、空鼓、颜料剥落、积尘、水渍、动物损害等病害。各类型彩画病害面积见表二。

表二　重宁寺大雄宝殿彩画主要病害面积统计

位置	病害彩画面积（平方米）												裂隙（米）
	起翘	衬底脱落	剥离	空鼓	颜料剥落	水渍	动物损害	龟裂	积尘	褪色	粉化	合计	
天花彩画	78	8	20	12.5	13	18	19	75		27	12	282.5	273
前檐彩画	4	8	3.5		12				15.18	13	12.5	68.18	60
藻井彩画					2	1.5	3.5	6	20	3	3	39	
合计	82	16	23.5	12.5	27	19.5	22.5	81	35.18	43	27.5	389.68	333

（三）价值评估

1. 历史价值

曾经的重宁寺建筑群气势宏大，在南北中轴线上的布局层层升高，建筑用料考究，其建筑式样、建筑装饰具有很高的艺术价值。大雄宝殿系重宁寺建筑群中等级最高、体量最大、结构最复杂、外形最优美的单体建筑，具有相当高的历史、科学、艺术价值，尽管历经200余年沧桑变化之后显得有些破败，却仍然巍峨挺拔、风姿犹存，抹灭不了它曾经的辉煌。

2. 建筑选材价值

大殿重檐歇山顶，平面近于正方形，面阔五间。殿内八根方柱系稀有珍贵铁栗木，它是红木类木材当中的一个品种，属国家二级保护树种，是珍贵热带用材树种，木材有光泽，无特殊气味；纹理交错，结构细而匀，耐腐、耐久性强。材质硬重，强度高，气干密度为1.12克/立方米。其大殿内每根铁栗木都为整料制作，高度均在15米以上，每根铁栗木入水即沉、火烧难燃，是难得的良材。

3. 艺术价值

大殿顶部中央的斗八藻井和天花板上满施彩画，保存较好，为佛教和吉祥图案，至今色彩鲜艳，具有较高的艺术、宗教和文物研究价值，是珍贵的艺术品（图二，1、2）；殿内还悬挂乾隆四十八年（1783年）御赐"普现庄严"和"妙香花雨"匾（图二，3、4），以及清高宗弘历撰写的《万寿重宁寺碑》，均为原物，具有十分丰厚的文化内涵和历史价值。

1962年、1995年，重宁寺先后被公布为扬州市文物保护单位和江苏省文物保护单位。2011年与天宁寺一起列入大运河申遗预备名单，同时列入江苏省第二批大运河沿线重点文物抢救保护工程。

（四）彩画制作工艺和材料

经现场勘查以及对彩画衬底和颜料层进行取样分析研究，扬州重宁寺大雄宝殿内保存的彩画制作工艺和材料如下。

1. 天花彩画

天花彩画的基础支撑体是杉木板体。制作方法是先在杉木板面上用桐油加石膏粉制成的油灰填嵌缝隙、找平、打磨表面，如此操作需重复一遍；再用矿物颜料加黄鱼胶配成颜色胶，进行调色；最后在作成的两道灰衬底上进行线描添彩；绘画全部完成后，在彩画表面刷罩胶矾水或桐油。天花彩画的制作属江南地区古建油饰彩画主要技法，其基本组成为三部分，即基础支撑体、油灰衬底、颜料层（图四）。

杉木支撑体
油灰衬底
颜料层

图四　天花彩画的基本组成

2. 彩画颜料层

颜料层是彩画的精华，是彩画保护修复的关键所在。重宁寺大雄宝殿彩画表面绝大部分为红、黄、绿、青等颜色。我们分别在天花彩画上的不同部位对各种色彩的彩画颜料以及衬底进行了取样，并对这些样品分别进行了X射线衍射分析（表三）、X射线荧光光谱分析（表四）和扫描电镜观察分析。综合分析以上检测结果，形成本次检测的重宁寺大雄宝殿彩画颜料样品的分析结果（表五）。

表三　天花彩画样品X射线衍射分析结果

原始编号	分析编号	辰砂 HgS	石膏 CaSO$_4$·2H$_2$O	方解石 CaCO$_3$	石英 SiO$_2$	斜长石 (Na, Ca) Al (Si, Al)$_3$O$_8$	云母（K, Na）(Al, Mg, Fe)$_2$(Si$_{3.1}$A$_{10.9}$) O$_{10}$ (OH)$_2$	微斜长石 K (AlSi$_3$) O$_8$	硫酸铅
红色	120419S01F001	大量	少量	少量	—	—	—		
黄色	120419S01F002	—	少量	少量	少量	—	—		
蓝色	120419S01F003	—	大量	大量	—	少量	—		
绿色	120419S01F004	—	少量	少量	—	—	大量		
黑色	120419S01F005	—	少量	大量	—	少量	—		微量
褐色	120419S01F006	—	微量	大量	—	少量	—	少量	微量

表四　天花彩画样品 X 射线荧光光谱分析结果

样品编号	样品描述	Pb	Hg	Ca	Ag	Fe	Cu	As	Ni	其他微量元素
1	绿色颜料	微量	—	微量	微量	微量	大量	大量	微量	Cl
2	黄色颜料	大量	大量	少量	微量	—	—	—	—	Cr
3	白色颜料	大量	—	大量	微量	微量			微量	—
4	粉红色颜料	大量	少量	少量	微量	微量			微量	
5	浅绿色颜料	大量	—	微量	微量	—	微量	微量	微量	
6	红色颜料	大量	大量	微量	微量	微量			微量	
7	黑色颜料	大量	—	少量	微量	微量			微量	
8	绿色颜料	少量	—	微量	微量	微量	大量	大量	微量	
9	黑色颜料	大量	—	微量	微量	微量			微量	
10	白色颜料	大量	—	少量	微量	微量			微量	Au
11	褐色颜料	大量	少量	少量	微量	微量			微量	
12	红色颜料	大量	大量	少量	—	微量			微量	S
13	蓝色颜料	大量	—	微量	微量	微量			微量	
14	绿色颜料	少量	—	少量	微量		大量	大量	微量	Ba
15	黄色颜料	大量	—	大量	微量	—			微量	Ba
16	黑色颜料	大量	—	大量	少量	微量			微量	Cs
17	白色颜料	大量	—	少量	微量	微量			微量	—
18	姜黄色颜料	少量	—	微量	—	大量			微量	Mn

表五　彩画颜料样品分析结果

颜料名称	颜料成分	矿物成分
红色	Hg, Pb	朱砂
黄色	Hg, Pb	—
蓝色	Pb	—
绿色	Cu, As	氯铜矿
黑色	Pb	—
白色	Pb, Ca	—
褐色	Pb, Hg	—

（五）彩画主要病害的原因分析

1. 天花彩画大面积起翘、剥离、颜料剥落及衬底脱落病害

大面积起翘及剥离等病害是影响重宁寺大雄宝殿天花彩画长期保存的主要病害。

有的因雨水通过裂隙渗入后，水分向彩画表面移动并蒸发，长期作用下，衬底结构出现酥松、解体、脱落等现象，从而导致颜料层大面积剥落；有的则因杉木板面上拼合缝的变大，造成衬底层、颜料层顺其走向开裂，在此基础上又沿开裂边缘翘起、外卷以致颜料剥落；还有的与杉木板面局部脱离鼓起，久之逐渐向四周蔓延，造成彩画衬底层与杉木板体分离，在重力等因素的作用下，又进一步造成彩画衬底层附带颜料层大面积起翘、剥离、剥落（图五，1—3）。

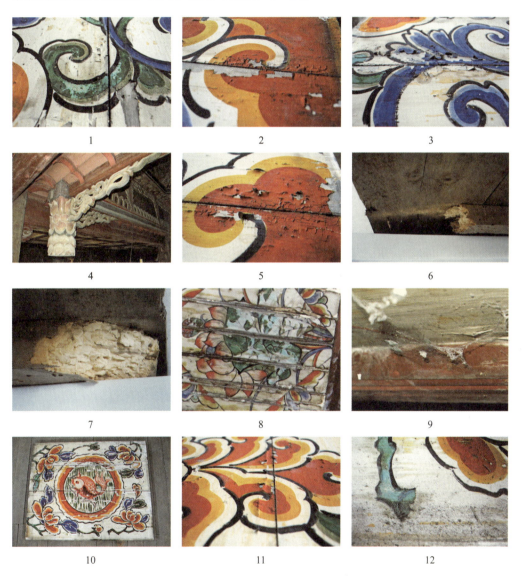

图五　重宁寺大雄宝殿天花彩画病害

1. 变大的拼合缝　2. 起翘、颜料剥落　3. 衬底脱落　4. 颜料层粉化　5. 颜料层龟裂　6、7. 杉木板背部虫蛀
8. 彩画表面水渍　9. 动物损害　10. 画面裂隙　11. 杉木板拼合裂隙　12. 人为因素产生的破坏

2. 龟裂、颜料层粉化、积尘等病害

由于大雄宝殿彩画使用矿物颜料及合成颜料，作画时需要调入胶结材料以使颜

料颗粒黏接在一起并黏附于衬底上，受诸如温湿度、光辐射等环境因素影响。彩画颜料层受到空气中的氧、臭氧和其他有害气体以及紫外线的综合作用，使黏合剂胶体老化变质，颜料层中的一些填料游离粉化，导致彩画颜料整体疏松，进而粉化脱落。衬底及其上颜料层也会发生不均匀湿胀、干缩和胶结材料的老化现象，造成龟裂、颜料层粉化等病害（图五，4、5）。

3. 彩画表面水渍、动物损害

大雄宝殿彩画年久失修，加之建筑漏雨，造成彩画画面雨水流淌痕较严重，鸟类粪便污染对彩画表面亦有一定的腐蚀作用，昆虫在地仗层下做蛹、寄生，易形成空鼓、开裂进而加速其风化速度（图五，6—9）。

4. 彩画裂隙

受环境因素影响，彩画画面裂隙较多；杉木面板支撑体由于大殿漏雨等因素，导致原有的拼合缝隙变大（图五，10、11）。

5. 人为破坏

大雄宝殿及其周围古建筑先后被扬州军分区、扬州市体育学校、武警部队扬州支队及市公安局占用。其间，人类活动所产生的灰尘、油烟，照明用的灯具所产生的紫外线伤害，都对彩画产生了久远的影响和损害（图五，12）。

三、制定大雄宝殿彩画保护修复方案

（一）保护修复前期试验

由于不同彩画的保存现状存在差异，因此在制定具体保护修复方案前需要对清洗材料，起翘、剥离、空鼓彩画回贴加固材料，彩画颜料层封护材料以及保护修复方法进行分析、研究和试验，以制定出最佳方案（图六）。

（二）保护修复工艺和材料试验结论

通过对彩画进行实地调查，对彩画存在的病害状况进行分析，并根据室内分析和现场试验结果，筛选出适合重宁寺彩画保护修复的主要材料及保护修复流程，对保护材料处理效果做综合评估，所选的保护材料都具有较好的效果。归纳如下：

（1）保护修复流程：预防性加固—表面清洗—颜料层起翘、空鼓回贴—粉化颜料层加固。

（2）天花彩画背板的灰尘使用吸尘器、软毛刷即可很好洁除，操作过程中要注意吸尘器的功率大小，防止吸力过大而伤及颜料层并及时清理掉以避免污染到画面；画面部分的灰尘根据不同部位特点选用不同的操作方法，有时需要多种方法的组合

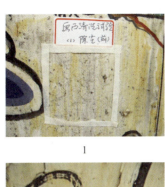

1   2   3

4   5   6

7   8

图六　保护修复前期试验

1. 清洗试验前　2. 清洗试验中　3. 清洗试验后　4. 回贴加固试验前
5. 回贴加固试验——注射加固　6. 回贴加固试验——回贴
7. 回贴加固试验——回贴　8. 回贴加固试验后

使用，洁除过程较长。确认有效的洁除原材料有：蒸馏水、2A 和 3A 溶液、非离子
表面活性剂、AB57。

（3）彩画颜料剥落、褪色、衬底空鼓、起翘、粉化的部分，针对不同的情况需
要用试剂进行逐次渗透、软化、回贴、滚压加固，以达到预期的结果，确认有效试
剂（表六）。

表六　彩画保护修复确认有效试剂简表

序号	病害名称	主要试剂
1	颜料剥落、褪色	5%、10%、15%、20%Acrilem IC、2%Mowidal
2	彩画空鼓	15%—20% AC33
3	彩画起翘、剥离和粉化	5%—8%AC33 水溶液
4	彩画龟裂及裂隙	Acrilem AC33
5	地仗层大面积脱落	照原地仗层分析结果重做地仗层，再进行做旧、协调处理

（三）保护修复整体思路

（1）确定对天花彩画采取移动保护，将单体天花面板逐一从天棚楞木上卸下，运至不渗漏、通风条件好、空间较大的房间进行保护。对藻井彩画、前檐彩画采取原位置保护。

（2）对现存颜料层，以恢复彩绘原有风貌为原则进行保护修复。

（3）画面污物采用机械清除和化学清洗相结合的方式进行清理。

（4）对起翘、剥离、空鼓的地仗层和颜料层采用注射回贴加固。

（5）对裂隙进行地仗填补和填补表面协色处理。

（6）对粉化颜料层采用适宜的加固剂渗透、回贴加固。

（7）对剥落及褪色严重的颜料层，采取局部做旧协调的方法，即进行适度的美学修复来体现彩画整体的艺术价值。

（8）对衬底脱落的部分采用原工艺修补，并在色彩上进行协调处理。

（原载《文博》2019年第4期）

西安出土唐墓壁画黄色颜料的分析研究

郭　瑞[1]　赵凤燕[1]　冯　健[1]　杨文宗[2]　王　佳[2]　夏　寅[3]

（1.西安市文物保护考古研究院；2.陕西历史博物馆，陕西壁画保护修复研究基地；

3.秦始皇帝陵博物院，陶质彩绘文物保护国家文物局重点科研基地）

摘要： 西安南郊集中发现了4座唐代壁画墓，时间跨度为初唐至晚唐。为了解这些唐墓壁画的黄色颜料类型，通过偏光显微分析、拉曼光谱、扫描电镜能谱及X射线衍射分析确定颜料成分。结果显示：初唐、盛唐、中唐三处壁画黄色颜料为土黄，一处晚唐壁画黄色颜料为钒铅矿。钒铅矿颜料的应用是继西安理工大学曲江校区西汉墓、西安唐代韩休墓壁画中发现的又一使用实例，该颜料至晚唐仍有使用，为研究钒铅矿颜料在西安地区唐墓壁画中的应用历史研究提供了重要的补充依据。同时结合文献调查，推测所使用的黄色颜料可能均为就地取材。

关键词： 唐墓壁画　黄色颜料　钒铅矿　土黄

　　西安市文物保护考古研究院在配合城市基本建设的考古发掘中，于西安市南郊集中发现4座唐代墓葬，分属初唐、盛唐、中唐、晚唐四个时期。墓葬中绘制有精美的墓葬壁画，绘画题材包括人物、花鸟、山水等，图案线条流畅、风格古朴、用色简单，为研究唐代不同时期墓葬壁画材质、工艺、用色、风格特点提供了珍贵的实物资料。

　　这些墓葬壁画中除了较常见的红色、黑色外，均使用了少量黄色点缀或图案填充。出土唐墓壁画的颜料中以红色、黑色最为多见，红色多用铁红、朱砂或铅丹，黑色为炭黑[1]，而黄色颜料在唐墓壁画中应用较少。目前多见石窟寺壁画中黄色颜料

---

① 卢红月：《章怀太子墓和懿德太子墓壁画红色系列的研究》，《荣宝斋》2006年第5期；张建林、刘阿妮：《关中唐墓壁画残片分析》，《文博》2001年第3期；王伟锋、李蔓、夏寅：《中国古代墓葬壁画制作工艺初步研究》，《文博》2015年第4期。

的研究[①]，而墓葬壁画中黄色颜料研究较少，仅见陕西旬邑东汉壁画的黄色颜料分析研究[②]，未见唐墓壁画中黄色颜料的研究报道。此次出土的时代集中且时间序列明显的4个唐墓壁画中均含有黄色颜料，是研究唐代墓葬壁画黄色颜料的应用及时代特征的珍贵实物资料。为探明黄色颜料成分，本文采用偏光显微镜、拉曼光谱、扫描电镜能谱、X射线衍射等分析手段进行定性分析，并在此基础上结合大量文献调查，探讨颜料来源。

一、样品和分析方法

（一）样品信息

4座唐墓中，天地源、航天置业、新寨子唐墓壁画黄色颜料保存较好的各1处，曲江万科唐墓壁画黄色颜料保存较好的有4处。黄色颜料均绘制于白色底色层上，但薄厚不均、残留量较少。受黄色颜料保存情况及分布限制，在保存较好的黄色颜料处取样获得7个样品，基本信息见图一、表一。

1   2

图一　黄色颜料样品

1.新寨子唐墓黄色　2.曲江万科唐墓黄色

表一　壁画黄色颜料基本信息表

墓葬名称	时代	画面内容	保存状态	取样位置	样品量	样品编号	颜色现状	样品形态
航天置业唐墓	初唐	仕女图	画面较完整但黄色颜料极少	人物裙摆	1	H1	赭黄色，较饱和	块状
天地源唐墓	中唐	飞鸟、祥云交替绘制的带状装饰图案	画面较完整，黄色完全填充于飞鸟图案	飞鸟图案中部	1	T1	暗黄色，较饱和	块状

① 于宗仁、孙柏年、范宇权等：《榆林窟元代壁画黄色颜料初步研究》，《敦煌研究》2008年第6期；王冬松、王红梅：《唐代敦煌艺术中的黄色颜料考》，《美术大观》2015年第2期。

② 惠任、刘成、尹申平：《陕西旬邑东汉壁画墓黄色颜料研究》，《中国文物保护技术协会第二届学术年会论文集》，科学出版社，2002年，第123—127页。

墓葬名称	时代	画面内容	保存状态	取样位置	样品量	样品编号	颜色现状	样品形态
新寨子唐墓	盛唐	南壁朱雀	画面缺失严重，黄色颜料局部少量残留	雀身中部	1	X1	暗黄色，轻薄	块状
曲江万科唐墓	晚唐	仕女图	画面较完整，但黄色颜料少	人物衣服	4	Q1、Q2、Q3、Q4	深姜黄色，较饱和	块状

（二）分析方法

1. 色度信息记录

采用色度仪在考古发掘现场原位记录每种黄色颜料的色度值。为保证结果准确性，测量3次求平均值。

2. 偏光显微分析

采用Leica DMLSP偏光显微镜；Leica Wild体视显微镜对黄色颜料进行形貌观察，初步鉴定颜料种类。样品制备：用丙酮擦拭载样表面；再用黑笔在背面标出载样区域；据样品的离散状况，滴加无水乙醇至样品边缘后，用钨针研匀样品直至溶剂完全挥发；镊取盖玻片放于样品上，加热至90—100℃；同时，吸取Meltmount™固封树脂沿盖玻片一侧缓慢渗满整个盖玻片；待冷却后，即在偏光显微镜下观察。

3. 拉曼光谱分析

采用Renishaw拉曼光谱分析仪、配备Leica显微镜及invia拉曼光谱分析仪。样品制备：将颜料放于载玻片上，用无水乙醇浸润，搅拌，然后置于载玻片上待检，在显微镜下选择需要分析的样品区域进行分析。检测条件：激发光波长为514nm，物镜放大倍数50、100倍，信息采集时间10s，累加次数1—3次。

4. 扫描电镜能谱分析

采用美国FEI Quanta 650扫描电镜及Oxford EDS能谱仪进行联合分析。在进行能谱分析时，为获得更准确的元素成分及含量信息，多处采集微区能谱信息，扫描3次求平均值。检测条件：工作电压20kV，工作距离10—11mm。

5. X射线衍射分析

采用日本Rigaku SmartLab X射线衍射分析仪。样品制备：由于样品少且表面颜料层较薄，直接对原始样品做原位分析。检测条件：工作电压及电流为45kV、200mA，扫描范围4°—70°，扫描速度10°/min，步长0.01°。

西安出土唐墓壁画黄色颜料的分析研究

二、结果与讨论

（一）黄色颜料色度信息

4座墓葬壁画的黄色颜料色度值见表二。

表二　黄色颜料色度信息表

墓葬名称	测试颜色	色度值		
		L	a	b
天地源唐墓	暗黄色	59.78	10.55	29.04
曲江万科唐墓	深姜黄色	61.58	9.61	23.17
航天置业唐墓	土黄色	59.81	9.98	28.35
新寨子唐墓	暗黄色	59.6	9.66	28.41

通过表二的色度数据，利用公式 $\Delta E = [(\Delta a)^2 + (\Delta b)^2 + (\Delta L)^2]^{1/2}$ 计算出 4个墓葬黄色颜料间的色差值（ΔE），其中、Δa、Δb、ΔL 分别为表二中颜料色度值 a、b、L 的差值。结合 ΔE 与物质颜色变化关系判断：天地源、航天置业及新寨子黄色颜料色度值较为接近，三者之间色差小于1.5，差别轻微，可能为同种颜料；曲江万科与其他3处墓葬壁画黄色颜料的色差值均大于5，差别明显，推测可能为不同材料。

（二）偏光显微分析

黄色颜料偏光显微分析结果见表三。

表三　黄色颜料偏光显微分析结果

样品	分析结果		
	描述	颜料类型	偏光照片
T1	黄色颜料团聚在一起，折射率>1.662，弱消光	土黄	50μm

样品	分析结果		
	描述	颜料类型	偏光照片
H1	黄色颜料团聚在一起，折射率＞1.662，弱消光	土黄	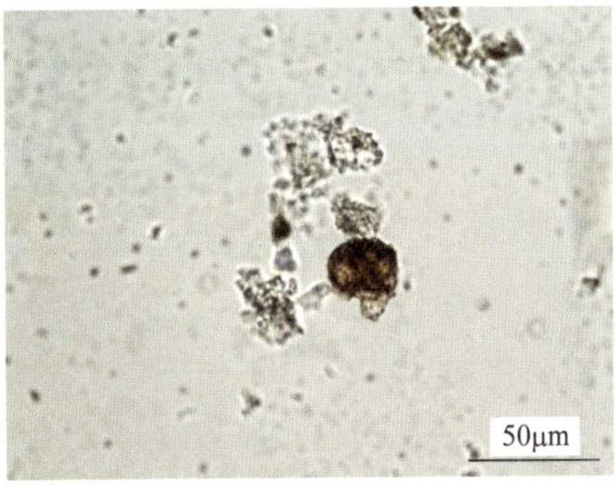 50μm
X1	黄色颜料团聚在一起，折射率＞1.662，弱消光	土黄	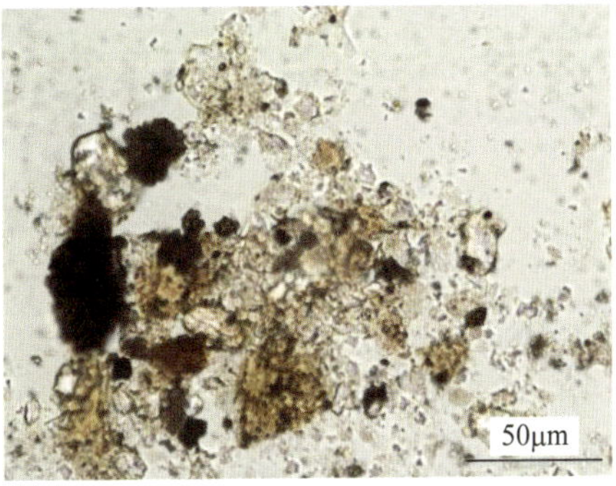 50μm
Q1	黄色颜料团聚，晶型特征不明显	未明确	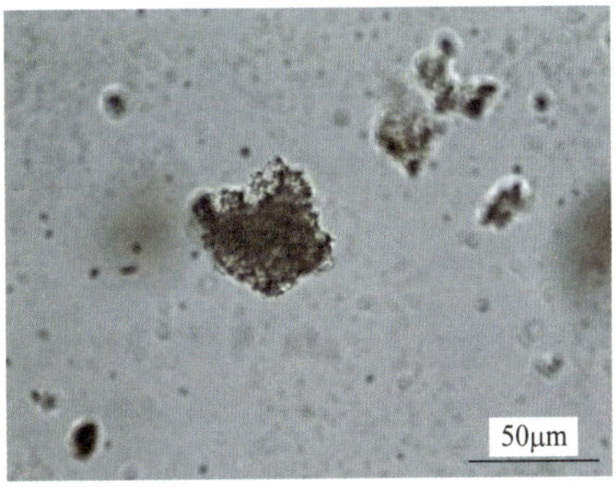 50μm

偏光显微结果中，天地源、新赛子及航天置业壁画黄色颜料具有同一晶体光学特性，均为土黄，但未能通过偏光显微分析明确曲江万科黄色颜料的矿物类型。因此，采用拉曼光谱进一步探知该黄色颜料的矿物组成，并对其他3处墓葬的土黄颜料进行成分鉴定。

（三）拉曼光谱分析

拉曼光谱分析结果见图二、图三、表四。

西安出土唐墓壁画黄色颜料的分析研究

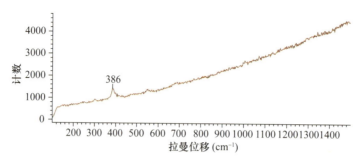

图二 T1黄色颜料拉曼光谱

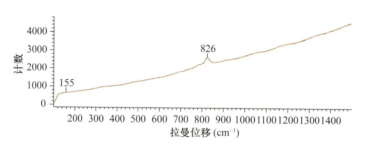

图三 Q4黄色颜料拉曼光谱

表四 黄色颜料拉曼光谱分析结果

样品编号	主要峰值	分析结果
Q1黄色	132vw，338vw，826vs	钒铅矿
Q2黄色	338w，372vw，825vs	钒铅矿
Q3黄色	132w，332w，827vs	钒铅矿
Q4黄色	155w，330vw，826vs	钒铅矿
T1黄色	302w，386vs，558w	土黄

注：vw为非常弱，w为弱，vs为非常强

    偏光显微结果中，土黄颜料的拉曼光谱在302cm^{-1}、386cm^{-1}、558cm^{-1}处有拉曼峰，386cm^{-1}处出现强峰，与针铁矿特征峰基本一致[1]，与偏光显微结果吻合。与天然针铁矿相比，缺少245cm^{-1}、295cm^{-1}处的特征峰值[2]，可能为黄色颜料晶体结晶度较差，为无定型晶态所致。偏光显微分析中未能确定的曲江万科壁画黄色颜料的拉曼光谱在825cm^{-1}—827cm^{-1}处出现了强峰，对比标准矿物，可能为钒铅矿[3]，但由于颜料残留量较少，拉曼光谱响应强度低、出峰少。钒铅矿这种矿物并不常见，

[1] 杨玉璋、张居中、左健等：《"钟离君柏"墓出土彩绘陶器颜料的光谱分析》，《光谱学与光谱分析》2010年第4期；Ian M BELL, Robin J H. CLARK, Peter J GIBBS. Raman Spectroscopic Library of Natural and Synthetic Pigments (pre-～1850 AD). Spectrochimica Acta Part A, 1997 (53): 2159-2179.

[2] 左健、赵西晨、吴若等：《汉阳陵陶俑彩绘颜料的拉曼光谱分析》，《光散射学报》2002年第3期。

[3] Ray L FROST, Martin CRANE, Peter A WILLIAMS, et al. Isomorphic Substitution in Vanadinite [Pb$_5$(VO$_4$)$_3$Cl]—a Raman Spectroscopic Study. Journal of Raman Spectroscopy, 2003 (34): 214-220.

目前已知用作黄色颜料的实例极少，为明确颜料元素成分及晶体形貌，采用扫描电镜能谱对曲江万科壁画黄色颜料进一步分析验证。

（四）扫描电镜—能谱分析

曲江万科壁画的黄色颜料晶体显微形貌见图四、图五，元素组成见表五。

图四　Q1黄色颜料微观形貌

图五　Q4黄色颜料微观形貌

表五　Q1—Q4黄色颜料样品元素成分表

样品编号	微区点	元素组成															总量
		C	O	Mg	Al	Si	P	Cl	K	Ca	V	Cr	Fe	Cu	As	Pb	
Q1	1	—	22.21	—	—	—	2.25	—	—	—	25.36	1.71	—	1.71	—	48.48	100
	2	—	53.67	—	—	—	1.1	4.48	—	0.63	12.36	0.71	—	0.71	—	27.03	100
	3	35.69	43.73	—	0.54	—	0.95	1.71	—	0.47	5.09	0.42	—	0.42	—	11.41	100
	4	—	30.31	—	—	—	3.96	—	—	1.4	17.9	1.68	—	1.68	—	42.68	100
	5	—	42.2	—	—	—	2.43	—	—	2.96	15.7	1.78	—	1.78	—	32.94	100
Q2	1	39.43	40.23	—	—	—	0.84	1.2	—	0.95	5.04	0.52	—	0.44	—	11.36	100
	2	28.78	55.32	0.83	0.91	1.86	0.16	0.22	0.23	8.12	0.95	0.12	0.24	—	—	2.26	100
	3	35.02	41.72	0.69	0.47	1.11	0.71	1.04	—	1.22	5.28	0.46	—	0.51	—	11.76	100
	4	24.33	42.81	—	0.8	6.97	0.56	1.58	—	3.25	6.84	0.66	—	—	—	12.19	100
	5	36.02	39.48	—	—	—	0.77	1.13	—	2.68	5.69	0.74	—	0.64	—	12.85	100
Q3	1	51.38	29.97	—	—	—	0.86	1.16	—	1.53	4.34	0.38	—	0.36	—	10.03	100
Q4	1	38.81	41.68	—	—	—	0.63	1.79	—	1.02	5.08	—	—	—	0.26	10.46	100
	2	30.14	43.6	—	—	—	1.41	1.72	—	1.15	6.03	0.41	—	—	0.54	14.56	100
	3	29.78	40.98	—	0.78	1.04	1.3	1.44	—	2.07	6.09	0.65	—	—	0.48	14.86	100

扫描电镜下可见较多棱柱状晶体，长度为2—5μm，直径为0.5—2μm，呈零散分布或呈簇状团聚。晶体能谱结果显示，4个样品中均有含量较高的C、O、Pb、V，少量Ca、Cl，以及微量Al、K、Si、Mg、P。Ca、O元素多来自于黄色颜料下的白色底色层；Al、K、Si等元素为常见土壤元素，可能为样品中浮尘引入；则黄色颜料的显色元素应为Pb、V、Cl。根据元素含量可以看出，Pb元素平均含量为12.16%，最高可达32.95%—48.48%；V元素平均含量为5.49%，最高可达12.36%—25.36%，Pb与V的含量比为1.9—2.2，与钒铅矿［分子式$Pb_5(VO_4)_3Cl$］中Pb、V比值较为接近。综合形貌及元素成分来看，Q1—Q4黄色颜料应为钒铅矿，与拉曼光谱分析结果吻合。

（五）X射线衍射分析

为明确黄色颜料的物相、确定颜料类型，在拉曼光谱及扫描电镜能谱分析的基础上，采用XRD分析上述两种黄色颜料的矿物成分。

结果表明：曲江万科壁画黄色颜料2θ角在19.93°、21.03°、29.16°、29.41°、29.77°、35.98°、39.36°等处有明显特征峰（图六）。对比标准矿物谱图，在29.41°、35.98°、39.36°、43.1°、47.57°和48.48°等几处为方解石特征峰，可能在原位检测时能量穿透颜料层引入白灰底色层所致；在19.93°、21.03°、26.17°、26.52°、29.16°、29.77°和30.14°处的强峰为钒铅矿的特征峰，与拉曼光谱和扫描电镜能谱分析结果一致。

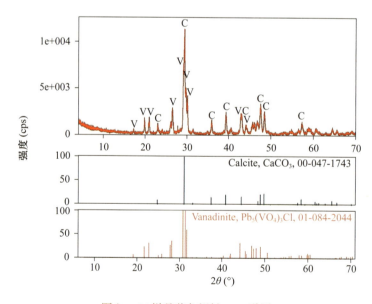

图六　Q1样品黄色颜料XRD谱图

天地源等其他3处壁画黄色颜料2θ角在21.22°、26.68°、29.41°、35.95°、36.64°、39.4°等处有特征峰（图七）。对比标准矿物谱图，在29.41°、35.95°、39.4°、43.13°、

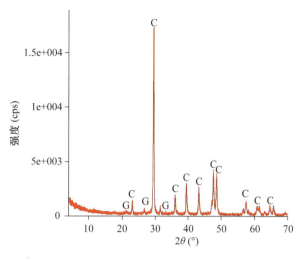

图七 T1样品黄色颜料XRD谱图

47.58°和48.53°等几处为方解石特征峰，应为引入下层白灰层所致；在21.22°、26.68°、36.64°处为针铁矿的特征峰，与偏光显微观察和拉曼分析结果一致。

（六）黄色颜料来源探讨

1. 土黄

本次唐墓壁画黄色颜料分析结果可知，壁画中多使用土黄作为黄色颜料。土黄是古代绘画中使用的黄色颜料之一，主要成分是α-羟基氧化铁（α-FeOOH），为针铁矿晶型，与天地源唐墓黄色颜料拉曼光谱结果对应。在自然界中，土黄是一种土性天然矿物，其主要成分针铁矿常与赤铁矿、锰的氧化物、方解石、黏土伴生[1]。

我国古代壁画中常使用的黄色颜料主要有雌黄、密陀僧等，土黄应用相对较少。但从现有分析报道中发现，土黄在壁画中的应用历史悠久。目前，已知该颜料在壁画上的最早使用是在陕西神木石峁遗址中二里头时期的石墙壁画上[2]，东汉[3]、十六国[4]、北朝[5]、

---

① 王进玉、王进聪：《中国古代的土黄颜料》，《地球》1998年第2期。

② 邵安定、付倩丽、孙周勇等：《陕西神木县石峁遗址出土壁画制作材料及工艺研究》，《考古》2015年第6期。

③ 惠任、刘成、尹申平：《陕西旬邑东汉壁画墓颜料研究》，《考古与文物》2007年第3期。

④ 薛俊彦、马清林、周国信：《甘肃酒泉、嘉峪关壁画墓颜料分析》，《考古》1995年第3期。

⑤ 胡文英、王岳：《拉曼光谱在水泉梁北齐墓葬壁画颜料中的研究分析》，《硅谷》2012年第17期；左健、许存义：《古壁画、陶彩颜料的拉曼光谱分析》，《光散射学报》1999年第11期；石美风、任建光、张秉坚等：《山西忻州九原岗北朝墓葬壁画颜料及颜色变化分析》，《文物保护与考古科学》2018年第1期；周国信：《古代壁画颜料的X射线衍射分析》，《美术研究》1984年第3期；周国信、程怀文：《云冈石窟古代壁画颜料剖析》，《考古》1994年第10期。

唐[①]、元[②]及明清时期壁画[③]中均有发现，古代使用土黄绝非偶然。

土黄的主要成分针铁矿，是组成褐铁矿的主要矿物[④]。褐铁矿是含铁矿物经过氧化和分解而形成于表面的氧化产物。从现有资源来看，陕西地区分布的铁矿[⑤]或其他金属矿床存在次生矿物褐铁矿[⑥]。从古代资源来看，多数古代典籍中记录了陕西地区铁矿的分布与利用：《五藏山经》中记录了古代陕西地区铁矿的分布特征[⑦]，《古矿录》详细罗列了《汉书·地理志》《后汉书·郡国志》《新唐书·地理志》等古籍中，古代各历史时期陕西地区铁矿产、冶铁及铁官的分布位置[⑧]，表明古代先民对于寻找、开采、利用铁矿已掌握了丰富的知识和经验，以上为古代针铁矿的采集、利用提供了物质和技术条件。最重要的是，《神农本草经》《新修本草》[⑨]中均记录了名为"禹余粮"的中药材及其属性，其本质就是矿物针铁矿，《伤寒论》《千金方》还记录了"禹余粮"药材的使用和功能，这说明古人已经对针铁矿及其特性有了明确的认识，由此来看很有可能有针对性地采集针铁矿并加以利用，而非偶然引入。

因此，推测在唐代陕西地区，有已被古人认识到，且可以作为土黄使用的针铁矿，唐代壁画中使用的土黄可能为就地取材。

2. 钒铅矿

与土黄相比，钒铅矿 $[Pb_5(VO_4)_3Cl]$ 是一种少见的黄色颜料，是在方铅矿等含铅矿石的矿床上氧化形成的次生产物[⑩]。矿物晶体呈六方晶体形式存在，扫描电镜

① 张群喜、夏寅：《唐韦贵妃墓壁画备马图颜料分析研究》，《人类文化遗产保护》2014年；马清林、周国信、程怀文等：《炳灵寺石窟彩塑、壁画颜料分析研究》，《考古》1994年第7期。

② 张勇剑、夏寅、苗轶飞等：《陕西横山县高镇罗圪台元代墓葬壁画工艺分析研究》，《考古与文物》2017年第4期；井娟、张媛：《章丘元墓壁画颜料分析》，《济南职业学院学报》2012年第6期。

③ 赵凤燕、冯健、孙满利等：《西安周至胡家堡关帝庙壁画颜料分析研究》，《文博》2017年第4期；胡可佳、白崇斌、马琳燕等：《陕西安康紫阳北五省会馆壁画颜料分析研究》，《文物保护与考古科学》2013年第4期。

④ 张晓红、张治国、史家珍：《洛阳唐代壁画墓出土彩绘陶俑的分析研究与保护修复》，《中国国家博物馆馆刊》2013年第10期。

⑤ 《中国矿床发现史·陕西卷》编委会：《中国矿床发现史·陕西卷》，地质出版社，1996年，第20页；涂怀奎：《秦岭地区黄铁矿特征与金矿关系的研究》，《化工矿产地质》2004年第3期；祁晓鹏：《陕西旬阳小金河铁矿地质特征研究》，《中国石油和化工标准与质量》2011年第6期。

⑥ 李兴民：《陕西洛南县大王西峪金矿床矿石特征及金的赋存和富集规律》，《西北地质》1989年第4期；郭立宏、李静、陈艳：《陕西木龙沟矽卡岩型铁多金属矿床地质特征》，《西北地质》2013年第4期；马晔、王文波、杜娜等：《陕西后林沟金矿金的赋存状态及载金矿物特征》，《地下水》2014年第6期。

⑦ 王红旗、孙晓琴：《全本绘图山海经·五藏山经》，武汉大学出版社，2011年，第33—44页；陈国生、杨晓霞：《〈五藏山经〉中矿物名称考释及其地理分布研究》，《自然科学史研究》1997年第4期。

⑧ 章鸿钊：《古矿录》，地质出版社，1954年，第369—392页。

⑨ （唐）苏敬：《新修本草》，《玉石等部上品卷第三》，上海古籍出版社，1985年，第103、104页。

⑩ 王辉、肖仪武、王明艳等：《含彩钼铅矿和钒铅锌矿的铅矿中铅化学物相分析新方法》，《有色金属工程》2015年第2期。

下的微观形貌与之吻合。通常，矿石颜色有鲜红色、橘红色，偶尔也有红棕色或黄色。目前发现的钒铅矿颜料多呈黄色，且应用实例很少。秦始皇兵马俑是目前诸报道中将钒铅矿作为黄色颜料的最早实例[1]，在壁画中用钒铅矿作为黄色颜料的仅见西安理工大学曲江校区西汉墓壁画[2]以及唐韩休墓壁画[3]。在古代中东、欧洲地区，巴尔多国家博物馆藏一尊罗马帝国时期的雅典娜雕像（2世纪）[4]，以色列出土的一块古典罗马时期的单色画（3世纪）[5]，伊朗波斯萨珊朝晚期的一块前伊斯兰时期壁画残片（624—651年）[6]，罗马圣玛利亚教堂中的一处装饰壁画（757—768年）[7]，大都会艺术博物馆藏伊朗内沙布尔伊斯兰早期雕刻残块（9—12世纪）[8]，西班牙一处教堂壁画（14世纪）[9]，以及罗马卡法吉奥罗别墅中伊斯兰风格的陶片（15世纪末至16世纪初）[10]，表面都发现了钒铅矿的应用。

　　值得注意的是，上述应用实例从时代上看，我国目前已发现钒铅矿作为黄色颜料的使用时间最早至秦，远早于上述中东地区古代壁画钒铅矿的应用实例；西方的实例晚至7世纪后出现了一定的延续性；从颜料来源上看，仅见以色列壁画中发现的钒铅矿，有考古学证据表明在遗址附近可能具有作为该颜料来源的铅矿[11]，而在上

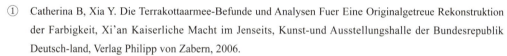

① Catherina B, Xia Y. Die Terrakottaarmee-Befunde und Analysen Fuer Eine Originalgetreue Rekonstruktion der Farbigkeit, Xi'an Kaiserliche Macht im Jenseits, Kunst-und Ausstellungshalle der Bundesrepublik Deutsch-land, Verlag Philipp von Zabern, 2006.

② 冯健、夏寅、Catharina Blaensdorf等：《西安理工大学曲江校区西汉壁画墓颜料分析研究》，《西北大学学报（自然科学版）》2012年第5期。

③ 严静、刘呆运、赵西晨等：《唐韩休墓壁画制作工艺及材质研究》，《考古与文物》2016年第2期。

④ Kopczynski N, Viguerie L, Neri E, et al. Polychromy in Africa Proconsularis: Investigating Roman Statues Using X-ray Fluorescence Spectroscopy, Antiquity, 2017, 91 (355): 139-154.

⑤ Piovesan R, Maritan L, Neguer J. Characterising the Unique Polychrome Sinopia Under the Lod Mosaic, Pigments and Painting Technique, Journal of Archaeological Science, 2014 (46): 68-74.

⑥ Holakooei P, Karimy A H, Hasanpour A, et al. Micro-Raman Spectroscopy in the Identification of Wulfenite and Vanadinite in a Sasanian Painted Stucco Fragment of the Ghaleh Guri in Ramavand, Western Iran, Molecular and Biomolecular Spectroscopy, 2016 (169): 169-174.

⑦ Amato S R, Bersani D, Pogliani P, et al. A Multi-analytical Approach to the Study of the Mural Paintings in the Presbytery of Santa Maria Antiqua al Foro Romano in Rome, Archaeometry, 2017, 59 (6): 1050-1064.

⑧ Holakooei P, Laperouse J F, Rugiadi M, et al. Early Islamic Pigments at Nishapur, North-eastern Iran: Studies on the Painted Fragments Preserved at The Metropolitan Museum of Art, Archaeol Anthropol Sci, 2018 (10): 175-195.

⑨ Veneranda M, Irazola M, Diez M, et al. Raman Spectroscopic Study of the Degradation of a Middle Age Mural Painting: the Role of Agricultural Activities, Journal of Raman Spectroscopy, 2014, 45 (11-12): 1110-1118.

⑩ De Santis A, Mattei E, Montin I, et al. A Micro-Raman and Internal Microstratigraphic Study of Ceramic Sherds from the Kilns of the Medici Castle at Cafaggiolo, Archaeometry, 2012, 54 (1): 114-128.

⑪ Peri D. Lead Mines at Mount Hermon, Teva va-Aretz, 1968, 11: 18, 19. Shimon D. Ancient Lead Mines on Mt. Hermon，Israel Antiquities Authority. 17th Archaeological Conference in Israel. Israel Exploration Society, 1992. Shimon D. Settlements and Cult Sites on Mount Hermon, Israel-Iturean Culture in the Hellenistic and Roman Periods BAR International Series 589, Tempus Reparatum, 1993: 325.

述2处伊朗壁画未发现有钒铅矿的直接来源，大都会博物馆藏内沙布尔早期伊斯兰雕刻残块上的钒铅矿甚至被认为可能是进口产物。与之相比，西安理工大学曲江校区西汉壁画墓出现的钒铅矿被认为与陕西当地的矿产有关[1]。古文献中虽无直接关于钒铅矿的记录，但却有铅矿记载：《五藏山经》中记录秦岭渭水一带资源的西山首经中多处记载分布有银矿[2]，根据考证，古代银矿多指方铅矿和辉银矿的共生矿[3]。同时，在陕西秦岭地区分布的丰富、成矿期早的铅锌矿中[4]，已有研究指出其铅锌矿的矿物系列中含有钒铅矿[5]。由此推测，钒铅矿颜料西进的可能性较小，就地取材的可能性较大。

　　不难发现，钒铅矿出现的实例非常少，但使用时间相对集中。截至目前已有的文献报道，并结合本文分析结果来看，与西方实例集中偏晚不同，我国目前发现的实例集中偏早，且秦汉以前和唐以后的壁画还未发现其他使用钒铅矿的应用实例。本研究发现晚唐时期壁画中的钒铅矿颜料是继西安理工大学曲江校区西汉壁画及盛唐韩休墓壁画之后该颜料的又一应用，补充了该颜料在我国古代彩绘中的应用实例，表明钒铅矿颜料在晚唐仍有使用，为该颜料的应用历史研究提供了重要资料。钒铅矿的使用是偶然出现还是有意选择，我国使用的钒铅矿与中东、欧洲地区在时间和空间上，尤其是丝绸之路重要城市——内沙布尔地区发现的可能为进口颜料的钒铅矿之间是否存在某种联系，有待通过更多实物资料的发现展开深入研究。

三、结论

　　（1）4座唐墓中，初唐、中唐、盛唐壁画的黄色颜料使用了土黄，晚唐壁画使用了钒铅矿作为黄色颜料。

　　（2）尽管土黄颜料在历史上应用相对较少，但从文献记录来看，唐代已有明确对针铁矿（土黄）的认识和使用，因而土黄的使用并非偶然引入。钒铅矿颜料的使用可能与陕西地区矿产有关，颜料西进的可能性较小。

　　（3）在晚唐时期壁画中发现了钒铅矿的应用，补充了该颜料在我国古代彩绘文物中的应用实例，为该颜料的应用历史研究提供了重要的实物资料。

---

① 冯健、夏寅、Catharina Blaensdorf等：《西安理工大学曲江校区西汉壁画墓颜料分析研究》，《西北大学学报（自然科学版）》2012年第5期。

② 王红旗、孙晓琴：《全本绘图山海经·五藏山经》，武汉大学出版社，2011年，第33—44页。

③ 刘红：《试析〈五藏山经〉关于中国古代金属矿藏知识的价值观》，《文博》2007年第5期。

④ 陈彩华、刘新会：《东秦岭（陕西境内）多金属矿产分布特征及成矿预测研究》，《黄金科学技术》2010年第5期；孙笃奋、赵文璞：《陕西省矿产资源概况》，《西北地质》1986年第4期。

⑤ 彭大明：《秦岭地区铅锌矿成矿浅析》，《地质找矿论丛》1998年第4期。

附记：本文是陕西省文物局文保项目资助（陕文物函〔2017〕076号）的阶段性成果。感谢秦始皇帝陵博物院的付倩丽、惠娜、黄建华老师，陕西省文物保护研究院的王展老师为颜料分析提供技术支持，以及参与壁画揭取工作的李书镇老师、刘晓勇、姚卫群，在此谨致谢忱。

（原载《文物保护与考古科学》2019年第6期）

西安出土唐墓壁画黄色颜料的分析研究

馆藏壁画表面污染物的激光清洗初步研究

王　佳　霍晓彤　杨文宗

（陕西历史博物馆）

摘要：激光清洗作为一种新型清洗技术，具有高效、安全、可控等优点。本研究使用激光清洗技术对壁画样品表面污染物进行清洗实验。通过模拟样块试验确定激光清洗设备的损伤阈值与清洗阈值；然后在损伤阈值与清洗阈值范围内，根据不同污染物采用不同的激光能量密度和辅助手段，对壁画样品进行激光清洗实验，最终确定有效的设备参数；在激光清洗的同时使用显微镜和色度仪进行清洗效果评估。清洗实验证实激光清洗技术可有效清理部分壁画表面污染物，并确定部分有效参数，为实际工作提供参考和借鉴。

关键词：激光清洗　表面污染物　清洗效果

　　国内外很多实例已经验证了使用激光技术清洗文物的可行性。目前针对无机质文物如石质以及金属质文物已拥有较为成熟的激光清洗技术，但针对壁画这一特殊材质的文物，表面污染物的激光清洗应用较少。因为不同材质的文物，其表面污染物的类型以及污染物与基底结合方式都有很大的差别，所以尝试对壁画这类复合材质的文物进行激光清洗，需要通过理论分析和试验，系统地研究激光清洗壁画表面的过程与机理，找出适合的工艺参数，形成系统的理论和应用基础。本次试验对壁画使用不同的激光参数进行清洗，并对相应的清洗效果做出评价。

一、激光清洗技术发展历史

　　自20世纪60年代第一台激光器产生以来，凭借特有的相干性好、发散角小、能量高度集中等优势，其在各个领域都得到了广泛应用[①]。科学家发现把高能量的激光束聚焦后照射一些被污染物品的表面，被照射的污染物发生振动、熔化、蒸发、燃烧等一系列复杂的物理化学过程，最终脱离从而达到清除表面污染物的效果。随着

---

① 宋峰、伍雁雄、刘淑静：《激光清洗的发展历程》，《清洗世界》2005年第6期。

科技的发展，激光清洗逐渐从实验室内走向了实际应用，在油污、锈蚀的去除，微电子线路板以及各种材质文物的污染清洗中逐渐成熟。

20世纪70年代，加利福尼亚圣地亚哥分校Asmus等[1]首次将激光清洗技术应用于文物保护，并在一批石制文物上进行了试验。但受技术所限制：激光器的脉冲频率普遍比较低，缺乏光束传输系统，所以这项新颖的清洗技术一直处于实验阶段。

20世纪90年代，情况发生了巨大的变化，得益于欧盟框架计划和一些国家的创新计划，提出了将创新技术应用于文化遗产保护。一些研究中心和保护机构开展系统性研究，针对不同材质的文物进行激光清洗，并将科研成果在相关保护会议和学术期刊中进行报道，但并未形成国际化的交流和影响。直至1995年，首届LACONA "激光在艺术品保护中的应用"[2]国际会议在希腊克里特岛举行，通过跨学科研究使激光技术在文化遗产保护领域得到有效的发展和传播。

进入21世纪，SPIE和CLEO等影响力较大的国际光学研讨会都开展了相关议题的探讨，例如2001年 "SPIE激光技术与系统在艺术保护中的应用"会议[3]以及 "CLEO 2005：激光技术在文化遗产保护中的应用"学术研讨会。这些会议极大地促进了文化遗产保护领域激光清洗技术的发展和应用。

自2000年以来，中国文物保护领域逐渐深入研究和开发激光清洗技术。2004年，浙江大学张秉坚等[4]介绍了激光清洗及传统清洗对古建筑和石质文物进行清洗的不同方法，随后国内一些文物保护单位和研究中心都相继开始尝试使用激光技术对不同材质的文物进行表面清洗：陕西省文物保护研究院齐杨等[5]通过实验提出了利用激光清洗石质文物的损伤阈值范围，中国文化遗产研究院使用激光清洗鎏金青铜文物[6]等。随着技术的发展，专业人员根据不同材质文物的特性研发了小型的文物专用激光清洗设备，很大程度上促进了激光清洗在我国文物保护中的应用。

二、馆藏壁画的表面污染

馆藏壁画是指从原址（主要是古墓葬、寺观建筑、石窟等）揭取或迁移到博物

馆藏壁画表面污染物的激光清洗初步研究

① Asmus J F，Murphy C G，Munk W H. Studies on the Interaction of Laser Radiation with Artartifacts, Developments in Laser Technology Ⅱ，R F Weurker ed. Procedings SPIE, 1973, 41: 19-30.

② SIANO S. Principles of Laser Cleaning in Conservation, COST Office, 2008: 2, 3.

③ SIANO S. Principles of Laser Cleaning in Conservation, COST Office, 2008: 2, 3.

④ 张秉坚、铁景沪、刘嘉玮：《古建筑与石质文物的清洗技术》，《清洗世界》2004年第5期。

⑤ 齐杨、周伟强、陈静等：《激光清洗云冈石窟文物表面污染物的试验研究》，《安全与环境工程》2015年第2期。

⑥ 张晓彤、张鹏宇、杨晨等：《激光清洗技术在一件鎏金青铜文物保护修复中的应用》，《文物保护与考古科学》2013年第3期。

馆的壁画，其中大多数来源于墓葬。这些壁画多绘制在草拌泥墓壁涂抹的石灰质地仗层上，或直接绘制在开挖的墓葬土壁上。由于壁画长期埋于地下，灰泥质地仗材料受潮或遇水而强度降低，壁画出现多种病害。表面污染是壁画常见的一种病害，污染物不仅影响壁画的外观及价值，而且会影响壁画的稳定性，需要及时清理。

馆藏壁画表面污染引起的病害主要有微生物损害（图一）、泥渍（图二）、覆盖（图三、图四）等。微生物损害指微生物在壁画表面滋生而产生的污染，包括菌害、霉变，一般由于墓室中湿度较高，泥土中的微生物容易在壁画表面生长，另外壁画在异地迁移保护过程中，表面封护材料如桃胶等有机材料长时间覆盖在壁画表面也会引起微生物滋生；泥渍，指泥浆在壁画上留下的痕迹，也有泥渍与壁画表面紧密结合，形成钙质结构；覆盖，指在壁画保护修复过程中表面残留的封贴材料、加固材料、填补材料，例如各类胶液、纱布等。

图一　微生物损害

图二　泥渍

图三　覆盖（胶液）

图四　覆盖（纱布）

一般壁画表面的泥渍与基底材料结合主要依靠范德华力、静电力，而霉菌等微生物污染物吸附在壁画表面，除了范德华力、静电力之外，还有微生物分泌物与壁画表面分子间形成的氢键和化学键[①]。激光清洗是利用激光与壁画基底以及污染物相互作用产生的热效应，以及激光与基底材料相互作用产生的热应力，使得污染物燃烧或破坏污染物分子与基底之间的结合力，从而使污染物脱离壁画基体表面。

三、清洗前试验

（一）激光清洗原理

红外激光器是在材料加工方面应用最为广泛的激光源。其与材料的相互作用主要基于热作用。激光的单光子的能量 E 由它的波长决定，$E=hc/\lambda$（h 为 Planck 常量、c 为光速、λ 为波长）。由于红外激光的波长较长，单光子能量较小，YAG 激光器（波长 1064nm）的单光子能量为 1.2eV。在激光与物质相互作用的过程中，由于红外激光单光子能量较低，不能破坏共价键的结合能，所以不能产生光分解效应。根据能量守恒定律，材料表面吸收光能后，表层的微观粒子捕获光子的能量被激发到高的能态，表层材料的箱将增加，在宏观上体现为温度的升高以及表层体积的局部膨胀。红外激光清洗主要基于激光能量与物质的热效应，以及激光能量与基底表层相互作用产生的热应力[②]。在采用红外激光的清洗试验中，主要控制激光的能量输出，避免对壁画基底烧蚀热损伤。

（二）清洗设备

本试验使用设备为四川睿光科技有限责任公司生产的多功能文物保护激光清洗机 Cralc-Ⅱ型，该仪器专门用于文物清洗，使用脉冲式 Nd：YAG（钇铝石榴石晶体）的固体激光器作为激光光源，在调 Q 模式中最大能量为每脉冲 1000mJ，脉冲宽度为 7—10ns，脉冲频率为 0—20Hz，发射波长为 1064nm，光斑直径 1—10mm，本次试验环境温度为 25—30℃，相对湿度 30%—45%。

（三）激光损伤阈值与清洗阈值试验

激光清洗的过程中当激光功率密度超过某一阈值时，清洗效果虽然存在，但物体表面也易损伤，该阈值称为损伤阈值。当激光功率密度低于某一阈值时，即使延长激光清洗时间，也无任何清洗效果，该阈值称为清洗阈值[③]。激光清洗实验前，首先使用石灰材料作为基底，并在部分区域模拟涂刷泥渍以及黑色颜料进行试验，通

①　赵莹：《书画类文物激光清洗试验研究》，北京工业大学硕士学位论文，2009 年。

②　苏春洲、栾晓雨、王海军等：《激光清洗技术的初步研究和应用》，《科技资讯》2013 年第 26 期。

③　谭东晖、陆冬生：《激光清洗阈值和损伤阈值的研究》，《激光与光电子学进展》1997 年第 7 期。

过观察激光清洗设备输出不同的能量密度对壁画基底的影响，来确定损伤阈值与清洗阈值，由于不同颜色对激光的吸收能力有显著的差别，其中黑色能力最强，故认为黑色颜料的损伤阈值最低，因此前期只选择黑色颜料进行试验。

如图五所示，Ⅰ区域为白灰层，Ⅱ区域在白灰层表面涂刷黑色颜料，Ⅲ区域为白灰层表面涂刷泥质层，Ⅳ区域在黑色颜料层上再涂刷泥质层。当激光能量密度大于0.5J/cm^{2}时，在Ⅰ、Ⅱ区域中，不仅黑色颜料被打掉，而且有粉末飞溅，白灰层也被打掉，可以确定模拟样块基底的损伤阈值为0—50J/cm^2，当激光能量密度大于此阈值时，对壁画基底造成损害。激光能量密度小于0.12J/cm^{2}时，在Ⅰ、Ⅱ区域无明显变化，Ⅲ、Ⅳ区域也无明显变化。当激光能量密度大于0.12J/cm^2，Ⅲ、Ⅳ区域中的泥层可以被清理掉，可以确定模拟泥渍污染物的清洗阈值为0.12J/cm^2，大于此阈值时激光才能对污染物进行有效清理。通过测试得出，激光能量密度在0.12—0.5J/cm^2，脉冲频率为2—4Hz时，可以有效地清理模拟基底表层的泥垢污染，并且不会对底层的颜料层以及白灰层造成损伤，并在多次试验过程中发现，选择直径5—8mm的光斑，清洗效果较为理想。

清洗前

清洗后

图五　激光清洗前后

四、壁画样品清洗

（一）样品情况

古代壁画的结构通常由支撑体、地仗层、颜料层三部分组成[①]。但壁画类型不同，

[①]　王伟峰、李蔓、夏寅：《中国古代墓葬壁画制作工艺初步研究》，《文博》2014年第5期。

制作工艺也不相同。激光清洗主要针对壁画表面材质，所以本次研究所涉及的壁画基底材料主要指壁画的颜料层和白灰地仗层。图六为本次试验所用的壁画剖面显微照片，从上至下分别为颜料层、白灰层和地仗层。通过XRD分析检测发现白灰层主要成分为碳酸钙，含有少量石英，颜料层为矿物质颜料[1]。壁画基底材质为无机颜料，且表面质地较为坚硬，使用激光清洗有一定的可操作性。

图六　壁画样品剖面显微照片

　　为了进一步确定该清洗设备在壁画清洗中针对不同污染物的最佳参数，保证激光清洗试验的结论能真正解决实际工作中的需求，选取唐韩休墓壁画残片作为清洗样品。被选取的11个样品具有这批壁画典型的表面污染病害，具体信息见表一。

表一　样品信息

编号	样品名称	样品污染类型	照片
1	红色颜料、白色颜料	泥渍（松软）	
2	红色颜料、白色颜料	微生物损害	

---

① 严静、刘呆运、赵西晨等：《唐韩休墓壁画制作工艺及材质研究》，《考古与文物》2016年第2期。

编号	样品名称	样品污染类型	照片
3	红色颜料	微生物损害、泥渍松软	
4	白色颜料、黑色颜料	微生物损害、泥渍（坚硬）	
5	红色颜料	泥渍、覆盖（胶）	
6	橙红色颜料	泥渍（坚硬）	
7	白色颜料	泥渍（坚硬）	

编号	样品名称	样品污染类型	照片
8	白色颜料	微生物损害、泥渍	
9	白色颜料	微生物损害、酥碱	
10	白色颜料	微生物损害、酥碱	
11	黑色颜料	微生物损害	

馆藏壁画表面污染物的激光清洗初步研究

（二）清洗步骤

　　壁画样品激光清洗实验，主要选择目前文物清洗常见的干式激光清洗法和湿式激光清洗法。干式激光清洗是将激光直接辐照待清洗物，湿式激光清洗法是在激光辐照前，在待清污染物表面涂抹液体薄膜，利用液体薄膜在激光作用下的骤然汽化

图七　激光清洗试验

膨胀，将污染物抛掉[①]。使用激光清洗机对样品表面的污染进行去除（图七），在之前测试的激光清洗设备安全参数范围内（激光能量密度在0.12—0.5J/cm²，脉冲频率为2—4Hz，光斑直径为8mm），从弱到强逐渐提高激光输出能量，得到激光能量密度与清洗效果之间的关系。清洗过程中，随时使用超景深显微镜观察清洗效果，待样品表面污染物清理完成后，再进行显微观察和色度对比，评估清洗效果。

表二是具有代表性的2、3、7、11号样品使用不同的脉冲能量和辅助手段进行激光清洗达到的不同清洗效果（其他样品激光清洗试验数据与这4个样品相似，故不做重复列举）。2号样品为红色颜料基底，覆盖有微生物污染物，当激光能量密度为0—219J/cm²时，污染物清洗效果不明显；增大到0—279J/cm²时，其清洗效果较为理想，如图八所示。

表二　样品激光清洗试验

样品序号	脉冲能量（mJ）	脉冲频率/Hz	能量密度（J·cm⁻²）	辅助手段	清洗效果
2	65	2	0.129	无	无效果
	110	2	0.219	无	不明显
	140	2	0.279	无	基本清理完表面微生物污染
3	110	2	0.219	无	不明显
	140	2	0.279	无	基本清理完表面微生物污染，但泥垢无法清理
	190	2	0.378	超纯水	可清理部分泥垢，但颜料有轻微损伤
	140	2	0.279	超纯水	清理效果较好
7	140	2	0.279	无	无效果
	190	2	0.378	无	不明显
	230	2	0.458	无	疏松泥垢脱落明显
	230	2	0.458	超纯水	清理效果较好
11	110	2	0.219	无	无效果
	130	2	0.259	无	清除效果不明显，黑色颜料轻微损伤
	140	2	0.279	无	清除效果明显，黑色颜料有损伤

---

① 叶亚云、齐杨、秦朗等：《激光清除石质文物表面污染物》，《中国激光》2013年第9期。

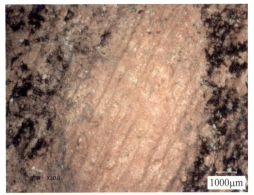

清洗前   清洗后

图八　2号样品激光清洗前后显微照片

3号样品微生物污染物在泥垢污染物上层，当激光能量密度0.279J/cm²时，样品表层微生物污染物清理效果明显，但是泥垢污染物无法清理；当增大到0.378J/cm²，在泥垢污染物表层涂抹超纯水，使用湿式清洗法可以有效去除泥垢污染物，但是壁画样品基底颜料有轻微损伤（图九）；将激光能量密度降为0.279J/cm²，依旧使用湿式清洗，其清洗效果较为理想，并且不会对壁画基底造成损伤。

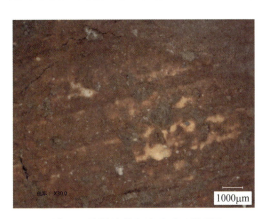

图九　3号样品激光清洗后显微照片

7号样品表面有较为坚硬的泥渍污染物，当激光能量密度为0.378J/cm²时，污染物清洗效果不明显；增大到0.458J/cm²时，可以使泥垢污染物疏松，有明显脱落；尝试使用湿法清洗，在泥垢污染物表面涂抹超纯水，依然使用0.458J/cm²的能量密度，清理效果较为理想，如图一〇所示，可以顺利清理完大部分泥垢。

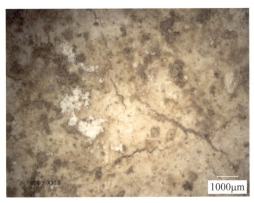

清洗前   清洗后

图一〇　7号样品激光清洗前后显微照片

图一一　11号样品激光清洗前显微照片

11号样品较为特殊，基底为黑色颜料，表面覆盖微生物污染物。黑色颜料对激光的吸收能力较强，损伤阈值低，预测样品基底黑色颜料的损伤阈值低于表面微生物污染物的清洗阈值，清洗效果不佳，11号样品的清洗试验可验证这一结论。当激光能量密度为 $0.219J/cm^2$，污染物清理效果不明显；增大 $0.259J/cm^2$，微生物污染物清理效果不明显，而且基底黑色颜料有轻微损伤；增大到 $0.279J/cm^2$ 时，可以有效地清理污染物，但是激光对黑色颜料造成了明显的损伤（如图一一所示），由此可认为使用激光清洗壁画黑色颜料表面污染物的方法还需进一步研究。

（三）评估与讨论

目前国内外关于激光清洗的原理和方法已经有了许多相关的研究，但对于激光清洗效果的评价尚缺乏统一的评定标准，特别是激光文物保护方面。本次试验激光清洗效果主要采用显微观察、色度仪测量等方法对清洗前后的样品进行评估。显微观察选用德国基恩士VHX-5000超景深三维显微系统，镜头为基恩士VH-Z20R镜头，镜头倍率范围为20—200倍，观察距离为25.5mm。色度仪使用美国爱色丽VS450非接触色度仪，光源D65（标准的人造日照光，色温6500K），观察视角10°，测量距离38mm，测量口径12mm，测量精度 $\Delta E < 0.05°$。

表三为4个具有代表性样品清洗前后色度测量结果，使用CIE-Lab色差计算方法，其中 L 为亮度指数，取值范围0—100，数值越大表示亮度越高。a 与 b 为色品指数，二者值域为 -128 至 $+127$，a 正值偏红色，负值偏绿色；b 正值偏黄色，负值偏蓝色，ΔE 表示色差值。所有样品激光清洗前后的 L 值都有不同程度的增大，表明清洗后样品的亮度都有明显的提高。通常色差 ΔE 值大于3，可认为被测的二者表面颜色有明显差别，本次试验，样块清洗前后的色差均大于3，可见清洗效果相当明显。由于大部样品表面布满污染物（图九），无法测量无污染的基底色度，将其与清洗后基底色度进行对比，若之后在实际工作中应用激光清洗，可通过测量无污染基底与激光清洗后基底色差来评估清洗效果。图八所示，2号样品清洗效果较好，表面已无微生物污染残留。图一一所示，11号样品激光清理效果不佳，激光对黑色颜料基底造成明显的损害。

表三　色度测量结果

样品序号		L^*	a^*	b^*	ΔE
2	清洗前	33.37	6.95	9.49	—
	清洗后	45.94	11.12	13.56	5.59
3	清洗前	42.07	9.57	12.6	—
	清洗后	46.36	18.09	20.55	3.22
7	清洗前	68.98	6.06	20.86	—
	清洗后	78.85	4.22	16.23	3.46
11	清洗前	62.54	2.35	9.71	—

五、结论

（1）对于馆藏壁画表面的微生物污染，使用干式清洗法，选择合适的激光能量、脉冲频率和光斑直径（波长为1064mm，能量密度0.279J/cm²），能够达到温和清除污染物的效果。

（2）对于馆藏壁画表面的泥渍污染物，特别是对于坚硬的钙质结构物，使用干式清洗法效果并不明显，湿式清洗法在清洗污染物的同时容易对壁画表面颜料造成损伤，需严格控制仪器参数（波长为1064mm，能量密度0.279J/cm²）。对于较为坚硬的泥渍污染物，激光能量密度需要增大到0.458J/cm²才有明显的清理效果。

（3）激光的热膨胀效应使其对不同颜料会产生不同的反应，其中黑色颜料反应尤为剧烈，应是黑色颜料完全吸收激光能量所致。激光对黑色基底的损伤阈值低于污染物的清洗阈值，所以使用激光清洗壁画黑色颜料表面污染物的方法还需进一步研究。

（4）馆藏壁画常见颜料（矿物）为黑色、红色、黄色、绿色、蓝色，这几种颜料对激光能量的吸收能力逐渐递减。本次样品虽未使用黄、绿、蓝各色颜料做激光清洗试验，但由于其对激光的吸收能力低于红色，故其损伤阈值应高于红色颜料。本次试验中激光清洗可有效去除红色颜料表面微生物与泥质污染物，因此激光清洗对黄色、蓝色、绿色等颜料表面微生物、泥渍污染物亦有同样效果。但激光对壁画表面矿物颜料的损伤阈值不仅取决于其颜色，还可能与颜料的矿物成分、粒径大小和混合胶结物有关，对于其他颜料基底的激光清洗效果还需进一步通过实验验证。

综上所述，激光清洗技术作为文物清洗技术的手段之一，使用时其激光能量需控制在有效范围内，对于坚硬的泥垢（钙质结构物）污染物的清除，以及不同颜料基底对激光清洗参数的选择，还需继续深入研究。

馆藏壁画表面污染物的激光清洗初步研究

（原载《文物保护与考古科学》2020年第1期）

应用正交实验分析白灰膏制作过程中各因素对性能的影响

徐　路[1]　杨文宗[2]　刘　成[1]

（1.西北大学；2.陕西历史博物馆）

摘要： 本文选取白灰膏制备过程最易控制的原料颗粒度、消化水温、陈伏温度和陈伏时间等制备条件作为正交分析的因素，依据正交实验方法分析各因素对白灰膏材料收缩率、抗压强度、泌水性等指标的影响大小，从而对白灰膏现有制备工艺的改善提供一定的借鉴作用。

关键词： 白灰膏　因素　正交实验

　　白灰膏材料是目前广泛使用的壁画过渡层修补材料。依据传统的制备工艺，白灰膏材料以生石灰粉或结块为原料，经过筛分、淋制、消化和陈伏等步骤得到。在实际的操作中，通常利用养护（或称陈伏）半年以上的白灰膏体添加适当的纤维、砂及胶类用以填充地仗或充当新支撑体的过渡层，以达到稳定壁画画面并在一定程度上消除原有地仗病害的目的[①]。因而白灰膏材料性能的好坏直接关系到壁画修复后文物安全以及是否产生保护性损害的问题。

　　本文选取白灰膏制备过程最易控制的原料颗粒度、消化水温、陈伏温度和陈伏时间等制备条件作为正交分析的因素，依据正交实验方法分析各因素对白灰膏材料收缩率、透气性、抗压强度和泌水性等指标的影响大小，从而对白灰膏现有制备工艺的改善提供一定的借鉴作用。

---

① 马赞峰：《敦煌莫高窟壁画地仗修补材料筛选》，《敦煌研究》2007年第2期。

一、实验部分

（一）正交实验方法原理

正交实验法是应用正交表的正交原理和数理统计分析，研究多因素优化实验的一种科学方法。它可以用最少的实验次数优选出各因素较优参数或条件的组合[①]。

正交表是根据正交原理设计的已规范化的表格。其符号是 $Ln(m^k)$，其中 L 表示正交表；n 表示正交表的横行数（可安排的实验次数）；k 表示正交表的纵列数（能容纳的最多实验因素个数）；m 表示各实验因数的位级（水平）数。位级数不同的正交表称为混合位级正交表，其符号为 $Ln(m_1^{k1} \times m_2^{K2})$。表中的 k1 表示同一因素同一水平之和，K2 为同一因素同一水平的算术平均值，R 极值为 $Max(ki) - Min(ki)$。

（二）样品制备与测试

1. 正交实验水平选择与样品制备

实验样品制备方案如表一所示。

表一　实验条件组合方案

编号	实验条件			水平组合
	A 粒径（毫米）	B 消化温度（℃）	C 陈伏温度（℃）	
1	1（0.25）	1（25）	1（25）	A1B1C1
2	1（0.25）	1（25）	2（60）	A1B1C2
3	1（0.25）	2（80）	1（25）	A1B2C1
4	1（0.25）	2（80）	2（60）	A1B2C2
5	2（0.075）	1（25）	1（25）	A2B1C1
6	2（0.075）	1（25）	2（60）	A2B1C2
7	2（0.075）	2（80）	1（25）	A2B2C1
8	2（0.075）	2（80）	2（60）	A2B2C2
9	3（0.05）	1（25）	1（25）	A3B1C1
10	3（0.05）	1（25）	2（60）	A3B1C2
11	3（0.05）	2（80）	1（25）	A3B2C1
12	3（0.05）	2（80）	2（60）	A3B2C2

2. 白灰膏的制备

用32目、65目、200目分样筛对石灰粉进行筛分，得到粒径0.25毫米、0.075

① 刘振学、黄仁和等：《实验设计与数据处理》，化学工业出版社，2004年。

毫米和0.5毫米三种规格的生石灰粉，然后依据实验条件组合方案分别以水灰比＝1：4.8制备出白灰膏，再将其置于25℃、60℃环境下陈伏。

3. 线收缩率测试样品的制备

（1）取15个规格为35毫米×70毫米的称量瓶分别称重，用游标卡尺测量出其深度H_0与内径，分别将上述1—12号灰膏样注入称量瓶内至与瓶口齐平，称取质量。

（2）将所有样品置于温度25℃、相对湿度55%的调温调湿箱中固化干燥，每24小时称重，至重量不变时为完全固化，取出样品。

（3）用游标卡尺量取样品在垂直方向上的收缩量，记为H，线收缩率为$H/H_0 \times 100\%$。

4. 线收缩率测试及结果

作为评价壁画修补材料性能好坏的重要指标，收缩性能关系到修补后壁画的稳定性与安全性。从白灰膏自身角度来讲，其收缩率表现为两个方面：其一，生石灰熟化后形成的石灰浆中，石灰粒子形成氢氧化钙胶体结构，其表面吸附一层较厚的水膜，可吸附大量的水分，因而有较强的保水能力。因此在白灰膏材料的施工过程中，由于水分的大量蒸发，会引起体积的显著变化。其二，为白灰膏完全炭化后由于环境温度改变所导致的膨胀收缩。本文主要以前者为指标进行分析讨论。

图一为线收缩率指标变化趋势。从图中可以看出，养护温度的极差最大，次之粒径，最后是消化温度。通过对不同因素各水平和的算术平均值k的比较可以得出，粒径越小，消化温度越高，养护温度越高，收缩率越小，并且收缩率随着养护温度的升高而升高。

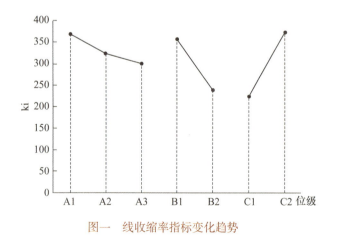

图一　线收缩率指标变化趋势

5. 透气性测试及结果

壁画的补配材料应具有一定的透气性，使得内部的水分能以流体水或水蒸气的形式与体外交流。利用密封瓶内与调温调湿箱中的相对湿度差，来促使水蒸气从湿度大的一端自然流向湿度小的一端，流动的障碍物即是所制样品。利用在一定的相对湿度和温度下的样品前后的质量差来衡量水蒸气穿透样块的能力，进而衡量样品的透气性，质量差越大，表示透气性越好。用透气性参数 μ（每平方米样块透过的水蒸气量）[①]来表示。

图二为透气性指标变化趋势。从图中可以看出，消化水温的极差最大，次之粒径，最后是养护温度，所以在这三个因素中，粒径越小，消化温度越高，透气性越小，透气性受消化水温的影响最大，并且随着水温的升高而降低。

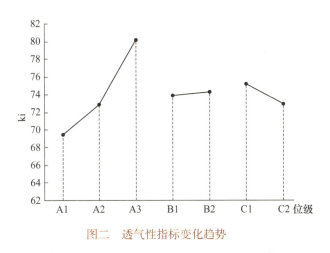

图二　透气性指标变化趋势

6. 泌水性测试及结果

白灰膏的泌水性是指白灰膏形成稳定的结构前，过剩的水分从白灰膏中析出的难易程度。使用泌水性大的白灰膏，孔隙率提高，尤其是连通的毛细孔增多，硬化后质量不均，导致白灰膏的抗渗、抗冻、耐腐蚀能力差，且由于泌水性造成的白灰膏的薄弱层，使白灰膏的整体强度降低，因此泌水性比较重要。

本文用白灰膏析出的水分到达滤纸一定半径的时间大小来表示白灰膏泌水性的大小，通常泌水性和水分达到一定半径的时间成反比，即泌水性越大，水分的扩散性越快，所用的时间越短。

图三为泌水性指标变化趋势。从图中可以看出，养护温度对泌水性的影响最大，而粒径的大小对泌水性的影响最小。通过对不同因素的水平和的算术平均值k的比较以及图三可以得出，消化温度越低，陈伏温度越高，泌水性越小。

7. 抗压强度测试及结果

抗压强度指外力是压力时的强度极限，用样品所能承受的最大质量来表示样品抗压强度的大小，单位kgf。

图四为抗压强度指标变化趋势。从图中可以看出，粒径对泌水性的影响最大，

①　和玲、梁国正：《含氟聚合物保护及加固古代砖质类建筑的研究》，《文物保护与考古科学》2003年第2期。

而消化温度对泌水性的影响最小。通过对不同因素各水平算术平均值 k 的比较可以得出，粒径越小，抗压强度越大，并且抗压强度随着原料粒径的升高而升高。

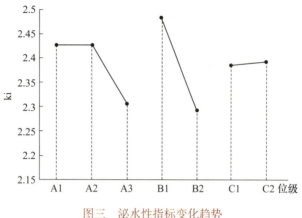

图三　泌水性指标变化趋势

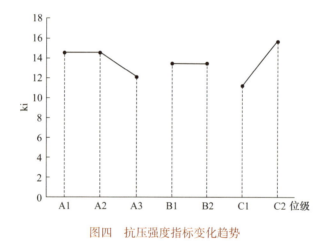

图四　抗压强度指标变化趋势

二、结果与讨论

（1）对收缩率、透气性、泌水性以及抗压强度影响最大的因素分别为陈伏温度、消化温度、陈伏温度、粒径。

（2）可根据实际情况，通过改变粒径大小、消化温度和陈伏温度的高低来改变白灰膏的性能。

（原载《文物保护研究新论》，文物出版社，2008年）

基于PTM模型文物纹理映射算法

刘　颖[1]　刘　倩[2]　李大湘[3]　杨文宗[4]

（1.西安邮电大学通信与信息工程学院；2.中国科学院西安光学精密机械研究所；3.电子信息现场勘验应用技术公安部重点实验室；4.陕西历史博物馆）

摘要：针对三维重建物体纹理不真实与不精确问题，提出了基于PTM（Polynomial Texture Maps）模型的文物纹理映射算法，该算法利用了多项式颜色依赖性的特质，采取表征颜色与亮度依赖关系的双二次多项式系数进行存储纹素数据，从而在变化的光照条件下重建物体的表面纹理。此外针对原PTM模型中存在的原始采集图像漫反射异常、亮度信息分布不均匀、重建拟合系数不精确导致的重建图像纹理模糊、存在重影、物体细节纹理缺失等问题，提出了改进多项式的基函数和优化拟合系数的PTM算法以及PTM图像采集设备的优化方法，最后经实验验证，提出的算法使得重建物体纹理的真实性与精确度均得到了有效提高。

关键词：文物　纹理映射　双二次多项式　拟合系数　双向纹理函数（BTF）PTM模型

在计算机视觉及3D技术高速发展的背景下，文物数字化得到了迅速普及和发展，在对文物数字化的过程中，能否真实再现物体表面纹理细节对于文物保护工作具有重大意义[1]。对于三维重建物体，物体的宏观结构仅决定着绘制物体的外观轮廓，而更精致的真实感图形绘制则需要考虑物体表面的细节纹理。但是在建模物体表面进行细节精确的建模是很困难的工作，而纹理映射技术可以用拍摄的表面细节图像贴在虚拟物体表面以很低的代价完成这一工作[2]。因此，物体在计算机中能否真实再现，表面细节绘制是关键所在。

---

① 庞璐璐、李从利、罗军：《数字图像质量评价技术综述》，《航空电子技术》2011年第2期；卢章平、丁立军、戴立玲：《基于分类的纹理映射方法综述》，《江苏大学学报（自然科学版）》2006年第S1期。

② 韩慧健：《真实物体表面细节属性建模与映射技术研究》，山东大学博士学位论文，2010年。

纹理映射①（Texture Mapping）是将纹理空间中的纹理像素映射到屏幕空间中像素的过程，是绘制复杂场景真实感图形最为常用的技术之一。传统纹理映射，如环境纹理映射、几何纹理映射、法向纹理映射等，都是用拍摄的表面细节图像贴在虚拟物体表面形成的纹理②。然而，由于纹理的来源一般是在现实中以某一特定视点位置，在特定的光照条件下拍摄到的照片，当把这个纹理映射到三维物体表面而没有考虑虚拟场景中的光照条件时，此时合成环境中的光照与捕获原始拍摄对象的光照不一致，则生成的纹理将显得不正确、不真实。当原始捕获对象与算法模型在几何表面光照上由于计算误差而导致光照混合时，生成的纹理渲染将变得非常平坦和平滑，更无法真实地再现物体表面的细节纹理。此外，当物体表面具有较大凹凸变化，其自身导致的自阴影和互反射，也会使得渲染效果变得不再真实、细致。

多项式纹理映射③就是针对以上诸多问题所提出的一种解决方案，可以大大提高传统纹理映射方法的真实感，并且无需对复杂几何体进行建模。这种映射方式选择使用简单的双二次多项式独立地表示每个像素的表面颜色变化，以此保持色度恒定，并且允许在渲染期间快速重建颜色。其适当地再现了光源方向相对于物体对象变化的影响④，无论是对纹理映射对象的表面法线取向，还是改变光源的位置，所产生的自阴影、亚表面散射和互反射引起的强度和颜色变化，都可以由 PTM 捕获和建模。

基于原始 PTM 模型，Zhang 等人⑤提出了利用最小平方残差中值（LMS）稳健回归来生成 6 维多项式模型，试图通过最小化残差的中值来将尽可能多的数据点拟合

① 曾成强：《纹理映射技术算法综述》，《甘肃科技纵横》2014年第11期。

② 韩慧健、刘慧：《一种纹理映射新技术的应用研究》，《计算机应用与软件》2006年第6期。

③ Catmull E. A Subdivision Algorithm for Computer Display of Curved Surfaces, University of Utah, 1974. Plata C, Nieves J L, Valero E M, et al. Trichromatic Redgreen-blue Camera Used for Recovery of Albedo and Reflectance of Rough-textured Surfaces Under Different Illumination Conditions, Applied Optics, 2009, 48(19): 3643-3653. Rushmeier H, Bernardini F. Computing Donsistent Normal and Colors from Photometric Data, International Conference on 3-d Digital Imaging & Modeling, 2002.

④ Lee J H, Kim Y H, Lee Y Y, et al. [POSTER] Geometric Mapping for Color Compensation Using Scene Adaptive Patches, IEEE International Symposium on Mixed & Augmented Reality, 2015. Pan R, Tang Z, Xu S, et al. Normals and Texture Fusion for Enhancing Orthogonal Projections of 3D models. Journal of Cultural Heritage, 2017, 23, 33-39. Choi J, Lee J H, Lee Y Y, et al. Realistic 3D Projection Mapping Using Polynomial Texture Maps, Proceedings of ACM SIGGRAPH, 2016. Malzbender T, Gelb D, Wolters H. Polynomial Texture Maps, Proceedings of the 28th Annual Conference on Computer Graphics and Interactive Techniques, 2001: 519-528.

⑤ Zhang M S, Drew M. Efficient Robust Image Interpolation and Surface Properties Using Polynomial Texture Mapping, EURASIP Journal on Image and Video Processing, 2014(1): 25.

至该模型，通过正确识别的哑光像素来更准确地恢复表面法线、像素色度等。尽管利用LMS稳健回归可以实现更好的表面纹理重建，但该方法回归缓慢，而且会造成巨大的计算负荷。

此外，Gautron等人[①]提出了使用源自球谐函数（SH）来模拟光照的PTM模型。利用球谐函数作为单位球面上的一组基函数，替代原PTM模型中的多项式的基函数。但是，使用在整个球形域上定义的基函数SH来表示这种半球函数会在半球的边界处引入不连续性，并且需要大量的系数。且在大入射角的情况下，SH在边界点处的拟合效果会非常差。

为克服上述同类改进算法的不足，本文通过改进多项式的基函数和优化拟合系数来避免在实现高精度重建图像时所产生的较大的计算负荷、LMS所导致的缓慢回归及利用SH模拟光照模型在半球边界引起的不连续性等问题。实验证明，本文提出的PTM优化模型实现了在表面纹理重建精度同等的条件下，具有更小的计算负荷和计算复杂度的优点。

基于PTM模型文物纹理映射算法

一、光照模型

（一）双向纹理函数 BTF

双向纹理函数BTF（Bidirectional Texture Function），由Dana等人引入，描述在不同光照条件和视线方向下纹理的外表[②]。使用相机对景物进行平面采样，每像素的亮度是由光源方向和拍摄角度不同引起的，拍出的结果图像就是视点和光线的函数，如图一所示。显然，BTF的不同照片数据可以看作一个六维的反射域。

$$BTF_{r,g,b}(\theta_i,\ \phi_i,\ \theta_e,\ \phi_e,\ u,\ v) \tag{1}$$

其中，θ_i表示入射光线方向角，ϕ_i表示反射光线方向角，θ_e表示入射视角方向角，u表示实物横坐标，v表示实物纵坐标。

平面采样的每一点和实际物体面上的每一点$(u,\ v)$，以及在入射光$(\theta_i,\ \phi_i)$和出射光$(\theta_e,\ \phi_e)$方向上是分别相联系的。BTF获取综合光照条件下的景物图像，通过照片提供BTF采样，而在纹理空间的点采样只能保留四维的采样数据，要得到完整的数据需要大量的照片采样。

① Selmo D, Sturt F, Miles J, et al. Underwater Reflectance Transformation Imaging: A Technology for in Situ Underwater Cultural Heritage, Journal of Electronic Imaging, 2017, 26(1): 011029. Gautron P, Krivanek J, Pattanaik S, et al. A Novel Hemispherical Basis for Accurate and Efficient Rendering, Eurographics Symposium on Rendering, 2004.

② Cabral B, Max N, Springmeyer R. Bidirectional Reflection Functions from Surface Bump Maps, ACM SIGGRAPH Computer Graphics, 1987: 273-281.

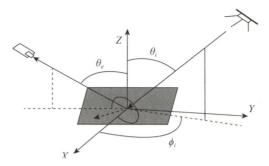

图一　测量双向反射分布函数BTF方位角示意图

（二）多项式颜色依赖性

受双向纹理函数BTF模型的推动[1]，多项式纹理贴图（PTM）是一种新颖的基于图像的纹理映射技术，用于在空间可变的照明源下重建物体表面的细节外观。PTM通过保持光照出口方向恒定，即反射角始终朝向固定摄像机位置，简化了光亮度计算。

$$I=I_{r,g,b}(\theta_i, \phi_i, u, v) \tag{2}$$

即像素强度是入射光源的角坐标（θ_i, ϕ_i）和两个空间变量（u, v）的函数[2]。牺牲了捕获视图相关效果（如镜面反射）的能力，但保留了在表面上表示任意几何阴影和漫反射阴影效果的能力。获取固定视点的PTM采样原理如图二。

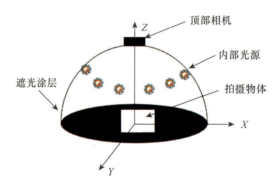

图二　PTM采样示意图与设备搭建图

对于纹理贴图中的每个纹素，需要为每个输入光位置存储颜色样本，这些图像中的一个冗余源，是在变化的光源方向上像素的色度恒定。在朗伯表面的假设下，每个像素的亮度随光源方向而变化，并且色度被认为是恒定的。

---

①　Nicodemus F E, Richmond J C, Hsia J J, et al. Geometrical Considerations and Nomenclature for Reflection, [S. l.]: Radiometry, 1977. Marschner S R, Westin S H, Lafortune E P F, et al. Imagebased BRDF Measurement Including Human Skin, Proceedings of the 10th Eurographics Conference on Rendering, 1999.

②　Lee W P, Broers H, Rajagopalan R. Lighting System and a Method of Controlling the Light Output from a Luminaire: U. S. Patent Application 16/073, 2019-01-31, 351.

利用这种冗余模型，通过由亮度调制的纹素 $[R_n(u,v), G_n(u,v), B_n(u,v)]$ 来存储颜色信息，而每个像素的颜色又用角度相关的亮度因子 $L(u,v)$ 调制，这使得光照亮度具有如下式所示的可分离性：

$$\begin{cases} I=L(\theta_i, \Phi_i, u, v) R(u, v) \\ I=L(\theta_i, \Phi_i, u, v) G(u, v) \\ I=L(\theta_i, \Phi_i, u, v) B(u, v) \end{cases} \qquad (3)$$

二、多项式纹理映射PTM

（一）PTM原理

对于漫反射物体，发现即使对具有高频率纹理的物体，得到的渲染纹理结果也非常平滑。故选择使用双二次多项式来模拟这种颜色与亮度的依赖关系：

$$L(u, v, I_u, I_v) = a_0(u, v) I_u^2 + a_1(u, v) I_v^2$$
$$+ a_2(u, v) I_u I_v + a_3(u, v) I_u + a_4(u, v) I_v + a_5(u, v) \quad (4)$$

以相机为顶点定义一个局部坐标系，基于法线以及从局部纹理坐标导出的切线和副法线。其中是归一化光矢量到局部纹理坐标系的投影，是像素点合成的在该坐标处的合成表面亮度。系数存储了每张照片的纹素数据。

获取少量的不同光线方向条件下的照片，用它们合成近似表面的反射函数。这里图像上每个像素包括一个亮度信息，这个亮度是入射光线方向的函数。在固定视点拍摄一系列入射光线方向变化的照片，假定有 $N+1$ 张图像，使用奇异值分解（SVD）[①]计算出 L_2 范数中的最佳拟合，求解以下方程组的（a_0-a_5）。

$$\begin{bmatrix} I_{u0}^2 & I_{v0}^2 & I_{u0}I_{v0} & I_{u0} & I_{v0} & 1 \\ I_{u1}^2 & I_{v1}^2 & I_{u1}I_{v1} & I_{u1} & I_{v1} & 1 \\ \vdots & \vdots & \vdots & \vdots & \vdots & \vdots \\ I_{un}^2 & I_{vn}^2 & I_{un}I_{vn} & I_{un} & I_{vn} & 1 \end{bmatrix} \begin{bmatrix} a_0 \\ a_1 \\ \vdots \\ a_n \end{bmatrix} = \begin{bmatrix} L_0 \\ L_1 \\ \vdots \\ L_n \end{bmatrix} \qquad (5)$$

L_0-L_n 是根据变化的光线方向（I_u, I_v）对每像素测得的实际光亮度值，这些值由图像采样获得。（I_{u0}, I_{v0}）是第一次光线方向在本地纹理坐标系中的投影，（I_{u1}, I_{v1}）是第二次光线方向在纹理坐标的投影，等等。纹理图像每个像素对应一套反射系数，每个像素的多项式系数只计算一次，给定一系列不同光源位置的采样照片，这些系数由采样数据用方程（5）拟合求出后，为每个像素存储作为一个多项式纹理图，然后用方程（4）进行纹理像素值的计算，从而重构出一张具有多角度光照深度信息的PTM纹理图。

① Lawrence J, Bernal J, Witzgall C. A Purely Algebraic Justification of the Solution by Singular Value Decomposition to the Constrained Orthogonal Procrustes Problem, 2019, arXiv: 1902. 03138.

（二）多项式拟合系数优化

原始PTM模型中借助（u, v, v^2, u^2, uv, 1）作基函数所构造的光照方向矩阵 I，该形式的基函数只能先通过扭曲非线性模型来适应线性数据，故无法良好地模拟真正的朗伯表面。上文方程式（3）所述的反射函数是基于亮度模型下的，该式中反射系数 L 可以通过将RGB彩色图像转变为灰度图像后采集亮度信息获得。若方程式（5）中的亮度信息求解良好，则求解出的双二次多项式拟合系数较为精确。但在较差光照环境下采集到的图像亮度信息可能分布不均匀，集中在较窄范围内，图像细节不够清晰，导致重建PTM复现图像效果不理想。

为解决以上问题，本文借助改进的基函数构造新光照方向矩阵 I 与灰度图像的直方图均衡化技术，对由RGB图像转为灰度图后的亮度信息进行再均衡的改进，使图像的亮度信息在整体上分布更加均匀，从而达到改进拟合系数，克服非线性模型对线性数据的适应问题，使得PTM达到重建纹理更加精确的目的。

具体实现过程如下：

（1）利用改进的基函数（u, v, z, v^2, u^2, uv, 1）构造新光照方向矩阵 I，其中 $z=\sqrt{1-u^2-v^2}$。则原模拟这种颜色与亮度的依赖关系的二次多项式优化为：

$$L（u, v, I_u, I_v）=a_0（u, v）I_u^2+a_1（u, v）I_z+$$
$$a_2（u, v）I_uI_v+a_3（u, v）I_u+a_4（u, v）I_v+a_5（u, v） \quad （6）$$

（2）根据原始图像灰度计算灰度密度函数PDF，即原始图像直方图：

$$P（r）=\frac{n_r}{N} \quad （7）$$

其中，n_r、N 分别表示每个灰度级的像素个数和总像素个数。

（3）由（2）中PDF获得积累分布函数CDF，且原始图像灰度级概率密度的累积就是新图像灰度级的概率密度：

$$s=T（r）=\sum_{j=0}^{k} p（r_j） \quad （8）$$

其中，$k=0, 1, 2, \cdots, 255$，为转换后图像的灰度级，这里最大取255。

（4）将CDF归一化至原始图像取值范围。

（5）对已知的CD进行取整操作，获得灰度转换函数：

$$s_k=255×c_k \quad （9）$$

（6）借助灰度转换函数对原始图像进行灰度信息再均匀。

经过上述操作使得建模对象反射系数 L 的获取更加精确，模型对线性数据的适应性更强，图像细节更加精细，方程式（5）中求解得到的双二次多项式系数更为精确，最终使得凭借该多项式系数重建的PTM图像模型更为真实、细腻。

（三）PTM 的摄影采集

如一般的光度立体声领域所做的那样，在不同的光照条件下一般使用静态相机收集静态物体的多个图像。原始的PTM采集设备是用简单的合金框架搭建二十面体模型，手动将光源定位在每一面的中间位置，如图三所示。

图三　实验设备原始搭建图

由于原始采集设备如图三所示，较为简陋，拍摄框架模型光源数目太少，无法精确地获得重建物体的表面法线信息。此外，设备没有外围遮光罩，导致采集图像在自然光下发生光照混合情况，进而使得法向光照定位不准确，重建效果不理想。因此Zhang等人设计了如图四所示的立式PTM模型数据采集设备，充分扩充了光源数目，获得了较多且相比原始采集设备更加精确的重建物体的表面法线信息。虽然立式采集装置克服了原始采集设备的部分问题，但两个实验设备仍具有共同的不可克服的问题。即：

图四　立式实验设备图

（1）面积大小的不统一，对光源中心设定与光源分布不均产生影响。

（2）内部没有遮光涂层，物体表面反射与漫反射现象严重。

综上存在问题，通过大量实验验证，提出了如图五所示的PTM摄影采集装置。该实验装置从一个固定视点来捕获图像集，采用一个通体涂满遮光材料的半球形模型，这样可以避免自然光以及内部光照产生的反射与漫反射光的负面影响。光源位

图五　改进后的实验设备搭建图

置标定后，将光源固定在相对于样品的40个位置，采取独立开关控制每一个光源。将相机固定在半球装置的顶部位置，与所控制光源完成同步拍摄。拍摄物体与RTI工具箱的黑色斯诺克球一起放置在半球形模型内部的水平白色基板上，如图五所示。闪光灯的坐标由几何校准程序确定，该程序基坐标为由放置在基板中心的垂直投射阴影。这种方法不仅简单易行，而且能够取得良好的实验效果。这样的设计有助于避免自然光对PTM图片采集的影响。

三、实验和分析

（一）实验重建图像效果分析

图六为原始设备与改进设备对于同一拍摄对象的PTM算法模型重建图。图六，1所示为原始设备下的PTM重建图，玉璧表面字体与纹理模糊，祥云辨识度低，甚至出现细节缺失的现象。图六，2所示为立式设备下的PTM重建图，图像重建效果基本理想，但是由于受到自然光照以及自阴影和互阴影等因素的影响，使得重建图像

1　　　　　　　　2　　　　　　　　3

图六　新旧设备重建图像比较
1. 原始设备　2. 立式设备　3. 改进设备

的纹理出现表面深度信息不明显，重建图像曝光严重的现象。图六，3所示为改进设备后的PTM重建图像，较好地再现了玉璧的表面纹路及原始光照环境，其中"52"字样、外边缘涡纹纹理浮现较为清晰，辨识度较好，但内边缘"锡"等8个字样纹理细节复现一般。

如图七所示，图七，1为SH基函数的PTM渲染图，图七，2为LMS回归的PTM渲染图，图七，3为系数优化后的PTM渲染图。由图七清晰可见这三者优化PTM后的重建图，都具有纹理复现深刻，光照条件复现良好的效果。其中"52"字样和外边缘涡纹纹理浮现也更为深刻、细腻，辨识度更高，且内边缘"锡"等8个字样纹理细节复现清晰。

1   2   3

图七　三者优化后的PTM渲染图
1. SH基函数　2. LMS回归　3. 系数优化

（二）客观量化评价

本文通过引入PSNR（Peak Signal to Noise Ratio）对PTM和原图分别进行客观考核来量化衡量两个比对图像之间的相似性，PSNR的优点是算法简单，相似度检测耗时短，但同时呈现出检测结果与人类主观感受存在偏差的缺点。为解决单一检测指标的不充分、不严谨的缺陷，故在此量化评价指标的基础上又加入SSIM算法评价，分别从亮度、对比度、结构三个方面来比较两幅图像的相似度，修正了PSNR的缺点，使得量化指标更具有可信度。

$$PSNR = 10\lg\frac{MN}{\parallel x - \hat{x} \parallel}$$

（10）

$$SSIM\,(x,y)=\frac{(2u_xu_{\hat{x}}+c_1)+(\sigma_{x\hat{x}}+c_2)}{(\mu_x^2\mu_{\hat{x}}^2+c_1)+(\sigma_x^2\sigma_{\hat{x}}^2+c_2)} \tag{11}$$

其中，M、N 为图像的尺寸，x 为原始图像，$\hat{x}$ 为 PTM 重建后图像，μ_x 和 $\mu_{\hat{x}}$ 分别为原始图像的平均灰度值和方差，σ_x 和 $\sigma_{\hat{x}}$ 分别为 PTM 重建后图像的灰度平均值和方差，$\sigma_{x\hat{x}}$ 为原始图像和重建图像的协方差，c_1 和 c_2 为常数。

由表一可得，在 PSNR 指标下，改进设备前 PTM 重建图像、立式设备 PTM 重建图像、改进设备后 PTM 重建图像与原始图像的相似指标分别为：20.4991、30.0165、30.3949。三者检测指标值依次增大，证明了改进后的 PTM 贴图重建图像纹理相较改进前的 PTM 重建图像更加清晰、深刻，而且组建复杂度和价位更低廉。SH 基函数的 PTM 重建图像、LMS 回归的 PTM 重建图像、改进基函数和拟合系数的 PTM 重建图像的相似指标分别为：35.8592、35.9879、36.2914。表明三者的重建效果基本一致，但本文提出的方式纹理相似度与实物更相近，真实性更高。

表一　图像质量的客观评价表

评价指标	PSNR	SSIM	（设备/计算）复杂度
改进设备前 PTM 重建图像	20.4991	0.3461	一般
立式设备 PTM 重建图像	30.0165	0.4892	高
改进设备后 PTM 重建图像	30.3949	0.5041	一般
SH 基函数的 PTM 重建图像	35.8592	0.6373	高
LMS 回归的 PTM 重建图像	35.9879	0.6967	极高
改进基函数和拟合系数的 PTM 重建图像	36.2914	0.765	极低

在 SSIM 指标下，改进设备前 PTM 重建图像、立式设备 PTM 重建图像、改进设备后 PTM 重建图像与原始图像的相似指标分别为 0.3461、0.4892、0.5041。SH 基函数的 PTM 重建图像、LMS 回归的 PTM 重建图像、改进基函数和拟合系数的 PTM 重建图像的相似指标分别为 0.6373、0.6967、0.765。综上验证了本文提出的改进方法不仅在硬件上具有复杂度低、价位低廉、重建效果优秀的效果，而且提出的改进基函数和拟合系数的 PTM 相较利用 SH 为基函数的 PTM 模型和利用 LMS 回归的 PTM 模型分别高出 0.1677 和 0.1383，计算复杂度也得到极大的降低。

最后，在 PSNR 及 SSIM 的综合考核下，表明本文提出的 PTM 优化方法具有设备组建简易、低廉，细节纹理重建真实，计算复杂度低等优秀特性，再次验证提出优化 PTM 理论的正确性。

四、结语

本文介绍了一种新颖的纹理映射方法 PTM，并提出了基于改进的 PTM 算法模型的拟合系数与实验设备优化方法，该方法采用改良后的遮光式多角度光源采集设备，从固定摄像机位置捕获的一组指定光照方向的图像。通过多项式函数将图像光强集合拟合到每个像素处来生成高质量的照片级别的重建物体纹理表面，并且改进了光照方向矩阵的基函数，使得模型对于线性数据的适应性提高。此外，提出优化PTM拟合系数的算法模型，成功地解决了在原PTM模型求解中原始图像亮度信息分布不均匀，亮度系数求解不准确导致的求解双二次多项式拟合系数较差，重建纹理图像模糊不真实的状况，从而增强了PTM模型真实且精确重建物体纹理细节的能力。该算法不仅在计算机视觉领域中具有实际的应用价值，而且对数字化文化遗产保护，如博物馆展品数字化存档、壁画再现、虚拟文博馆建设等都具有极其重大的实际意义。

（原载《计算机工程与应用》2020年第12期）

基于PTM模型文物纹理映射算法

基于融合光谱分析的墓葬壁画颜料色彩虚拟修复方法研究

杨文宗[1]　唐兴佳[2]　张朋昌[2]　胡炳樑[2]　金紫琳[1]

（1.陕西历史博物馆，馆藏壁画保护修复与材料科学研究国家重点科研基地；2.中国科学院西安光学精密机械研究所，光谱成像技术研究室）

摘要： 墓葬壁画是一种重要的彩绘文物，对其进行揭取搬迁和加固修复是目前主要的保护方式。而在揭取搬迁时，对壁画绘画内容和颜料进行数字化记录及特性分析，是后续壁画表层合理修复的重要依据。光谱成像技术作为一种属性与视觉同步感知的信息探测手段，可以用于壁画表面颜料层的高维信息记录与材质属性分析；同时，利用高光谱伪彩色显示技术可以实现颜料色彩的虚拟复原。基于此，提出一种基于融合光谱分析与带通能量积分的壁画颜料色彩虚拟修复方法，并利用采集的颜料光谱数据、壁画高光谱成像数据与模拟真实场景下的混合颜料光谱数据，进行壁画颜料识别与色彩虚拟复原实验。实验结果表明，对于选取的唐墓壁画残块上的红、黄、蓝、绿四种颜料，其融合光谱识别结果是：武惠妃墓的红色颜料为朱砂/银珠、韩休墓的黄色颜料为石黄/雌黄、武惠妃墓的蓝色颜料为石青/青金石、韩休墓的绿色颜料为石绿的匹配度最大；同时，基于上述识别结果，得到了纯色复原和壁画基底绘制复原的壁画颜料色彩虚拟复原结果，可以为壁画实体修复提供颜料层视觉修复的参考依据。上述研究成果在壁画保护及活化利用领域具有重要的创新示范意义。

关键词： 壁画保护　光谱分析　壁画颜料　虚拟修复

墓葬壁画是一种非常重要的彩绘文物。对壁画绘画内容、制作工艺、制作材料等进行研究，对于了解古代社会、政治、生活、文化、艺术及科技水平具有重要的借鉴意义。目前，对墓葬壁画进行揭取搬迁和加固修复是主要的保护方式[1]。而在壁

---

① 郭美玲：《西安地区中晚唐壁画墓研究》，《考古学研究》，2019年；陈琳、陈恩惠：《浅论唐墓室壁画与唐敦煌莫高窟壁画的异同》，《艺术科技》2016年第10期。

画揭取与修复时，经常会面临如何高保真记录壁画原始信息和准确修复以还原壁画本来面目等的问题[①]。

对于壁画修复来说，其核心是在保障壁画不被损坏、壁画真实原貌不发生改变的前提下，尽可能提高壁画的观赏性。然而，实际的壁画修复经常面临如图一、图二所示的壁画脱落严重或褪色严重的情况。此时，如果强行填补空缺并随意补绘，不但无法保证壁画缺失内容的真实性，还可能破坏壁画的整体绘画内容、色彩、风格与原貌的协调性、一致性，从而造成壁画二次受损。因此，在壁画修复时，需全面掌握壁画的绘制技巧、内容、用料及风格等，然后选择合适的用料或绘制方式对壁画可修复表层进行适度的补绘处理[②]。

图一　壁画脱落现象　　　　　　　　图二　壁画褪色现象

颜料层是壁画艺术、价值与风格的重要载体和组成部分，准确地分析颜料层是壁画保护和修复的重要依据。近年来，随着国家对文物保护工作的重视，以及现代科学技术的发展，中国古代绘画特点、颜料特性和绘制工艺等科学问题正受到学术界和文物保护界更广泛地研究，其逐渐从主观经验判断转向取样化验或点采分析等方式。然而，传统的取样化验或点采分析方法通常会对珍贵的壁画文物造成一定程

基于融合光谱分析的墓葬壁画颜料色彩虚拟修复方法研究

① 杨文宗：《陕西历史博物馆壁画保护工作的回顾与展望》，《陕西历史博物馆论丛》2016年第1期；金紫琳、霍晓彤：《浅谈墓葬壁画修复的几点原则》，《文物天地》2019年第10期。

② 杨文宗、张媛媛、王佳：《唐韩休墓壁画保护现状调查与分析》，《中原文物》2017年第1期；严静、赵西晨、黄晓娟等：《唐韩休墓壁画考古现场科学调查研究》，《文物保护与考古科学》2019年第4期；梁龙：《基于样本的图像修复算法在唐墓壁画上的应用》，西安建筑科技大学硕士学位论文，2013年；李光：《唐代墓室壁画色彩探究——以红色为例》，《大众文艺（学术版）》2021年第19期；张悦：《唐墓壁画颜料色彩浅析》，《文物天地》2019年第10期；郭瑞、赵凤燕、冯健等：《西安出土唐墓壁画黄色颜料的分析研究》，《文物保护与考古科学》2019年第6期。

度的损害；同时，点采分析方法只能掌握壁画的局部颜料属性，无法全面了解颜料使用的全局动态变化规律，因此，对文物属性和视觉进行整体无损分析正成为壁画颜料层分析的重要方向①。

光谱成像分析技术是一种综合光谱采集和成像观测的无损非接触成像分析技术。如图三所示，其为韩休墓壁画的一组高光谱图像数据，具有属性识别、定量分析与图谱合一探测的优势。将光谱成像分析技术用于壁画数字化分析与修复研究具有一定的理论依据，具体表现在：①蕴含着近似连续的颜料光谱信息、对壁画的属性识别能力大大提高；②对壁画特征的挖掘方法灵活多样，使得异常和隐藏信息分析更容易；③定量或半定量建模，便于壁画特殊信息的定量反演分析②。

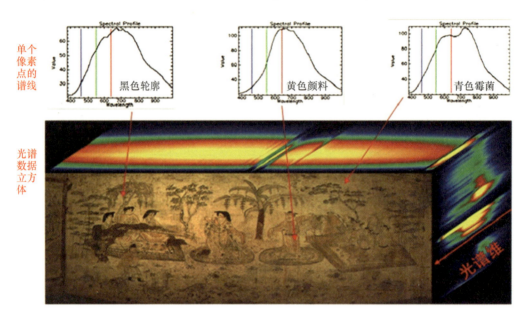

图三　韩休墓壁画高光谱图像数据立方体

---

① 霍晓彤、张悦：《浅谈唐墓壁画研究中的"科学与艺术"——利用科技手段助力唐墓壁画研究》，《文物天地》2019年第10期。

② 许文忠、唐兴佳、张耿等：《基于光谱成像与光谱分析的壁画数据鉴赏研究》，《光谱学与光谱分析》2017年第12期；王乐乐、李志敏、马清林等：《高光谱技术无损鉴定壁画颜料之研究》，《敦煌研究》2015年第3期；王雪培、赵虹霞、李青会等：《多光谱成像技术分析彩色艺术品的相关基础研究》，《光学学报》2015年第10期；李俊锋、万晓霞：《可见光谱法无损识别壁画文物矿物质颜料的研究》，《光谱学与光谱分析》2018年第1期；梁金星、万晓霞：《基于可见光谱的古代壁画颜料无损鉴别方法》，《光谱学与光谱分析》2017年第8期；蔚道权、王慧琴、王可等：《基于空谱联合特征的壁画稀疏多光谱图像颜料分类方法》，《光子学报》2022年第4期；补雅晶：《基于可见光谱的壁画颜料无损识别方法研究》，武汉大学硕士学位论文，2017年；李淼鑫、位春傲、万晓霞等：《基于可见光谱的古代壁画颜料识别与颜色分析》，《激光与光电子学进展》2021年第6期；刘强、万晓霞、刘振等：《基于色彩恒常性的敦煌典型色彩光谱样本集构建方法》，《光谱学与光谱分析》2013年第11期。

此外，针对盲目进行壁画实体修复可能带来的壁画二次损害，或者修复与原貌不一致问题，通过数字化技术探索一些虚拟的修复方法，也成为目前壁画修复与活化保护的发展方向。

综上，本研究拟基于高光谱成像与分析技术，研究古代墓葬壁画颜料的光谱特征，并针对真实场景的壁画修复，提出一种非接触的壁画颜料融合光谱识别与色彩虚拟修复方法，以进一步提升壁画保护与研究的数字化水平。

一、壁画高光谱信息获取方案

作为壁画高光谱信息获取的主要工具，壁画高光谱成像系统的作用至关重要。高光谱成像技术来自传统的遥感探测，在将其应用于壁画保护与研究时，需重点解决成像分辨率不足、成像畸变、稳定性不足、专用性差（如专用光源）等问题。

如图四所示，其是本研究后续实验所使用的高光谱成像扫描系统的设计示意图。在实际扫描时，将壁画平放在扫描系统下方，通过推扫成像获得可见近红外（400—1000nm）波段的高光谱图像。为了保障数据获取的稳定性、准确性和安全性，采用轨道推扫的成像方式，并采用宽波段、低照度光谱灯珠照射的同步照明方案。

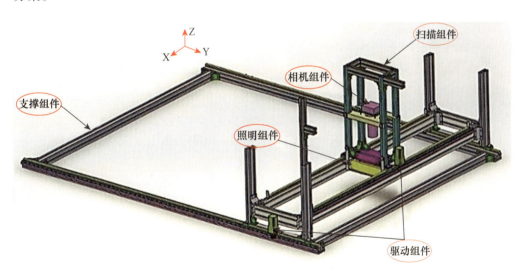

图四　高光谱成像扫描系统设计示意图

二、壁画颜料制作工艺及特性分析

在壁画颜料分析与色彩修复前，除了获取壁画光谱数据外，还需重点了解中国古代壁画颜料本身的特点和制作工艺，以研究真实场景的壁画颜料光谱特征。古代壁画颜料主要以矿物颜料为主，其制作步骤复杂、一般通过对颜料矿物进行分类、粉碎、去杂、研磨、加胶、沉淀、漂洗、分色等步骤完成颜料制作[①]。其获得的淡色颜料为颗粒小、密度小的加胶混合液，获得的深色颜料为颗粒稍大、密度偏大的加胶混合液[②]。可以看出，矿物成分、颗粒大小、密度及加胶是真实壁画颜料特性的重要组成部分。其中，颜料本真的光谱特性主要取决于矿物化学成分的电子过程和分子过程，如图五所示，分子振动的能级差较小，产生的光谱出现在近中红外波段，而电子能级差较大，产生的光谱位于可见光和近红外波段。综上，如何寻找颜料颗粒大小、密度、加胶和壁画基底影响时矿物成分的不变光谱特征或者特征变化规律是壁画颜料识别的关键。

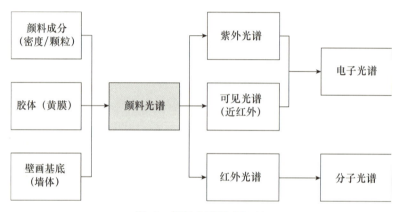

图五　颜料光谱形成机理

由于墓葬壁画大部分经历了几百上千年，其壁画颜料存在褪色的情况。因此，在壁画颜料光谱特征分析时，除了了解上述颜料制作工艺和特性分析外，还需掌握壁画颜料褪色原因及实际的颜料状态变化。

如图六所示，壁画颜料褪色主要是受光照、氧化、高温、风化、病害、烟熏、水侵等影响，使得壁画颜料层发生物理变化或少量的化学变化，引起颜料降解、变性、酥化、遮挡或脱落等问题[③]。例如，光照对颜色的破坏非常明显，紫外光能使壁画颜料变色和褪色，使颜料中的铅丹和铅白变暗，使得石青和石绿颜色改变；红外光的热辐射会引起湿度变化，从而导致壁画出现裂纹、粉化或剥落等。因此，在真实场景的壁画颜料识别分析时，还需根据壁画颜料褪色现象反向解析本真的壁画颜料光谱特征。

---

① 严静、刘呆运、赵西晨等：《唐韩休墓壁画制作工艺及材质研究》，《考古与文物》2016年第2期；王伟锋、李蔓、夏寅：《中国古代墓葬壁画制作工艺初步研究》，《文博》2014年第5期。

② 马珍珍、严静、赵西晨等：《墓葬壁画胶结材料的探讨分析》，《考古与文物》2021年第5期。

③ 郑丽珍、胡道道：《颜料层微观形貌对古代壁画褪色及显现影响》，《光谱学与光谱分析》2021年第5期。

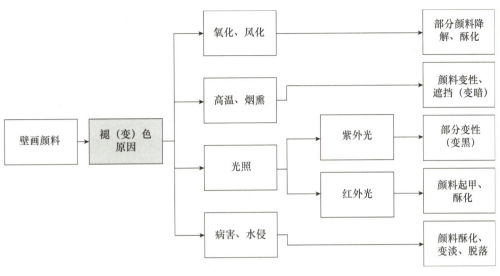

图六　壁画颜料褪色原因分析

三、基于光谱特征分析的壁画颜料识别

在获取壁画颜料的光谱数据并掌握其光谱特征后，可通过光谱分析与识别方法完成颜料的分类识别[①]。针对真实场景的颜料识别问题，本节提供一种基于融合光谱特征匹配的颜料识别算法。

首先，以光谱角匹配（SAM）作为该算法的第一部分，即通过计算光谱向量之间的夹角来衡量待识别颜料光谱与特征库颜料光谱之间的相似度，从而判定待识别颜料是否属于特征库的某种颜料。

设在 m 波段的光谱数据中，已知特征库某种颜料的光谱向量表示为 $S=(S_1, S_2, \cdots, S_m)^T$，待识别颜料的光谱向量为 $x=(x_1, x_2, \cdots, x_m)^T$。SAM采用光谱向量夹角作为判别准则，即，识别算子可写为：

$$\mathrm{SAM}(x,s)=\cos^{-1}\left(\frac{s^T x^T}{||s|| \cdot ||x||}\right) \tag{1}$$

SAM描述了两个光谱之间的相关性，值越接近于0，两光谱之间的匹配度越高。

同时，以光谱信息散度（SID）作为该算法的第二部分，把光谱向量看作随机向量并基于概率统计理论分析两个随机向量之间的相似度。在此，定义待识别颜料光谱

---

① 巩梦婷、冯萍莉：《高光谱成像技术在中国画颜料分类和识别上的应用初探——以光谱角填图(SAM)为例》，《文物保护与考古科学》2014年第4期；柴勃隆、肖冬瑞、苏伯民等：《莫高窟壁画颜料多光谱数字化识别系统的研发与应用》，《敦煌研究》2018年第3期。

向量 x 的第 i 个分量 x_i 的概率为：$p_i(x) = \dfrac{x_i}{\sum_{i=1}^{m} x_i}$，则待识别颜料光谱向量 x 相对于特征库

颜料光谱向量 s 的信息熵为 $D(x|s) = \sum_{i=1}^{m} p_i(x) \log \dfrac{p_i(x)}{p_i(s)}$，二者的光谱信息散度定义为：

$$SID(x,s) = D(x|s) + D(s|x) \qquad (2)$$

SID 描述了两个光谱之间的信息差异，值越接近于 0，两光谱之间的匹配度越高。

对于上述两个光谱相似性度量方法，SAM 是从光谱矢量孤立点的角度出发，统计对应点的乘积，是两个矢量的内积。它对于类似 X 型的曲线矢量会得到相同的匹配结果，这样的误判使得 SAM 方法出现错误的概率会较高。而 SID 算子是从信息熵的角度出发，可以弥补 SAM 算子的缺陷。因此，本研究构造融合光谱识别算子来改进上述光谱匹配识别方法。改进的融合光谱算子（Combination Mapping，CM）表示为：

$$C_M(x,s) = \alpha SAM(x,s) + \beta SID(x,s) \qquad (3)$$

其中 α 和 β 分别为调整系数，以保证上式前后两项的量纲一致，将 α 和 β 归一化，引入新的归一化调整参数 γ，令 $\gamma = \dfrac{\alpha}{\alpha+\beta}$，则 $1-\gamma = \dfrac{\beta}{\alpha+\beta}$，那么上式变为：

$$C_M(x,s) = \gamma SAM(x,s) + (1-\gamma)\beta SID(x,s) \qquad (4)$$

其中，归一化调制参数 γ 定义为：

$$\gamma = \frac{\frac{1}{M}\sum_{m=1}^{M} SID_m}{\frac{1}{M}\sum_{m=1}^{M} SAM_m + \frac{1}{M}\sum_{m=1}^{M} SID_m} \qquad (5)$$

式中，M 为特征库颜料数。最后，通过统一量纲并做归一化处理，对前述计算的融合光谱匹配算子重新表示，其表达式如下：

$$\tilde{C}_M = -\log\left(\frac{1}{\sqrt{2\pi}} * \exp(-0.5 * C_M^2)\right) \qquad (6)$$

可以看出，对于归一化的融合光谱匹配算子 $\tilde{C}_M$，其值越小，匹配度越高。

四、基于带通能量积分的壁画颜料色彩虚拟修复方法

在获取基于光谱特征分析的颜料识别结果后，需考虑如何利用识别的壁画颜料的光谱数据进行壁画颜料色彩的虚拟修复[①]。考虑到不同物质、不同配比、不同背景下的颜料光谱差异性，本研究拟使用光谱融合的方式模拟真实颜料层光谱，并利用带通能量积分和伪彩色显示技术实现颜料色彩的虚拟复原，即通过选择红绿蓝三通

---

① 桑新亚：《毁损古墓葬壁画虚拟修复方法研究》，中北大学硕士学位论文，2020年；王可、王慧琴、殷颖等：《基于光谱重建技术的壁画颜色复原与评价》，《激光技术》2019年第2期。

道对应的融合颜料光谱的带通光谱数据计算各自通道对应的带通能量积分，并利用伪彩色图像展示该积分结果下的壁画颜料色彩的虚拟复原效果。

首先，对于实际的壁画颜料使用情况，根据光谱识别结果选择所使用的t种颜料光谱$f^{(i)}$和壁画背景光谱f^k，按加权融合的方式重新获取模拟的颜料层融合光谱，表示为：

$$f=\sum_{i=1}^{t}a^{(i)}f^{(i)}+bf^k \tag{7}$$

式中，$a^{(i)}$和b为相应光谱的配比权值。然后，对于上述模拟的颜料层融合光谱，定义红绿蓝三个通道的带通积分谱段范围分别为：420—490nm、520—590nm、620—690nm，并分别以该光谱范围计算得到红绿蓝三通道对应的带通积分能量（I_R，I_G，I_B）为：

$$I_R=\sum_{j=420}^{490}f(\mathrm{j})*I/70$$
$$I_G=\sum_{j=520}^{590}f(\mathrm{j})*I/70 \tag{8}$$
$$I_B=\sum_{j=620}^{690}f(\mathrm{j})*I/70$$

式中，I为能量峰值，以8位数据为例，可取$I=256$。这里，为了使能量表示达到统一的效果，不同带通积分的光谱波段数相同，均取70，且经过平均处理。最后，基于三通道数据（I_R，I_G，I_B），利用RGB伪彩色显示技术进行色彩展示，即可得到基于带通能量积分的壁画颜料色彩虚拟复原结果。

五、墓葬壁画颜料光谱分析与虚拟修复实验——以唐墓壁画为例

本实验选择古代壁画颜料与两组唐墓壁画进行实验，以验证基于融合光谱分析与带通能量积分的壁画颜料色彩虚拟修复方法的有效性。其中，使用ASD光谱辐射计采集古代壁画颜料的光谱，其光谱分辨率为1nm，光谱范围为350—2500nm；使用前述高光谱成像扫描系统对两组唐墓壁画进行扫描，获得实际壁画的高光谱图像，其光谱范围为400—1000nm。

1. 实验对象

选择唐墓壁画（唐韩休墓壁画）作为第一组真实壁画样本[1]。该墓甬道和墓室内大部分壁画保存较为完好。壁画主题包括乐舞、山水、高士、朱雀玄武等，绘画以

[1] 刘甲园：《韩休墓室山水壁画研究》，陕西师范大学硕士学位论文，2018年。

墨线勾勒，颜色包含橘黄、绿色、红色等。如图七所示，其为获取的韩休墓壁画残块的高光谱图像。

选择唐墓壁画（唐武惠妃墓）作为第二组真实壁画样本[①]。武惠妃墓壁画主题主要是女扮男装的人物。据介绍，盛唐时期，宫内宫外，贵族民间，女子服装男性化，多有女子身穿男式衣衫，足蹬男人皮靴。如图八所示，其为获取的武惠妃墓壁画残块的高光谱图像。

图七　唐韩休墓壁画残块高光谱图像　　　图八　唐武惠妃墓壁画残块高光谱图像

从图中可以看出，这两组壁画基底均为白色，现均已发黄发暗，绘画内容主要是人物或者人物的部分，颜色包含红色、黄色、绿色、蓝色等，但背景树叶处的绿色现已发黑。

2. 颜料光谱库数据

结合前述唐墓壁画颜料常用色系，本实验进一步调研并选取唐代及唐代以前30种典型壁画颜料构建壁画颜料光谱数据库[②]，包括红色颜料8种、绿色颜料2种、蓝色颜料3种、黄色颜料5种、黑色颜料4种、白色颜料8种。如表一所示。

表一　古代壁画颜料色系分布

色系	颜料名称							
红色	赭石	朱砂	银珠	铅丹	土红	岩朱土	岩赭石	雄黄
绿色	石绿	铜绿						
蓝色	青金石	石青	花青					
黄色	雌黄	石黄A	石黄B	藤黄	土黄			
黑色	铁黑	炭黑	石墨	黑辰砂				
白色	石垩	方解石	高岭土	铅白	滑石	石膏	石英	哈粉

① 马艺蓉：《唐武惠妃墓"男装幞头捧盒仕女图"壁画的保护修复》，《文博》2017年第3期。

② 樊诚：《基于光谱数据库的壁画颜料识别研究》，中国科学院大学硕士学位论文，2019年。

对于上述不同色系颜料，使用ASD光谱辐射计测量并计算颜料粉末在350—2500nm的反射光谱，并按不同色系分别绘制各自的光谱曲线，如图九—图一四所示。

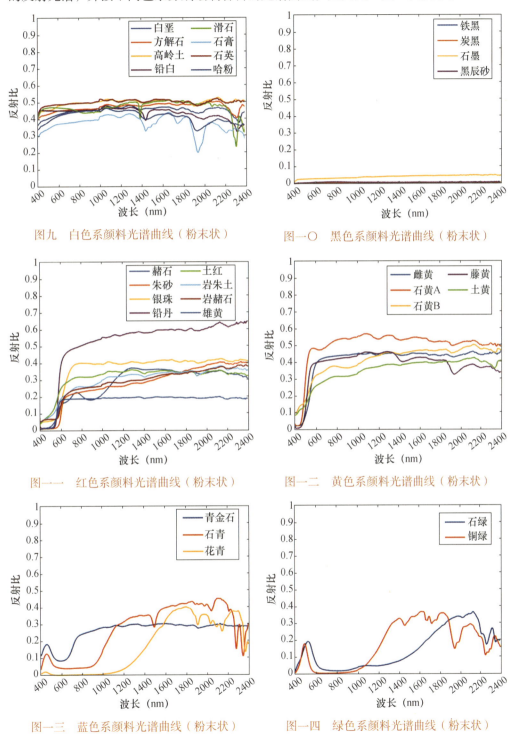

图九　白色系颜料光谱曲线（粉末状）

图一〇　黑色系颜料光谱曲线（粉末状）

图一一　红色系颜料光谱曲线（粉末状）

图一二　黄色系颜料光谱曲线（粉末状）

图一三　蓝色系颜料光谱曲线（粉末状）

图一四　绿色系颜料光谱曲线（粉末状）

从图九、图一〇可以看出，白色系不同颜料在可见光波段400—800nm的光谱反射率比较一致，没有独特的特征峰；在近红外波段800—2400nm，不同颜料的光谱存在一定差异。比如，石膏在1450nm、1900nm有强烈的O—H键吸收峰，在1700nm有吸收峰；铅白和哈粉也有明显的O—H键吸收峰；而滑石则在1400nm和2300nm处有明显的吸收峰，其他颜料在上述位置也有强弱不同的光谱特征。对于黑色系的不同颜料，除了石墨外，其他颜料都没有明显的光谱特征，且所有粉末状的黑色颜料反射率都很低。

对于红色系颜料，土红、岩朱土、岩赭石、银珠在520nm前的光谱波段仍然有较高的反射率；而雄黄、赭石、铅丹、朱砂在520nm前的光谱波段反射率很低，且朱砂的红边效应更接近600nm，岩赭石次之；赭石的光谱在600—1000nm有两处明显的波动。黄色系颜料和红色系颜料的相似性较高，二者的不同除了体现在全波段反射率强度差异外，还体现在黄色颜料在450—500nm已具有很高的反射率，而红色系颜料在520nm后才有很高的反射率。

对于蓝色系颜料，三种颜料的反射率曲线差异明显，而且在蓝光波段，青金石和石青的特征峰中心波长位置接近，而花青的中心波长不同且反射率较低；同时，石青在1500nm和2300nm附近存在较强的吸收峰，花青在1800—2400nm有明显波动。对于绿色系颜料，石绿和铜绿在绿色波段的中心波长位置明显不同，且二者在红外波段的特征峰差异也很明显。

综上可知，不同色系颜料的光谱差异明显，而同色系的大多数颜料之间的光谱也存在一定差异，因此，光谱反射率可以作为识别不同颜料，特别是识别有色颜料的有效数据。

3. 真实场景下的壁画颜料层光谱特征分析

下面分析真实场景下的颜料光谱特征。通常，真实场景下的颜料层是一种混合态物质，且存在不同大小的粒径状态。根据相关理论，粒径对颜料光谱的影响主要体现在幅值上，曲线形状保持不变；加胶后颜料光谱变化主要体现在对短波红外波段的有机分子谱的局部吸收作用；壁画基底的湿度主要影响近红外波段水汽吸收峰，而壁画基底材质对壁画颜料层的光谱影响是整体的。此外，在特殊情况下，还存在不同颜料混合使用的情况。本节重点通过实验，分析加胶、壁画基底材质、不同颜料混合使用等主要的颜料层光谱特征。

首先，将颜料粉末加胶后绘制在白色绘图纸上，并继续使用ASD光谱辐射计测量并计算颜料在350—2500nm的反射光谱。通过选择不同色系的代表性颜料，得到粉末状颜料光谱和相应的加胶绘制在绘图纸上的颜料光谱，如图一五、图一六所示。

可以看出，对于绘制在绘图纸板的加胶颜料光谱来说，其最大的变化是红外光谱出现吸收，这主要是加胶加水后有机分子键的分子吸收光谱发生变化。其中，在1900nm后出现了明显的吸收。为了详细对比绘制在纸上的加胶颜料与粉末颜料的光谱变化，进一步展示不同情况下的颜料光谱的导数谱，绘制其对比图如图一七所示。

从导数谱的可见光波段400—750nm来看，绘制在绘图纸上的加胶颜料光谱和原

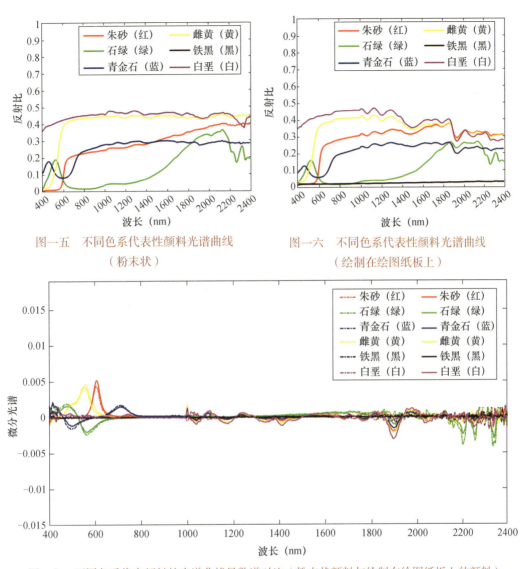

图一五 不同色系代表性颜料光谱曲线
（粉末状）

图一六 不同色系代表性颜料光谱曲线
（绘制在绘图纸板上）

图一七 不同色系代表颜料的光谱曲线导数谱对比（粉末状颜料与绘制在绘图纸板上的颜料）

始粉末光谱的特征差异很小，说明加胶对可见光光谱的影响较小。而从近红外波段的光谱差异来说，二者在1200nm、1400nm、1900nm以及2100—2300nm的特征差异比较明显。因此，在实际场景的壁画颜料识别中，可以考虑直接使用可见近红外波段颜料光谱数据进行光谱识别，或者使用加胶液化颜料的宽波段光谱数据及特定的红外光谱特征进行颜料识别。

其次，继续模拟真实场景下的混合（含基底）颜料层的混合光谱特征。以实际壁画中存在的红色颜料作为纯色颜料使用的例子，模拟其按不同配比绘制在白色基底上的光谱曲线，在此取红色颜料和白色基底的配比权值为7∶3和8∶2，并分别定义为模拟混合颜料1和2；同时，以实际壁画中的红色颜料渲染与黑色线条勾勒作为混合颜料使用的例子，模拟混合颜料按不同配比绘制在白色基底上的光谱曲线，在此取红色颜料、黑色颜料和白色基底的配比权值为6：1：3和6：2：2，并分别定义为模拟混合颜料3和4。实验验证时，红色颜料选择朱砂，黑色颜料选择铁黑，白色基底选择石膏。同时，提取真实壁画中的颜料层光谱曲线作为对照组数据。此时，上述不同状态下的红色颜料光谱曲线如图一八所示。

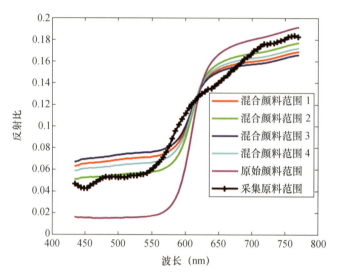

图一八 采集的红色颜料、不同模拟状态的红色颜料以及原始红色颜料的光谱对比

同时，选择相关系数和2-范数距离作为定量指标，评价采集的红色颜料与不同模拟状态的红色颜料以及原始红色颜料的光谱相关性，结果如表二所示。

从图一八和表二可以看出，对于相关系数，采集的红色颜料与不同状态的模拟混合颜料的相关系数都大于其与原始红色颜料的相关系数；而对于2-范数距离，采集的红色颜料与不同状态的模拟混合颜料的2-范数距离都小于与原始红色颜料的2-范数距离。因此，本研究提出的用加权融合颜料光谱模拟真实场景下的壁画光谱方案比直接使用原始纯色颜料光谱具有更好的可行性。

表二 采集的红色颜料与不同模拟状态的红色颜料以及原始红色颜料的光谱匹配性指标

对比颜料	模拟白色颜料1	模拟混合颜料2	模拟混合颜料3	模拟混合颜料4	原始红色颜料
相关系数	0.9808	0.9787	0.9816	0.9798	0.9749
2-范数距离	0.6904	0.3604	0.5629	0.4399	0.9624

4. 颜料识别与色彩虚拟复原

在提取壁画表层残留颜料的光谱数据后，利用其可见近红外400—1000nm特征光谱数据进行颜料识别与色彩虚拟复原实验验证。首先，使用前述混合颜料模拟光谱方案及融合光谱匹配法对不同色系的颜料进行光谱识别；然后，对每种色系颜料选取匹配度最大的识别结果，利用光谱带通能量积分法对其识别结果进行纯色绘制和在白色壁画基底上绘制的伪彩色图像显示，以得到壁画颜料的纯色复原和在壁画基底绘制复原的色彩虚拟复原结果。

　　将武惠妃墓壁画红色位置处光谱与前述壁画颜料光谱数据库进行匹配，得到红色颜料光谱匹配结果为朱砂或银珠的可能性较大。它们的颜料光谱匹配结果与红绿蓝三通道伪彩色展示结果如图一九、图二〇所示，匹配识别度如表三所示。

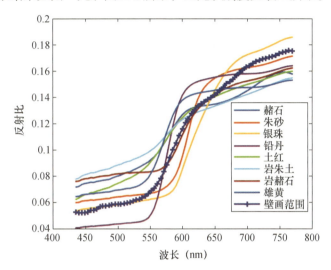

图一九　武惠妃墓壁画红色颜料光谱曲线匹配结果

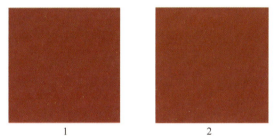

图二〇　武惠妃墓壁画红色颜料光谱匹配结果（朱砂）的
纯色复原与壁画基底绘制复原的伪彩色图像
1. 朱砂纯色复原的伪彩色　2. 朱砂含基底复原的伪彩色

表三　武惠妃墓壁画红色颜料光谱特征匹配值

颜料	赭石	朱砂	银珠	铅丹	土红	岩朱土	岩赭石
匹配算子值	0.9201	0.9191	0.9193	0.9196	0.9195	0.9215	0.9198

　　将韩休墓壁画黄色位置处光谱和前述壁画颜料光谱数据库比对，得到黄色颜料光谱匹配结果为雌黄或石黄的可能性较大。它们的颜料光谱匹配结果与红绿蓝三通道伪彩色展示结果如图二一、图二二所示，匹配识别度如表四所示。

表四　韩休墓壁画黄色颜料光谱特征匹配值

颜料	雌黄	石黄A	石黄B	藤黄	土黄
匹配算子值	0.9189	0.919	0.9189	0.9191	0.9191

基于融合光谱分析的墓葬壁画颜料色彩虚拟修复方法研究

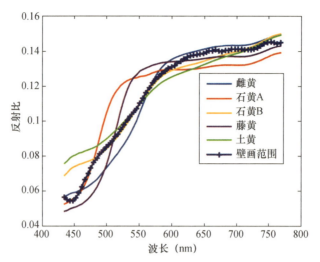

图二一　韩休墓壁画黄色颜料光谱曲线匹配结果

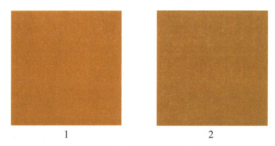

图二二　韩休墓壁画黄色颜料光谱匹配结果（石黄）的纯色复原与壁画基底绘制复原的伪彩色图像
1.石黄纯色复原的伪彩色　　2.石黄含基底复原的伪彩色

　　将武惠妃墓壁画蓝色位置处光谱和前述壁画颜料光谱数据库比对，得到蓝色颜料光谱匹配结果为青金石或石青的可能性较大。它们的颜料匹配结果与红绿蓝三通道伪彩色展示结果如图二三、图二四所示，匹配识别度如表五所示。

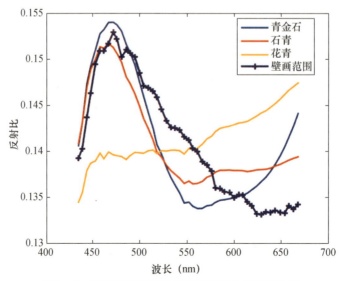

图二三　武惠妃墓壁画蓝色颜料光谱曲线匹配结果

1　　　　　　　　　2

图二四　武惠妃墓壁画蓝色颜料光谱匹配结果（石青）的
纯色复原与壁画基底绘制复原的伪彩色图像

1. 石青纯色复原的伪彩色　2. 石青含基底复原的伪彩色

表五　武惠妃墓壁画蓝色颜料光谱特征匹配值

颜料	青金石	石青	花青
匹配算子值	0.9189	0.9189	0.919

　　将韩休墓壁画绿色位置处光谱和前述壁画颜料光谱数据库比对，得到绿色颜料光谱匹配结果为石绿的可能性较大。它们的颜料匹配结果与红绿蓝三通道伪彩色展示结果如图二五、图二六所示，匹配识别度如表六所示。

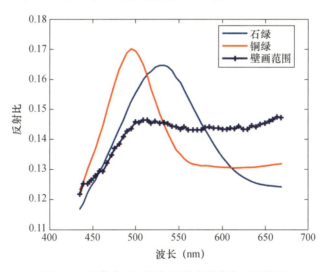

图二五　韩休墓壁画绿色颜料光谱曲线匹配结果

1　　　　　　　　　2

图二六　韩休墓壁画绿色颜料光谱匹配结果（石绿）的
纯色复原与壁画基底绘制复原的伪彩色图像

1. 石绿纯色复原的伪彩色　2. 石绿含基底复原的伪彩色

基于融合光谱分析的墓葬壁画颜料色彩虚拟修复方法研究

表六　韩休墓壁画绿色颜料光谱特征匹配值

颜料	石绿	铜绿
匹配算子值	0.919	0.9191

　　通过上述实验分析可以看出，对于唐墓壁画不同色系的颜料来说，根据不同颜料真实场景下的混合模拟光谱数据，利用融合光谱特征匹配方法可以对红色、黄色、蓝色、绿色等颜料给出相应的识别结果。实验结果表明，武惠妃墓的红色系颜料是朱砂和银珠的匹配度最大，韩休墓的黄色颜料是雌黄和石黄的匹配度最大，武惠妃墓的蓝色颜料是石青和青金石的匹配度最大，韩休墓的绿色颜料是石绿的匹配度最大。同时，利用带通光谱能量积分方法可以得到不同颜料识别结果的纯色复原与壁画基底上复原的颜料色彩虚拟修复结果，其可作为壁画颜料色彩实体修复的参考依据。

六、结论

　　对于墓葬壁画这类彩绘文物的修复与保护来说，主要利用主观经验进行修复，这样的修复对于存在不确定性的文物来说，存在对壁画二次损坏的问题。利用光谱成像技术和高光谱伪彩色显示技术可以实现壁画颜料的非接触无损分析与色彩虚拟复原。基于此，本研究提出了一种基于融合光谱分析与带通能量积分的壁画颜料色彩虚拟修复方法，并利用采集的颜料光谱数据、壁画高光谱成像数据及模拟混合颜料光谱数据进行了壁画颜料识别与色彩虚拟复原实验。结果表明该方法具有一定的可行性，可有效提高壁画遗产保护的数字化水平，对壁画文物的活化传承与保护具有重要的示范意义。

（原载《文物保护与考古科学》2023 年第 4 期）

陕西长安南礼王村出土壁画的微生物类群鉴定

郭爱莲[1] 单 暐[2] 杨文宗[2]

(1.西北大学；2.陕西历史博物馆)

摘要：对陕西长安南礼王村出土壁画的微生物进行了初步分析鉴定，结果表明细菌、霉菌数量几乎各半，放线菌一种。主要微生物类群为霉菌类8个；细菌类群7个，链霉菌一种。

关键词： 壁画 长安南礼王村 微生物 霉菌 细菌

20世纪80年代初，陕西文物考古工作者对西安南毗邻的长安县南礼王村唐代韦氏家族墓地进行了发掘，出土了一批唐墓壁画。几年后，我们对这批壁画进行保护。修复时，发现其画面已布满黑、褐色斑点。微生物是造成这种现象的重要原因，它们使画面模糊不清，其危害是相当严重的。

根据以往对壁画颜料、材质的分析、壁画制作工艺的研究，壁画保存不妥，会出现被微生物污染的情况。

唐代墓葬壁画的制作是严格按照一定工序进行的，包括墙壁处理、起稿、定稿、着色。一般在墓葬竣工后，开始壁画创作，墙体有土墙、砖墙之分。在土墙绘制壁画时，需先将墙面铲平，砖墙绘制壁画时，需用泥浆把砖缝堵塞磨平。然后在土墙或砖墙上抹麦草泥作底子，待麦草泥干后即开始作画。画面是用筛后的白灰加上剪短的麻类纤维一起在水中浸泡，并充分搅拌均匀呈糊状，抹在麦草泥底子上，唐代壁画颜料以天然矿物质为主，有的是将矿物质简单加工而成，在有的颜料中也发现有少量植物颜料。一般这些颜料多呈粉状，不能直接作画，必须用皮胶、鱼飘胶等和水调制。

从壁画制作工艺考虑，因麦草、麻类纤维及颜料中各种胶的存在，创造了微生物生存的条件。发掘后暴露在空气中，加之墓内阴暗潮湿，相对湿度有时达80%以上。所以即使在墓内，微生物也会蔓延开来。

唐墓壁画在墓中难以保存，随时都有塌陷的可能。为了保护好壁画，目前较好的办法是将画面揭取下来，放置在保存条件好的博物馆内。揭取壁画时，首先用白布贴在要揭的画面上以稳定画面不脱落。使用的黏合剂是天然树脂——桃胶。揭取后的壁画用铺有棉花或泡沫塑料的两块板夹紧。由于取回后一时难以修复，时间久了也会生长微生物。

微生物在生长繁殖过程中产生的酶、有机酸等代谢物从菌体分泌到材料中，使壁画底面石灰层剥落，颜色也随之脱落。微生物产生的色素会引起颜色改变，因此，制止壁画微生物的产生和对已造成影响的壁画画面斑点的清理是一项非常重要的工作。本文对壁画上产生的微生物进行了分析检验，了解其分类状况，确立有效的防止微生物污染的技术，采取适当的防治方法。

一、材料与方法

（一）样品采集

样品取自陕西省长安县南礼王村出土的壁画画面的贴布。

（二）培养基

实验中所用均为无菌生理盐水。

（1）牛肉膏蛋白胨培养基（分离培养细菌用）：牛肉膏3g、蛋白胨10g、NaCl 5g、琼脂20g、水1000ml，pH值7.2，0.1MPa灭菌25min。

（2）察氏培养基[①]（分离培养霉菌用）：$NaNO_3$2g、$K_2HPO_4$1g、KCl0.5g、$MgSO_4$0.5g、$FeSO_4$0.01g、蔗糖30g、琼脂20g、水1000ml，pH值7.1—7.3，0.05 MPa灭菌20—25min。

（3）高氏合成1号培养基（分离培养放线菌用）：可溶性淀粉20g、$KNO_3$1g、$K_2HPO_4$0.5g、$MgSO_4 \cdot 7H_2O$0.5g、NaCl0.5g、$FeSO_4 \cdot 7H_2O$（10%）四滴、琼脂20g、蒸馏水1000ml，pH值7.2—7.4、0.1MPa灭菌25min。

（4）无氮培养基（鉴定用）：甘露醇10g、$KH_2PO_4$0.2g、$MgSO_4 \cdot 7H_2O$1.2g、NaCl0.2g、$CaSO_4 \cdot 2H_2O$0.2g、$CaCO_3$5g、琼脂20g、蒸馏水1000ml，pH值7.2，0.05MPa灭菌20min。

（5）葡萄糖氧化发酵培养基（鉴定用）：蛋白胨2g、NaCl5g、$K_2HPO_4$0.2g、葡萄糖1%、水洗琼脂5—6g、1%溴百里酚蓝水溶液3ml、蒸馏水1000ml，pH值7，

---

① 范秀容、李广斌、沈萍：《微生物学实验》，高等教育出版社，1989年，第260页。

0.05MPa灭菌25min。

（6）葡萄糖发酵培养基（鉴定用）：牛肉膏3g、蛋白胨10g、NaCl5g、葡萄糖10g、水1000ml，pH值7.2，加溴甲酚紫0.04%水溶液20ml，0.05MPa灭菌25min。

（7）pH4.5生长培养基（鉴定用）：用牛肉膏蛋白胨培养基成分，pH值调为4.5，灭菌。

（8）乙醇氧化培养基（鉴定用）：蛋白胨2g、NaCl5g、$K_2HPO_4$0.2g、乙醇1%、溴百里酚蓝1%水溶液3ml、蒸馏水1000ml，pH值7.2，0.05MPa灭菌25min。

（9）硝酸盐还原培养基（鉴定用）：牛肉膏3g、蛋白胨10g、NaCl5g、$KNO_3$1g、水1000ml，pH值7.4，0.1MPa灭菌25min。

（10）水解纤维素培养基（鉴定用）：$NH_4NO_3$1g、$K_2HPO_4 \cdot 3H_2O$0.5g、$KH_2PO_4$0.5g、$MgSO_4 \cdot 7H_2O$0.5g、NaCl1g、$CaCl_2$0.1g、$FeCl_3$0.02g、酵母膏0.05g、纤维素粉8g、琼脂15g、水1000ml，pH值7.2。在培养皿中先加15ml 2%的水洗洋菜，凝后加5ml混合纤维素粉的琼脂培养基，凝后点种。

（三）试验方法

（1）将古壁画上的盖布按一定面积用无菌镊子平放在三种不同的分离培养基上，或用无菌镊子将布在培养基上反复擦拭，或用无菌水将布浸泡，摇匀，分别吸取0.2ml，冷至45℃左右，于三种不同的分离培养基中，摇匀，冷却凝固，在适温下培养（细菌30℃±1℃，1—2天，霉菌28℃±1℃，1—2周），每种方法作一块平板，计算生长出不同微生物的数目。

（2）将细菌接入不同的鉴定用培养基，按规定培养、检查。

（3）细菌鉴定方法主要为：①接触酶（过氧化氢酶）反应。取一环培养18—24h的菌苔涂于干净的载玻片上，然后滴一滴3%—10%的过氧化氢，观察有无气泡产生。②氧化酶反应。在干净培养皿里放一张滤纸，滴上二甲基对苯撑二胺的1%水溶液，仅使滤纸湿润即可，用接种环取培养18—24h的菌落，涂抹在湿润的滤纸上，在10s内涂抹的菌苔现红色者为阳性，10—60s现红色者为延迟反应，否则为阴性。③抗酸染色。按常规制涂片，并于玻片下缓缓加热，使染液冒蒸气但不沸腾，并继续滴加染液，不使涂片上染液蒸干，保持5min，涂片冷后，倾去染液，用酸性酒精脱色，水洗，用吕氏美蓝复染2—3min，水洗，吸干，镜检。④牛奶中可于72℃存活15min测验。用无菌脱脂牛奶将测定菌制成菌悬液，分装于4个试管中，另用未加菌装有同等量的牛奶作对照。放入水浴锅（水浴锅的水面要高于牛奶液面），待水浴锅中的温度上升到72℃时，开始计算时间，并保持15min，到达15min时，立即将测定管从水浴中取出，浸于冷水中迅速冷却。然后将用72℃处理过的牛奶悬液和未用72℃处理的牛奶悬液分别接种到适宜培养基中，适温培养3—7天，观察生长情况。

（4）丝状真菌点植培养法：将察氏培养基熔化冷却至45℃左右，倒入无菌培养皿（10—15ml），冷却、凝固，接种少量霉菌孢子，点植于平板上适当的位置，成三角形的三点，将培养皿倒置在恒温箱中培养1—2周，观察菌落的特征。

（5）将丝状真菌培养不同的时间，在洁净的载玻片中央滴一滴乳酸苯酚液，用接种针从培养皿的菌落上挑取少许菌体，置于载片的液滴中，并将菌丝体挑开，加盖玻片，在显微镜下观察菌丝、子实体的形态、孢子等。

二、实验结果

（1）从三种不同分离培养微生物的培养基平板来看，细菌类群和真菌类群数量几乎各半，放线菌只有一种。

（2）每平方厘米平均细菌130—150个，霉菌110—130个，放线菌一个。

（3）通过菌落形态、菌丝体、孢子、子实体等的结构、形态、颜色、大小等[①]特征作为丝状真菌分类的依据，参照《常见与常用真菌》中的检索表[②]，鉴定霉菌结果如下。①毛霉（Mucor Micheliex Friex）。菌落白色疏松，蔓延快，菌丝体无横隔，菌丝体无假根和匍匐丝，孢囊梗直接由菌丝体长出，孢囊梗直立，孢子囊顶生，球形，内有孢子，囊内有囊轴，无囊托，孢子卵球形。②青霉（Penicillium Link）。菌落灰绿色，绒状，菌丝体有横隔膜，分生孢子梗顶端生有扫帚状的帚状枝，培养基背面有无色和褐黄色，孢子形状多为球形。为青霉属里的不同种，有桔青霉（P.citrinum Thom）、常现青霉（P.freguentans）和黄绿青霉（P. citreo-viride）。③拟青霉（Paecilomyces Bainier）。菌落黄绿色，松絮状，反面黄褐色，小梗逐渐变尖细长，孢子卵形。④黑根霉（Rhizopus nigricans Ehrenbery）。菌落黑色，有匍匐丝和假根，假根对上方生出孢囊梗；孢囊梗直立，顶端形成孢子囊，黑色，孢子囊近球形，里有孢囊孢子，孢囊孢子球形。⑤黑曲霉（Aspergillus niger van Tieghem）。菌落黑色，绒状，背面黄白色，菌丝分隔，分生孢子梗从细胞长出，顶囊球形，表面生小梗，呈放射状生出，分生孢子自小梗顶端相继形成，孢子球形。⑥杂色曲霉〔Aspergillus Versicolor（Vuill）Tiraboschi〕。菌落黄绿色，反面黄橙色，红色。菌丝分隔，分生孢子头疏松放射状，顶囊半球形，分生孢子球形。⑦短梗霉（Aureobasidium Viala et Boyer）。菌落黑色；有皱，菌丝有横隔，分生孢子椭圆形，常几个连在一起。⑧交链孢霉（Alternaria Nees ex wallr）。菌落黑色绒状，背面黑色，菌丝分隔，分生孢子梗较短，分生孢子褐黑色，有尖喙，常多个成链，大小不规律。

①　张纪忠：《微生物分类学》，复旦大学出版社，1990年，第181页。
②　科学院《常见与常用真菌》编写组：《常见与常用真菌》，科学出版社，1973年，第31页。

（4）以细菌的菌落形态、个体形态、生理特征、生化特征等作为分类依据，参照文献[1]鉴定细菌。①微球菌（Micrococcus cohn）。菌落浅黄色，细胞球状，不规则的细胞堆团，在牛肉膏蛋白胨培养基上良好生长，革兰氏阳性，不运动，在无氮培养基上不能生长，接触酶反应有气泡产生，为阳性，氧化葡萄糖产酸。②芽孢杆菌（Bacilus cohn）。细胞杆状，革兰氏阳性，在肉汁胨培养基上有芽孢产生。运动，接触酶反应阳性，但根据菌落颜色、菌体大小、孢子着生位置和形状可分为三个种。③棒状杆菌（Corynebacterium Lehmann et Neumann）。菌落白色，为棒状杆菌，一端较大，老培养和幼培养形态无大变化，不形成芽孢，革兰氏阳性，在无氮培养基上不能生长，抗酸染色阳性，在水解纤维素培养基上菌落周围没有透明圈，即不水解纤维素、接触酶阳性，胞壁染色有横隔，对葡萄糖弱发酵产酸，在脱脂牛奶中于72℃存活15min为负反应，即不能存活。④弧菌（Vibrio pacinai）。菌落白色，湿润，菌体不形成芽孢，0.7μ×（1.2—2.8）μ，在无氮培养基上不能生长，细胞弧状，革兰氏阴性，在肉汁胨培养基上不产生明显的非水溶性色素，发酵葡萄糖产酸、运动、氧化酶阳性。⑤黄杆菌（Flavobacterium Sp）。菌落黄色，菌体杆状，在无氮培养基上不长，不形成芽孢，革兰氏染色阴性，在肉汁胨培养基上产生黄色非水溶性色素、运动，不发酵葡萄糖。⑥短杆菌（Brevibacterium Sp）。菌落黄白色，菌体杆状，较短，革兰氏阳性，不产生芽孢，胞壁染色无横隔，弱发酵葡萄糖产酸，在牛肉膏蛋白胨培养基上良好生长。⑦假单胞菌（Pseudomonas Migula）。菌落白色，杆状，（0.5—0.9）μ×（1.6—2.2）μ，革兰氏阴性，运动，不形成芽孢，在无氮培养基上不生长，不产生明显的非水溶性色素，不发酵葡萄糖产酸，接触酶阳性，氧化酶阳性，在pH值4.5的培养基中不能生长，不能氧化乙醇为乙酸，硝酸盐还原反应为阳性。

（5）在高氏合成1号培养基上只生有一种放线菌、菌落白色、绒毛状，有典型的气丝、基丝、孢子丝、孢子椭圆，按照放线菌的分类原则[2]，鉴定为链霉菌（Streptomyces Sp）。

（原载《文物保护与考古科学》1997年第4期）

陕西长安南礼王村出土壁画的微生物类群鉴定

①　中国科学院微生物研究所细菌分类组：《一般细菌常用鉴定方法》，科学出版社，1978年，第1页。
Buchanan R E, Gibbons N E. Bergey's Manual of Determinative Bacteriology (Eighth Edition). The Williams & Wilkins Company. 1974: 217.
②　阮继生：《放线菌分类基础》，科学出版社，1977年，第30页。

降尘对彩绘文物颜色影响之探讨

杨文宗　谢　伟

（陕西历史博物馆）

摘要：降尘是彩绘文物颜色褪变的主要因素之一。本文对陕西历史博物馆展柜和库房内的降尘量及壁画、彩绘文物表面的积尘量进行了研究，在此基础上，通过模拟实验，探究了灰尘对唐墓壁画颜色的影响规律。结果表明，灰尘对壁画颜色的影响相当严重，且对浅颜色的影响较深颜色更大。灰尘复杂的成分、易吸水性及微生物的寄生与繁殖是灰尘影响彩绘文物颜色的主要因素。

关键词：彩绘文物　降尘　颜色褪变　文物保护

陕西历史博物馆收藏了大量的彩绘文物和珍贵的古代壁画，其数量、质量都处于全国前列，特别是唐墓壁画的收藏量居全国之最。

长期以来，文物库房空气中的灰尘不断地在彩绘文物表面上沉积，大多数彩绘文物表面都蒙上了一层明显可见的降尘，有些沉积还相当厚，这严重地影响和危害了彩绘文物的颜色和画面。经实验和研究发现，降尘对彩绘文物颜色的影响是严重的，这也是彩绘文物颜色褪变的一个重要因素。

一、陕西历史博物馆的降尘

西安地处黄土高原，风沙较大，加之十多年来工业的发展，大气污染日趋严重，所以在过去几十年中一直保存在陕西省博物馆内的彩绘文物，已严重地受到降尘的影响和危害，特别是珍贵的唐墓壁画的颜色已被尘土和其他因素改变了，但降尘对彩绘文物颜色的影响却一直没有引起大家的重视。

自1991年以来，陕西省博物馆收藏的彩绘文物移入陕西历史博物馆库房中保存，并开始研究降尘对彩绘文物颜色的影响。虽然新建的陕西历史博物馆实现了中央空调，而且空调通风使用了两级过滤除尘，但展厅、文物库房和文物修复保护室等的降尘仍不能达到文物保管的理想要求。降尘最高的量达到月 7.4g/m²，最低量也有月0.25g/m²。如：壁画库房内的月降尘平均为0.62g/m²，壁画临时展厅的月降尘量也有1.45g/m²（表一）。这虽比原来的自然通风保存条件下的降尘小了许多，但经监测发现，这个低的降尘量对彩绘文物的颜色仍有一定的影响。若是以1年或10年计，它对彩绘文物颜色的破坏程度也就相当严重了（注：自然降尘量的测定采用重量法）。

表一　陕西历史博物馆、秦俑馆等文物点降尘量一览表

采样点\项目	陕西历史博物馆	临时壁画库1	临时壁画库2	临时壁画库3	临时壁画库4	8号壁画展柜外	8号壁画展柜内1	8号壁画展柜内2	壁画库房	壁画库柜2内	壁画库柜13内	文保修复室	秦俑坑	茂陵	乾陵	法门寺一层展厅	法门寺二层展厅
降尘	7.44	1.03	0.47	0.44	0.98	3.42	1.29	1.6	1.06	0.37	0.34	5.91	9.04	10.1	10.23	24.2	7.2
备注	秦俑、茂陵、法门寺、乾陵的降尘量数据为1983年所测，陕西历史博物馆的降尘量为1992年测得																

在测得三个展柜内和库房内的降尘量之后，我们又对降落到壁画和其他彩绘文物上的积尘量进行了测量。

由于我馆馆藏的壁画有些是用玻璃镜框来封装保存的，因此，在测量壁画表面的平均积尘量时，我们选取了一块平放、两块竖放的带镜框的唐墓壁画作为测量对象。首先将数小块脱脂棉放入一培养皿内，在105℃的烘箱内烘到恒重，再次称重。将前后两次称重的值相减即为玻璃上的积尘量，结果见表二。这个值虽不能准确地反映壁画表面上的积尘量，但由于玻璃的表面比壁画的表面光滑得多，因此这个值只能比壁画上的积尘量小，所以这个结果在一定程度上还是反映出了库房内壁画表面的积尘量。

表二　壁画表面积尘量一览表

编号\项目	尺寸（cm）	放置形式	积尘量（g）	单位积尘量（g/m²）
08166	22.5×33.5	竖放	0.0644	0.855
08159	78.0×52	竖放	0.5123	1.263
08216	61.0×42	平放	0.7408	2.892

从表中可以看出，平放的壁画比竖放的壁画积存的降尘多3倍左右，这就要求我们在壁画的保存过程中，尽量将壁画竖着放置，并且加以防尘遮盖，最大限度地降低尘土对壁画颜色的影响。实际上，我们也是这样做的，新落成的壁画库完全符合这种保存要求，并实现了微机自动控制壁画柜的开关。这既有利于保存，又有利

于参观和研究。

最后，我们测量了彩绘文物上的积尘量。我们仍使用重量法：首先找一干净白纸放于案面，然后将要测量的文物放于白纸的中间，用软细毛刷轻轻将彩绘文物上的灰尘扫下，并注意避免灰尘飞扬损失，最后将掉落到白纸上的灰尘集中称量，结果见表三。

表三　馆藏彩绘陶质文物积尘量一览表

名称	编号	年代	高（cm）	积尘量（g）
彩绘陶马	无	唐	57	15.81
彩绘武士俑	九一17.05747	唐	84	9.8
彩绘侍女俑	无	唐	53	1.25
彩绘镇墓兽	无	唐	80	12.5
彩绘卧驼	476	唐	53	2.5
彩绘侍女俑	九一07668	唐	58	2.8

从表三可以看出，许多文物上的灰尘积存量相当惊人，灰尘最厚堆积处可以达到2mm以上。这6件彩绘文物的颜色褪变、发暗，不能说不与降尘有很大的关系。

二、降尘对彩绘文物颜色影响的测定

灰尘是引起彩绘文物颜色变化的一个重要因素，但灰尘对彩绘文物颜色的影响到底有多大，从资料上看，这个问题还无人涉足，为此，我们设计了一个简单的实验来测定灰尘对彩绘文物颜色的影响程度。由于我们现有的仪器只能测量平面物体的颜色色差，因而对馆藏的大量彩绘文物如彩绘陶俑、陶罐等不规则的曲面文物无法测定，这里仅选取唐墓壁画作为彩绘文物的代表并加以测量，来说明降尘对彩绘文物颜色的影响程度。

首先取一厚5mm的黑橡皮垫，裁下一边长为11.3cm的正方形板用来制作测量定位板。在正方形板的中心挖一直径为4.1cm的圆孔，使测色色差计的测量头正好能套进圆孔内。

在测量前，先将定位板轻放到壁画画面上，使圆孔正好对准要测量的部位，然后记下定位板的四边到壁画四边的准确距离，以备重复测量时的准确定位。

将调试好的测色色差计的测量头放入圆孔之内并紧接画面进行测量，并将结果打印输出，然后保持定位板不动，将测量头移去，用细软毛刷或小型吸尘器将孔内的灰尘除去，然后将测量头重新放入圆孔内再次测量，并将结果打印输出。

第二次的测量结果显示了灰尘除去前后壁画颜色受灰尘影响的ΔE值。这个ΔE值同壁画的积尘量有密切的关系，这就是有些唐墓壁画在临时陈列时，随着时间的推移，颜色变得越来越暗的主要原因之一，只要将新落上去的尘土除去，颜色就能基本上恢复到原来的程度（不考虑其他影响壁画颜色褪变的因素）。测量结果见表四。

表四　灰尘对唐墓壁画颜色影响的测量结果

壁画 测点号 项目	F61.08238（平放）												7号（竖放）				
	1	2	3	4	5	6	7	8	9	10	11	12	1	2	3	4	5
ΔE	8.91	8.99	1.27	8.15	8.25	1.59	3.08	7.41	7.41	6.99	9.4	5.31	2.93	3.11	2.21	1.07	2.04
级别	2	2	4	2	2	4	3	2	2	2	2	3	4	3	4	4	4

注：①ΔE表示色差；②级别根据GB250-64技术规定复制的染色牢度褪色样卡，ΔE分为五级：1级，ΔE＞12，大变化。2级，ΔE＞6，明显变化。3级，ΔE＞3，可感变化。4级，ΔE＞1，微小变化。5级，ΔE＞1，极微变化

从表四中可以看出，灰尘对壁画颜色的影响是相当严重的，ΔE最大的值可以达到9.4，介于颜色的明显变化和大变化之间，用肉眼可以很清楚地看到测量后留下的圆圈（由于圆圈内的灰尘被除去）。测量的最小ΔE值也有1.27，达到了微小变化的程度。我们在编号为F61.08238的壁画上测量了12个点，ΔE平均值为6.37，达到了明显变化的程度。从表中还可以看出，平放着的壁画上积存的尘土较多，灰尘对壁画颜色的影响也较大，而竖放置的壁画上积存的尘土相对较少，灰尘小的为1.07g/m，平均为2.27g/m，这介于微小变化和可感变化之间。同时，我们还可以得出如下结论：在同一块壁画上，灰尘对深的颜色影响小，而对浅的颜色影响较大。

在第一次测量6个月以后，我们对编号为F61.08238的壁画进行了重复测量，测量结果表明，6个月内就积存的降尘对原先测量位置上的颜色又产生了影响，ΔE平均值为1.92，ΔE最小值为0.82，ΔE最大值为3.81。

以上的测量表明，尘土对壁画的颜色具有一定的影响，但这些尘土大部分都是可以除去的，然而少量的不能被一般方法除去的尘土以及导致壁画颜色发生化学变化的尘土，对壁画颜色的影响有多大以及尘土的数量与时间的关系等，目前限于设备条件，还不能准确测知，但从6个月后测得的数据分析来看，排除了浮尘（能用机械方法除去的）的影响之后，后一次的色差与第一次测得的色差相比确有变化，ΔE为0.71。当然，我们也不能排除诸如温湿度，仪器的系统误差以及空气化学污染等因素造成壁画颜色的变化。

三、讨论

灰尘对彩绘文物的颜色有一定的影响和危害，学者们已取得了共识，但从量化方面分析其对壁画的危害程度，却涉足者较少。

（1）灰尘的成分很复杂，常见的有沙土、烟渣、烟屑、盐粒结晶体、孢子花粉、

漂白粉、石灰、纯碱粉末以及其他固体物质的机械粉末等，它们的形状各不相同，多带有棱角。它落在彩绘文物及壁画表面、在保管、利用、保护的过程中，就很难避免灰尘颗粒对文物的摩擦，使文物的颜色受到损害，这也是我们在文物保管过程中不能经常清扫文物表面上尘土的原因。

然而，有人提出可以用真空吸尘器来清除彩绘文物表面上的尘土，避免文物表面受到摩擦，但是大家都知道，落在文物表面上的尘土是不容易清除的，因为尘土的某些性质与彩绘文物表面材料的某些性质比较接近，而且尘土是缓慢地沉积于文物表面的，加之它的颗粒比较小（$10A—1.00\mu m$），受到了4种力（静电作用、极化作用、氢键、范德华力）的作用，因此，一旦尘土沉积于彩绘文物的表面，我们就很难选择一个理想的办法，在未损害文物的前提下将其除去。

（2）尘土一般易吸收空气中的水分，在彩绘文物表面形成一层相对湿度较空气湿度高的灰尘层，为有害化学气体的渗入提供了基础。有的灰尘不仅带有强烈的腐蚀性，而且本身也能吸附空气中的化学杂质而带有酸、碱性等，因而尘土落在壁画表面上，必然会带来破坏作用，导致壁画变色、褪色。

（3）灰尘是微生物寄生与繁殖的保护伞。从壁画库房空气中测定的微生物的含量证明，当空调通风加强时，空气中微生物含量增加，当通风停止时，空气中的微生物含量仅有通风时的1/10。这是因为许多微生物及其繁殖体大多都吸附在灰尘之上的缘故，因此唐墓壁画出现霉变、病害就与灰尘的传播菌种不无关系。

总之，降尘对彩绘文物的颜色确实存在着危害，我们在近几年的实际工作中也已明显地感觉到了这个问题。1992年6月，我们在对20世纪70年代初揭取的编号为M33.08102和M33.08103两块唐墓壁画进行修复保护时，当画面贴布被揭去后，其表面颜料的色纯度明显高于馆内保存的其他壁画。1994年，在对同一批未被加固的编号为S9和S18两块壁画进行保护时，在表面贴布被揭去后发现，其画面颜色比1992年揭去贴布的编号为M33.08102和M33.08103两块壁画的颜色鲜艳。在1995年7月间揭取唐昭陵陪葬墓——新城公主墓壁画的工作中，我们将新发掘的壁画与馆内保存的未揭去表面贴布的壁画进行相比后发现，二者颜色的鲜艳程度基本一致，这就证明，壁画表面的贴布延缓了画面颜色的褪变。壁画表面的贴布之所以能延缓壁画颜色的褪变，除了防止光线、化学污染等有害因素对壁画颜色的侵害外，它对阻止灰尘对画面的侵入也是不可忽视的。这充分证明，降尘是彩绘文物颜色褪变的主要因素之一，因此，我们必须加强和重视这方面的研究工作，将古代彩绘文物这一祖国的艺术珍品永久、完好地保存下去。

（原载《陕西历史博物馆馆刊》（第三辑），西北大学出版社，1996年）

叁

考古发掘与陶器、金属、石质文物修复

石质材料病变的环境影响作用

杨文宗[1] 杨刚亮[2] 何 晓[3] 郭梦源[4]

（1.陕西历史博物馆；2.龙门石窟研究院；3.新疆文物考古研究所；4.新疆龟兹研究院）

摘要： 按照意方专家提供的国际标准化的石材病害类型分类及描述，本文对石质文物的各种病变进行了详细介绍，着重阐述这些病害产物所含的成分与环境因素具有的对应关系，以及环境影响因素对石质文物的作用机理——从物理作用、化学作用、生物作用三个方面分述，并以龙门石窟为例对环境的综合因素施于石质文物的危害作了进一步的说明。石质文物的蜕化和病害的产生是多种环境因素共同作用，互相影响的结果。意大利文物修复理论思想及原则——"保持文物的历史真实性，尽量减少人为因素对文物的干预""预防性修复"——体现在石质文物的保护、修复中，就是以环境的治理为根本的解决方法。具体到某一地区和特定石质文物，要求我们针对不同的环境条件来分析病变成因，采取防治对策。

关键词： 石质文物病变　环境因素　作用机理　预防性保护

中意文物修复培训班理论教学部分经过四个月双方教学人员的辛勤工作，现已圆满完成了教学内容。作为培训班的学员，能参加这样一次全面、系统的文物保护与修复知识的培训，我们感到非常荣幸，同时对各方专家、教授表示衷心感谢。

意大利是一个有着悠久历史和灿烂文化的西方文明古国，罗马更被世人称为永恒的城市和露天博物馆，其丰富的历史文化遗存早已闻名于世，保护历史文化遗产，在这里更有着悠久的传统。经过多年的经验和大量的实践，一代代文物保护修复专家长时间的实践积累，意大利已形成了一套较为完备的文物保护与修复理论体系，其模式为世界许多国家所借鉴。

中国是一个具有五千多年文明史的国家，悠久而又延绵不断的历史、众多的民族，不同自然条件地区所形成的丰富多彩、数量众多的文化遗存，不仅是中国，也是全人类的宝贵财富，如何对这些宝贵的人类文化遗产实施更好的保护显得尤为重要。为此，中、意两国在文物保护领域开展了大量的合作，设立了许多重要的保护项目，借鉴意大利在文物保护修复上的成功经验。本期中意合作文物修复培训班就是学习涉及与文物保护有关的历史、化学、物理、生物等十几个专业的基础理论知识，以及实验室的操作实践。内容涉及广泛，充分体现了多学科在文物保护中的综合运用，使我们掌握了一套科学系统的文物保护修复理论和较完整的修复操作技术。

一、引言

石质材料从古代起便有广泛的运用，世界上能保存至今的古建筑或较完整的遗迹几乎都是石料建筑。特别是我国，遗留至今的岩土类文物，其年代更为久远，保存了更为丰富和完整的历史信息。因此，石质文物在我国历史、文化研究中占有举足轻重的地位，因而石质文物保护工作尤为重要。

文物的特殊性在于其不可再生性。要科学地保护文物，最大限度地延长文物的寿命，就必须科学全面地认识文物的内在构成规律，认识文物所处的外部环境因素，掌握病变产生的机理。

石质文物较木头、陶瓷、土等建筑材料更加坚硬，环境敏感性更弱，耐环境腐蚀力更强（耐光照、水蚀、火烧、压/拉应力等）。虽然石质文物在质地上有着得天独厚的优势，但在漫长的岁月中，仍然不能避免自身材料的退化和环境影响带来的损伤。

石材的病变和其所处的环境密切相关，对相关环境因素的研究直接影响着对石材病变的正确判断和分析。而只有对石材的病害类型和产生病害的原因有了正确的认识和深入的分析，才能对症下药，制定合理的保护及修复方案，所以病害类型学对制定文物保护计划具有指导性的意义。而病害类型学的研究正是基于对影响文物的环境因素的研究。

本文主要针对石质材料病变的环境影响作用进行讨论，并按意方专家提供的国际标准化石材病害类型分类及描述，对其在环境影响下的作用机理作以浅要分析。

二、石质文物的保存环境

导致文物产生各种病变的因素，主要来自其周围环境。如温湿度变化、光辐射、灰尘、空气污染、地下水、酸雨、地震等因素的综合作用，这些环境因素日益改变着文物的外观形态和内部组成，从而造成文物的损坏。由于石质文物大多为露天保存，受环境影响的作用就更为直接和突出，对于环境因素的研究是正确了解石质文物病害成因的关键所在。

石质文物存在所依托的外界环境大体上可分为：露天环境、室内环境（博物馆环境）和地下环境。

1. 露天环境（针对室外文物）

露天环境包括五大部分：地质环境、大气环境、水文环境、生物环境和人文环境，它们共同组成了完整统一的文物保存环境。由于露天环境是开放式的，给石质文物带来的影响尤为明显。本文主要针对露天保存的古建筑、陵墓前的附属碑刻、雕塑，以及暴露、半暴露的石窟寺等历史遗迹来阐述。

地质环境与石质文物的关系非常密切，它是石质材料形成的决定因素。不同的石材来源于不同的地质环境：石灰岩、白云岩、砂砾岩等经历了原岩破碎、搬运、堆积和胶结、压密一系列的成岩过程；大理石、石英岩等则是前两类岩石在高温、高压等内外营力作用下经变质形成的。

地质环境不仅直接决定着石材的理化性质（岩性、颜色、密度、硬度、力学强度、可溶性等），同时其宏观结构、构造对于采石加工和大型露天非移动文物的雕凿具有重要意义。著名的龙门石窟（图一）、云冈石窟、乐山大佛等石窟寺、摩崖造像，大多开凿和雕刻在依山傍水的崖壁上。这些地质环境一般具有岩体完整性好、较强的自稳能力，未经构造变动或较少的地壳运动，且岩石成层厚度大，岩性均一等特征。一般而言，露天石质文物所依附的地质环境比较稳定。

石质材料病变的环境影响作用

图一　龙门石窟的地质环境

大气环境包括温度、湿度、光辐射、大气运动等基本因子，它们影响着气候类型的基本特征。中国由于所跨经纬度大，气候类型多样，其光热条件的差异性给遍布全国的石质文物带来了不同程度的影响，表现出不同的类型特点。

一个地区的光、热、大气降水条件，是决定气候类型的主要因素，这也构成了文物基本的保存环境特征。在干旱地区，如新疆、甘肃，水的吸收和蒸发作用、盐分的结晶与潮解，对石质文物的长期保存起着决定性的作用。在南方潮湿地区，植被的生长、化学侵蚀表现突出。而在寒冷地区，冻融作用明显。

水文环境是由各种水体及其分布、运动形态组成的，主要包括地表水体、地表径流、地下水及地下径流等基本因子。这些水体的存在，诱发了石质文物的许多病害类型。例如，静水压力、水化学作用和冰劈效应会导致岩体裂隙扩张；水的溶解和水化作用又会导致岩石胶结组分的破坏；洞窟渗漏造成雕刻表面长期遭受侵蚀，从而导致文物美学价值表现力的降低。

生物环境主要由动植物和微生物及其活动构成。植物按其种类、特征给文物带来不同的危害；成片成带分布的植物群落还会改变小气候环境，如相对湿度、太阳辐射强度、风速、污染物的浓度与扩散等。对石质文物危害的动物主要是鸟类、鼠类等，它们的生命活动会给石质表面和内部带来损害。微生物对石质文物的危害是普遍的，地衣、藻类、苔藓、菌类等可附着在石质表面和裂隙深处，其生长和繁殖会导致石质材料的劣化。

人文环境即社会环境因素，包括工农业生产带来的环境污染和不当的人为干预活动，是室外石材文物病害加剧的重要因素，尤其近些年旅游经济的发展带来了不良后果，直接影响着露天石质文物的保存状况。

工业污染排放的有害物质对缺乏防护的露天石质而言有着直接致命的危害，包括硫化物、氮氧化物、氯化物、氟化物、烃类、烟尘、粉尘等有害物，由二氧化硫、二氧化氮进一步形成的酸雨则是对石质危害最为严重的影响因素。酸雨已成为一种广泛分布的环境问题。我国大气降水低pH值的地区基本上出现在长江以南，重庆已成为中国大气降水低pH值的中心（1985年，重庆市区的降雨pH值平均为4.06，郊区为4.31）。

腐蚀性降尘来源于工业、交通工具排放的尾气，大气含有大量硫化物、氮氧化物等有害物质。由于粉尘呈酸性或碱性，是大气中其他污染物侵蚀文物材质的催化剂，尤以对室外露天文物的污染更为明显。大气中的有害物质霉菌、真菌孢子等，可被粉尘吸附、随之降落在文物材质表面，形成微生物病害。例如，工业排放的煤烟就是种良好的吸附剂，对大气中的 H_2S、SO_2、HNO_3、H_2SO_4 等有害气体有很强的吸附和浓集作用，从而增大酸雨产生的暴发频度和强度。

工业粉尘对露天文物的侵蚀表现为以下三个方面：①黏附性：当它飘落在文物

表面并黏附在上面，由于其颗粒细微，不仅对材质表面产生很强的吸附力，同时可吸附大量的有害气体和水汽。②化学成分复杂，不同工业排放的粉尘，其有害物质多样，往往表现共同侵蚀破坏的复杂性。③粉尘颗粒的运动可加快真菌孢子的传播，从而扩大了霉菌等有害物质对文物材质的影响范围。

加工和使用环境：由于开采过程改变了岩石原有的平衡状态，应力重新分布；处于负荷作用下的石质更容易发生开裂、破碎、崩塌等病变。外界负荷变化包括膨胀、拉伸、压缩、弯曲等。深部花岗岩在开采到地表后由于压力减小会发生膨胀，导致花岗岩产生纵横向的裂纹，机械性能降低，并在以后作为建材时长期存在。古罗马金字塔的塔顶、塔底的石灰石所受的荷载差异很大，造成其不同的破坏类型。体量较大的碑刻、石雕竖立放置，本身的重力会造成石质弯曲变形。

2. 室内环境

即博物馆环境，主要针对收藏在库房，陈放在展厅或展柜的博物馆文物、馆藏的佛像、碑刻等可移动的石质文物提出的。

博物馆是馆藏文物储藏、展陈、研究、保护的主体环境。不同博物馆的设施、资金投入、管理和保护力量的差异，其对文物保护的微环境调控有着直接影响。北京金陵遗址和水关遗址的保护是个很好的对比（图二、图三）。

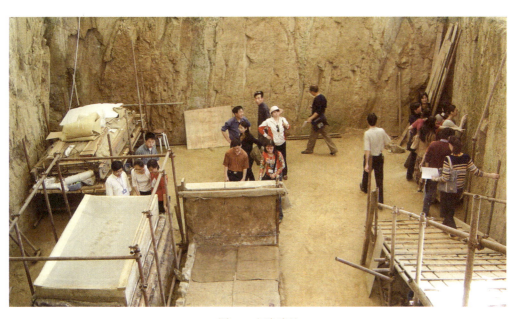

图二　金陵遗址

温度、湿度、空气流通、光照、粉尘、有害气体、参观游客等，是构成博物馆环境的重要因子。馆藏石质文物所受环境因素的影响，主要取决于储存及展陈环境的温湿度条件。同时，博物馆的室外环境温湿度变化也会影响室内环境条件，它通过室内外有效的流通渠道，如对流、建筑结构的热传导，使室内外温湿度变化规律

图三　水关遗址

基本相同，有着大致相同的周期变化，仅在时间上表现出滞后。

据监测，一般条件下的馆藏环境室内温度变化在5—30℃，可控温度变化在35℃范围之内。这一变化对馆藏石质文物的影响是缓慢而有限的，还不会对文物本身产生迅速而直接的危害。

3.地下环境和水下环境

地下环境主要针对墓葬等遗址。水下环境保存的石质文物较少。

地下环境的空间特点及岩土层的深度影响着内部的微气候（湿度、温度、空气流通等）变化，其持续的高湿度（UR＞70%，有时大于90%）取决于土壤湿度、渗水状况，还受游客参观的影响。湿度越高，在壁面上越容易发生冷凝现象（凝结水），这些凝结水同煤烟、空气粒子等的长期存在将导致石质材料的劣化。

地下环境缺乏直接太阳光照，存在人工照明设备。CO_2浓度高，可达0.3%（是正常大气中浓度的10倍），这是因为空气流通慢以及游客所造成的。地下墓室石棺内的微气候根据制成品材料、形状和安放位置而变化，这种环境下放射类菌和其他异养菌的作用显著。

环境参数的波动可能是向公众开放或关闭，以及建设修复工地引起的。遗址的开放可造成空气中微生物的增加，地下生长的树根亦会带来损失，地下的结构和文物在埋藏期间同环境产生一种平衡状态，一旦出土，其O_2、温度、UR、光照等环境参数急剧变化，会带来病变的创伤和风险。

三、石质文物的病害类型

造成文物蜕变的原因多种多样，其病害的表现形式也各不相同，对病害类型准确的描述及标准化的分类定义，有利于更准确方便地判断病害原因，进而制定合理的保护计划；也有利于不同国家、不同学科研究人员之间的沟通及合作。本文以意大利规定的国际标准化石材病变类型定义及描述作为研究和参照。国际标准化石材类型定义及描述如下。

1.色彩变质

决定颜色的一种或多种参数变化导致的变质：色调（hue），亮度（value），饱和度（chroma）。根据不同的条件，色彩变质可表现为不同形态，可大范围出现或仅出现在局部。

2.蜂窝状孔洞

该病变会形成大小不同、形状不一的小孔，蜂窝状孔洞大多是连接在一起的，分布不均匀。当蜂窝状孔洞向器物深处发展变为支囊时，可称为腐蚀性蜂窝状孔洞。

3.结壳

性质紧密的沉积物，一般由面积不大的物质形成，向非石质表面的特定方向发展。有时会形成石钟乳或石笋的形状。

4.硬壳

石材本身或其他处理用的物质的表面变质层，厚度不一，性质坚硬，易碎，其形态、厚度和颜色很容易与其底层相区别。可以从其底层上自行脱落，一般情况下呈分解状态或粉化状态。

5.变形

原器物整个厚度上出现的轮廓变化，尤其出现在板状器物上。

6.差异病变

由于器物结构或成分不均一而形成的差异性病变，常能突出显示导致该现象的结构和组织方面的原因。

7.表面沉积

各种性质外来物质的沉积，如：灰尘、肥土、鸟粪等。其厚度不等，一般与其下层的物质附着性不强。

8.风化

一种分解，由于极小的机械应力而导致器物的颗粒或晶体脱落。

9.脱落

器物表面层（层与层之间或层与底层之间）断裂，一般会导致层的脱落。该概念尤其应用于灰泥层和镶嵌图案中。在天然石材中，根据石材组织和结构性质的不同，脱落的部分可以有不同的形态，最好使用硬壳、鳞片状脱落、层状脱落的概念。

10.（盐性）结晶

在器物表面形成的物质，颜色为白色，形态为结晶状、粉末状或纤维状。在盐性结晶的情况下，盐的结晶可以在器物内部形成，导致器物表层的脱落，该现象称为隐性（盐性）结晶或下层（盐性）结晶。

11.侵蚀

各种原因导致的器物表面物质的脱落。如果病变的原因可以确认，也可以采用冲蚀型侵蚀、刻蚀型侵蚀（机械原因）、刻蚀型侵蚀（化学生物原因）和使用型侵蚀（人为原因）的概念。

12.层状脱落

该病变表现为脱落，一般伴随着一层或多层互相平行的表面层的脱落。

石质材料病变的环境影响作用

13. 断裂与裂缝

表现为在器物中形成断裂，从而导致器物不同部分之间的相互移动。

14. 结垢

层状沉积物，性质紧密，一般与其底层附着性强，由无机物质或生物组织构成。

15. 空缺

壁画的部分脱落和残缺，从而显露出壁画的支撑层或内部的灰泥层（参见缺失）。

16. 斑痕

在器物表面出现的意外着色。与外来物质作用于器物表面层有关（如：锈迹、铜盐、有机物质、漆等）。

17. 缺失

器物部分脱落和残缺。该概念是一个总体概念，仅在其他术语无法表达病变形态时才使用。对于有绘画的灰泥层使用时，倾向于使用术语"空缺"。

18. 锈迹

仅限于描述材质表面由于天然原因导致的变化，这种变化没有明显的病变现象，但能够感知材质初始颜色的变化。在人工原因导致的变质时，可用术语"人工锈迹"。

19. 生物绿锈

明显由于生物因素形成的，附着于表层的柔软均一的薄层，颜色不一，但近于绿色。生物绿锈主要由可以附着灰尘、肥土等物质的微生物构成。

20. 薄膜

附着于石材的黏性物质自身和外来物质构成的表面层。厚度极薄，可从底层上脱落，一般会完整脱落。

21. 微孔

孔状病变，形成互相接近、数量众多的盲孔。微孔一般呈圆柱形，直径最大不超过几毫米。

22. 粉化

一种分解，表现为粉末状或颗粒状的物质自发脱落。

23. 植物存在

存在地衣、苔藓和其他植物。

24. 膨胀

器物表面和局部突起，形状和硬度不一。

25. 鳞片状脱落

经常与原始物质断裂相关的器物局部的全部或部分脱落。鳞片一般由表面看起来并未变质的物质构成，其形态不规则，厚度坚固而性质不均一。在其下可能出现盐性结晶或生物绿锈。

四、环境因素的影响机理

我国散布在各地的各类石质文物，尤其以诸多不可移动的大型文物聚落为代表，如西北干旱地区的克孜尔石窟、库木吐喇石窟、敦煌石窟；北方半干旱地区的云冈石窟、龙门石窟；南方湿润气候环境下的大足石刻、乐山大佛等。它们都是保存在露天、半露天环境状态下，受环境影响的侵蚀作用特征突出。由于气候环境的差异，这种破坏作用又各有不同。

石质文物受环境作用侵蚀破坏是极其复杂的过程，它既取决于石材本身的性质和开采加工过程，又与其保存环境密切相关。各种保存环境决定了石质文物后天存在状况的差异。各种环境因素相互影响、共同作用，推动和加速着文物病害的发展。环境因素对石质文物造成病害的过程主要是通过物理作用、化学作用、生物作用来完成的。这些过程往往不是单一起作用的，而是交织在一起，共同对文物产生侵蚀破坏。

（一）物理作用

物理作用的原动力来源于太阳辐射、天体引力、地壳运动和海浪潮汐等，由此带来的病害类型众多。我国疆域辽阔，地区环境差异大，各地石质文物的病害现象区别明显。

1. 温差变化引起的蜕变

温差变化对岩石的物理蜕变过程可产生重要影响。石质文物的热传导率较小，温度变化时岩石的表层比内部敏感，内外膨胀和收缩不同步，导致裂隙的产生。另外，组成岩石的各种矿物颗粒的膨胀系数也不同，甚至同种矿物的膨胀系数也随结晶方向而变。差异性胀缩使得岩石内部经常处于应力调整的状态，从而扩大原有裂隙和产生新的裂隙。温差变化侵蚀破坏的强度主要取决于温度变化的速度和幅度（当然还取决于岩石性质）。我国大部分地区位于中温带，温度的日变化和年变化都很大。南方地区气温年内变化在0—38℃，而在北方的干旱气候区，温差变化更大，在−25—38℃。如此大的温差导致石质文物表层发生剧烈变化。常见的病害有差异性风化、层状脱离（图四）、裂痕（图五）等。

2. 水的冻融作用

冻融作用是水在温度变化的条件下，固液态相转化时产生的侵蚀破坏作用，是石质文物病变的主要因素。石质材料存在着不同类型的裂隙，由于地下水、雨水、毛细水的渗入，石材内部裂隙中存有水分。水由液态水向固态冰转化时，体积增大1/11，产生相应的压力达960—2000g/cm^2，直接对裂隙孔壁产生挤压作用。温差变

图四　层状脱离

图五　裂痕

化大的地区，气温在0℃上下波动，冻融作用持续发生，使石材内部孔隙不断变大、加剧，直至石材崩裂成碎块。例：花岗岩的平均拉伸强度为42kg/cm²，大理石为59.5kg/cm²，冰冻时的压力远大于这两种石头的拉伸强度，也就是说冰冻过程中产生的膨胀作用力足以破坏此类岩石。冻融作用持续发生的条件是水的存在和温度的剧烈变化。北方干旱半干旱地区，降水集中且温差大，冻融作用对石质文物的破坏尤为显著。常见病害有侵蚀、风化脱落（图六）、断裂和裂缝（图七）、缺失、变形等。

图六　风化脱落

图七　裂缝

　　3. 盐结晶引起的膨胀

　　可溶盐的运移和结晶对石材危害严重。当多孔石材与含盐的水溶液接触时，盐分被水带进岩石的孔隙，或渗入的水将石材内部的盐分溶解。水分蒸发时溶液逐渐达到过饱和，使被溶解的盐从溶液中析出，在其结晶过程中，体积膨胀产生结晶压力，导致岩石破裂和剥落。常见病害有盐性粉化（图八）、结垢（图九）等。温度对盐的析出结晶起着决定性作用，因此，温度控制是防治此类病害的关键。

　　4. 风沙及雨水的冲蚀磨损

　　风是由于温度剧烈变化形成的空气运动。风对石质文物的侵蚀有以下三种：①吹

图八　盐性粉化　　　　　　　　　　　　图九　结垢

蚀作用,风产生的机械力直接作用于露天环境保存的文物上;②磨蚀作用,风力作用下携带地表颗粒对文物材质表面的击打磨蚀;③掏蚀作用,风携带颗粒对石材的凹处和坑窝、裂隙进行不断的加深破坏。风沙的破坏作用直接表现在石质的表层部分,而石材表面的雕刻、题记等正是文物最具价值的部分。在我国西北干旱地区,风沙对文物的侵蚀严重。常见病害表现为表层的表面沉积(图一〇)、蜂窝状孔洞(图一一)、粉化、色彩变质、剥落、缺失等。

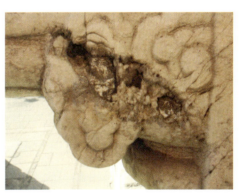

图一〇　表面沉积　　　　　　　　　　图一一　蜂窝状孔洞

　　例如,紧靠莫高窟的鸣沙山是连绵的沙丘,遇到大风时,沙子源源不断刮入窟内,使得石窟内的壁画、彩塑受到严重侵蚀。频繁的大风和沙尘暴所引起的大气降尘使壁面、塑像变色、褪色、酥碱,甚至大面积脱落,成为莫高窟主要的环境病害之一(图一二)。

　　此外,雨水的溅蚀作用对石质、古建筑也有破坏作用。

　　5.地表径流的侵蚀作用

　　地表径流是主要的外营力之一。它能够移动的最大颗粒的重量与颗粒附近的径流流速的六次方成正比,因此其能够运移巨大的石块。它们携带着巨大的动能和势能,对石窟寺的岩体、文物雕刻和摩崖碑刻产生毁灭性的撞击破坏,由此带来边坡

图一二　莫高窟周边环境（图片来源于网络）

稳定性的失调甚至滑坡。

6. 重力作用侵蚀及其解除带来的层裂

重力侵蚀现象的发生，是与其他外营力的共同作用下，以重力为直接原因而引起的地表物质的向下运动。主要表现为：石窟寺岩体的失稳、滑移及崩塌；建筑墙体的变形和倒塌；文物的重心改变和变形等。但这个过程通常与其他因素如裂隙的存在等有直接作用。

当地下深处岩石的上层部分被剥蚀而出露地面时，由于原来承受较大压力的解除，发生体积膨胀，从而导致石质产生平行于地表的层裂，易发生机械破碎。

图一三　侵蚀

（二）化学作用

文物石材与环境中存在的水、酸、碱、盐类及 O_2、CO_2、SO_2 等发生不同类型的反应，造成石材性能的退化，直接对文物产生侵蚀破坏作用，表现为石质文物的色彩变质、盐性粉化、鳞片状脱落、侵蚀（图一三）、斑迹（图一四）等恶性病变。其形成机理包括溶解作用、水合作用、水解作用及氧化作用。

1. 溶解作用

岩石中有些矿物能溶于水，发生溶解作用。岩石根据其可溶程度分为易溶岩和非易溶岩。碳酸盐岩和硫酸盐岩等为易溶岩，花岗岩、玄武岩、石英岩、片麻岩等为非易溶岩。碳酸盐岩中最常见的是石灰岩和白云岩。在石质文物中，大理石和汉白玉占有极其重要的地位。大理石和汉白玉都是石灰岩类，它们的矿物组成是方解石（$CaCO_3$）和白云石（$CaCO_3 \cdot MgCO_3$）。随着环境污染因素的参与，溶解风化作用的危害日益严重。环境介质中的酸性气体可对此类岩石产生明显的溶解作用。方解石在纯水中的直接溶解作用，就是$CaCO_3$和H_2O之间的反应：

图一四　斑迹

$$CaCO_3 \longleftrightarrow Ca^{2+} + CO_3^{2+} \qquad (1)$$

这一反应在常温下，方解石的溶解度极小。所以纯净的水不能对方解石造成明显的破坏，但实际上纯净的水是不存在的，水中或多或少都会溶入一些CO_2、Mg^{2+}、Na^+等杂质成分。当水中溶有一些Mg^{2+}等电解质时，将会增加$CaCO_3$的溶解度，导致石材退化。

空气中的CO_2对$CaCO_3$的溶解过程有明显的促进作用。CO_2可以溶解于水，其溶解过程为：

$$CO_2 + H_2O \longleftrightarrow H_2CO_3, \quad H_2CO_3 \longleftrightarrow H^+ + HCO_3^-, \quad HCO_3^- \longleftrightarrow H^+ + CO_3^{2-} \quad (2)$$

这个过程叫作碳酸化作用。水中溶解的CO_2越多，水对碳酸盐岩的溶解作用也就越强。其结果是难溶的碳酸钙变为易溶的碳酸氢钙，随水的流动而消失，造成石材有效成分的流失。

酸雨即是含稀硫酸和稀硝酸的大气降雨，其pH值小于5.6，腐蚀性随着酸浓度的增大而增强。酸浓度越高，pH值越小，腐蚀性越强。

酸雨的形成，主要来源于工业、交通工具排放的SO_2、NO_x，随大气降雨淋落到没有防护的石材表面和裂隙中，产生腐蚀作用。

$$2SO_2 + O_2 \longrightarrow 2SO_3 \qquad\qquad 2NO + O_2 \longrightarrow 2NO_2$$
$$SO_3 + H_2O \longrightarrow H_2SO_4 \qquad\quad 2NO_2 + H_2O \longrightarrow HNO_3 + NO_2 \qquad (3)$$

酸雨的形成中SO_2起着关键作用，它易溶于水，每升水可溶40L的SO_2。这种气体具有强烈的刺激性和窒息性，在大气环境中分布广，危害性大。它是评价大气污染程度的重要参数。SO_2的主要来源是矿物燃料。一般矿物燃料含有硫磺，正常情况下燃烧不充分会产生大量的SO_2，与O_2和H_2O反应形成硫酸，随降雨落下即成酸雨。

不少石质材料的主要成分都含有$CaCO_3$，砂岩中的钙质胶结物，石窟壁画的地仗层、白粉层、古代绘画的白色颜料主要成分也是$CaCO_3$。该类物质对酸雨尤其敏感。

空气中的SO_2接触含$CaCO_3$的石质文物，由于H_2O和O_2的介入，会发生反应，腐蚀材质，形成易溶于水的石膏。

$$CaCO_3 + SO_2 + H_2O + O_2 \longrightarrow CaSO_4 \cdot 2H_2O + CO_2 \uparrow$$
$$CaCO_3 + H_2SO_4 \longrightarrow CaSO_4 \cdot 2H_2O + CO_2 \uparrow$$

（4）

露天石质文物由于缺乏防护，易受酸雨侵蚀，在这蜕变过程中，石材表面颜色变暗，呈灰色，形成坚硬外壳，受温湿度变化、反复结晶和潮解等膨胀收缩作用，

图一五　结壳

使表层受压、拉力破坏而起翘剥落；石材直接受酸雨冲刷，表层易溶部位被雨水冲蚀，在文物表面形成纵向的条痕，文物细部和题记部位变得粗糙模糊，破坏了石材的原有面貌。常见病害有粉化、结壳（图一五）、色彩变质（图一六）、脱落（图一七）、蜂窝状孔洞、斑痕、薄膜等。

2. 水合作用

水合作用是岩石中的矿物与水接触后，吸收一定数量的水到矿物中，成为结晶水或结构水，并形成一种含水的新矿物的过程。在新矿物形成过程中会产生巨大的膨胀压力，而造成岩石的崩裂、剥落和粉化。最常见的水合反应是硬石膏生成石膏的反应：

$$CaSO_4 + 2H_2O \longrightarrow CaSO_4 \cdot 2H_2O \qquad （5）$$

图一六　色彩变质

图一七　脱落

常见的病害有黑色结壳（图一八）、层状脱离（图一九）等。

图一八　黑色结壳　　　　　　　　　　　图一九　层状脱离

3. 水解作用

水解作用是指化合物与水的反应，反应中形成弱酸（如 H_2CO_3）或弱碱（如 NH_4OH）。硅酸盐和铝硅酸盐（这两者是地壳中含量最多的矿物）是弱酸强碱型化合物，易发生水解作用而被破坏。例如，钠长石的水解反应为：

$$4Na[AlSi_3O_8]+6H_2O\longrightarrow 4NaOH+8SiO_2+Al_4[Si_4O_{10}](OH)_8 \qquad (6)$$

即钠长石中析出的 Na^+ 与水中的 OH^- 离子结合形成 $NaOH$ 随水消失；析出的 SiO_2 一部分呈胶体随水流失，另一部分形成蛋白石（$SiO_2·nH_2O$）留存于原地；其余的可形成难溶于水的高岭石而留存于原地。

4. 氧化作用

在岩石蜕化过程中，存在着多种多样的化学和生物化学反应，其中氧化反应占重要地位。高温高湿条件下，氧化作用非常强烈。氧化作用可使石质文物矿物成分发生变化，同时发生色彩变质。

铁的氧化形成多种颜色的反应产物。铁发生氧化作用和水合作用形成赤铁矿：

$$2Fe^{2+}+4HCO_3^-+1/2O_2\longrightarrow Fe_2O_3+4CO_2+2H_2O \qquad (7)$$

另一种氧化反应涉及黄铁矿：

$$4FeS_2+15O_2+mH_2O\longrightarrow 2Fe_2O_3·nH_2O+8H_2SO_4 \qquad (8)$$

硫化铁氧化后生成硫酸，对岩石的腐蚀作用很强。

锰的氧化与铁相似，氧化作用的主要产物是软锰矿（MnO_2）和水锰矿（$MnO_2·H_2O$）。

因此，加固石质文物时切忌使用铁质材料，例如北海公园牌坊下石基座的加固产生了许多新的病害，如岩石开裂、斑迹等。

（三）生物作用

1. 生物的物理蜕变作用

植物根系在岩石缝隙中生长，产生巨大的压力，导致岩石变形。乔灌木类的根

图二〇　植物滋生

系对石质产生强烈的劈裂破坏作用，使裂隙不断扩大（图二〇）。

钻隙动物如蚂蚁、蚯蚓等钻洞会扩大岩石缝隙，对岩石造成机械破碎。

2. 生物的化学蜕变作用

植物生长过程中分泌的各种物质如有机酸、碳酸、硝酸等可溶解并吸收矿物中的某些元素，例如 P、K、Ca、Fe、Cu 等作为营养，即把矿物作为自己生长的营养源，使岩石遭到腐蚀性破坏。

动植物尸体腐烂分解出有机酸和 CO_2、H_2S 等气体，溶于水形成酸溶液，也会对岩石产生腐蚀破坏。

在生物圈岩石和矿物的风化过程中，微生物蜕变作用具有重要意义。它可促进部分矿物的溶解，形成络合物、酸性化合物、碱性代谢化合物等；也可产生不溶解或难溶解物质，其主要作用是促进次生沉积物质的形成，导致在矿物颗粒表面形成一层有机金属化合物包膜。

微生物产生的有机酸和无机酸也可引起岩石的蜕化。如生物成因的硫酸，作用于石灰岩或含碳酸盐组分的砂岩上，使碳酸钙变为硫酸钙：

$$CaCO_3 + H_2SO_4 \longrightarrow CaSO_4 + H_2O + CO_2 \uparrow \tag{9}$$

有机酸如甲酸、乙酸、丁酸和乳酸等，能从花岗岩中大量溶出 Ca 和 K，造成花岗岩的侵蚀。而霉菌产生的草酸和柠檬酸等，腐蚀砂岩的胶结物和硅酸盐矿物，加速砂岩的蜕变。

异氧微生物作用可形成有机碱，能提高环境介质的 pH 值，从而促进氧化硅的溶解，造成岩石矿物的风化。

地衣、苔藓和藻类等孢子植物可产生地衣酸等物质，这种有机酸的络合作用是加速矿物风化的一个重要因素。微生物对岩石矿物的总分解能力远远超过所有动植物具有的总分解能力。微生物造成的常见病害有：侵蚀、生物绿锈（图二一）、裂隙、色彩变质（图二二）、结壳、斑痕等。

石质文物的蜕化和病变往往是一个物理、化学、生物的综合作用过程。物理蜕变作用可以不断扩大加深石质材料中的裂隙，并导致崩解，这样不仅使水、气体和生物体进入石质材料中，同时因石质碎裂使表面积增大，为化学蜕变提供了条件；进而溶解石质中的易溶物质，或水解、氧化，改变了石质的物理及化学性质。

石质文物的蜕化和病害的产生是由多种环境因素共同作用、互相影响的结果。具体到某一地区，环境不同，其影响作用的表现形式也不同，而针对特定的文物，

图二一　生物绿锈　　　　　　　　　　　图二二　色彩变质

石材种类不同导致其自身的物理化学性质不同，因而受损害的程度也不同。这就要求我们针对具体的环境条件来分析病害成因，从而采取防治对策。

五、环境综合因素对石质文物的危害实例——以龙门石窟为例

龙门石窟与敦煌莫高窟、大同云冈石窟并称为中国古代佛教石刻艺术三大宝库，并于1961年被国务院列入首批全国重点文物保护单位。龙门石窟前后开凿达400余年，雕刻内容丰富，题材广泛，现有窟龛2345个，佛塔80余座，碑刻题记2800多块，造像近11万尊，被誉为世界伟大的古典艺术宝库之一。

龙门石窟地处中原，属于温带大陆性气候。年平均气温14.5℃，最热月7月均温27.4℃，最冷月均温−0.5℃；年均湿度在40%—60%，多年均降水量为580mm；常年盛行风向为南风和北风，风速最大可达19m/s（1991年8月1日）。

（一）龙门石窟保护概况

龙门石窟自开凿时的设计施工起，历代人都采取了保护措施。北魏，洞窟采用穹隆顶窟形，增加岩体的稳定性；唐代奉先寺大像龛上开凿"人"字形排水沟，进行有效地排水、疏水；不少洞窟建有窟檐、防水石板雨罩等，具有遮光挡雨作用。这些措施无疑在防止自然环境的破坏方面起到了重要作用。

龙门石窟自开凿之日起便不断受到地质条件、气候、生物等自然环境因素的侵蚀破坏，也曾经历人为破坏（毁法灭佛运动）。20世纪30年代起又遭到严重的盗凿。中华人民共和国成立后，龙门石窟建立了保护和管理科研机构，基本杜绝人为破坏。

龙门石窟在解放后的保护可分为两个阶段：1971年前是以防止人为破坏为主的社会保护，1971年开始走入真正的科技保护。其中，1971—1985年，是抢险加固阶段；1986—1992年进行了综合治理工程。20世纪90年代起，龙门石窟保护工作者开始致力于对洞窟渗漏水及石刻风化治理的研究。

（二）龙门石窟病变现状及其环境影响分析

龙门石窟开凿在中上寒武纪的石灰岩和白云岩上，石窟所在岩体矿物成分单一，以方解石和白云石为主，力学强度大，抗侵蚀能力强，但石窟开凿至今已有1500多年的历史，经历过自然环境和人类活动的双重破坏作用，病变现象复杂、严重。自20世纪90年代起，龙门石窟环境污染越来越突出，有害气体、粉尘、水污染、震动等因素日益加剧，导致原有病害加重。尤其南部洞窟雕刻，近30年来变化明显，雕刻细部大多已模糊不清，因此，环境污染的治理成为龙门石窟保护工作的一大内容。

龙门石窟病害在窟内和露天雕刻上的表现有很大差异，这与环境的差异退化作用关系密切。其中，露天雕刻病害最为严重，主要表现为风化脱落、断裂与裂缝、缺失、侵蚀、粉化、膨胀、植物存在等；洞窟内部病害程度较轻，但可能受大气污染物的影响更甚，病害主要表现为盐性结晶、结垢、缺失、裂缝、表面沉积、蜂窝状孔洞、生物绿锈、色彩变质等。下面结合龙门石窟环境特征，对其病害作以综合分析。

1. 风化脱落（图二三）

这是龙门石窟的一大病害。由于龙门地区属温带大陆性气候，气温变幅大，最低气温达-18.2℃（1969年1月），最高可达44.2℃（1966年6月），温差导致岩体内不同矿物和胶结物的差异性膨胀和收缩，从而产生裂隙并扩大原有裂隙，最终造成岩体矿物与胶结物的颗粒或晶体间发生位移、错裂，造成完全分离和脱落。这个过程中，有水和生物的介入，其冰劈效应和生物损伤又会加速病变的过程。此病害的环境影响作用复杂，治理难度较大。

2. 结垢（图二四）

此病害在窟内壁面上分布普遍，是主要病害之一。它造成的直接结果是结垢覆盖了

图二三　风化脱落　　　　　　　　　　　　　图二四　结垢

精美的雕刻品，破坏了洞窟整体和单体雕刻的外观效果，带来艺术品美学价值的损失。

形成结垢的原因是：龙门山岩体是可溶蚀性的石灰岩石质，山体内部各种裂隙交错，呈网状相通；溶解有CO_2的水分在裂隙中运动时不断溶蚀石灰石质，在洞窟壁面出露处形成带状或面状沉淀，当水分蒸发后，溶解的石灰石质及尘土重新结晶或硬化，形成厚层的结垢。人类活动排放大量的CO_2气体，使雨水酸度增加，加速了龙门石窟岩体的溶蚀后果，使结垢在洞窟内壁上大面积分布。据统计，龙门石窟大多数洞窟的结垢病害可达30%—70%，有的甚至达到90%（千手千眼龛），降低了艺术品的美学价值。

3. 断裂与裂缝（图二五）

表现为雕刻品周围岩体的断裂，导致其不同部位之间发生相对位移，其形成原因主要是地质作用及开凿加工。地质作用造成的石质软弱带在环境的侵蚀下，逐渐发育并扩张成断裂和裂缝。石窟的开凿加工使岩体内部应力重新分布，产生卸荷裂隙。水、植物也不断加速裂隙的发育。

4. 缺失（图二六）

表现为雕刻品局部的脱落和残缺。其形成原因包括自然因素（如岩体脱落、断裂等）和人为破坏（如战争、盗凿、毁坏佛像等）。这两个原因在龙门石窟并重。今天我们看到的绝大多数佛像头部缺失，即是人为破坏的结果。

石质材料病变的环境影响作用

图二五　裂缝　　　　　　　　　　　　图二六　缺失

5. 侵蚀

即各种原因导致艺术品表面的蚀消和脱落。其由风、雨、人为触摸、磨损等造成，龙门石窟是4A级景区，游客数量每年在100万以上，不少露天雕刻在人们的触摸下变得发黑发亮，造成外观上美学价值的损失。

6. 粉化

是一种恶性病变。器物夹层、断面变成粉末状或颗粒状，用手触摸即脱落，或在重力、风力等作用下自行脱落。龙门石窟南部洞窟及雕刻粉化现象严重，这除了石质本身的特征（如含泥量高、岩层层厚小、方解石纯度低、各种矿物胶结物并存等），也与石窟南口风力作用关系密切。由于石窟位于伊河峡谷内，龙门地区主导风向为NW和SE，风速最大达8级，1991年8月1日风速达到19m/s，风速在峡谷内得到加强，其吹蚀、磨蚀作用更甚。

7. 盐性结晶（图二七）

龙门石窟洞窟内壁表面存在不少带状或片状盐性结晶现象。其颜色为白色，形态为结晶状、粉末状或纤维状，易导致雕刻表层的脱落。它的形成可归结为壁面表层水分的蒸发，导致内层盐分向表层运动、聚积。显然，洞窟壁面存在的渗水和凝结水是此病害的直接诱发因素。

8. 表面沉积（图二八）

各种性质外来物质的沉积如灰尘、肥土、鸟粪等，其厚度不同，一般与下层物质附着性不强。奉先寺正壁常年有鸟类活动，更易造成表面沉积现象。

图二七　盐性结晶　　　　　　　　　　图二八　表面沉积

六、结论和建议

通过对修复理论的学习，我们认为文物保护所要遵循的首要原则是："保持文物的历史真实性，尽量减少人为因素对文物的干预。"

修复就是对文物的材料、历史价值、美学价值的重新认识的一种特殊方法学的实践活动。它强调的是修复实践活动的过程，以及决定其效果的因素、构成文物的物质材料及文物是如何保存至今的，这些才是文物修复应该涉及的领域。Brandi的修复理论认为："文物修复应该致力于重建文物的潜在意义，尽可能不要造成历史赝品、艺术赝品，不要抹去任何历史痕迹。"并提出了"预防性修复"的问题，目的在于推动对文物材料的保存状态以及文物周围环境的研究。这两个因素相互作用会直接影响文物的稳定性，威胁文物的保存质量，通过这些研究，我们才能掌握如何正确保存文物的物质材料方法，以及与其相关的周边环境的关系。这进一步说明了环境影响因素的重要作用，因而我们认为在对石质文物的保护中，环境的治理是首位的，也是根本的解决方法。同时，通过阻止石质文物产生病变所需要的外界环境发展的方法，是完全符合文物修复原则的。

因此，对于石质文物的保护、修复，我们建议：①定期检测文物所处环境的温湿度变化、空气污染物的成分，加强环境监测，掌握其对文物所产生的影响程度。②对石质文物进行日常维护和定期维护，及时清理沉积在石质表面的污染物质。日常维护与保养的重点是病害多发、易发部位的保养，它包含了保护技术和保护管理两个方面。对有隐患的部分要进行连续监测、档案记录；实施日常保养工作；控制开放时间。③对不同石质文物进行环境模拟分析，评价最优保存环境模式。④建立石质文物的环境卡片档案，为制定保护修复设计提供科学分析依据。⑤应该采取主动的"预防性保护"措施，即对造成石质文物破坏的可能因素，提前采取有效的防御措施，最大限度地消除造成石质文物损伤的隐患。⑥加强对石质文物所处环境的治理，尤其是室外环境污染的治理。

文物保护在世界范围内还是一门新兴的学科，我国的文物保护也才刚刚起步，而文物保护所涉及的学科却是十分广泛的，既包含有考古学、历史学、美术、艺术史等社会科学的知识，还需要有化学、物理、生物、地质等自然科学的知识，因而它是一门新型的、综合性的、文理兼容的交叉性很强的学科。文物保护需要多学科进行相互配合，才能完成对文物的科学保护处理，因为只有系统地了解和掌握上述社会科学知识，才能够对文物有比较准确的认识；只有运用这些自然科学知识，才能了解文物的材质、工艺等，而本次培训班则充分体现了多学科在文物保护修复中的作用。

实践证明，改善和创造良好的保存环境，有利于文物的保养和保护。对于露天环境，我们还很难进行人为控制，但我们可以通过监测和预防性措施来缓解环境的负面影响。而对于博物馆环境，不论是库房收藏、陈列展览、保护修复，还是鉴赏研究等各个环节，我们都要严格地维持一个相对稳定的环境状态，使文物处于适宜的环境中。唯其如此，我们才能更好地保存文物，延长这些珍贵文物的寿命，为科学研究和精神文明建设作出更大的贡献。

石质材料病变的环境影响作用

附记：对下列教授在本课程中所给予的帮助以及所提供的参考书目和图片资料表示感谢。

Mario Micheli	Annamaria Giovagnoli	Zhan changfa（詹长法）
Gianni Lombardi	Nikos Vakalis	Huang kezhong（黄克忠）
Vasco Fassina	Ornella Salvadori	Zhou shuanglin（周双林）
Maria Cristina	Passeri Elisabetta	Li hongsong（李宏松）

参 考 书 目

［1］　中意双方教员授课教案，2004年2—5月。

［2］　刘景龙：《龙门石窟保护》，中国科学技术出版社，1993年。

［3］　郭宏：《文物保存环境概论》，科学出版社，2001年。

［4］　黄克忠：《岩土文物建筑的保护》，中国建筑工业出版社，1998年。

（原载《文物保护与修复的问题》，科学出版社，2005年）

洛阳龙门石窟双窑洞与山陕会馆石材保护

袁立霞[1]　郭梦源[2]　杨文宗[3]　张月峰[4]

（1.新疆自治区博物馆；2.新疆龟兹石窟研究院；3.陕西历史博物馆；4.河北省文物保护研究中心）

摘要： 针对龙门石窟双窑洞与山陕会馆照壁石材的保存现状、黑壳病害的形成机理及清洗保护展开研究。黑壳病害在龙门石窟双窑洞与山陕会馆照壁石材上均大量存在，其形成过程主要受自然因素和社会因素的影响。中意合作文物修复培训班分别对洛阳龙门石窟的双窑洞、山陕会馆的石材进行了清洗，探讨了清洗工艺的选择以及水清洗、化学清洗和机械清洗的主要程序。此次清洗修复，对保护龙门石窟双窑洞与山陕会馆照壁的科学价值、历史价值及艺术观赏价值具有重要意义。

关键词： 双窑洞　黑壳病害　清洗保护

一、龙门石窟双窑洞与山陕会馆照壁石材黑壳的形成

2004年9—11月，中意合作文物修复培训班全体学员在洛阳进行了实习活动，对洛阳龙门石窟的双窑洞、山陕会馆照壁石材进行了科学的保护工作。对石质文物在不同保存环境下的病害形成机理作了初步探讨，对石材表面的黑壳形成做以对比性研究。

（一）龙门石窟双窑洞与山陕会馆照壁现状

始凿于唐代初期的双窑洞，位于龙门西山中段，有着共同的前室。编号北窟521号、南窟522号，保存有大量珍贵的石刻造像，是世界文化遗产的重要组成部分。

洛阳市山陕会馆是河南省重点文物保护单位，始创于清康熙年间，位于洛阳市老城南关，是当时山西、陕西两地巨商大贾在洛阳的主要活动场地，有着300多年的沧桑历史。现存的盘龙琉璃照壁下的须弥座石雕是具有较高的历史、科学、艺术价值的历史文物。

（二）黑壳

通过对双窑洞和山陕会馆的前期调查，可知这两处的石质文物都存在着多种严

重病害，其中最为突出的是黑壳（图一、图二）。

图一　双窑洞病害　　　　　　　　　　　　图二　山陕会馆病害

黑壳是石材本身或外来物质通过水的媒介作用形成的变质层。有黑色、黄色、白色、棕色等不同颜色，以黑色最为突出。有鳞片状、有层状，也有连片分布的。它依附于石质文物表面，性质紧密、坚硬、易碎，有一定的层次。在石质雕刻的不同部位厚薄不均，有单层的，也有多达十几层的，这跟不同位置的黑壳发育有关。

同时在不同保存环境下的文物，其黑壳成分也相当复杂。仅就双窑洞和山陕会馆照壁来讲，主要是硫酸钙、碳酸钙等一些极易与水发生反应的矿物质。由于水的介入，它对文物可能产生极大的危害，影响着文物外在的美学艺术价值，还将进一步发展危及文物本体——石材性能的蜕化，最终导致文物的毁灭。

由于黑壳存在对文物的安全有着巨大的现实的和潜在的危害，清除黑壳就成为石质文物保护工作的重要内容，研究其具体的形成机理则是该工作的前提。

1. 龙门石窟双窑洞的黑壳

在调查中发现龙门石窟双窑洞的结壳现象大量存在，各种各样的结壳布满洞窟的表面。黑壳则集中于洞窟壁面上部及顶部（图三），其形成有着较为复杂的自然因

图三　双窑洞典型病害——黑壳

素和社会因素。

1）自然因素

龙门地处中原，属于温带大陆性气候，年均气温14.5℃，最热月平均气温27.4℃，最冷月平均气温−0.5℃。多年平均湿度为64%—70%，最热月75%，最冷月63%。年均总降雨量593.8mm，其中60%集中于夏季。双窑洞东临伊河，经年承受着伊河水湿气的浸润，这为石窟文物黑壳的发育创造了优越的自然条件。

地质裂隙的存在，卸荷裂隙的继续发育，是石窟渗水的潜在隐患。龙门石窟进行了多次的防渗处理工作，双窑洞到目前仍未能从根本上解决渗水的问题，在渗水点形成了多达十几层的碳酸钙结垢层。

2）社会因素

龙门石窟因佛事而开凿，历来就是虔诚信徒顶礼膜拜的宗教圣地，香火兴盛直接污染着石刻造像。虽然经历了几次大的灭佛运动，但断续的香火仍无声地熏烤着幸存的石刻造像。同时这里是洛阳南下的门户，伊河两岸的通道成为南北的通衢大道，山崖壁上的石窟，就成了过往行人和逃亡难民的栖息之所。直到20世纪60年代，还有人把石窟当做栖息之所，在洞窟中住宿，生火取暖、做饭。燃料生成的SO_2气体直接促成石雕表面的岩石向硫酸盐转化，同时生成的烟尘也依附于石材表面。

随着近现代工业、交通运输业的发展，大气环境进一步恶化，过往车辆的尾气排放加速了龙门石窟洞窟雕刻表面病害的发育。据龙门石窟研究院同洛阳市环境监测站对龙门石窟区域的大气环境的监测，20世纪90年代以来，二氧化硫、氮氧化物、总悬浮颗粒（TSP）、降尘的总含量有上升的趋势（表一）。

洛阳龙门石窟双窑洞与山陕会馆石材保护

表一　龙门石窟大气污染物监测结果统计表

污染物 ＼ 时间（年）	1990	1991	1992	1993	1994	1995
SO_2	0.025	0.02	0.036	0.04	0.044	0.064
NO_x	0.015	0.024	0.035	0.031	0.032	0.027
TSP	0.536	0.441	0.489	0.214	0.152	0.29
降尘	13.16	8.82	10.21	17.45	13.34	16.33

注：SO_2、NO_x、TSP单位为mg/m^3；降尘单位为t/km^2月

龙门山岩体是石灰岩，主要成分是$CaCO_3$，二氧化硫接触含$CaCO_3$的石质文物，经由水和氧气的介入，会发生反应，形成易溶于水的硫酸钙$CaSO_4 \cdot 2H_2O$。

$$CaCO_3 + SO_2 + H_2O + O_2 \longrightarrow CaSO_4 \cdot 2H_2O + CO_2 \uparrow$$
$$CaCO_3 + H_2SO_4 \longrightarrow CaSO_4 \cdot 2H_2O + CO_2 \uparrow$$

（1）

据统计，双窑洞的结壳面积可达60%以上，直接降低了石雕的美学艺术价值。

2. 山陕会馆照壁石材的黑壳

照壁位于会馆的山门外，底部须弥座石质雕刻朝向北，经年见不到阳光，病害发育种类众多。其中，黑壳主要集中在须弥座中部的雕刻精细部位，局部已开始崩裂破损（图四）。

图四　山陕会馆照壁恶化的病害——黑壳

1）自然因素

露天存放的石质文物缺乏有效的防护，与大气环境相变化关联。工业污染排放的有害污染物，包括硫化物、氮氧化物、氯化物、氟化物、烃类、烟尘、粉尘等有害物质，直接危及石材表面。水分的介入为酸的形成创造了条件，其与石材中的钙质反应生成硫酸盐、碳酸盐等物质，据分析，照壁上的黑色硬壳主要成分是硫酸钙。

2）社会因素

山陕会馆坐落于洛阳市南关，历来就是人口集聚区、受工业污染严重的地区，人为环境的影响尤为严重。工农业生产带来的环境污染，是室外石材文物病变加剧的重要因素，直接影响着露天石质文物的保存状况。

不当的干预活动破坏了其原有的性能，山陕会馆作为巨商大贾的集聚场所，经历了若干次的改建与维修，这些活动往往是很随意的行为，结构、功用、外观的改变缺乏科学的依据。照壁石雕上的大块结垢，即是前人涂刷留下的灰泥与涂料的遗迹，钙化变质与石材紧密结合在一起。

通过对两处黑壳的形成条件的调查分析，对石质文物的病害——黑壳的形成机理有了初步的认识，为文物的进一步预防性保护提供了理论依据。尽管人为不当的干预活动在一定程度上可以纠正，恶化的大气环境可以得到局部改善，但文物的不可再生性要求科学的保护手段要在正确的理论指导下进行，才能使文物保护工作得以科学有序的展开。

二、龙门石窟双窑洞与山陕会馆石材的清洗

中意合作文物修复培训班借鉴意大利成熟的文物保护与修复理论，对双窑洞、山陕会馆进行了科学保护，石材清洗是这次工作的重点。

（一）双窑洞与山陕会馆石质文物

双窑洞始凿于唐代初期，位于龙门西山中段，二窟东临伊河，南北并列，有着共同的前室。现编号：北窟521号、南窟522号。双窑洞保存有大量珍贵的石刻造像，以及若干造像题记、彩绘遗存等，是龙门石窟最重要的洞窟之一。

山陕会馆位于洛阳市老城南关，始创于清康熙年间，已有300多年的历史。现存的建筑石材有盘龙琉璃照壁下的须弥座石雕，以及山门、戏楼、大殿前后的石狮子、匾额、碑刻、柱础等具有较高历史、科学、艺术价值的历史文物。

（二）清洗对象的类型

石质文物各种病变产生的因素是复杂的，它主要来自其存在的环境，包括季节性的温湿度变化、阳光辐射的差异、交通工具的尾气排放、工业污染、水、酸雨、地震以及不当的人为干预等。这些因素的综合作用造成文物的损坏，表现在不同环境下的不同病害特征，而对不同病害的研究是清洗工作的首要前提（图五）。

图五　双窑洞（a）及山陕会馆（b）清洗现场

1. 双窑洞

双窑洞的主要清洗对象包括表面沉积物、盐性结晶、壁面结壳、不当填充物等。

1）表面灰尘沉积

由自然或人为因素所产生的灰尘日积月累的沉积物，附着于石材表面，但尚未发生质的变化。

洛阳龙门石窟双窑洞与山陕会馆石材保护

2）盐性结晶

采样分析主要是硫酸钙，是硫化物与钙质发生化学反应的结果。

3）壁面结壳

包括黑色硬壳、结壳等。前者是人为活动的产物，如生活起居所产生的烟熏，工业污染、交通工具排放物的结垢。后者是石材表层的钙质结晶物，如在窟顶渗水点所形成的小型钟乳石状的结晶体。

4）不当填充物

包括水泥、树脂等。为治理洞窟渗水或填充岩体裂隙所添补的材料。

5）斑迹

外界因素导致石材表面发生颜色变化，而石质未变。

2. 山陕会馆

山陕会馆石材的主要清洗对象包括表面沉积物、壁面结壳、人为污垢、盐性结晶等。

1）表面沉积物

由工业、交通、城市生活产生的浮尘在石材表面形成的沉积物。

2）壁面结壳

包括黑色硬壳、结壳、结垢等。

3）人为污垢

涂抹、粉刷墙壁所用白灰、涂料的沉积物。

4）盐性结晶

主要是石材的钙质与大气中的有害物质反应形成的有害盐类，采样分析主要成分是硫酸钙，与城市大气污染有关。

（三）清洗程序及工艺的选择

清洗是不可逆的操作，在对石材做全面的清洗之前要做一系列的前期工作，如除浮尘、局部清洗、预加固等。局部清洗是针对石雕的精细部位，它具有较高的艺术价值，表层已经开始粉化破损疏松，但表面有沉积物。疏松的石材壁面需要先清洗再加固，避免表面的污染物与石材加固在一起，必须先采取局部清洗，要求工作要细。

清洗工艺的选择要根据石材的质地、保存状况、文物价值、存在环境等因素来决定，首先要做清洗实验（图六）。

1. 水清洗

（1）直接用水冲洗附着在石材表面的结壳变硬的污物、沉积物等。同时可用软毛刷刷洗较硬的污物，再用水反复冲洗。

图六　双窑洞前室的清洗效果：清洗前（a）、清洗后（b）

（2）以海泡石、硅粉、日本纸（和纸）等为媒介和水贴敷：用蒸馏水调制，贴敷石材的疏松表面，待其变干即可去除，可清除壁面的污物。其原理就是通过水分蒸发，吸附石材表面的盐分、污物、沉积物等。贴敷后用蒸馏水清洗，不可留残余物，要把握好刷洗的力度，以不伤及文物本体为准。

（3）雾化水清洗：用压缩机加压使水雾化，使其以极小的颗粒均匀地浸润石材表面，渗入石材内层溶解带走盐分，软化黑壳。喷雾持续2—5小时，每1小时进行观察，辅以软毛刷刷洗。

水清洗需要考虑气候条件、天气的变化，北方冬季气温低，水分不易挥发，易发生冻融作用。同时水在石材中的残留，为生物的生长创造了条件。

2. 化学清洗

化学清洗溶剂的选择要经过反复的实验，对它的浓度、反应所产生的效果要有充分的认识，使用该溶剂时要有把握控制它的反应进程，还要考虑到它所产生的负作用。

选用碳酸铵（NH_4)$_2CO_3$溶液，浓度为80g/L，加浓度为3%的表面活性剂，浸泡纸浆，贴敷2—3小时，可软化黑壳、去除硫酸钙等。同时碳酸铵（NH_4)$_2CO_3$溶液不会对石材产生负面影响。

特别注意的是石质雕刻的精细部位，因侵蚀退化表层变得较疏松，清洗之前要先做预加固，使之与底层黏结牢固。可采用Paraloid B-72，浓度1%—3%，注射或涂刷。也可用灰浆填充石材的裂隙和石材空鼓的空间部分。

首先用水把要清洗的石材润湿，以阻止酸性清洗材料渗入石材内部，清除纸浆要用充足的清水冲刷，不留下因清洗带来的任何物质。

根据石材表面的病害程度，对碳酸铵（NH_4)$_2CO_3$溶液的选用，可适当的调整其浓度，加入适量的表面活性剂或螯合剂等。

3.机械清洗

（1）人工清洗：针对表面浮尘可采用刷或磨的方法去除。针对石材表面的较薄的结壳，用手术刀剔除。较厚的结垢、不当修复所遗留的水泥、树脂等较硬物质，可用钢钎、榔头凿击。

（2）高压喷砂枪清洗：用压缩机产生的气压将砂粒喷洒到石质清洗表面，去除石材表面的烟垢、黑壳、结垢等。主要针对文物价值不高的建筑石材，注意防尘设施的正确使用。为了减少对石材的损害，可以采用粉碎精细的矿渣、植物沙、氧化铝、碳酸钙粉等。

（3）超声波清洗：可去除石材表面的斑迹、结壳等，适用于雕刻的精细部位。

（4）振动蚀刻机、微型气锤清洗：利用压缩机产生的压力振动，清除石材表面的硬壳。

机械清洗要对操作者、文物、工具的安全做充分的准备工作。

文物的清洗是保护程序的重要步骤，是进一步做好保护工作的关键所在。同时清洗工作要遵循可控制性、不损害文物本体、不在文物上留下有害物质的原则，这就要求清洗方法的选择要在科学的实验基础上进行，成功的清洗要有科学严谨的操作做保证。

参 考 书 目

［1］ 杨军昌、黄继忠译：《石质品的保护处理》，《文物保护与考古科学》1996年第1期。

［2］ 刘景龙：《龙门石窟保护》，中国科学技术出版社，1993年。

［3］ 郭宏：《文物保存环境概概论》，科学出版社，2001年。

［4］ 马清林等：《中国文物分析鉴别与科学保护》，科学出版社，2001年。

［5］ 张秉坚：《石材表面黑垢的形成与清洗研究》，《石材》1999年第1期。

（原载《文物保护与修复的问题》（第二卷），文物出版社，2009年）

浅谈秦代大型青铜龙的铸造工艺

杨文宗

（陕西历史博物馆）

摘要： 陕西历史博物馆的秦代大型青铜龙残损严重，在实施保护修复的过程中，笔者对秦代大型青铜龙的铸造工艺进行了深入分析。根据残块表面的残存痕迹，可推断其铸造方法应为属于块范法范畴的分铸法，并通过焊接法连为一体，表面纹饰则为手工刻制或采用小块方模印纹法。通过对这些铸造过程中关键技术的初步分析，可以明确其铸造工艺的大致情形为：制模—翻制泥范—刮制泥芯—范、芯自然干燥—高温焙烧—修整—范、芯的组装—糊泥—浇注青铜溶液—出范、芯—清理、加工、修整、打磨成品—焊接。秦代大型青铜龙的铸造体现出秦统一后对战国时期青铜器铸造水平的继承，以及秦文化对于浩大气势的追求。

关键词： 大型青铜龙　秦代　分铸法　焊接法　文物修复

2000年11月至2001年5月，受陕西省文物局委托，为陕西省赴摩纳哥举办的"中国——秦始皇的世纪"文物精华展作准备，我们对保存于陕西历史博物馆的秦代大型青铜龙残块（图一）进行了成功修复和复原（图二）。

图一　修复前的秦代大型
　　　青铜龙残块

图二　修复后的秦代大型青铜龙

该青铜龙残块系1994年8月西安市公安局八处移交至我馆的，共有8块，残损严重。其中2块可拼对成一较完整的龙头：长35、宽24、高19、壁厚0.3—0.4厘米，重11.1千克，鼓目，角内卷而略上翘，张口卷唇，头顶部饰以云雷纹；1块为龙尾：外径40、内径19、通高20、壁厚0.4厘米，重13.7千克，自下而上逆时针盘旋收缩，呈柱础状，尾部纹饰为浅浮雕式鱼鳞纹；其余5块属可拼对和不可拼对的龙身残件：长40—83厘米，宽20、27厘米，高6.5、20、24厘米，壁厚0.3—0.5厘米，重9、15.15、18.55、25千克，龙脊两侧均排列有重环纹饰。我们根据龙尾残件的造型及龙身残件的形状，经反复观察、对比，推断出这件大型青铜龙应是四条龙伏地盘绕交错在一起的。如果它是完整的，体量将是非常惊人的。但仅凭这8块残件提供的信息量，制定和实施修复方案显然十分困难。为了掌握更多可靠的修复依据，我们邀请了一些知名专家、学者对该青铜龙的时代、形制、用途做出进一步界定，他们一致认为体形如此巨大的青铜龙，非常人所用，应是国之重器，铸造时代当为秦统一前后这一时期，至于形制、用途，则看法不一。有的学者认为它应为一大型祭祀器物，有的学者认为它应为一大型器物的器座，而这组青铜龙应不止4条，而是8条或9条，有的专家据该青铜龙铸造工艺及庞大的气势推测它可能和秦皇家陵园有关，还有部分专家认为它可能是钟钜的一部分。

文物修复人员进行文物修复的过程，就好比现代人与特定历史进行亲密对话的过程，深藏于文物中的历史信息会逐渐被揭示，尤其对于像秦代大型青铜龙这样出处情况不十分清楚、残损又比较严重的文物，只能随着修复工序的一道道深入，直至复原工作的完成，有关该文物的历史信息才会丰富、清晰，最后形成现阶段对该文物较完整的准确认识。在这里，我仅就秦代大型青铜龙的铸造工艺作一粗浅的分析、研究，不足之处，希望方家批评指正。

秦统一前后这一时期的青铜铸造工艺已发展得相当成熟，综合使用浑铸、分铸、失蜡法、铅锡合金焊、铜焊等多种金属加工工艺，创造出新的器形、纹饰，达到了新的高度。秦代大型青铜龙，造型之生动，组合之巧思，体形之巨大，正是当时制造工艺水平的集中体现。该青铜龙的8块残件表面存留有范线，每块残件两头（或一头）有明显和不明显的铸焊痕迹，残件内部中空、有隔并残留有大量范土，据此可推断，青铜龙在铸造时采用的是属块范法范畴的分铸法。另外，从青铜龙复原后的状况可以想见青铜龙原物的庞大体积，如此大的体量决定该青铜龙所有部件不可能皆由一组块范一次浇铸成形，只能采用分铸法。这种金属铸造方法又称多次铸造法，即制作多组块范分别浑铸（浑铸是一次浇注即完全成形的金属铸造方法）成形，再接合为一整体。那么，该大型青铜龙以分铸法分铸的各部位，相互间是采取什么具体方法连接为一器的呢？首先，如此体形巨大的青铜龙，以分铸法分铸的各部位体积相应地都较大，不会采取像铸造罍、鼎、斝等带有小附件的器物那样，预先铸成小附件，然后填入待铸的主器范中，再向主器范中浇铸铜液，使先铸成之附件与后铸的主器按预先的结构设计而实现机械的锁合，从而接合成一体，而只能采取焊接法。其次，我们从残件上3个点（龙身2处、焊痕1处）取得样品进行成分分析，结果如表一。

表一　残件样品成分分析

样品	Cu	Sn	Pb
龙身A点	70.48%	10.11%	17.98%
龙身B点	71.25%	9.76%	17.35%
焊痕1点	71%	10.84%	15.75%

结果表明，焊接以青铜为焊料。青铜熔点较高，属硬焊料，所以在被焊的青铜龙铸件的焊接面之间用陶泥制作出范之后，需要将该铸件同时加热到一定温度，再向此范中浇注青铜焊料，这样可避免由于铸件与青铜溶液温差过大而影响焊接的牢固程度，最后冷却去范。焊接法在三代（夏、商、周）青铜器中尚未发现，但在春秋中期以后已得到较普遍的应用，采用的焊料分为硬焊料、软焊料，硬焊料（熔点较低、质软的焊料如铅锡合金）主要用来连接受力较大，需高强度连接的部位。秦代大型青铜龙采用的青铜焊料的特性就与青铜龙形制、用途要求相符。

在青铜龙修复过程中，发现在龙身残件接近龙腹两侧，不规则地分布有楔形小孔，这些小孔远离龙身纹饰。经反复研究推断，小孔应是在制作型范时，特意在内范或外范表面作出楔形撑，使外范与芯之间形成一个比较相等距离的窄小空间（即型腔），往型腔内浇注青铜熔液，此种楔形撑在器物铸成后会脱落，形成孔洞。这种工艺的使用保证了青铜器铸造成形后，金属器壁的薄厚一致。商周青铜器在铸造时，为保持金属器壁的一定厚度，所使用的材料多为碎铜片或泥片（称作"垫片"），垫片一般均配置在芯、范间距离最小处。像青铜龙这样，芯、范在制作时本身即附带出支钉的，此前尚未见过。我想是因为垫片很难被固定在内、外范之间的型腔内，当遇到浇注的金属溶液，容易发生移位，造成铸造的金属器壁薄厚不均匀，甚至会给器物表面造成缺损。

秦代大型青铜龙共有三种纹饰：龙头顶部饰云雷纹，龙脊两侧排列有重环纹饰，龙尾为浅浮雕式鱼鳞纹。商到春秋早期，纹饰图案皆用手工刻成，自春秋中期始，与蟠螭纹等连续图案的使用相适应，开始采用小块方模印纹法，即只雕刻一次纹样印模，在外范一定范围（上下左右），连续压印制成。这样追求浩大气势、具有奇特造型的秦代大型青铜龙的纹饰制作究竟采用了哪种工艺，还是两种工艺方法兼用，我想都具有可能性。

通过对秦代大型青铜龙铸造工艺中关键技术的初步分析、推断，青铜龙铸造工艺的大致情形已明确，即：制模—翻制泥范—刮制泥芯—范、芯自然干燥—高温焙烧—修整—范、芯的组装—糊泥—浇注青铜溶液—出范、芯—清理、加工、修整、打磨成品—焊接。

（一）制模

选用陶泥为制模材料，塑出青铜龙的各部件模型，泥模在塑成后，应使其在室温中逐渐干燥，之后必须置入窑中焙烧成陶模以作翻范之用。

（二）制范

从模上翻范技术性较强。青铜龙的翻范工序非常复杂，在制范之前首先要考虑外范应分几块及在什么位置分界为宜，遵循的原则应根据青铜龙的形制来决定，以翻范时不损坏、不扭曲、不折断的情况下从模上脱下为宜。

（1）将范泥往模上堆贴，用力压紧制成外范或采用薄泥片贴印在模上，再将泥片加厚而成。翻范时必须掌握好挤压范泥时的方向与力度。在外范上手工雕刻或用方模印纹法制出所需阴纹饰。

（2）芯的制作。青铜龙的内范可能是从模上翻制出外范后，将模表面加以刮削而成，刮削的厚度即青铜龙的器壁厚度。

（3）做出浇口范，留出浇口与气孔（或称冒口）。

（4）泥范翻成后，经过适当修整，刷上涂料，进行阴干。阴干时，需将芯、范组合装配后绑紧，或糊以草拌泥，经常翻动，多置于地窖中将内部水分缓慢地蒸发。内、外范组合定形后先在敞口的环境适当吹晾，然后便可入窑焙烧。

（三）浇注

向已经焙烧组合好的范中趁热浇注青铜溶液；实验证明，浇注温度在1100—1200℃为宜。浇入青铜溶液时需掌握好速度，直到浇口与气孔皆充满青铜溶液时为止。青铜龙8块残件表面遗留的范线是连续的，这正是这种浑铸的范线特性。

（四）修整

对浇注好的青铜龙各铸件去除陶范，修整各铸件，使其表面达到要求。

（五）焊接

将各铸件用青铜焊料焊接成形。

至春秋后期，我国已经拥有了全面而完善的青铜铸造技术。战国时虽已进入铁器时代，但青铜器的铸造仍处于高峰期。秦统一前后这一时期，青铜器的铸造技术水平继承了之前的高度，仅就精工细艺来说，很难再有新进步，但秦文化中追求浩大气势的传统，加之统一六国后的国力强大，遂能制出形体这样庞大的铸品，而秦代大型青铜龙的铸造，正是当时那种特定文化追求的具体表现。

参 考 书 目

［1］ 谭德睿、陈美怡：《艺术铸造》，上海交通大学出版社，1996年。

［2］ 朱凤瀚：《古代中国青铜器》，南开大学出版社，1995年。

［3］ 杨文衡、杜石然、金秋鹏等：《中国科技史话》，中国科学技术出版社，1988年。

［4］ 师小群、韩建武：《陕西历史博物馆新征集文物选释》，《陕西历史博物馆馆刊》（第三辑），西北大学出版社，1996年。

（原载《陕西历史博物馆馆刊》（第十辑），三秦出版社，2003年）

浅谈秦代大型青铜龙的铸造工艺

唐代鎏金铁芯铜龙的修复与研究

杨文宗　刘　芃

（陕西历史博物馆）

摘要： 鎏金铜龙是唐代社会物质文化活动中遗留下来的特殊艺术品，一方面它反映着特定的历史价值，另一方面其具有很高的美学价值。修复步骤包括：残缺塑形—翻制模具—制作蜡形—浇铸铜件—修型—拼接—贴金。整个修复工作采用传统修复工艺和现代修复理念、方法相结合的修复步骤，将鎏金铜龙的形貌重新展示在我们面前。通过对鎏金铁芯铜龙的修复与研究，我们对唐代这种特殊工艺制作的艺术品有了较深刻的了解，也为以后我们处理类似文物积累了宝贵的经验。

关键词： 鎏金铁芯铜龙　塑形　翻制模具　制作蜡形　浇铸

　　龙是自古至今常见的中国文化传统题材。我国龙的形象成熟于汉代，盛于隋唐之际，而1975年出土于西安市草场坡村（唐长安城永乐坊内）的唐代鎏金铁芯铜龙可谓其中的经典之作，该鎏金铜龙以曲身飞舞从天而降的姿态，将龙这一现实中并不存在的虚构神灵动物做得活灵活现。从形态看其造型是受佛教飞天的影响，龙头和龙爪刻划详细，龙身塑造流畅简洁，详略得当。此鎏金铁芯铜龙出土时为一对，其中一件完整，20世纪80年代后期对完整的铜龙做了一些保护处理，已多次参加对外展览，在海内外都引起很大反响。但另一件因残损十分严重，长期以来深锁于库房之中，致使很多研究者和观众只知有一条鎏金铁芯铜龙而不知道有两条，这在一定程度上影响了专家学者对它的研究和认识，也使这一艺术珍品无法体现其应有的历史艺术价值。为此，我们于2004—2005年组织相关人员对这一破损严重的鎏金铁芯龙进行了复原修复，使这一唐代珍贵文物能以完整面貌展现在世人面前。本文就鎏金铁芯铜龙的保护修复以及研究过程作一介绍，以求方家指正。

一、修复

1. 保存现状

为便于区分，我们对两条龙做了编号，完整的鎏金铁芯铜龙为1号，残缺的为2号。其中1号铜龙高36.9厘米，最宽处10.5厘米，重2780克，基本完整。

2号铜龙（图一）残损严重，共残为6块，其中龙头1件，躯干2件，龙爪2件，断裂爪趾1件，残块总重量为1707.2克，龙头部分残块长16.5、高11、厚3厘米，龙头部位较完整，雕刻精细，纹饰清晰，无残缺。但其表面鎏金层脱落严重，脱落面积达50%，在鎏金层脱落处有黑色及绿色铜锈生成。龙头断裂处有面积2厘米×3厘米的缺失。龙躯干残块两段，分别为龙身的前后两端部分。前端部分躯干长11厘米，宽10.5厘米，残缺严重，躯干下面有7厘米×1.5厘米的缺失，表面鎏金基本脱落，龙身一端可与龙头部分找到连接关系。后端躯干长21.5厘米，保存状况基本完好。两龙爪分别为该龙两后爪，长度均为4厘米，大小略有差别，右后爪较左后爪略大一些，两爪均有一定程度的锈蚀。右后爪一爪趾断裂，爪趾长0.8厘米。

图一　2号龙修复前状态

该龙为铁芯铜壁铸造而成，表面鎏金。虽然在唐代文物中龙的造型和纹样较为常见，但这一对构思精巧的飞龙造型，在唐代金属铸造工艺品中还是极为少见的。

2. 修复思路

对于这件残缺十分严重的鎏金铜龙，如何修复，采用什么样的工艺方法，对我们来说是一个新的课题。按照文物保护修复原则，应以不改变文物现状为好，但这条鎏金铜龙残缺严重，支撑连接处均断裂或缺失，如不加以修复补全则难以站立，也无从体现原貌，我们最初考虑用有机玻璃做支撑架将各个残缺部件按其原有位置摆放，但这又难以体现飞龙在天的矫健体态，不能充分体现这条龙的艺术价值。经过我们与考古、美术等相关人员的共同讨论，依据对文物保护修复的审美性、历史性、原真性等原则，修复补全必须有所依据，不得凭主观臆想去创造。由于1、2号龙在造型上的一致性，我们决定以1号龙为参考标准，对2号龙进行复原修复。

3.病变成因

通过对2号龙的仔细观察，其病变原因大致分为自然和人为两大因素。

自然因素：铜和铁的收缩率不同，造成开裂。加之长期埋藏于地下受土壤中盐分、酸、碱等腐蚀因素影响，铜铁这两种金属都产生病变并互相影响。其表现为鎏金层脱落处生成有坚硬的褐色锈蚀以及龙体本身的点状锈蚀。

人为因素：造成如此严重的断裂、破碎和缺失，应是人为因素造成的。另外由于在制作工艺上采用了加铁芯铸造的工艺方法，在铸造时可能产生工艺缺陷，如裂隙等，以及在使用过程中对鎏金层产生一些磨蚀，从而使有害物质沿裂隙进入龙体内部，腐蚀产生了大量的铁锈。

通过电镜扫描和X光检测，证明了我们对病变成因的分析。

4.修复方法

（1）组织考古、历史、美术、文保修复人员进行修复前的科学论证，确定该龙最终的修复形态。即以1号龙为标准，进行复原性的保护修复。

（2）制定修复方案，确定修复程序及采用工艺。基本步骤为：残缺塑形—翻制模具—制作蜡形—浇铸铜件—修型—拼接—贴金。

残缺塑形：我们参照1号龙的造型做一个木托架，将2号龙残件固定在可调节的木托架上，用陶泥对残缺的部位进行复原塑形（图二、图三）。

翻制模具：对2号龙的塑形部分翻制石膏模具。

制作蜡形：使用翻制的石膏模具制作蜡形。

图二　横托架

图三　操作过程

浇铸铜件：因为残损部件小而复杂，我们用精密加工技术来铸造青铜残缺复原件，为了更准确地表现龙的矫健身躯，我们对同一部位的复原件按龙的走向角度做了N个部件，选择合适的部件再进行相互组合。这时考古人员和保护修复人员共同参照1号鎏金龙对残缺2号龙进行研究，最后确定鎏金铁芯龙残缺部分的造型。

修型：对于翻制好的铸件，还必须逐一进行手工打磨的修型工作，以便使复原件断面和原件断面之间能完全吻合。

拼接：在经过考古、历史、美术、文保修复人员的共同研究后，确定了要选用的复原件。为了使文物具有可再处理性，我们采用铜销钉连接并进行黏接。这样既为以后发现鎏金龙残件的再修复留下空间，又遵循了文物修复的可逆性原则。

贴金：复原件与原残件之间色泽差异较大，为了不影响观赏，我们采用传统贴金工艺对复原部件进行贴金，以达到外观在视觉上的统一，并适当做旧。这样修复后的鎏金铜龙外观整体协调，以达到最佳陈列展出效果。同时，也符合文物保护修复远看浑然一体，近看新旧有别的原则。

（3）建立修复档案。在整个修复过程中，我们对鎏金铜龙的保存状况和修复过程进行了详细的记录，同时拍摄照片、绘制病变图等，并将科学分析数据记录在案，为以后对该龙再次进行修复提供可靠数据。2号龙在修复过程中，共使用复制铸件数量7件，分别为尾长21.5厘米，躯干长17厘米，右前腿长12.3厘米，左前腿长6.6厘米，右后腿长5.4厘米，右后爪趾长1.7厘米，颈部填充配件长6.9厘米，使用的连接铜销钉6处。其中复制件重量1160.8克，修复黏接部位共11处。

修复后的2号铜龙（图四）通高36厘米，总宽14.5厘米，总长28.5厘米，最宽处10.5厘米，总重2868克。

1　　　　　　　　　　2

图四　修复后的2号龙与1号龙对比

1.2号龙　2.1号龙

二、用途研究

龙在唐代作为帝王的象征已成为整个社会阶层的共识，而在民间大多具有镇邪、祈福的意义。这对鎏金铜飞龙气度非凡，当是皇室贵族所用。

关于该龙用途，有镇宅、装饰构件以及宗教仪式祭品等几种说法。

今西安市草场坡一带为唐代长安城永乐坊所在地，永乐坊为唐长安皇城以南第四坊。据《长安志》《唐两京城坊考》记载，其坊位于京都中心，达官贵人府第相望。玄宗时此处是宰相燕国公张说的宅第，因此有学者认为可能是张说府的遗物。《唐两京城坊考》引《常侍言旨》记载讲，法师曾告诉张说，其宅西北处有王气，不宜取土，一个月后，法师又讲，其地被取土，恐有祸事。此龙出土有一对，埋龙于地，可能就是为了恢复王气，达到消灾免祸、祈福求瑞的目的。又，《旧唐书》卷四十一《五行志》载，"贞观中，汾州言青龙见，吐物在空中，有光明如火。坠地，地陷，掘之得玄金，广尺，长七寸"。此外，1970年西安南郊何家村出土唐代窖藏文物中亦有赤金走龙。

另一种推测为装饰构件。唐代文献中记载有铸造金属瑞兽作为宫殿中建筑构件或车饰构件，如武则天在洛阳的天宫屋顶铸造朱雀，下有盘龙支撑。《旧唐书》卷四十九《舆服志》记载皇帝銮舆有"旗首金龙头衔结绶及铃绥"之语。

在1号鎏金龙腹底部有残留物突出，经观察为方柱状，由此推测龙腹下可能有柱锥状物插入车构件或其他装饰构件中，或许该鎏金铜龙为车饰。

此外，唐代道教还有醮祭投龙的宗教仪式，投龙致祭是道教最重要的科仪之一，投龙简等物用于斋后醮谢天、地、水等神灵。

这对鎏金铁芯铜龙的造型与以往考古发现的唐代有关龙的文物形象进行对比，当属盛唐时期之物。

以上三种说法以车饰的可能性较大，但不排除其他两种说法，但因不是科学考古发掘，加之这对龙为目前所仅见，没有相同的参考资料，其用途还有待进一步的科学考古发现来证明。

三、铸造工艺分析

通过对鎏金铁芯铜龙的复原修复工作研究，我们可以初步得出该龙的铸造工艺是：制模—翻制泥范—刮制泥范—制作铁芯—高温焙烧泥范—修整泥范—范芯组装—糊泥—浇注铜溶液—出范—清理、加工、打磨成品—鎏金装饰的步骤。

鎏金铜龙虽然整体不是很大，但形体复杂，特别是龙头部分的造型十分复杂，经各方专家共同分析，认为该龙局部系失蜡法铸造的可能性较大，后分段铸造，再由铁芯连接为一体，经过修整打磨后鎏金，使之浑然天成。

四、总结

经过复原修复后的鎏金铁芯铜龙重新焕发了活力。通过对鎏金铁芯铜龙的修复，我们对这一对唐代珍贵文物的工艺技术有了一定的认识，并且对残缺文物的保护修复也积累了经验。

鎏金铜龙是唐代社会物质文化活动中遗留下来的特殊艺术品，一方面，它反映着特定的历史价值，另一方面，其具有很高的美学价值。但同时，该龙造型复杂、制作工艺的技术要求很高，该龙是以两前爪着地呈腾飞状，使得龙的重心处于两前腿上，这是这次鎏金铜龙修复中的难点，在大量的模拟和反复的试验后，我们采用调整龙尾的角度终于解决了这一技术难题。

在修复鎏金铁芯铜龙时，我们尽可能保持原件的现状，除清除有害锈外尽可能不对原件进行任何改动，这也是遵循文物保护修复中的最少干预原则。

整个修复工作采用传统修复工艺和现代修复理念、方法相结合的修复步骤。

通过对鎏金铁芯铜龙的修复与研究，我们对唐代这种特殊工艺制作的艺术品有了较深刻的了解，也为以后我们处理类似文物积累了宝贵的经验。

唐代鎏金铁芯铜龙的修复与研究

参 考 书 目

[1]　中意合作：《文物保护与修复的问题》，科学出版社，2005年。

[2]　马清林等：《中国文物分析鉴定与科学保护》，科学出版社，2001年。

[3]　谭德睿、陈美怡：《艺术铸造》，上海交通大学出版社，1996年。

[4]　刘志雄、杨静荣：《龙与中国文化》，人民出版社，1992年。

[5]　王世雄、郭岚：《唐鎏金铜龙形车饰的保护处理》，《文博》1990年第2期。

（原载《文物保护与科技考古》，三秦出版社，2006年）

两尊金属佛教造像的保护修复

程　旭[1]　杨文宗[2]

（1.陕西历史博物馆；2.陕西历史博物馆）

摘要： 陕西历史博物馆藏有两座唐、五代时期的铜佛造像。本次工作首先对佛像使用的金属材质进行了科学分析，为后续的修复工作提供了科学依据；而后针对其主要病害制定出修复思路，以在彻底去除有害锈的同时适当保留稳定性强的锈蚀产物为核心。在具体修复工作中，通过使用干预性小、易于控制的机械法和具有可逆性的化学方法，经过清洗、去锈、缓蚀处理、矫形、封护、制作支架等步骤，在充分尊重文物原貌的基础上完成了对两尊金属佛教造像的修复，取得了良好效果。

关键词： 铜佛像　保护修复　无损检测　除锈

约在东汉初期，佛教造像伴随着佛教传入我国，南北朝时得到长足的发展；至隋唐达到鼎盛期；五代、宋完成从内容到形式更进一步中国化和世俗化的过程；元、明、清时期规模和技艺趋向衰落，但逐步创造出更适于普及到民间的新形式，并广泛、深入地向社会中下层渗透。

佛教造像按塑造对象可分四类：一，佛像；二，菩萨（尚未成道的佛）；三，佛的弟子和罗汉像；四，供养人。从体姿可大致分为坐像、立像、卧像三种，坐像又分为结跏趺坐、半跏趺坐、跪坐、倚坐、箕坐等多种；立像有尊像（行径像、阿弥陀佛像）、侍立像、护法天神像；卧像只有释迦佛一种，表示佛涅槃时的情况。服饰方面，佛像大致是下穿"泥洹僧"（裙衣），以带束布而成褶，上身穿"僧祇支"（覆肩衣——一种从左肩穿至腰下的长形衣片），外面则穿"僧伽梨"（大衣），穿法有通肩和偏袒右肩两种；菩萨像一般都是头戴宝冠，身穿天衣，全身有璎珞、耳珰、胸饰、臂钏等佩戴装饰；罗汉的形象一般是光头僧服的比丘相。佛像的手被刻划、塑造成各种不同的姿势，佛教称为"印相"或"印契"，各种印相有其特定含义，最常见的五种印相是说法印、无畏印、禅定印、降魔印、与愿印。菩萨像手持之物可归结为两大类：一，植物类，如莲花、杨枝等；二，法器类，如铜铃、宝箧、法轮等。

佛教造像的材质包括铜、石、泥、铁、木、玉等，在诸种材料中，尤以金属和岩石最易保存。

一、保存现状

1. 五代铜菩萨像

　　高28厘米（实测），重938.18克（实测）。陕西历史博物馆藏，编号七九6。1979年陕西高陵县药惠公社东升大队出土。"束高髻，发辫垂肩，双手持铜铃，结跏趺坐鼓形莲台上；莲台下有两层六边形台座：桃形背光镂刻蔓草纹"，由莲台下部与台座、背光、菩萨像、莲纹面环、圆形莲台座面五部分组成（图一）。菩萨像背部下端、背光下端各有一柱形"突出"与圆形莲台座面上两方孔相对应，并通过这一"插入式"关系使背光及菩萨像安放在圆形莲台座面上（图二）；莲台下部与台座各层之间铸出相应圆柱形"突出"和圆孔，采用合扣的方式连接、固定（图三）。

图一　五代铜菩萨像

　　七九6表面通体锈蚀、覆满泥土，绿色锈、褐色锈相间，局部有亮绿色粉末状锈蚀呈点、片状分布，取少许粉末进行燃烧化验，火焰显绿色，初步判断此锈蚀物为有害的粉状锈。圆形莲台座面变形严重。菩萨像头部高髻顶部残。

2. 唐鎏金铜佛坐像

　　高12厘米（实测），重1110.9克（实测）。陕西历史博物馆藏，编号七七8。

图二　组合关系

图三　莲台下部组合方式

1977年西安市和平门外市政公司出土。"佛面部圆润，肩宽体丰，磨光肉髻，手施无畏印；垂裳座；葫芦形背光镂刻蔓草纹"（图四），由佛像、背光两部分组成。佛像背部有一方柱形"突起"，且靠近"突起"前端预留有一圆孔，背光下半部有一相应方孔，方孔套入"突起"并用一弯曲铜丝拴进"突起"上的圆孔，如此将背光"锁"牢在佛像背部（图五）。

七七8通体表面大部分被锈蚀物、泥土、沉积物覆盖，只有肩部露出鎏金；些许亮绿色粉末状锈蚀呈点、片状分布。佛像底座后部残缺。

二、修复思路的确立

1. 科学分析

金属材质的化学组成及结构、加工工艺等常对其构件的内部结构产生影响，造成其构件在使用、保存过程中，以及在不同环境状态下生成不同的腐蚀产物，形成不同程度和类型的病变形态。因此，在保护修复金属材质文物之前，需利用现代分析手段对其进行科学分析，为确立修复思路、实施保护修复提供依据。

（1）X射线透视摄影：根据物体内各部分对X射线吸收程度的差别，底片上对

图四　唐鎏金铜佛坐像正面

图五　唐鎏金铜佛坐像背面

应部位会产生不同的感光度，经显影后显示出具有明暗色调差别的X光照片，通过照片对器物内部结构进行分析观察的一种方法。

目的：掌握两尊金属佛教造像的内部信息——是否存在内部缺陷、典型损伤及加工过程留下的痕迹等。

X射线照片结果显示：如图六—图九所示。

图六　X光透视结果

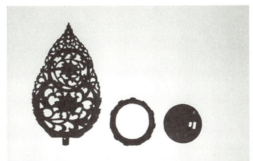

图七　X光透视结果

图八　X光透视结果

图九　X光透视结果

结论：这两尊金属佛教造像通体锈蚀、附着泥土和沉积物，铸造痕迹很不明显。通过肉眼观察并结合X光照片，得出两个结论：第一，七九6的五个组成部分均结构规整、无大的铸造缺陷、无裂隙等损伤。菩萨像，空芯，肢体分铸再铸接铆合；背光、莲纹面环、圆形莲台座面，壁厚薄比较均匀；莲台下部与台座支撑结构稳定。第二，七七8的两个组成部分均结构规整、无大的铸造缺陷、无裂隙等损伤。佛像，空芯，一次铸造而成；背光，壁厚薄均匀。

（2）X射线荧光分析：X射线荧光对于每一种元素具有相对应的特征波长，根据测定X射线荧光的波长和强度就能判断原子的种类、元素的组成和所属元素的含量。该方法就是基于以上原理，测定金属文物化学组成中常量和微量元素常用的一种无损伤分析法。

目的：进一步确定两尊金属佛教造像的材质种类及附着物的特性，完善相关文物档案。

检测结果：七九6、七七8进行X射线荧光光谱分析的检测部位和结果如图一〇—图一三所示。

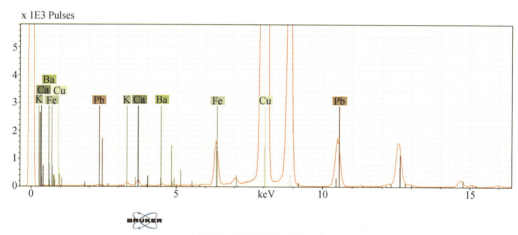

ARTAX - ELEMENT ANALYSIS

Listed at 2011-1-11 17:39:46

User: Administrator
Spectrum: 1beibu
Method: manuell
Count rate: 13654 cps
Voltage: 30 kV
Anode: Mo
Optic: Collimator 0.650

Serial number: 410960510
Meas.date: 2010-12-2 14:07:20
Live time: 100 s
Dead time: 3.6 %
Current: 1000 μA
Filter: No filter
Atmosphere: Air

Element	Line	Conc./	Sigma/	RSD/ %	LLD/	Net area
K	K12	0.000	0.000		0.000	1272
Ca	K12	0.000	0.000		0.000	1889
Fe	K12	0.000	0.000		0.000	19316
Cu	K12	0.000	0.000		0.000	1036394
Ba	K12	0.000	0.000		0.000	2
Ba	L1	0.000	0.000		0.000	693
Pb	L1	0.000	0.000		0.000	27573
Pb	M1	0.000	0.000		0.000	565

图一〇　七九6背部X射线荧光光谱图谱

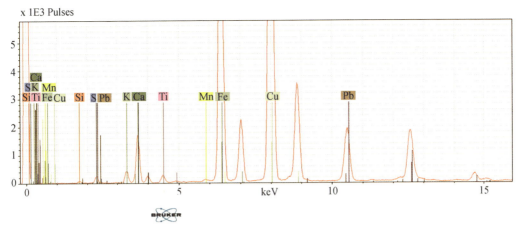

ARTAX - ELEMENT ANALYSIS

Listed at 2011-1-11 17:44:04

User: Administrator
Spectrum: 5 toububaisexiu
Method: manuell
Count rate: 7529 cps
Voltage: 30 kV
Anode: Mo
Optic: Collimator 0.650

Serial number: 410960510
Meas.date: 2010-12-2 14:53:13
Live time: 100 s
Dead time: 2.0 %
Current: 1000 μ A
Filter: No filter
Atmosphere: Air

Element	Line	Conc./	Sigma/	RSD/ %	LLD/	Net area
Si	K12	0.000	0.000		0.000	596
S	K12	0.000	0.000		0.000	2264
K	K12	0.000	0.000		0.000	4186
Ca	K12	0.000	0.000		0.000	17978
Ti	K12	0.000	0.000		0.000	2947
Mn	K12	0.000	0.000		0.000	1055
Fe	K12	0.000	0.000		0.000	175000
Cu	K12	0.000	0.000		0.000	290563
Pb	L1	0.000	0.000		0.000	30881
Pb	M1	0.000	0.000		0.000	80

图一一 七九6头部白色锈X射线荧光光谱图谱

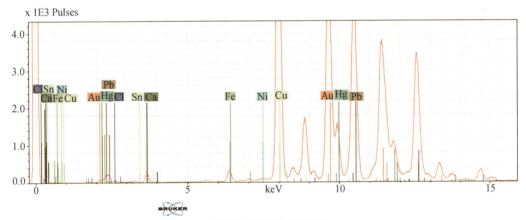

ARTAX - ELEMENT ANALYSIS

Listed at 2011-1-11 17:36:10

User: Administrator
Spectrum: liujin1-2
Method: manuell
Count rate: 6385 cps
Voltage: 30 kV
Anode: Mo
Optic: Collimator 0.650

Serial number: 410960510
Meas.date: 2010-12-2 10:45:21
Live time: 100 s
Dead time: 1.6 %
Current: 1000 μ A
Filter: No filter
Atmosphere: Air

Element	Line	Conc./	Sigma/	RSD/ %	LLD/	Net area
Cl	K12	0.000	0.000		0.000	1
Ca	K12	0.000	0.000		0.000	2551
Fe	K12	0.000	0.000		0.000	3863
Ni	K12	0.000	0.000		0.000	419
Cu	K12	0.000	0.000		0.000	137503
Sn	K12	0.000	0.000		0.000	39
Sn	L1	0.000	0.000		0.000	189
Au	L1	0.000	0.000		0.000	98111
Au	M1	0.000	0.000		0.000	339
Hg	L1	0.000	0.000		0.000	16852
Hg	M1	0.000	0.000		0.000	326
Pb	L1	0.000	0.000		0.000	80360
Pb	M1	0.000	0.000		0.000	1259

图一二 七七8胸部前鎏金部位X射线荧光光谱图谱

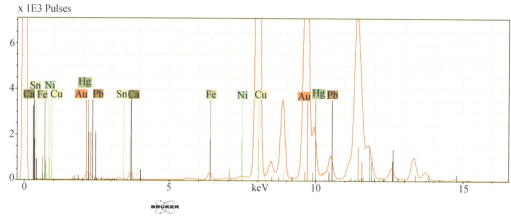

x 1E3 Pulses

ARTAX - ELEMENT ANALYSIS

Listed at 2011-1-11 17:32:22

User: Administrator	Serial number: 410960510
Spectrum: liujun 2-1	Meas.date: 2010-12-2 10:01:38
Method: manuell	Live time: 100 s
Count rate: 9661 cps	Dead time: 2.4 %
Voltage: 30 kV	Current: 1000 μ A
Anode: Mo	Filter: No filter
Optic: Collimator 0.650	Atmosphere: Air

Element	Line	Conc./	Sigma/	RSD/%	LLD/	Net area
Ca	K12	0.000	0.000		0.000	3137
Fe	K12	0.000	0.000		0.000	4188
Ni	K12	0.000	0.000		0.000	1770
Cu	K12	0.000	0.000		0.000	286268
Sn	K12	0.000	0.000		0.000	88
Sn	L1	0.000	0.000		0.000	388
Au	L1	0.000	0.000		0.000	221043
Au	M1	0.000	0.000		0.000	2026
Hg	L1	0.000	0.000		0.000	24799
Hg	M1	0.000	0.000		0.000	411
Pb	L1	0.000	0.000		0.000	14785
Pb	M1	0.000	0.000		0.000	345

图一三　七七8背光X射线荧光光谱分析图谱

结论：①七九6、七七8质地应为铜铅二元合金，即铅青铜。应准确命名为"五代青铜菩萨像""唐鎏金青铜佛坐像"。七七8表面部分区域有少量锡，可能来自铜矿或铅矿的伴生。铅的加入会增加铜冶铸过程中的流动性，对于需要精细纹饰的青铜，常采用这种方式提高其成品率。②七九6表面除主量铜、铅元素外，还发现大量铁元素，铁的大量存在可能是埋藏过程中青铜菩萨像和其紧挨的铁器一同遭受侵蚀，致使铁锈沾染其上，也有可能是器物表面原本有铁质装饰，但由于年代久远，铁质已腐朽脱落，仅在其表面残留部分铁锈。③七九6、七七8表面还发现有硅、钾、钙、锰、硫、钛等元素，这些元素可能来自于土壤。④七七8表面施金部分除金元素外，还同时发现了汞元素，说明施金工艺应为金汞齐鎏金。该工艺始自战国时期，是把金子和水银合成"金汞齐"，将"金汞齐"涂在铜器的表面，加热使水银蒸发后只剩下金子留在了铜器的表面而不脱落。有关这项技术的记载最早见于东汉时的炼丹家魏伯阳的《周易参同契》，《汉书》"外戚传"称之为"黄金涂"和"金黄涂"，到了唐代则称"镀金"，"鎏金"一词出现较晚，见宋代丁度等人修订的《集韵》——"美金谓之鎏"。

2.修复思路

针对七九6、七七8通体锈蚀、大量泥土和沉积物附着在表面，其艺术价值、科研价值难以体现，又并非是最终呈现出金属基体的情况，保护修复这两尊佛教造像的关键技术是清洗、除锈工序程度的把握及有害锈的彻底去除。青铜合金腐蚀有些是由青铜表面开始，在青铜与环境之间进行的一种自发的、不可逆的使青铜回到更为稳定的矿石状态的物理—化学过程，产生的锈蚀不仅体现着青铜文物经历的沧桑岁月，而且其稳定性能可以延缓文物进一步受到腐蚀损坏，应适当保留这些锈蚀产物；有些则是因受环境中可溶性氯盐的影响产生有害的碱式氯化铜的过程，应根治这种"青铜病"。

三、保护修复

1. 原则

以科学分析为依据，在尊重文物原真性的基础上，采取了最小干预原则，按照"可逆性、可辨识性和兼容性"原则，尽可能地保持文物的历史价值、美学价值和科学价值，旨在不损坏文物显现出来的各种信息，不造成文物信息的中断。

2. 保护修复

（1）清洗。清洗应尊重文物最初的材料，保留历史在文物身上留下的痕迹。

清理表面尘土：使用毛刷、微型吸尘器对七九6、七七8进行除尘清洁。使用手术刀及雕刻组合刀剔除七九6、七七8表面附着的大量泥垢等，对于难以去除的坚硬的钙质结垢，可直接使用微型钻打磨去除或采用化学法配合机械方法进行清洗，即使用2A（乙醇：丙酮＝1∶1）或3A（去离子水：乙醇：丙酮＝1∶1∶1）溶液进行软化，再用机械刀具剔除。

（2）去锈。是去除在现有保存环境下能够继续发展，会对文物造成影响的锈蚀产物，而状态稳定的锈蚀产物原则上不要求去除。对于七九6、七七8上呈点、片状分布的亮绿色粉状锈，首先要检查七七8鎏金层下面是否存在有害锈，如发现有害锈蚀，务必要去除相关鎏金层，再用微型钻、超声波仪先后进行打磨、剔除，打磨下的锈蚀粉用吸尘器或吸耳球及时清理，使用2A溶液清洗打磨过的部位，最后采用化学方法封闭清除粉状锈的部位，使用丙酮或乙醇溶液把清除粉状锈的部位擦拭干净，将氧化银用乙醇溶液调成糊状，填充在擦拭干净的除锈部位，经24小时潮湿环境中的充分作用后，在这两尊造像表面生成氧化亚铜、氯化银稳定物；保留了七九6、七七8表面枣皮红、孔雀绿等颜色的无害锈的同时，对于余下的较厚疏松土锈及七七8鎏金层上的锈层，用微型钻结合超声波仪逐层打磨、掌握分寸，恰到好处。

（3）缓蚀处理。要求缓蚀层材料结构致密，与金属本体结合紧密，能够有效去除氯离子，不会改变文物外观，缓蚀效果长期有效。目前多采用苯骈三氮唑即BTA作为缓蚀材料，其易与铜及其合金螯合形成稳定透明的覆盖膜，将青铜器与外部环境隔离，这种隔离效能随着时间延长会逐渐降低。处理时将2%的BTA乙醇溶液用毛笔均匀涂刷于七九6、七七8表面，确保溶液渗入器物基体。24小时反应完成，再用软毛刷将表面出现的白色结晶去除。

（4）矫形。七九6莲台下部与台座、莲纹面环、圆形莲台座面均存在一定变形，造成五个组成部分无法组合成形。采用机械锻打、台钳加压等方式进行矫形处理，使七九6恢复原貌。

（5）封护。利用高分子材料形成一定厚度的表面膜，延缓外界环境中有害成分对青铜器物的侵蚀，以达到长期保护器物的目的。选用丙烯酸树脂即B-72作为两尊造像的表面封护材料。具体方法：将B-72用丙酮溶剂配制成3%的溶液，用小毛刷在器物表面均匀涂刷1—2遍，涂刷时要防止溶液流淌。此道工序也有阻止因BTA升华或磨损造成缓蚀作用丧失的功效。

（6）是否补全。针对七九6菩萨像头部高髻顶部绿豆大小的残缺，经仔细观察、分析，认为其面积较小、位置较隐蔽，对七九6整体结构及美学价值不会产生影响，且极有可能是遗留下来的浇铸信息，基于以上几点，决定不修补此处"缺失"（七九6修复后如图一四）。

图一四　七九6修复后效果

（7）支架的制作。为解决底座后部残缺致使七七8无法安放、展示的问题，选用轻巧透明的有机玻璃材料制作一个支架，以供人们参观欣赏（图一五）。

四、结语

科学的文物保护与修复是一种有针对性、有计划的行为，是对文物历史、科学

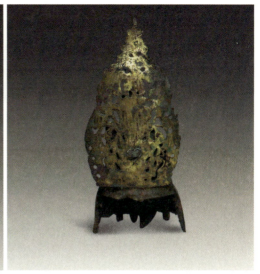

图一五　七七8修复后效果

及艺术内涵的再发掘、再认识的过程，它同注重恢复器物物质层面的传统修复有所不同。运用科技手段对两尊金属佛教造像进行无损检测，为文物的保护修复提供了科学依据。保护修复过程中使用干预性小、易于控制的机械法和具有可逆性的化学方法，充分尊重文物原貌。

参 考 书 目

［1］　吕凤涛、冷艳燕：《中国佛像收藏与鉴赏全书》上卷，天津古籍出版社，2006年。

［2］　业露华撰文，张德宝、徐有武绘图：《中国佛教图像解说》，上海书店出版，1995年。

［3］　文物档案，陕西省文物数据中心。

［4］　杨军昌：《X光照相技术在文物及考古研究中的应用》，《文物保护科学论文集》，文物出版社，2000年。

［5］　马涛：《文物修复的理论、原则与程序》，《文物保护科学论文集》，文物出版社，2004年。

（原载《陕西历史博物馆馆刊》（总第十八辑），三秦出版社，2011年）

两尊金属佛教造像的保护修复

戴家湾陶鬲修复前的诊断分析与制作工艺

杨文宗

（陕西历史博物馆）

摘要： 陕西宝鸡戴家湾遗址的微型考古发掘中出土了一些陶鬲残片，存在着破碎严重、与泥土混合、陶制酥松、表面结垢等病害。本次工作借助仪器和试剂等科学手段对陶鬲残片进行诊断分析，实现了对器物年代、病变原因、材料成分等信息的掌握，为制定和实施器物修复方案提供了可靠的科学依据。经过修复后，可通过肉眼、显微镜及X光片观察，推断出陶鬲的制作工艺为泥条盘筑法。此次保护修复工作运用了一系列先进的科学技术手段，始终贯彻了文物修复原则，最终成功恢复了陶鬲的原有形态，体现出文物修复人员与考古等多方面专家的配合，以及亲身参与考古发掘对于文物保护修复的重要作用，为未来文物保护修复工作提供了参考和借鉴。

关键词： 戴家湾遗址　陶鬲　保护修复　病害诊断

　　文物修复作为保护人类文化遗产的主要手段，已在世界各国广泛开展并日益受到重视。随着现代科学技术的不断发展，文物修复的内涵得到了极大丰富。此次在修复陕西宝鸡戴家湾遗址发掘的陶鬲时，针对该器物破碎严重，残片与泥土混为一体，并且受土壤中酸、碱、可溶性盐等的长期侵蚀，陶质酥松，表面还存在结垢现象的具体状况，我们就没有采用传统的文物修复、保护方法，而是运用了一系列先进的科学技术手段，采取对包含有发掘器物的土块在原遗址进行封固、提取，后在实验室对该土块进行微型考古、发掘，最后对发掘器物进行修复、保护的方法，以恢复该陶鬲的原有形态，最大程度地体现其历史、艺术价值。

一、宝鸡戴家湾遗址出土陶鬲的考古时代及文化内涵

　　宝鸡戴家湾遗址位于宝鸡市东7千米处的斗鸡台。它所属的文化范围无论从时间上，还是从内涵上，跨度都很大。截至目前，已发掘的部分最早自先周时代（公

元前11世纪），最晚至春秋、战国（公元前221年）时期，前后延续时间近千年之久。最早在此遗址真正开展考古发掘工作的是1933—1937年北平研究院史学研究所苏秉琦先生主持下的考古发掘小组[1]，从此揭开了中国先周时期文化考古学研究的序幕。其中苏秉琦先生的《陕西省宝鸡县斗鸡台发掘所得瓦鬲的研究》[2]功不可没。从那时起的半个多世纪以来，经过我国考古专家对此遗址的不断发掘研究，先周各个时期的文化内涵陆续被揭示出来。

戴家湾遗址中发掘出土的器物主要以陶器为主，在这些器物的基本组合中，多有陶鬲存在。根据我国考古学家的研究，对宝鸡斗鸡台（含戴家湾）遗存的先周陶鬲，按大的形态特征分为袋足鬲和联裆鬲两种类型[3]。由于鬲的形制特异，在中国历史上存在时间长久而且比较普遍，又具形制的时代变化明显之特点，"瓦鬲确是中国古文化中一种具代表性的'化石'"[4]。基于此，苏秉琦先生把瓦鬲作为考古分期断代的标准，令人信服。

鬲是中国古代的一种容器。在《说文》《尔雅·释器》和《汉书·郊祀志》中都有对鬲的器形的记述。鬲作为炊食器具，是古代平民日用最普通的物品，这从《礼记·丧大记》和《仪礼·士丧记》等著录中均可得到证实。大量的考古发掘资料表明，陶鬲出现于新石器时代，分布与起源大体以陕西、河南、山东三省为中心，往西波及甘肃，往北传到热河、辽宁。上自有史以前，下至周代末期，鬲是以上地带居民的常用炊具。但目前对鬲的起源地及其出现的最早时代尚不清楚，还有待进一步的研究探讨。

1995年10月2日开始对陕西宝鸡戴家湾遗址的考古发掘，是配合意大利考古、文保专家教学，完全采用欧洲的文物考古、修复、保护方法和技术而进行的实践活动。此次微型考古发掘及发掘器物的保护修复就是其中的实践活动之一。该发掘器物主要为一陶鬲碎片；另外还有一陶鬲局部残片，除此之外还有一些陶片、碎骨等。根据器物的材料、颜色、形制纹饰等，判断该陶鬲系西周早期类型。微型发掘中还发现有一婴儿头盖骨及一些碎骨处于陶鬲内，据考古专家判断该陶鬲是作为棺葬使用的，它一反陶鬲被用作炊具的常规。不过，此前也曾有过以鬲为棺的考古发现，但并不多见，而以陶瓷为棺的情况居多。这说明陶鬲虽有作为棺葬的用处，但这不是它的主要功用。

戴家湾陶鬲修复前的诊断分析与制作工艺

① 苏秉琦：《苏秉琦考古学论述选集》，文物出版社，1984年。
② 苏秉琦：《苏秉琦考古学论述选集》，文物出版社，1984年。
③ 卢连成：《先周文化与周边青铜文化》，三秦出版社，1993年。
④ 苏秉琦：《苏秉琦考古学论述选集》，文物出版社，1984年。

二、实验室微型考古发掘器物的保存状态

此次实验室微型考古的发掘对象来自陕西宝鸡戴家湾遗址，该遗址所处的地理环境为干旱、少雨的黄土高原地带。在该遗址发掘到T0604、VS171探方单元时，出现了一些陶器残片，其相对位置比较集中、破碎状况严重，经专家确认属陶鬲残片。

由于它们与周围泥土混为一体，整体状况很难掌握，故决定采取土质封固、提取的方法，移至实验室进行发掘的方法。这样，发掘器物处于地下环境的状态，即：①受土壤中可溶性盐的侵蚀；②不断形成难溶物质附着于器物表面；③温、湿度相对稳定；④缺氧；⑤没有光，就不会发生根本性变化。移至实验室进行考古发掘的是一块体积为46厘米×44厘米×18厘米，包含有发掘器物的土质封固物（以下简称土块），表面用一定厚度的报纸及聚乙烯塑料膜包裹。打开包裹，土块的土质呈半潮湿状，土块上面有暴露的陶片，四周为有一定强度的泥土（图一）。

在发掘过程中，发现陶片有规律地分布在土块之中：在同一土层的陶片基本按相连关系排列，在纵向层次上又呈分层叠压状态。发掘到土块中间部位，发现一较完整的婴儿头盖骨和一些小碎骨存在于一呈分裂状的较大陶片内侧，经辨认，该较大陶片属一陶鬲腹部。此外，在土块中还发掘清理出一些生物遗迹，如蜗牛壳、植物须根、植物炭化物（呈黑色粉末状）等和一些质地酥脆、细小的骨头、骨屑。至此，发掘出的主要器物为两组陶鬲残片：一组属盛装婴儿尸骨的较完整陶鬲，另一组属一残损较严重的陶鬲。

两组陶鬲残片经过科学的修复、保护，其原貌已经展现出来。盛装婴儿尸骨的较完整陶鬲（图二）：由137块陶片拼接成，灰色，高31、口径25、腹径29厘米，口沿处有一约2厘米×9厘米的残缺，高裆有约10厘米×15厘米的残缺，器身也有几处大小不等的残缺。口沿至颈部的绳纹痕迹模糊，器身布满细绳印纹，三足饰粗绳

图一 打开包裹后的土块状况

图二 修复后的陶鬲

印纹。器物肩部附着两处面积为2厘米×2厘米的白色陶土块，三足表面有许多浅红色被火烧过的陶土痕迹。残缺较严重的陶鬲：仅有口沿至器肩部分，由49块陶片拼接成，灰色，口径18厘米，表面饰有绳纹。

三、器物发掘、修复前的诊断分析及修复方案的制定

运用一定的科学手段，对发掘器物进行定性、定量的诊断分析，是为了掌握其分别处于遗址现场和土质封固物中的准确状况，提供实验室微型考古依据；了解发掘器物的历史年代；探索发掘器物的病变原因、研究阻止或延缓其劣变的技术措施；分析发掘器物的材料成分等，为发掘器物的保护、修复提供科学依据。针对该发掘器物的保存状态，作以下诊断分析（表一）。

表一　器物诊断分析表

分析目的	分析对象	样品编号	分析仪器（分析试剂）	分析结果
遗址现场暴露陶片的分布区域及相互位置等信息	考古遗址中的陶器残片	T0604、VS171	数字式照相机	初步判明发掘物为一破碎严重的陶鬲
发掘器物较准确的历史年代	陶鬲残片	SS171-TL	热释光仪（TL）	属西周早期陶鬲年代：距今3008±362年
①发掘器物处于土质封固物内部的状况；②土质封固物的种类、相互位置、外形轮廓；③陶体内部结构特征；④陶鬲的制作工艺	①土质封固物；②陶鬲；③陶鬲	T0604、VS171 00069-70 00069-70	中、低能X光探伤仪	陶体内部存在裂隙，气孔、石英
白色陶土的化学成分	陶片上的白色陶土		稀盐酸	有$2H^+ + CO_3^{2-} \longrightarrow CO_2\uparrow + H_2O$反应发生。白色陶土主要成分为碳酸根类盐（主要以$Ca^{2+}$、$Mn^{2+}$、$Mg^{2+}$为其金属离子）
陶鬲的材料成分	陶鬲残片	00069-Y	X射线衍射（XRD）岩相显微镜	陶鬲的材料成分主要为石英、长石。据此决定补全材料的选用

从以上分析看，该发掘器物破损严重，材料的主要成分为石英、长石，这从岩相显微镜和X射线衍射（XRD）的分析结果都可清晰地观察、显示出来，同时反映出石英、长石的特点为颗粒大、边角尖锐、不光滑，一般制陶所用陶土都需经过选料加工，因而陶土中含有的石英特点颗粒小、边角光滑，说明该器物中的石英、长石为人为加入，它可增加陶泥的可塑性，使陶器具有耐高温的特性，符合陶鬲的制作及功用要求。另外陶片内部结构不致密也与人为加入材料有关。内部结构不致密，处于地下环境，会造成陶体部分部位（如断裂处）产生粉化现象。热释光断代分析表明，该发掘器物属西周早期陶鬲，这一结论为保护修复工作提供了一个大的历史

风貌和器物应具有的形制特征，考古资料显示，西周早期陶鬲"器形有瘪裆鬲……陶色除灰色外……纹饰以绳纹为主，陶鬲尖足明显……"[①]

至此，我们有了制定和实施修复方案的可靠依据。修复方案制定如下。

（1）土质封固，实施现场发掘物的提取。

（2）实验室微型考古发掘。

（3）对发掘器物的修复、保护步骤：第一步，修复前的资料收集；第二步，清洗；第三步，加固；第四步，拼接；第五步，补全；第六步，表面封护。

四、制作工艺

对此次微型考古发掘出土的陶鬲残片，通过修复、保护后，呈现在我们眼前的是一典型西周早期陶鬲：平沿、灰色、质粗，器身布满细绳印纹，三足饰粗绳印纹。用肉眼观察：饰于器身、三足的印纹属于绳纹，另外，口沿至颈部有一些模糊的绳纹痕迹。再使用中低能X光探伤仪对该陶鬲进行X光拍摄。从X片观察到：①器壁薄厚不均，且薄厚的分布较规律，断定属于制作陶鬲时留下的抵压痕（抵压处比周边薄）；②颈部一周明显增厚，结合肉眼观察和陶体断裂缝隙的走向，断定此处为黏接痕迹，说明该陶鬲在制作时，由上、下两部分组成，而明显增厚的部位正是连接上、下两部分的黏合处；③陶质中有少量气孔存在，且含有石英成分。最后，通过岩相显微镜观察以及XRD对陶质的分析结果，表明该陶鬲的主要成分为石英、长石。

陶鬲发展到西周早期，其制作工艺已相当成熟。那时陶鬲的制作工艺有模制、盘筑、捏制及一些辅助性再加工手段，如使用一些器具对陶鬲表面进行拍打修整等。不过，具体到此次发掘、修复的这件陶鬲，通过肉眼、显微镜及X光片观察，推断出它的制作工艺是采用泥条盘筑的方法，具体步骤如下。

1. 选料

主要材料为就地取材的黏土（碱性土，含有钙质的结核、掺杂物有石英、长石）。

2. 泥条盘筑

将黏土与砂粒按一定比例用水调和成泥团，再用双手将泥团直接搓成（或在平面上搓成）相同厚度的长条。工艺流程：①倒筑泥筒，将搓好的泥条从底部向上环绕盘筑，直至达到想要的器壁高度。②用陶拍拍打盘筑成的泥筒，整修成所要制作的器形，并将绳子缠绕在陶拍上，在器物表面拍打或滚压成绳纹。③将泥筒上端按压合拢成"Y"形，加接鬲足，沟槽内附加泥条，用手指抹平成底裆，裆下滚压绳纹。④将器物倒置，用陶垫按压足内底。⑤用泥条圈筑口沿，将泥筒口边缘向内滚

① 张之恒、周裕兴：《夏商周考古》，南京大学出版社，1995年。

压形成肩部，再用泥条盘筑口沿肩部并且用湿手抹平。用刀具轮修口沿形成平沿。

3. 入窑烧制

将晾干的陶鬲泥胎放入窑内烧制，窑内火温不要升得过快，采用还原焰进行烧制（器物颜色为灰色）。

五、结论

这次宝鸡戴家湾遗址发掘中的微型考古及发掘器物的保护修复，充分证明修复人员实施微型考古，参与文物发掘，是最大程度地获取所需历史信息的根本所在。许多先进技术的运用为制定和实施科学的修复方案提供了有力保证。

此次发掘出土的器物主要为一件被用于棺葬的典型西周早期陶鬲，由于墓室塌陷，该陶鬲严重破碎，与周围器物、泥土混在一起，遗址现场状况不明晰。为避免其中有价值的历史信息遗失，采取实验室微型考古，对包含有发掘器物的土质封固物进行发掘。发掘过程中，修复人员通过实地操作和各种先进技术手段，从感性认识和所收集到的资料两方面，为下一步的修复工作提供科学依据，同时也为研究和确定发掘器物的历史背景提供可靠信息，使得修复的陶鬲最大限度地体现原有的历史风貌，又为考古学研究提供了更为充分的实物资料。

在对发掘器物进行保护修复时，我们很注意修复材料的选用。因为文物修复是一个过程，是一种平衡关系不断建立的过程，不能只局限于目前的状态。修复材料除具有所要求的基本性能外，还应具有可逆性。当修复器物遇到新的损伤或者我们有了更加科学的修复方法，这时可以利用其可逆性，对修复器物进行还原，使修复器物得到更完善的保护修复。例如，此次选用的黏接材料和补全材料等都具可逆性。

总之，此次微型考古及发掘器物的保护修复始终贯彻：①历史真实性；②美观的需要；③修复所用材料不能改变文物的历史性这三条文物修复原则。整个修复过程体现出文物修复是一门综合性很强的学科，它既涉及许多现代科技领域，又与传统工艺相结合，是自然科学与社会科学互相渗透的边缘学科。修复人员必须与考古、历史、化学、生物学等多方面专家配合，才能完成对文物的科学修复。另外，修复人员适时参与文物考古发掘，获取第一手资料，在整个文物保护修复工作中所起的重要作用，亦值得我们关注和研究。

（注：陶鬲修复方案的具体实施，详见《陕西历史博物馆馆刊》第五辑。）

（原载《文博》1999年第1期）

戴家湾陶鬲修复前的诊断分析与制作工艺

宝鸡戴家湾古墓发掘中微型考古及发掘器物的保护修复

詹长法[1]　杨文宗[2]　周　萍[1]

（1.西安文物保护修复中心；2.陕西历史博物馆）

摘要： 在意大利专家的指导下，文物保护修复培训中心学员以陕西宝鸡戴家湾古墓葬考古工地中选取的探方单元土块为对象，实施了实验室微型考古及发掘物修复、保护的全过程。整个方法包括探方土质包含物的封固、提取，实验室微型考古，发掘出土物的修复处理三个主要步骤。该方法将文物保护、修复工作与考古发掘现场相结合，是在世界考古技术发展较为成熟的国家已被广泛采用且收到良好效果的先进技术，为中国文物的后续保护和修复工作提供了可供借鉴的科学方法和发展方向。

关键词： 戴家湾遗址　微型考古　土质封固　陶鬲

　　自1996年开始的陕西宝鸡戴家湾古墓葬考古发掘保护，是配合意大利考古、保护修复专家教学，采用西方现代考古方法及意方对考古发掘器物的修复、保护技术而开辟的考古工地。作为中意合作项目，文物保护、修复培训中心的学员曾数次下工地，在意大利专家的指导下，提取、清理、修复了具有代表性的出土文物。现略述现场考古物的提取、实验室微型发掘及对发掘器物的修复过程，以期方家指正。

　　微型考古对我国考古工作者来说还是一个新的技术，而在世界考古技术发展较为成熟的国家已被广泛采用且收到很好的效果，为了掌握该项考古技术，我们在宝鸡戴家湾古墓考古工地T0604、VS171中选取有包含物的土块（46厘米×44厘米×18厘米）实施微型考古。

一、土质封固，实施现场发掘物的提取

　　这一步骤是微型考古及发掘物的保护、修复整个方法实施的开端，它通常适用

于以下几种情况：①发掘中器物与器物之间接触过于紧密，在考古现场很难使其分开；②有的随葬品由于多种原因只残留少量痕迹，而其对了解特定历史时期的风格、习惯又起着至关重要的作用，必须将其提取出来；③因脱水造成泥土收缩，导致文物材料退质速度加快。

我们在宝鸡戴家湾古墓地选取的T0604、VS171探方单元土块，系随葬品因墓室塌陷被压碎后与泥土混杂在一起的一块土质包含物，完全符合以上所说的第二种情况，故采取将此土质包含物（以下简称土块）加以土质封固，实施现场提取。

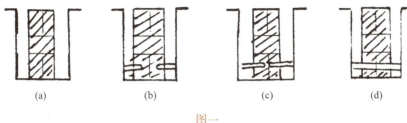

(a)　　　　　(b)　　　　　(c)　　　　　(d)

图一

如图一所示，合理选择需封固土块的区域面积，做到将文物完全封固的情况下尽量减轻土块重量，再沿所选区域向下挖掘，达到一定深度。根据土块的疏松程度，可分为加固与不加固两种情况，土块疏松选2%的Paraloid B-72（丙烯酸树脂）的三氯乙烷溶液进行渗透加固。土块质地较好，则直接用聚乙烯薄膜表层覆盖、周围用脱脂棉及胶带缠绕固定。我们选取的T0604、VS171土块，土质坚硬，按不加固的情况对待。土块整体确定好后，可选用先进的切割工具，在土块下部进行切割，同时插入金属棒和木质底板为提取作支撑；整个土块周围插入木板固定成箱，木板与土块之间填入脱脂棉、聚氨脂泡沫等缓冲材料。整个土块封固过程力求速度快，防止文物迅速脱水，同时，要在文物上编号，先涂刷15%的Paraloid B-72，上写编号，再涂刷2%的Paraloid B-72，详细填写紧急抢救的技术卡片，包括器物来源、发掘期间所做的一切操作处理、取样、分析等情况。所选取的T0604、VS171中带包含物的土块，因土块坚硬采用后一种方式进行提取。

土质封固法所选用的材料要求，物理性能应选用防震、防压、弹性大、轻而结实、易于加工等机械性能良好的材料。化学方面选用的试剂应具备可逆性强、毒性低、稳定性好等条件，尤其是化学材料选不应释放出酸气，不受微生物侵害的非污染性惰性材料。

二、实验室微型考古

将封固好的土块运至实验室进行微型考古。其具体操作如下：首先，测出土块的长、宽、高。将土块固定好，对原始土块及其中的陶片进行1：1绘图标示，图标画在醋酸纤维纸上，为避免视差，醋酸纤维纸应尽量靠近器物，并进行1∶1垂直拍照及复杂部位的细节拍照。对挖掘土块应像考古发掘一样按地层关系提取文物。按照土块中器物残片位置的相互关系确定地层。其次以1∶1的乙醇（CH_3CH_2OH）和去离子水溶液软化泥土，用手术刀、特殊的牙科器械及外科器械提取每件残片，提取过程中使用这类较为尖利的器械时要防止伤及现场残片本体。将提取出的陶片按绘制的线图排放，每片陶片依地层关系都要编号，同时要将编号写在相应的线图上，照相记录。在清理过程中，所清理的泥土全部要用筛网过滤，将土质中所含的各类掺杂物，如骨头、炭化物等用聚乙烯塑料袋密封保存，标注土层编号及名称等以待辨识、分类研究。每层的清理过程不仅要有照片、图示资料，还要有详细的文字记录。

三、修复处理

第一步：保存状况的描述。

所出土的陶片均为夹砂灰陶，部分质地较好，另一部分质地较为疏松。陶片的主要病变为：表层土层，坚硬的钙质结垢层，裂隙，微生物侵蚀痕迹，有些陶片已严重酥脆粉化等。另外，在有些陶片表面还附着一层较厚且坚硬的白色土层和炭化物痕迹，该白色土层，考古学家建议保存。针对以上病变及保存状态，以1∶1比例绘制病变图，以不同的图标标注不同的病变现象。

第二步：清洗。

先在陶片上病变较为集中的次要部位选取试样块，根据陶片所表现出的病变现象，选择适宜的清洗方法及清洗试剂。

此次发掘出的陶片为素面绳纹，而外部病变大多集中于绳纹内，给清洗工作带来难度，故采取机械法和化学法交互使用。机械方法有：用手术刀顺时针方向旋转剔除表层结垢，再用去离子水清洗干净。牙科器械清洗：该方法主要针对绳纹内较硬的结垢，采用特殊的牙科工具和牙钻除去结垢，用毛刷将表面清除干净。因为该方法在清理过程中粉尘较大，应尽量在通风橱下操作。化学方法有：去离子水直接清洗，即用棉签蘸去离子水直接将器物表面的土及泥垢清除干净。离子交换树脂法：主要利用离子交换原理将难溶结垢中的Ca^{2+}、Mg^{2+}交换出来，达到去除结垢的目的。应用酸性离子交换树脂的操作方法：取出离子交换树脂置于塑料器皿中（离子交换树脂不能与金属接触），加去离子水调和成糊状，取少量置结垢处搅拌，再加去离子水。约2分钟后用棉花擦干净，最后用去离子水清洗。清洗时间不宜过长，否则会伤及器物本体。AB57法：AB57为几种溶液混合的配方名，配方如下：

EDTA	25g	NHHCO₃	30g
H₂O	1L	几滴表面活性剂	

使用AB57主要利用EDTA（乙二胺四乙酸二钠盐）的螯合作用，将沉积物中的阳离子夺走而形成螯合物溶液，沉积物中的阴离子如碳酸根、硫酸根、硅酸根等与螯合剂中的钠离子形成新的可溶性钠盐，而达到清除目的。

$$EDTA: \begin{matrix} HOOCCH_2 \\ HOOCCH_2 \end{matrix} > NCH_2CH_2N < \begin{matrix} CH_2COONa \\ CH_2COONa \end{matrix}$$

$$Ca^{2+} + Na_2[C_{10}H_{14}O_8N_2] \xrightarrow{碱性条件下} Ca[C_{10}H_{14}O_8N_2] + 2Na^+$$

将配制好的溶液放置1天。使用前先在陶片上铺一层纤维纸，上铺棉花，用滴管滴AB57溶液，每10分钟检查一次，反应时间为10—30分钟。在棉花上可盖上纤维纸，防止溶液挥发过快，清洗完后，用去离子水敷或浸泡陶片，最后要测量清洗过陶片的去离子水的pH值，直至将器物用去离子水清洗至水的pH值为中性为止。

第三步：加固。

在清洗过程中，对于一些已经十分酥脆粉化的陶片，采取清洗加固同时进行，用1.5%—3%的Paraloid B-72加固。具体操作方法为先将器物置于通风橱下，用喷枪将配置好的加固液均匀喷涂于器物表面；待器物表面喷涂的加固液干燥后再对器物实施清洗（以免在清洗的过程中由于器物酥脆粉化严重而造成损伤）。

第四步：拼接。

首先进行试拼装。依据陶片的地层编号和相对应的线图，将器物残片从底部开始拼对，使用胶带纸从内、外两侧固定直至器物残片全部拼装完毕。经试拼装，该发掘出的陶制残片为一陶鬲、另一器物的局部以及一些不能拼接的残片。其次对试拼装的器物实施黏接。对试拼装的器物揭去内、外两侧的胶带纸，按照其相互连接的关系，依次摆放于修复台上。此次发掘的2件器物材质虽均为夹砂灰陶，但致密程度不同，对此采取了不同的黏接方法。对陶质较好的陶鬲使用Mowital B60（聚乙烯醋酸纤维脂）黏接。方法为先将Mowital B60配置成3%和20%的乙醇溶液，充分溶解后，用毛刷将3%的溶液涂刷于陶片断面，完全渗入后，重复涂刷3次，再用10%的溶液涂刷断面进行黏接。用胶带纸固定，放置24小时后，拆去固定的胶带纸，用丙酮将溢出的胶液擦拭干净。Mowital B60的黏合性好，具有可逆性，在残片较多的器物上使用时，便于调整残片黏接位置，可以达到理想的黏接效果。对只拼装局部的器物，其质地疏松，因而选用uhu plus（环氧树脂）双组分胶黏接。其具体方法为先用2%的Paraloid B-72的三氯乙烷溶液对所有陶片表面进行加固，再用毛刷将15%的Paraloid B-72涂于陶片断裂处，因uhu Plus环氧树脂胶为不可逆胶，涂刷该浓度的Paraloid B-72一方面是对断面进行加固，另一主要方面是将其作为隔离层，Paraloid B-72为可逆性物质，可使黏接后的器物重新分开，将不可逆胶转化为可逆胶，如图二所示。由于要待其充分渗入断面，故将双组分的uhu plus胶按1：1混合均匀，涂于断面处。用胶带纸固定，放置24小时后，拆去胶带纸。

灰陶片　　PARALOID　　UHU PLUS
　　　　　B/72 15%　　环氧树脂

图二

第五步：补全。

陶质器物残缺处的补全一般选用的材料为石膏粉加天然矿物颜料。具体做法为首先制作样块。在石膏粉中加入不同量的颜料，但所加入颜料的总量不能超过石膏的1/3，否则会影响石膏的强度。根据填补器物的质地，可加入其他物质如细砂等，以达到与修复器物质地一致的效果。样块干后，涂刷2%的Paraloid B-72（涂刷后的样块颜色会略微加深），所做样块的颜色效果要求在远距离看与器物主体色调一致，近看应略浅于主体颜色，以示区别。补全应遵循的原则：补全所用的材料不能改变文物的历史性，要充分尊重客观事实，尊重文物的历史原貌，不能凭主观臆断去创造。在没有十分准确的信息条件下，不能随意去补全。根据以上原则，我们对拼接的陶鬲进行补全，选用的材料为石膏400克，TREEAOMBRANATlOg（天然矿物颜料，黑色），几滴RRIMAL AC33（增加强度），按所选材料比例调制、填补，填补部位要求低于原物表面0.1厘米（用以辨别）。最后对填补处进行修整、清理。

第六步：表面封护。

用喷枪在通风橱下将2%的Paraloid B-72溶液喷于补全后的陶鬲表面，对器物表面进行成膜封护，以隔绝空气中粉尘等有害物对器物的侵蚀损伤。

第七步：资料处理。

对于所有发掘物，在修复处理完后进行拍照，填写修复记录卡，将所有的照片、图形文字记录整理归档，并将其输入计算机进行资料的科学化管理。

以上是这次实验室微型考古及发掘物修复、保护的全过程。

众所周知，文物具有不可再造性，有效地加以保护，最大限度地延长文物的存在时间，就显得非常重要。作为文物保护手段之一的文物修复正日益受到整个文物界的高度重视，它作为一门新兴的学科，已被当今西方发达国家广泛建立，尤其是在被世界公认为文保、修复处于国际领先水平的意大利，它已有一套完整的理论体系和科学的技术方法。我国具有悠久的历史，遗留下来的文物，无论数量还是其文化内涵都是世界上首屈一指的，但是我国现阶段的文物保护、修复水平与文物大国的地位还很不相称，与意大利文物保护、修复水平相比还有相当距离。我们的文物保护、修复场所往往是与文物所处的原址是相脱离的，而意方则要求文物修复人员参与到文物的发掘当中，与考古发掘人员合作，在化学、生物等各方面专家的配合下，对发掘器物首先进行野外紧急处理，使文物在发掘中得到及时保护，进一步延长了文物的寿命，更使得以后的进一步保护变被动为主动。实验室微型考古及发掘物修复和保护全过程正体现出意大利的文物修复原则：①历史的真实性；②美观的需要；③修复所用的材料不能改变文物的历史性。总之，修复对人类产品的干预不仅必须使它能够保持其原有的状态，而且要成为一个综合了各类信息的工艺品。实验室微型考古及发掘物修复、保护全过程为我们提供了一个科学方法，提供了一个发展方向。我们可以结合自己的文保修复经验，走出适合我们自己实际情况的文物保护、修复的路子。

（原载《陕西历史博物馆馆刊》（第五辑），西北大学出版社，1998年）

宝鸡戴家湾古墓发掘中微型考古及发掘器物的保护修复

陕西历史博物馆藏东汉绿釉陶孔雀灯的修复

杨文宗[1] 李 斌[2]

（1.陕西历史博物馆；2.秦始皇兵马俑博物馆）

摘要： 陕西历史博物馆藏东汉绿釉陶孔雀灯，1964年出土于陕西潼关吊桥镇，是一级文物。四川汶川"5·12"地震致使其在陈列柜内倒翻，断裂为70块碎片，为了能够重新展览，必须对其进行修复。本工作在东汉绿釉陶孔雀灯每件碎片（块）现状调查记录的基础上，通过陶胎和修补材料的XRF、SEM分析，制定了修复方案。采用预加固、清洁、拼对、黏结、补全、补色等措施，完成了复原性修复工作。修复后的东汉绿釉陶孔雀灯已能够达到陈列展出的要求。

关键词： 东汉 绿釉陶孔雀灯 修复

陶器是古代遗址中很重要的文物，携带大量的古代社会信息，能够提供古代历史文化、人口流动和贸易交通等多方面的信息。因此是文物研究的热点。陶器是用可塑性较好的沉积土（黏土）成型、干燥后经800—1100℃的焙烧形成的，烧成后的陶器具有较高的机械强度和耐水性。

我国西汉时期，开始出现施有多种色彩的低温铅釉陶器工艺，以黏土作胎，以铅的化合物作为助熔剂，主要呈色元素是铜和铁，在750—950℃的温度下烧成[1]。铜呈现翠绿色，铁呈现出黄褐、棕红色。到了东汉，釉陶盛行，且多作为随葬明器，种类有壶、樽、罐、洗、瓶、建筑模型、俑人、鸡、狗等，反映当时人们的生产生活、社会形态和审美情趣，汉代釉陶是我国低温色釉陶瓷的发端，具有重要的历史、艺术和科学价值。

陕西历史博物馆藏绿釉陶孔雀灯，1964年出土于陕西潼关吊桥镇东汉太尉杨震及其子孙的墓葬，高89厘米，重10250克，通身施翠绿色釉，胎质为红色[2]。原入藏

---

① 叶喆民：《中国陶瓷史纲要》，轻工业出版社，1989年，第64、65页。
② 陕西省文物管理委员会：《潼关吊桥汉代杨氏墓群发掘简报》，《文物》1961年第1期。

陕西省博物馆，于1991年移交陕西历史博物馆。灯自下而上共分三层，第一层下端底座呈喇叭口形，上托一折唇平沿大灯碗，碗沿上有对称的四个小孔，各插一只小灯盏；第二层底座上大下小，犹如罐形，其上灯碗口径略小于第一层，其余与第一层相同；第三层底座似钟形，上塑一昂首开屏的孔雀，孔雀背驮一灯盏，因通身有九个灯碗可以同时点燃，又称"九连灯"。器物整体造型大方气派、制作精良，为汉代灯中的精品[①]，在陕西历史博物馆基本陈列的一级文物中别具一格。如图一所示。

图一　东汉绿釉陶孔雀灯

四川汶川"5·12"地震，导致陈列于第二展厅的东汉绿釉陶孔雀灯倒塌，最下端底座以上构件全部断折、破碎为70块碎片（图二），损坏极为严重，如不进行修复，无法重新陈列展出。

图二　地震致使东汉绿釉陶孔雀灯在陈列柜中倒翻、断裂、破碎

1. 现状调查

对东汉绿釉陶孔雀灯的每一块碎片进行整理，如图三所示，并搜集整理所有与之有关的资料，进而将东汉绿釉陶孔雀灯碎片分为四组，分别属于该陶灯由上而下的三层主体构成部分及灯盏等附件，然后观察、分析每一组中碎片的保存状况并做记录，见表一。

① 冀东山、董理：《神韵与辉煌之陶瓷器》，三秦出版社，2006年，第56页。

陕西历史博物馆藏东汉绿釉陶孔雀灯的修复

图三　整理后的东汉绿釉陶孔雀灯碎片（块）

表一　东汉绿釉陶孔雀灯现状调查

编号	材质	现状描述
A1	陶质	所有断面均为原有断面，有胶痕
A2	陶质	所有断面均为原有断面，有胶痕
A3	陶质	所有断面均为原有断面，有胶痕
A4	陶质	所有断面均为原有断面，有胶痕
A5	陶质	所有断面均为原有断面，有胶痕、石膏黏接痕，釉面有三处做旧痕迹
A6	陶质	所有断面均为原有断面，有胶痕、石膏黏接痕，釉面有两处做旧痕迹
A7	陶质	所有断面均为原有断面，有胶痕
A8	陶质	有一边长9厘米的新断面，余为原有断面，有胶痕和石膏黏接痕
A9	陶质	有一边长9厘米的新断面，余为原有断面，有胶痕
A10	陶质	断面均为原有断面，有胶痕
A11	陶质	由6块黏接而成，有5处补缺，断面均为原有断面，有胶痕
A12	石膏	有一边长8厘米的新断面，余为原有断面，有胶痕
A13	陶质和石膏	石膏部分有一边长8厘米的新断面，余为原有断面，有胶痕
A14	石膏	有一边长3厘米的新断面，余为原有断面，有胶痕
A15	石膏	断面均为原有断面，有胶痕
A16	石膏	有一边长3厘米的新断面，余为原有断面，有胶痕
A17	石膏	断面均为原有断面，有胶痕
A18	陶质	有一边长2厘米的新断面，余为原有断面，有胶痕
B1	陶质和石膏	由6块黏接而成，有2块为石膏补块，有一边长为12厘米的新断面，余为原有断面，有胶痕
B2	陶质和石膏	由11块黏接而成，其中有5块为石膏补块，有一边长12厘米的新断面，余为原有断面，有胶痕

编号	材质	现状描述
B3	石膏	所有断面均为原有断面，有胶痕
B4	陶质和石膏	由3块黏接而成，约1/2为石膏补块，石膏部分有6厘米长的新断面，余为原有断面，有胶痕
B5	石膏	全为新断面
B6	石膏	有一边长6厘米的新断面，余为原有断面，有胶痕
B7	陶质和石膏	均为原有断面，有胶痕
B8	陶质	由2块黏接而成，有一小石膏补块，均为原有断面，有胶痕
B9	石膏	有一边长2.5厘米的新断面，余为原有断面
B10	石膏	有一边长10厘米的新断面，余为原有断面，有胶痕
B11	陶质和石膏	由3块黏接而成，大部分为石膏补块，有一边长10厘米和一边长4厘米的两条新断面，余为原有断面，有胶痕
B12	陶质	所有断面均为原有断面，有胶痕
B13	石膏	小补块
B14	陶质	由2块黏接而成，所有断面均为原有断面，有胶痕
B15	陶质	由3块黏接而成，所有断面均为原有断面，有胶痕
B16	陶质	有3厘米长的原有断面，有胶痕，其余均为新断面
B17	陶质	有4.5厘米长的原有断面，有胶痕，其余均为新断面
B18	陶质	由4块黏接而成，所有断面均为原有断面，有胶痕
B19	陶质	最长一边约7厘米为原有断面，有胶痕，其余均为新断面
B20	陶质	有一边长5厘米的新断面，余为原有断面，有胶痕
B21	陶质和石膏	由2片陶片和1片石膏补块黏接而成，所有断面均为原有断面，有胶痕
B22	陶质	有一边长6厘米的原有断面，有胶痕和石膏黏接痕，其余均为新断面
B23	石膏	所有断面均为原有断面
B24	陶质	所有断面均为原有断面，有胶痕和石膏黏接痕
B25	陶质	由2块黏接而成，所有断面均为原有断面，有胶痕和石膏黏接痕
B26	陶质	有边长6厘米和边长3厘米的两条新断面，余为原有断面，有胶痕
B27	陶质	所有断面均为新断面
B28	石膏	原石膏补块
B29	陶质	有一边长1厘米的新断面，余为原有断面，有胶痕
B30	石粉	补块
C1	陶质	由17块黏接而成，其中有6块石粉胶补块，所有断面均为原有断面，有胶痕
C2	陶质	所有断面均为原有断面，有胶痕，有一石膏补凹块
D1	陶质	完整灯碗
D2	陶质	灯碗柱断面为原有断面，有胶痕
D3	陶质	断面为原有断面，有胶痕
D4	陶质	断面为原有断面，有胶痕
D5	石膏	大头断面为原有断面，有胶痕，小头断面为新断面
D6	石膏	断面为新断面

陕西历史博物馆藏东汉绿釉陶孔雀灯的修复

编号	材质	现状描述
D7	陶质和石膏	由3块陶件和1块石膏补块黏接而成，柱为石膏质
D8	石膏	断面为新断面
D9	石膏	断面为新断面
D10	陶质	灯碗残处为原有断面，有胶痕
D11	陶质	断面为原有断面，有胶痕
D12	陶质和石膏	大头断面为原有断面，有胶痕，小头石膏断面为新断面
D13	石膏	断面为新断面
D14	陶质	灯柱断面为原有断面，有胶痕
D15	陶质	断面为原有断面，有胶痕
D16	陶质	灯柱断面为原有断面，有胶痕
D17	陶质	断面为原有断面，有胶痕
D18	陶质和石膏	由4块黏接而成，灯柱为石膏质，断面为新断面
D19	石膏	断面为新断面
D20	石膏	断面为新断面

由表一现状调查结果可知，东汉绿釉陶孔雀灯发掘出土时已经破碎，经过拼对、黏结、修补、做旧等保护修复措施后，能够展陈。后由于汶川"5·12"大地震的影响，该文物又支离破碎，破碎部分既包括原修复时拼对、黏结处的开裂和原修补材料的断裂破碎，也有新产生的断裂破碎。

2. 取样分析

为了制定科学合理的修复方案，选取陶胎及原修补材料颗粒样品分别进行X射线荧光分析（XRF）和扫描电子显微镜分析（SEM）。X射线荧光分析结果见表二。由分析结果可知，东汉绿釉陶孔雀灯陶胎系由黏土烧结而成，其原修补材料使用的是石膏，70块碎片（块）中，统计发现石膏材质的碎片（块）为31块，约占50%，反映了早期石膏作为一种最常见的古代陶器修补材料，其存在质地脆弱、结构疏松、易吸潮等的缺点。

表二　东汉绿釉陶孔雀灯陶胎 X 射线荧光分析结果

SiO$_2$	Al$_2$O$_3$	Fe$_2$O$_3$	TiO$_2$	CaO	MgO	K$_2$O	Na$_2$O	MnO	总量
61.9	19.13	8.37	0.99	2.61	3.1	3.21	0.57	0.11	99.99

表一显示，70块碎片的所有断面中多数为原有黏结面的断裂，说明原黏结剂已变脆、老化。提取这种颜色深暗的原黏结剂进行测试，发现它溶于乙醇、酸和碱溶液。查阅相关文献得知，20世纪70年代初以前，多以虫胶（也称漆片）的乙醇溶液黏结陶器碎片；走访多名当年参加同批出土文物修复工作的人员，据他们回忆，东汉绿釉陶孔雀灯出土后在初次修复时，应是以虫胶作为黏结剂进行碎片黏结的。

3. 东汉绿釉陶灯的复原修复

东汉绿釉陶灯结构造型复杂、体积大、重量大，修复时应防止拼接黏结错位。另外，通过对此陶灯石膏碎片（块）进行电镜扫描分析，其结晶均匀、结构稳定，强度与该陶体陶质基本匹配，其表面做旧釉色与陶体釉色基本协调一致，因此采用与其他陶体残件相同的修复方法留用这些石膏碎片（块）；使用Paraloid B-72丙酮溶液作为渗透加固剂、黏结剂、表面封护剂。

1）预加固处理

由于陶器在地震中发生碰撞，一些新破碎陶片的断面质地酥松，根据断面酥松程度，分别配制浓度为1%、2%、3%的Paraloid B-72丙酮溶液，用软毛刷涂刷断面1—2遍或用点滴方法进行渗透加固。

2）清洁

对于面积较大的残留原黏结剂，先用脱脂棉浸泡丙酮溶液并贴敷其上，加一层保鲜膜于脱脂棉上，待30分钟后用竹签或手术刀剔除软化了的胶层；对于较小面积的残留胶，直接用加热手术刀片轻轻剔除。此外，破碎陶片表面、内侧面均不同程度存在粉尘、油渍、钙质结垢物、石膏残留物等污染物，用软毛刷轻轻刷去粉尘；用脱脂棉蘸取去离子水：乙醇（1∶1）溶液反复擦拭，去除油渍、土垢、钙质结垢物及石膏等，用滴管吸取去离子水：乙醇：丙酮（1∶1∶1）溶液滴于其上，软化后剔除。

3）拼对黏结

配制浓度15%的Paraloid B-72三氯乙烷溶液作为断裂陶器碎片的黏结剂，准备好胶带纸、细绳、自制竹刀、棉签、丙酮、沙盘、沙袋、镊子、放大镜。

（1）将陶片断面上脱落的陶质小碎片用黏结剂回贴至断面，必要时用镊子在放大镜下操作，确保位置准确、接缝吻合。

（2）观察每一组碎片及其断面的形状、厚度，进行预拼接，碎片接茬处先用胶带纸黏接，再按顺序打开，依次进行编号。

（3）用自制竹刀在碎片的茬口上均匀涂黏结剂后拼对平整，正反面用胶带纸临时固定。黏结过程从小陶片开始，用眼观、手摸的方法判断拼接缝是否吻合，如有错位，及时调整，同时用丙酮及时清除从接缝中溢出的多余黏结剂。

（4）当一个构件黏结成形后，即刻用细绳捆绑固定，放置于沙盘中或用沙袋固定。

4）补全

用10%的乳胶水溶液将石膏粉调至糊状，补在器物表面的缝隙里，完全干燥后用300目砂纸打磨平整。

有2个灯盏下端插入碗沿小孔的部分，其原补缺的石膏破碎严重，无法拼对黏结，需重新修补。剔除灯盏下端断面原修补的残留石膏；取蜡片使其受热变软，从其他保存完好的灯盏下端拓取形状，待蜡片冷却定型后，移至缺失部位，从缺失部分的边缘开始填补调制好的石膏，凝固后去掉蜡片，修整并打磨。

5）补色

仔细观察东汉绿釉陶孔雀灯，其底色为翠绿色，为与原色彩协调一致，采用"喷彩法"[①]对石膏修补处上色，使用喷笔喷色和用毛笔弹射的方式对器物进行补色。

（1）用保鲜膜把器物包上，露出需上色的部位，用胶带固定好位置。

（2）将所需的各种丙烯颜料分别挤在调色盘中，加入一定量的清水调匀，将小号油画笔头部棕毛修剪成3—4毫米的平头，蘸上调好的不同颜色颜料，均匀地弹射到石膏表面，并结合喷笔将各种颜色用清水调匀后一一进行喷涂。比较与器物原釉色的协调度，及时调整颜色色调及饱和度，反复多次进行。

图四　修复后的东汉绿釉陶孔雀灯

6）表面封护

采用1%的Paraloid B-72丙酮溶液均匀喷洒在器物表面作为保护层。

修复后的东汉绿釉陶孔雀灯如图四所示。达到了展陈文物的要求，可以重新陈列展出。

4. 结论

（1）东汉绿釉陶孔雀灯发掘出土时已经破碎，曾经进行过拼对、黏结、修补、做旧等保护修复措施。

（2）现状调查和SEM分析结果表明，早期修复时使用石膏作为修补材料，70块碎片（块）中，石膏碎片（块）为31块，约占50%。

（3）通过预加固、清洁、拼对、黏结、补全、补色等修复措施，复原性修复了东汉绿釉陶孔雀灯。

（4）修复后的东汉绿釉陶孔雀灯已能够达到陈列展出的要求。

附记：陕西历史博物馆保管部文保科徐建国、辛若华、孙强、卢轩参与了本修复工作，在此表示诚挚的谢意。

（原载《文物保护与考古科学》2009年第4期）

① 周萍：《"喷彩法"在陶器补全中的应用》，《考古与文物丛刊》（5），考古与文物编辑部编辑出版，2002年，第150、151页。

一件土质铠甲武士俑的保护与修复

欧秀花[1]　李玉虎[1]　杨文宗[2]

（1.陕西师范大学、陕西历史文化遗产保护科学研究中心；2.陕西历史博物馆）

摘要： 通过对汉阳陵土质铠甲武士俑的病害分析，以及借鉴以往的保护与修复经验，本文采用自行研制的具有优良性能的CB材料作为加固材料、具有优异性能的水性氟材料作为黏结材料，对支离破碎、面目全非的汉阳陵土质铠甲武士俑进行保护与修复，使该俑恢复了完整形象，为展示和陈列工作提供了可能。

关键词： 土质铠甲武士俑　保护　修复

　　汉阳陵是西汉景帝刘启与王皇后同茔异穴的合葬陵园，位于气势恢宏的西汉九陵之东首。该陵墓的汉代陶俑以生动的形式、完美的造型、独特的风格在沉睡了约2000年之后展现在人们面前。它的出现是中国封建帝王"事死如事生"观念达到空前时期的产物，是西汉时期墓葬制度的一个突出特点。汉阳陵武士俑身穿战袍，披上铠甲，装扮成一副严阵以待、英姿勃勃、威风凛凛的武士形象，是一个汉代皇家部队的缩影，成为统治阶级生前权利的象征。汉阳陵出土的武士俑，其工艺精湛、刻画细致、造型精美、生动形象，彩绘色泽艳丽而又保存良好，是中国特有的"以形写实"的典范，堪称我国古代陶俑中的精品之作。

　　考古专家分析认为，汉阳陵土质铠甲武士俑的铠甲甲质原本为牛皮，在地下2000多年的埋藏过程中，铠甲甲质与陶俑裸体之间渗入拥土，皮质铠甲已完全腐蚀土化，但其表面清晰可辨的铠甲形状具有极为重要的历史信息，对研究2000多年前中国西汉社会的文化、艺术等具有重要意义[①]。然而，已完全土化的铠甲性状脆弱，加之年代久远、保存环境、季节变化及人为等原因，在保存的过程中出现了严重的碎裂现象，原来身披铠甲、严阵以待、英姿勃勃、威风凛凛的着衣式铠甲武士俑变得支离破碎、面目全非，严重影响了其所提供的重要艺术、文化等方面的信息。

---

① 　焦南峰、王保平：《西风残照——汉家陵阙揭开汉阳陵的神秘面纱》，《中国西部》2004年第6期。

据报道，目前文物保护的加固材料，尤其是土质文物的加固材料有Remmers 300、PS材料、Paraloid B-72等[①]，黏合材料有环氧树脂、502胶、聚氨酯等[②]。上述加固材料在加固前后的色差、加固强度等综合性能方面有明显的不足。通过模拟实验，发现环氧树脂、502胶、聚氨酯等几种黏结材料存在黏结老化性能差、干燥固化过程中容易变形等缺陷，给文物本身造成危害，不能最大限度地延长文物寿命。因此，如何合理地选用材料使该国宝级着衣式土质铠甲武士俑恢复原貌，重现其重要的研究价值，是文物保护修复工作者迫切需要解决的难题之一。

针对上述严峻现状，本文遵循文物修复的相关原则，在掌握相关资料与科学研究分析的基础上，对该土质铠甲俑的保护与修复作出了较为详细的介绍：通过对该土质铠甲俑详细的调研、分析，制定出完整的修复方案；对加固材料、黏结材料进行筛选，并详细阐述黏结、修补工艺的过程并建立修复档案。

一、修复前的状况

该汉阳陵土质铠甲武士俑存放于陕西历史博物馆修复室内，身高约57厘米，是真人的三分之一，重量为4.4千克；为缺臂俑，身体各部分基本合乎比例，细部的塑绘极其精致，色如真人，颜面和身体为橙红色，头发、瞳仁则是黑色。

该俑身披铠甲，铠甲部分长约21、宽约17、高约11厘米；由于受到铠甲质地等各种因素的影响，保存过程中铠甲碎裂成大小不等的碎片，达32块之多，其中较大的碎片有3块。该俑铠甲质地为土质，胸部铠甲部分颜色较内部有明显的发暗泛白现象，颜色与半坡土相近，背部的铠甲部分颜色相对较浅。SEM-EDAX及XRD分析结果显示，铠甲土体孔隙大，土体之间的黏结力弱，易碎裂；主要成分是二氧化硅。待修复铠甲部分面积为2厘米×21厘米×17厘米，2厘米×11厘米×17厘米和2厘米×21厘米×11厘米。保护修复前状况见图一。

据了解，该俑在出土时，俑体腰部断裂，曾用有机高分子材料环氧树脂黏结过，但效果不佳，断裂处未黏结完好，从俑体断裂处的裂缝仍可以看出黏结的痕迹。

---

① 和玲、梁国正：《聚合物在文物保护中的应用进展》，《文博》2003年第1期；张慧、李玉虎、万俐等：《土遗址防风化加固材料的研制及加固性能比较研究》，《东南文化》2008年第2期；周双林、原思训、杨宪伟等：《丙烯酸非水分散体等几种土遗址防风化加固剂的效果比较》，《文物保护与考古科学》2003年第2期；周双林：《谈考古发掘中文物的现场保护》，《青年考古学家》总第十一期；John Kapolos, Nicholas Bakaoukas, Athanasia Koliadima, et al. Progress in Organic Coatings, 2007, 59(2): 152-159；袁传勋：《土遗址保护材料综述》，《敦煌研究》2002年第6期。

② 李跃、李刚：《陶制文物修复技术浅谈》，《四川文物》2003年第1期；LEWINSZ、王金华：《用于石刻艺术保护的化学合成物的现状》，《文物保护与考古科学》2001年第2期；杨璐：《常用有机高分子文物保护材料的光老化改性研究》，西北大学硕士学位论文，2006年。

图一 修复前状况

二、修复保护方案的制定

该汉阳陵武士俑是国宝级文物，对研究西汉社会艺术、文化等具有重要意义。整个修复与保护过程，修复材料的使用应本着尊重历史、尊重艺术、保持历史的真实性与艺术美感相结合及尽可能少干预的原则进行。此次修复应着重考虑到该俑的铠甲质地。由于铠甲碎片较多且极易碎裂，破损状况较为严重，修复过程中稍有不慎，碎片便会有碎裂的可能，其修复不同于陶瓷类、金属类文物等的修复，修复难度较大。

因此在修复前，应充分了解相关资料，依据碎片的保存状况和科学分析结果及文物修复保护原则，通过认真讨论及反复科学实验并经过实验块验证，认为确实可行，才开始大面积的修复，最终制定修复方案。修复方案包括：修复前后的记录，采用自行研制的CB材料对破碎的铠甲碎片进行加固，然后应用性能优异的水性氟材料对加固后的碎片进行黏结，并依据文物修复与保护相关原则从审美角度对铠甲作修补处理，最后建立修复档案。

三、保护与修复工艺过程

（一）加固

通过对该俑铠甲详细的调研、分析，以及能谱、XRD、扫描电镜、色差等科技手段对CB材料加固破碎土体前后进行表征，结果显示：与其他加固剂相比，CB材料色差变化小、加固强度高，且所形成的沉淀含量较少，符合文物保护的"最小介入"原则；CB材料基本未改变土质铠甲的成分，在土体中形成微量沉淀，并黏附在土体空隙壁上，起到加固作用，也未改变该俑铠甲的原貌。考虑到陶制俑体本身及土质铠甲的强度，只对土质铠甲进行加固。采用滴注法，用CB材料从土质铠甲的外表面进行渗透加固。同时，应注意到加固过程中加固剂渗透的均匀性。

（二）黏结工艺过程

黏结是指把同种类或不同种类的材料通过在物体表面上的物理、化学过程，把两部分或多部分相结合在一起的现象。黏结过程中要认真细心，以免出现黏接错位，造成接缝误差累积而不能整体修复或使文物变形。对武士俑俑体及铠甲的黏结，首先对残损碎片试拼接并进行编号，然后进行浸润，最后再进行黏结。由于黏结强度、老化程度又与胶粘剂的特点及使用方法、黏接材料的配合比例、文物断面化程度等有直接关系，在黏结过程中除熟练使用技术外，还应依据文物保护修复原则从审美角度进行修复。

黏结材料黏结后的老化程度及其黏结强度是评价黏结剂好坏的重要指标。对环氧树脂、502胶、聚氨酯等几种常用的黏结材料进行模拟实验，黏结材料黏结样品后，在干热老化箱中老化72小时的性能比较，结果显示：水性氟及其他黏结材料的黏结性能较好。水性氟材料黏结老化颜色无明显变化，而其他材料老化后颜色明显加深。

1. 拼接

考虑到汉阳陵武士着衣式俑铠甲碎片较多且质地为土质，即使加固后强度提高，在拼接过程中也应小心谨慎，做到细心观察、轻拿轻放，以免碎片继续受损。拼接一般有以下三种方法：一，由下至上拼；二，由上至下拼；三，局部拼接，整体合拢。对俑体的拼接使用第一种拼接方法，铠甲的拼接采用第三种拼接方法。拼接时，首先对碎片进行认真反复观察和研究，然后对试拼后找到正确位置的碎片部位进行编号，以待浸润、黏结。

2. 浸润

黏结文物要获得高强度的黏结效果必须做好浸润工作。浸润工作做到位后，胶粘剂与文物断面口就能非常牢固地黏合在一起，在调和黏结材料时一定要调和均匀，黏结过程中必须使黏结材料均匀地涂抹在断面接口处，完全浸润断面。同时，要掌握文物断面的性质和湿度以及胶粘剂的流动性能，这样，修复后黏接断面不会出现气泡和造成应力集中的现象，从而达到较好的黏结效果。通过上述实验筛选出集优良耐候性、耐久性、非黏附性及耐污染性、固化时间短、安全环保特点于一体的水性氟材料用于俑体及铠甲断面处的浸润，采用水与水性氟材料（配比为4∶7）喷洒在铠甲断面处进行浸润。

3. 黏结

对试拼后找到正确位置进行编号及做好浸润工作的碎片进行黏结，黏结时应注意到黏结剂的用量及黏结剂涂到断面处与碎片黏结的时间，若黏结剂用量少或碎片黏结时间过长，黏结剂变干则起不到应有的黏结作用；若黏结剂用量多，会使黏结剂流出，对文物造成污染。同时，还应注意到黏结断面位置要放置得恰如其分，以免接触不良出现重新黏结的现象。黏结使用土（半坡土）：水：水性氟材料（配比为3∶3∶7）调制成均匀的糊状，把黏结剂均匀涂在待黏结碎片的断面上，然后黏结。黏结后做好后续修补工作。

（三）修补

根据文物保护修复中的"修旧如旧，不改变文物原状"及"最小介入"原则，同时遵循"保持历史的真实性与艺术美感相结合"原则，对加固黏结处理后的该俑铠甲残缺部分作修补处理。修补使用的土为与铠甲颜色相近的半坡土。采用土∶水∶水性氟材料为4∶3∶7的比例调制成均匀糊状，作为修补黏结材料。修补要经多次，以达到与整体相和谐的效果。

四、建立修复档案

建立修复档案，即填写修复档案资料，包括填写人及修复人的姓名、修复时间，修复器物的名称、编号、质地、重量、长度等，修复前的处理情况、修复方案、修复前后状况资料及备注等。至此，实施修复工作结束。保护修复后的现状见图二。

图二　修复后现状

五、结语

该汉阳陵土质铠甲武士俑的整个保护与修复过程，一直遵循文物保护中的"修旧如旧，恢复历史原貌"及"最小介入"原则，同时也注意了审美艺术在修复中的应用。采用自行研制的具有不改变遗址文物的外观，形成不会对遗址本身造成污染的微量无机沉淀，且加固后沉淀黏附于土体孔壁上，提高土体强度等特点的CB加固材料和集黏结性能好、环保安全、耐候性强等优异性能于一体的水性氟材料作为铠甲黏结材料，成功将其应用于该汉阳陵土质铠甲武士俑的保护与修复工作中。此次保护与修复解决了土质铠甲修复难度较大这一问题，使该俑再现其原貌，为研究西汉文化、艺术等提供了重要的研究价值，也为今后类似的土质文物保护与修复研究工作提供了参考依据，并积累了一份宝贵经验。

附记：本文修复工作得到陕西翰青文献文物保护科技有限公司王文军老师的大力帮助，在此表示感谢！

（原载《文博》2009年第6期）

肆

文物修复保护理念及国际交流合作

中美专家联合修复保护昭陵六骏之"飒露紫""拳毛䯄"

杨文宗

（陕西历史博物馆）

摘要： 昭陵六骏是唐太宗昭陵祭坛两侧的六块浮雕石刻，以唐太宗生前最喜爱的六匹战马为原型。20世纪初，六骏先后被盗，现其中的"飒露紫""拳毛䯄"收藏于美国费城宾夕法尼亚大学考古与人类学博物馆。2009年3月，三名中国文物修复专家应宾大博物馆之邀赴美参与对两骏石刻的修复工作。修复具体实施过程分为修复加固和美学修复两个阶段。浮雕的修复加固工作由美方专家实施，按照"清洗—拆卸—钢衔接装置的设计—修补—重新安装"的工序完成，旨在解决石雕稳定性差的问题。修复残缺部位和美化外观则主要由中方修复专家操作，目标是使浮雕外观更好地匹配在西安碑林博物馆陈列的另外四件石雕。本次修复工作由中美专家分工合作、反复研讨，最终达到了双方预期的修复效果。特别是支撑"拳毛䯄"部分的钢衔接装置设计巧妙，修补材料的选取也科学、有效，为今后石刻的修复工作及文物保护的跨国合作提供了重要借鉴。

关键词： 昭陵六骏 "飒露紫""拳毛䯄" 文物修复

昭陵六骏是陕西省礼泉县唐太宗昭陵北麓祭坛两侧庑廊的六块浮雕石刻。其原型是唐太宗李世民生前最喜爱的六匹战马，分别名为"飒露紫""什伐赤""白蹄乌""青骓""特勒骠""拳毛䯄"。六骏雕刻均采用圆雕和浮雕相结合的手法，气度非凡。

20世纪初，六骏先后被盗，历经劫难，现其中的"什伐赤""白蹄乌""青骓""特勒骠"保存在西安碑林博物馆，而"飒露紫""拳毛䯄"收藏于美国费城宾夕法尼亚大学考古与人类学博物馆（以下简称宾大博物馆）。2009年3月，宾大博物馆向唐大明宫遗址文物保护基金会（以下简称大明宫基金会）发出邀请，希望大明宫基金会委派中国文物修复专家赴美参与"飒露紫""拳毛䯄"的修复工作。

大明宫基金会通过公开招募，选定三名文物修复专家组成专家组，赴美参与为期一个月的修复工作。

一、"飒露紫""拳毛䯄"的保存状况

"飒露紫"是昭陵六骏中最杰出的作品，表现的是秦王李世民征王世充时，"飒露紫"中箭，丘行恭拔箭救主的史实。"拳毛䯄"为缓步行进的姿态，是李世民征讨刘黑闼时的乘骑。它们被雕刻在独立的石灰岩质长方形石板上，"飒露紫"高169、长207、厚40厘米（图一）；"拳毛䯄"高165、长207、厚44厘米，重量均为4.7吨（图二）。

图一　飒露紫修复前（C395）　　　　　　　图二　拳毛䯄修复前（C396）

1918年5月7日，华裔古董商人卢芹斋的来运公司一雇员致函宾大博物馆乔治·高登馆长："今日用卡车运出了两块浮雕，计划明日中午抵达费城……随函附上照片二套，我们将马的碎块一一编号，相信你们在拼合时不会有什么问题。"从中可知，两座石雕运输时为碎块，是由宾大博物馆拼合复原的[①]。有关此次两浮雕如何修复并没有留下记录，这是"飒露紫""拳毛䯄"被盗运至美国后首次实施的修补工作，使它们最终成为宾大博物馆的重要藏品，并陈列于中国厅直至2009年2月。

建成于1916年初的宾大博物馆中国厅，位于一栋高、宽均约110米，全砖结构、圆形无柱建筑的第三层（顶层），自然的光线从穹隆形屋顶的天窗照射下来。"飒露紫"和"拳毛䯄"紧靠一段弧形墙壁（图一、图二），放置在木质基座上，四面安装着有机玻璃防护罩。"飒露紫"纵向较均匀地断裂为三部分，其中右侧部分从后腿的马蹄处横向断裂为上下两部分，右侧边框下方有20厘米×15厘米大小的残缺，左前

---

① 周秀琴：《昭陵两骏流失始末》，《碑林集刊》（八），陕西人民美术出版社，2002年，第225页。

腿、右后腿小腿有部分脱落；丘行恭的面目因风化变得模糊，但两撇八字胡须仍清晰可见，其袖口腕部以下整只右手掌已缺失，属外力打击导致的残缺，而箭杆原在裂缝处，现在只能隐约感受到；另外，"飒露紫"石刻的左侧面和左侧边框表面都雕有线刻图案，图案纹饰清晰（图三）。"拳毛䯄"整体损毁严重，纵向断裂为不规则的三部分，整块浮雕被打碎成大小不等的十一块，其中，左侧雕有马头的部分横向断裂为三部分，下端的断裂是沿约45°仰角产生的，断裂线下方有面积为20厘米×40厘米大小不等的四块断石；石刻右侧部分破碎、缺失严重，右上角和下端中间部位缺失两大块（图四）。两石刻背面都留有明显的坑状凿打痕迹，是当年为盗运肢解石刻时留下的（图五）。

图三　"飒露紫"左侧线刻图案

图四　"拳毛䯄"右侧破碎、缺失

图五　石刻背面凿打痕迹

　　通过对两件石刻进行修复前的清洗及拆卸可知，这两件作品仅仅依靠断裂开的石块的自身重力和灰泥的作用放置于展厅近百年，而大面积缺失的补全则是用木龙骨、木板制作出框架，再用粗麻布敷上石膏作出视觉效果的。石刻浮雕表面使用微晶蜡做过封护处理。

二、修复保护工作

　　"飒露紫""拳毛䯄"在宾大博物馆的文物编码分别是C395、C396。始于2009年初的此次修复保护工作的起因是："最近的检查结果表明，浮雕在1918年抵达博物馆不久后所进行的维修状况已不再稳定……"目的是"加强浮雕的稳定性，以便使其在未来可以安全地展出"[①]。具体的实施过程分为两个阶段。

（一）第一阶段：修复加固（2009年3月—2010年4月）

由美方文物修复专家实施，按照"清洗—拆卸—钢衔接装置的设计—修补—重新安装"工序完成，旨在解决石雕稳定性差的问题。由于缺少以前浮雕如何修复的信息，他们采用"从较简单的到较复杂的"操作程序，寻找有关文物原先修补的线索，及时对下一步骤作出评估、调整。

1. 清洗

首先"清理浮雕在覆盖有机玻璃保护罩前沉积在文物上数十年的尘垢"[②]。之后是两个时段的清洗工作：拆除前浮雕的表面清洗及拆除后更进一步的清洗。拆除前的清洗在展示厅内进行，针对遗留的封护材料微晶蜡、油漆和沿着裂缝边缘的其他附着物，使用甲苯、石油醚、表面活性剂等溶剂，以纤维素类物质（例如纸粉、琼脂）作载体进行贴敷，之后用去离子水冲洗干净；再使用加压蒸汽、纤维材料制成的刮水器完成整个表面的清洗及残留物的收集、清理工作；最后去除以前修复的填充物及复原物。拆除后的清洗主要针对的是断裂面上附着的石膏、坚硬灰泥，先后采用加压蒸汽、手术刀片机械剔除、贴敷浸有表面活性剂或甲苯的纤维素类物质等方法，最后用去离子水冲净。

2. 拆卸

在博物馆修复专家全程、密切监督下，浮雕由专门处理重型艺术品的专业人士仔细分解、拆卸并被移至附近的一个工作区。专业索架被用于拆卸工作，拆卸下来的单独石块被放置在定制的手推车上。

3. 钢衔接装置及浮雕放置基座的设计

2009年9月—2010年3月，美方修复专家联系多家专业设计公司，就两件石刻加固、重新安装的方案反复磋商，最终与Ely Inc（衔接装置设计机构）及Keast & Hood（建筑工程师公司）确定了设计、实施方案。鉴于浮雕较大的重量，永久性地连接所有断裂开的碎块应该是不合理的，应先由小体积到大体积顺序使用对应黏合剂、不锈钢螺纹铆杆连接碎块至C395成为三个组件（图六）；C396亦成为三个组件（图七），再使用支撑浮雕的钢衔接装置减少C396B部分对A、C部分的压力。钢制的浮雕放置基座被设计成能方便浮雕放置的灵活装置。

① 宾大博物馆修复工作标牌说明文字。
② 宾大博物馆修复工作标牌说明文字。

图六　三组件（C395）　　　　图七　三组件（C396）

4. 修补的几种方式

（1）小的裂隙使用Paraloid B-72与玻璃微珠的混合物修补、填充。

（2）中等修补工作，对于一些需要结构完整的部分，使用Akemi AKEPOX 2010双组分环氧树脂黏合剂进行黏接，修补成较大体积的石雕碎块。

（3）大型修补工作，在需要连接的大块碎石的相应位置上钻孔，插入不锈钢螺纹铆杆，将较大体积的石雕块机械性连接成大块，同时使用Hilti HIT RE 500双组分环氧树脂黏合剂稳定主要的结构连接点。

（4）重新安装时，在相邻的浮雕大块之间隔有透明的聚乙烯薄膜缓冲层，以防在石雕定位安装时边棱发生接触性损坏。

（5）重新安装，准备好用改性环氧树脂制作的找平层，浮雕块不规整的底面与水平提升板相吻合。浮雕大块被移回中国厅，垂直放置在提升板上，随后在安装好的浮雕基座上，放置载有浮雕片段的提升板，并作及时调整。然后使用螺栓将基座部件固定到位。例如C396的B部分装在一个钢质托板上，托板被连接到支撑衔接装置上，已放在基座之上的A、C部分紧挨B部分两边放置到位，最后如上所述用螺栓固定好基座。

（二）第二阶段：修复残缺部位、美化整合浮雕外观（美学修复）（2010年4—5月）

主要由中方修复专家操作，目标是把浮雕修复到中方期望的外观等级，以更好地匹配在西安碑林博物馆陈列的另外四件石雕作品。

1. 前期的现状调查及诊断分析

在碑林博物馆对六骏中的四件石刻作了红外线成像照相（TIR）（图八、图九）、显微照相和X射线衍射检测（XRD）（图一〇、图一一），并取样作了石刻的电子探针（EDS）（图一二、图一三）。从分析数据得出：石雕本体保存状况相对较好，石

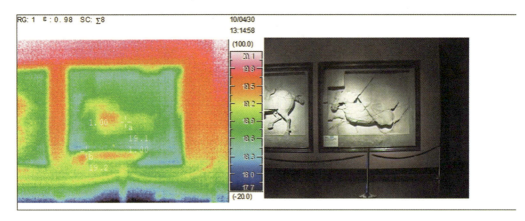

图八　白蹄乌红外检测分析

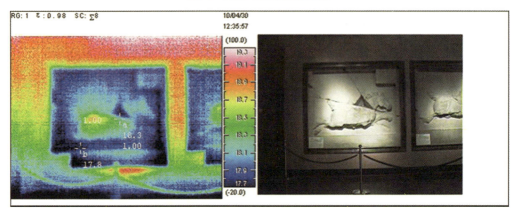

图九　什伐赤红外检测分析

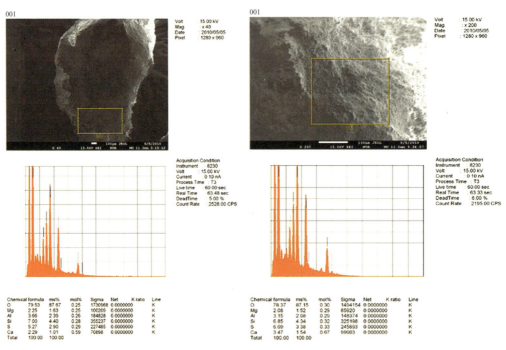

图一〇　白蹄乌X射线衍射分析　　　　图一一　什伐赤X射线衍射分析

图一二　白蹄乌电子探针　　　　　图一三　什伐赤电子探针

质材料成分是石灰石，比较致密，孔隙度较小。前往陕西省富平县宫里镇北山采石场对石料材质和传统加工技术、工艺作现场调研并走访了当地有名的石匠王同阳（非物质文化遗产传承人），了解到六骏采用的石材在当地属密度高、硬度大、杂质含量极少的高品质石料，雕出的石刻耐腐蚀、抗风化，并且收集了与六骏材质相同的石粉；与此同时，我们收到美方修复专家提供的两件石雕修复加固方案及修复填充预案，经过反复分析，就美方所述的相关修复方法提出我们的建议。

　　第一，对于残缺区域，应首先考虑残损的程度是否对石刻整体安全产生隐患，如果存在安全隐患以及出现粉化、裂隙、局部破碎等病变，应对其进行加固以及有限度的修补处理。对于不同病变所使用的修复材料建议：

　　（1）粉化：采用丙烯酸树脂（Paraloid B-72）渗透加固。

　　（2）裂隙：采用水硬石灰填充。

　　（3）破碎、裂缝：应使用与石刻本体成分相同的材料修补。

　　第二，对于"飒露紫""拳毛騧"缺失部位的处理：

　　（1）我们将带去缺失部位的残块模型，如果确定其属于某一部位的脱落部分，建议复原缺失残块。

　　（2）对于能确定形状、图案的缺失部位，可使用树脂材料进行复原修复。修复原则：①复制部分不与石刻本体作永久性连接；②为了减轻石刻整体重量，复原较大石刻缺失部位时，建议可将其做成中空形式；③修补处外观效果应与石刻整体保持一致。

　　2.对可知缺失部位的修补

　　将从国内带去的昭陵考古发掘"六骏"残块所翻制的石膏模型进行现场对比，确认其中的一块属"拳毛騧"马鞍断裂部分。可按此石膏模型复原这一缺失残块。

　　3.修补材料的筛选及修补工作的实施

　　面对两件石雕实物，与美国同行进行面对面讨论交流，对如何在前一阶段修复

图一四 "飒露紫"缺失　　　　　　　图一五 "拳毛騧"缺失

工作的基础上完成下一步补全修复及美学修复有了更加清晰的思路。在针对裂隙、断裂、缺失三种不同类型残缺的修补材料选择问题上，双方专家都非常慎重，力求兼顾石质安全、文物真实性、艺术欣赏等多方面的考虑。如图一四、图一五所示，分别用绿色、红色、黄色标明裂隙、断裂、缺失部位。

（1）对于裂隙（绿色部分）的修补工作，关键在于选择适合的填充材料。制作出四种配方的实验样块进行比照、筛选：①石粉：环氧树脂＝3∶1；②玻璃微珠：环氧树脂＝3∶1；③玻璃微珠＋40% Paraloid B-72（丙酮溶液）；④玻璃微珠：石粉＋40% Paraloid B-72（丙酮溶液）＝1∶2＋40% Paraloid B-72（丙酮溶液）。所有配方中都加入一定量的粉状矿物颜料，待实验样块固化后，对比石雕颜色，以调配出适宜的基调色。通过硬度、韧性等综合性能的测试、比较，配方④硬度适中，具可逆性，收缩率小，被选定作为修补的填充材料。

（2）对于断裂（红色部分），美方提出了两种修补填充方案：①采用的是给浮雕大片段底面制作找平层的改性环氧树脂的材料，这种材料由两种黏土状组分构成，当把这两种组分等量、充分地调和在一起，24小时内就会凝固成石质硬度，便可作出所需的填充材料。先在断裂面上附着一层聚乙烯薄膜，再将这种填充材料填入裂缝之中，待其固化变硬（此状态下可被移除，具可逆性），用玻璃微珠：石粉＋40% Paraloid B-72（丙酮溶液）＝1∶2＋40% Paraloid B-72（丙酮溶液）在裂缝表面做旧。②采用纸浆与一种能增大强度的树脂混合、制成的填充材料进行修补填充。

考虑到石雕沿着断裂部位是可以随时被拆分的，是否对红色部位进行修补填充，应从展陈设计、美学理念等方面综合思考、谨慎决定。中美修复专家围绕这一问题，反复研讨、几经争论，最终商定不对断裂部位进行修补填充。

（3）缺失（黄色部位）的补全修补，对于此道工序应遵循的原则，中美双方专家彼此所持观点十分接近：补全材料应质轻、结构稳定且具备一定支撑强度的材料；补全部分与石刻本体不作永久性连接，能够移动；补全部分的外观质感与石刻整体协调一致。按照以下步骤完成缺失的修补工作：

第一步，按照缺失部位形状，使用高密度的聚乙烯泡沫材料制作出支撑芯。

第二步，在支撑芯表面贴敷一层约1厘米厚的改性环氧树脂，待其固化后作出支撑面，使用50% Paraloid B-72丙酮溶液调制石粉呈胶泥状，深压于支撑面，制成补全部分。

第三步，先使用15% Paraloid B-72丙酮溶液，只涂刷补全部分与石刻本体连接的断面边沿，涂刷宽度2厘米，再将补全部分放入缺失部位进行粘连，最后使用50%的Paraloid B-72丙酮溶液调制的胶泥状石粉对以上两部分作更进一步的黏接。

4. 美化整合浮雕外观（美学修复）

对浮雕的修补部位（绿线、黄色部位）作一定的色彩处理，国内传统修复中对于该环节的处理一般称为"做旧"。使用矿物颜料，采取晕染法对两件石雕修补部位进行着色处理：根据石质的颜色，调配矿物颜料，先用毛笔在制成的填充材料样块表面调试，直到与石刻表面颜色协调一致，再使用毛笔或特制的小拓包将调好的颜色由浅及深分次在修补部位上进行着色，最终使修补部位表面"弱化"，即与石刻本体表面在一定距离之外的视觉上自然整合、浑然一体（图一六、图一七）。美学修复前后的效果对比明显，修复后整体视觉令人满意。要注意的是：①在修补部位着色时，不能将颜料涂抹到石刻本体上，要能够近距离分辨出修补部位的边缘轮廓；②近距离看，修补部位的最终颜色应比石刻本体颜色稍浅一些。

图一六　"飒露紫"美学修复后　　　　图一七　"拳毛騧"美学修复后

三、结论

（1）支撑"拳毛騧"（C396B）部分的钢衔接装置设计巧妙，装置中的钢板能靠上下滑动来调节间接连接其上的B部分的高度，在B部分背面钻两个孔，将焊接在另一个钢板上相应位置的两个长约4厘米的钢棍插入孔中，此钢板用4个高级螺纹栓安装到前一个能上下滑动的钢板上，这些螺栓能让焊接有钢棍的钢板作调整以使B部分与A、C部分接合紧密。并且，钢衔接装置上有一个能固定B部分最终确定高度的"锁定"。这样的支撑设计，使B部分绝大部分重量转由该装置承担，极大地减轻了对于A、C部分的压力，有利于对石雕的长期保护。

（2）科学、有效地选用修补材料。①修补裂缝（绿线）的填充材料为玻璃微珠：石粉＋40% Paraloid B-72（丙酮溶液）＝1：2＋40% Paraloid B-72（丙酮溶液），削弱了单个组分性能中的缺陷，同时凸显出各组分的优良特性。硬度、重量、收缩率、可逆性均适合该件修复文物的现状。②补全缺失（黄色部位）的填充材料聚乙烯泡沫"支撑芯"质轻、性能稳定、易于加工造型；支撑面改性环氧树脂由黑、白色两等份改性环氧树脂充分糅和均匀组成，在其固化成石质般硬度前24小时内都可以用手工、辅助工具、水、特配安全溶剂任意塑形，完全固化后又可以做进一步的打磨、敲击、钻孔、雕刻、刨车等加工处理，此外，该材料还可以在水中固化，并且在密封、冷藏的条件下能够延长使用期限，这样由芯、面组合制成的补全部分的外形支撑满足了重量轻、硬度大、刚性强的多方面要求。而先后使用15% Paraloid B-72丙酮溶液、50% Paraloid B-72丙酮溶液调制的胶泥状石粉对补全部分与石刻本体作初步、小面积粘连及更进一步的固定黏接，采取这样的工艺步骤，是基于可逆性原则，以便于以后与石刻本体的拆分、重装。

（原载《文物》2011年第2期）

意大利文物修复原则的启示

杨文宗

（陕西历史博物馆）

摘要：以"布郎迪（Brandi）修复理论"为代表的意大利文物修复理论思想强调保持文物的历史真实性，尽可能减少人为因素对文物的干预。本文以中意合作文物保护培训班学员修复的西周中期青铜礼器盉和宝鸡戴家湾遗址出土的西周早期陶鬲为例，比较了中意两国在文物修复方面的不同特点，认为我国在文物修复中需要借鉴和吸收意大利的经验，制定科学的文物修复原则，以提升文物修复水平。

关键词：文物修复　保护和修复　修复理论　陶器

众所周知，意大利这一有着悠久历史和灿烂文化的西方文明古国，不但以其丰富的历史和文化遗存闻名于世，同时它的文物修复也早已形成了一套独具特色的完整的理论体系，堪称当今世界一流水平。

文物修复的目的是最大限度地延长文物的存在时间，这一点不管是在中国，还是在意大利，看法都是一致的。意大利文物修复理论思想的要点可概括为"保持文物的历史真实性，尽量减少人为因素对文物的干预"。著名的"布郎迪（Brandi）修复理论"认为，文物作为人类活动遗留下来的特殊艺术品，具有双重价值，一方面反映着特定的历史价值，即布郎迪提出的"历史需要"；另一方面它具有一定美学价值，即"审美需求"。由此，布郎迪引出文物修复的第一个定义："从长远眼光看，修复就是对文物的材料、历史价值、美学价值重新认识的一种特殊的方法学。"从以上定义我们不难看出，该定义强调的是"方法"的过程以及决定其效果的因素。构成文物的物质材料及文物是如何保存至今的，这些才是文物修复应该涉及的领域。布朗迪关于文物修复的第二个定义是："文物修复应该致力于重建文物的潜在意义，尽可能不要造成历史赝品或艺术赝品，不要抹去任何历史痕迹。"在这样一个较为明确的文物修复理论思想的指导下，意大利文物修复原则可以具体到以下几点：①保留特定的历史、文化背景在文物上所表现出的各种信息，经修复过的文物要呈现出一种时间性，从文物最早的起始状态到文物目前状态为止，文物所承受的不同历史时期各种因素的作用及这些作用在文物上所表现出的各种信息，只要该信息能反映出某一历史时期的特点，并且对文物不会产生新的病变，都应保留。②美观的需要，就是要在详尽掌握修复文物有关数据的基础上，不掺杂主观想象，使修复过的文物尽可能多地保留其原有的"审美需求"。③修复所用材料不能改变文物的历史性，这一点我理解为文物修复是一个过程，是一种平衡关系的不断建立，不能只局限于目前的修复状态。据此，必须要求修复材料和修复手段具有可逆性。

为了进一步说明意大利文物修复的原则，突出意大利文物修复不同于我国文物修复之特点，下面就以中意合作文物保护培训班学员所修复的一件西周中期的青铜礼器盉和宝鸡戴家湾遗址出土的西周早期陶鬲的修复方法为例。这一件青铜盉，1975年出土于宝鸡扶风法门公社。修复前的状态为：其表面大部分覆盖一层薄而均匀的黄土色土垢，结垢下层为致密的红色锈蚀和绿色锈蚀，另外还有少量黑色锈蚀及点状的浅绿色粉状锈。该器物保存基本完整，其管状流根部有裂痕，裂痕处有缺损，流与盉体只有30%连接在一起，造成流体歪斜；在盉盖在环纽处，有1厘米×0.7厘米的缺损。在初步观察的基础上，进行有目的的取样，分别取表层锈蚀样品进行如X射线衍射（XRD）等分析，经分析判定，红、绿、黑色锈蚀均为较稳定锈，对该器物不会造成损害，只有浅绿色粉状锈会不断扩展、深入，直到器物溃烂、穿孔，必须去除。清楚掌握器物的历史信息后，制定可行性修复计划：即①清洗；②缓蚀；③黏接；④局部的补全；⑤最后的封护。在这一过程中，首先应明确该器物表面覆盖有一层稳定锈蚀，可对器物起到保护作用，同时也使青铜盉的历史信息保留下来。由于流的根部存有裂缝，有一小块残缺，与盉体连接面积小易造成断裂，且展示时影响美观，就有对流根部进行黏接补全的必要。补全材料为UHUPIUS（环氧树脂）胶加入矿物颜料、细硅粉。

我国传统的青铜器修复方法所体现出对文物修复人员精湛的修复技艺的严格要求，正反映出我国传统的文物修复对文物"审美要求"的追求，这与意大利文物修复原则之二不谋而合，并且某些传统技艺简直令国外同行叹为观止，对于这类宝贵遗产，毋庸置疑，我们应发扬光大。但同时我们应该清醒认识到我国传统的青铜器修复中，对器物变形部位常使用捶击等外力进行矫形，对断的残片采用焊接方法进行连接，这会在不同程度上改变材质的金相结构，改变原始的青铜器铸造信息及器物的相关信息。我国文物修复在一定程度上也会重视修复文物的历史真实性，但很显然没有具体量化这种历史真实性，而在相当程度上取决于修复人员自身的认识，缺少一个统一标准和科学的修复理论体系。

宝鸡戴家湾遗址出土的周代陶鬲现场发掘、实验室微型发掘及修复也从某些方面体现出意大利文物修复之特点。由于该器物当时在发掘现场与周围泥土混为一体，整体状况很难掌握，我们深入到发掘工地，决定采取土质封固提取的方法，移至实验室进行发掘。发掘过程中，伴随陶鬲残片的出土，还清理出一婴儿头盖骨及小碎骨和一些生物遗迹，我们并没有丢弃这些发掘伴随物，而是将其一并处理保存，并标注土层编号及名称等信息。这样，最大限度地掌握该陶鬲的各种信息，为以后修复、研究工作提供较翔实的资料。

在对该陶鬲进行修复中的黏接工序时，我们针对不同的情况，分别使用MOWITAL B60（聚乙烯酸纤维脂）和UHUPIUS双组分胶，Paraloid B-72溶液 MOWLTAL B60有可靠黏合性的同时，具有可逆性；Paraloid B-72作为隔离层，将UHUPIUS这种不可逆的环氧树脂转化为可逆胶。接下来进行的是补全工序，在这一过程中，所选用的补全材料为石膏、TREEAOMBRANAT（黑色天然矿物颜料）、PRLMAL AC33X（丙烯酸乳液）、细砂。按所选各种材料进行一定比例的调制填补，填补部位要求低于陶鬲表面0.1厘米。对于补全材料要求做到：①可逆性强：补全部位易于拆除，又不损坏文物的原始材料；②可辨识性：补全材料应尊重文物的原始部分，与其协调但又有所区别；③可兼容性：补全材料不能改变和破坏文物的原始材料。显然，以上黏接、补全工序是意大利文物修复原则之三的典型体现。如果该陶鬲所使用的材料老化或我们有了更加科学的修复方法，就可以利用材料的可逆性，去除作用在陶鬲上的人为因素，使其得到更科学的保护修复。

另外值得注意的一点是，我参与了此次陶鬲的现场发掘，这正是意大利文物修复工作对修复人员的基本要求，要求文物修复人员应具备一定的考古知识，参加现场考古发掘，极大地扩展了文物修复人员对修复对象全面认识的渠道，为科学地修复文物打下基础。相反，我国的情况是文物修复人员的工作往往与考古发掘活动相脱离，很大程度上限制了我国相当一部分文物修复人员文物修复思路的拓展。

我国具有五千年的文明历史，地上、地下存在大量珍贵文物，要保护、利用好这些文物，修复工作必须上一个台阶。尽快制定、完善我们的文物修复法规、制度是当务之急，我们可以借鉴意大利等西方国家的文物修复理论、方法和技术，充分发挥文物修复人员的积极性，结合我国文物所具有的普遍特点及我们文物修复工作的经验，走出一条适合我们自己情况的文物修复路子，使我们具有的文物修复水平与我国文物大国这一地位相称。

（原载《陕西历史博物馆馆刊》（第七辑），三秦出版社，2000年）

意大利文物修复原则的启示

中意文物修复理念的碰撞

杨文宗[1]　何　晓[2]

（1.陕西历史博物馆；2.新疆维吾尔自治区文物考古研究所）

摘要： 中国与意大利同样有着丰富的文化遗产，也在各自的文物保护和修复实践中形成了具有不同特点的修复工艺和理念。意大利的文物修复原则以布郎迪修复理论为基础，强调修复需要考虑文物的历史、审美双重价值，同时修复所用材料和过程都需要具备可逆性。而中国传统的文物修复则更注重修复后的效果，缺乏对文物的科学检测分析；同时，国内的文物修复工作尽管有梁思成提出的"整旧如旧"原则作为指导思想，但目前仍缺乏明确、统一的修复标准。通过本次中意文物保护培训班，双方对两国文物修复理念的异同有了更理性的认识，意大利文物修复理念也为中国文物保护学学科的发展和相关理论的完善提供了重要的参考。

关键词： 修复理念　文物修复　布兰迪修复理论　意大利

中国、意大利，两个相距遥远的国度，同样有着悠久灿烂的人类文明史，同样拥有在历史长河中沉淀下来的浩如烟海的文化遗迹及遗物。如何更好地保存这些人类共同的文化遗产，如何最大限度地延长文物的寿命，成为我们共同关注的问题。

各国的文物修复及保护活动在形成和发展之初，都是基于对古董买卖及收藏的需要。由于各国国情的不同，文物保护修复技术在不断实践和完善的过程中形成了不同特点的修复工艺，修复理念也存在不同程度的差异。而通过此次中意文物保护培训班的学习，则让我们对两国文物修复理念之间的异同有了更理性的认识。

意大利可以说是最早将文物保护修复作为一门独立的学科进行研究的国家，早在20世纪之初，就在布郎迪的倡导下成立了针对文物保护的修复研究所及修复实验室，并成立了专门培养修复师的学校。而著名的布郎迪修复理论奠定了意大利修复原则的基础，并成为以后世界各国在文物修复领域的指导性理论。其理论的核心内容强调修复应考虑文物历史和审美的双重价值。他们认为所有的古代文化遗存都应被视为艺术品，这一认识高度必然会影响修复的程度及效果。布郎迪修复理论的另一个重要内容是"预防性修复"原则，他认为修复所用的材料应是可逆的，且修复的过程也应是可逆的，应尽力避免"真正的修复"，因为在目前技术条件有限的情况下，人为干预的方式都是不得已而为之，不留余地的"真正的修复"会对文物带来损害。

"整旧如旧"是我国古建筑学家梁思成先生早年针对古建保护提出的言简意赅的维修要求，它曾在当时的历史背景下，为文物保护提出了明确的指导思想，这一原则一直沿用至今。目前国内文物保护所遵循的"不改变文物原状"的基本原则也是由此发展而来的，但显得过于笼统而难于掌握。

中意文物保护修复理念的异同体现在很多具体问题上，例如在青铜器的清洗中对铜锈的处理，国内传统的观念认为：青铜器表面色彩斑斓的矿化物正是历史遗存的见证，更体现了文物厚重的沧桑感，因此对不会继续腐蚀青铜表面的铜锈尽量不作处理而加以保留。这一做法与意大利的修复准则不谋而合。而在"补全"的问题上，国内以往的做法通常是将补的部分以精湛的做旧技术处理得和原物难以分辨，这样往往就会造成布郎迪所说的"历史的赝品"。在这个问题上，意大利有着明确而具体的"可辨识"原则：补全的部分外观应与原物相似但可以识别，就是远看一样，近观有别。

在中国传统的修复当中，一般不会对修复的过程作详细记录，而更注重修复后的效果；更缺乏对文物各方面性状的科学检测分析，更多的是凭修复者本人的主观理解和经验，加之缺乏明晰统一的修复标准，就难免造成对文物结构、材料的破坏和原有历史信息的改变。根据意大利的修复理念，修复是对文物各种价值再认识的过程，修复学是多学科综合作用的科学。因此在修复的过程中要求首先对文物的材料构成、理化性质、劣变原因以及周边环境的影响作科学的定量定性检测分析，对症下药，以制定合理的保护计划。对文物的材质、性状、损坏的状况、修复的程序以及修复所用的材料等要求作详细的档案记录，包括文字资料、图表、照片等，以保留真实的历史信息，便于今后的日常维护或进一步修复，给以后的保护研究提供完备的资料。

文物保护学在我国还是一门年轻的学科，基础理论研究不够完善，传统的修复观念中存在许多值得反思的问题，在吸收、借鉴传统的修复技术的同时，对文物材料定性定量的检测分析及相关环境的研究工作还有待深入广泛地开展。意大利的修复理念及涉及各个方面的详尽细致的保护原则值得我们更多地学习和借鉴。

（原载《中国文物报》2004年7月）

记唐墓壁画真迹赴日参加"世界四大文明——中国文明展"的文保工作

杨文宗

（陕西历史博物馆）

摘要： 本文详细叙述了中国唐代墓葬中出土的三幅唐墓壁画真迹赴日参加"世界四大文明——中国文明展"的过程。突出了壁画保护展陈的独特性，对其多材质构成和保存条件的要求进行了阐述。为了解决壁画的保存、包装和运输问题，中日双方展开了合作与磋商，通过试验和改进，最终采用了可行的壁画包装装置。整个过程强调了文物保护的重要性，体现了国际文化交流的意义。

关键词： 唐墓壁画　文物保护　包装运输　包装技术

2000年8月4日，在日本横滨美术馆，"世界四大文明——中国文明展"开幕式隆重举行，同日开幕的还有埃及、两河流域、印度河—恒河三个文明展，它们分别在东京国立博物馆、世田谷美术馆和东京都美术馆举行。各有关国家与日本国NHK方面积极合作，为此次大型展览的成功举办不遗余力，所送展的都是具有代表性的文物精品。中国参展的数百件文物，年代从史前时期到隋、唐时期，许多件属于"国宝"，是历次出国展览中规模最大、等级最高的一次，唐墓壁画真迹的成功出展便是明证。

唐墓壁画是我国唐代最具代表性的文物之一，与秦始皇陵兵马俑、法门寺地宫珍宝一起号称陕西三大特色文物，秦始皇陵兵马俑、法门寺地宫珍宝曾多次赴国外展出，唯独唐墓壁画从未在国内的其他省份展出过，更不要说露面于国外，由此给唐墓壁画增添了更多的神秘色彩。造成这种遗憾的原因是唐墓壁画不同于其他文物的多材质构成，这种复合材质要求唐墓壁画必须在具备较高水平的保存、展示条件下，才能不受到破坏性影响。如何达到这种客观要求，使唐墓壁画真迹能够安全"走"出去，让更多人目睹它的风采，成为中外文保界多年来研究的课题之一。

可以说，此次的"世界四大文明——中国文明展"加快了这一研究步伐，并且取得了可喜成果。

为了保证唐墓壁画能够代表陕西在"中国文明展"出展，早在两年之前，中日双方就如何解决壁画经长距离运输到异地展出的所有难题，进行具体试验。我作为一名壁画修复、保护的工作人员，从壁画运输方案的模拟试验、实施方案的确定、壁画的包装运输，到壁画的展出，自始至终参加了这项工作。我认为对这一工作及时做出总结，无疑会给今后的壁画外展提供借鉴。

此次赴日参加"中国文明展"的唐墓壁画真迹共三幅，分别是保存于陕西省考古研究所的宫女图、文官进谒图和陕西历史博物馆馆藏壁画提罐仕女图。宫女图、文官进谒图于1997年分别揭取于陕西富平县节愍太子李重俊墓和陕西蒲城县惠庄太子李撝墓，1998年分别进行了修复、加固。提罐仕女图出土于陕西乾县章怀太子李贤墓，20世纪70年代初揭取并得到修复、加固。宫女图和文官进谒图修复、加固工艺采用3%乳胶水溶液、2%聚乙烯醇水溶液作壁画背面渗透加固剂，采用铝合金作为壁画背面的支撑架，与较早时间修复、加固的提罐仕女图不同。提罐仕女图未使用渗透加固剂，壁画背面的支撑架使用木质材料，显然提罐仕女图的物理强度低于其他两幅壁画（就修复、加固处理后的现存状态）。由于这三幅壁画的绘制年代集中在706—724年，结构、材料、工艺基本相同，因而三幅壁画本身的画面现状基本相同。

中日双方通过对这三幅壁画揭取、修复、加固及现存状态的比较、分析，为采取统一标准的包装、运输、陈列方案找到了可靠依据。经过多次商讨，双方一致认为解决好包装、运输问题是壁画真迹能否出展的关键。为了攻克这一难题，我方文保技术人员根据唐墓壁画现存环境和状态向日方筹办人员提出壁画包装运输的原则，日方承诺遵循此原则，提供具体实施方面的技术协作并接受我方对包装设施进行模拟实验的检测。

1999年6月，我方就赴日参展唐墓壁画包装、运输及展出期间的陈列环境提出原则要求。

壁画包装运输原则：

（1）壁画应以画面向上的水平状态放置，不可倒置。

（2）所处环境：温度保持18—20℃，湿度45%—50%。

（3）壁画所使用的包装材料应为防火材料。

（4）壁画包装、运输材料不应产生或释放有损壁画颜料的有害物质，且不会对壁画造成任何形式的污染。

（5）壁画切勿受到剧烈碰撞和较大冲击力。

壁画在展出期间的陈列环境要求：

（1）壁画应为仰角45°状态放置展出。

（2）所处环境：温度18—20℃，湿度45%—50%。

（3）陈列中所使用的照明光源应为不含紫外线的冷光源，光照度为60lx以下。

（4）陈列环境严防尘埃及其他有害气体对壁画造成损伤及污染。

随后，日方及时作出承诺，对于壁画展出期间的陈列环境要求完全能够达到，同时也能够为壁画包装运输材料的防火、防污染性能及运输当中的温湿度要求提供技术保障。至此，如何使壁画包装运输原则中的第1、5项落到实处成为焦点问题。

各时代壁画结构大致由三部分组成：支撑结构、地仗层、颜料层。经揭取、修复、加固的壁画虽然以木质或铝合金支撑架替代了原支撑结构（墙壁），以相应的渗透加固剂巩固了原地仗层，但是仍然保持了这种多材质结构，并因此使得壁画各构成部分对于所受外力产生的应力大不相同，应力不同会造成各构成部分发生相对位移，表现为掉渣、起翘等现象。所以，剧烈碰撞、较大冲击力及倒置现象是壁画最大的禁忌。这些客观事实必然要求，提供包装壁画进行长距离运输的装置能有效减少这些对壁画产生的安全隐患。

1999年7月，日方提供了壁画包装装置，这种装置由内外两箱组成，内箱是直接装载壁画的套箱，大小与壁画尺寸相符。壁画经过背面铺衬垫、加托框、画面加画框等工序装入套箱，套箱的作用使接触壁画的包装材料缓冲外力，并且使进一步减少外力强加于壁画的作用而进行的再次包装有了着力点。外箱通过垂直固定在底板上的四根弹簧与套箱四个棱角相连，装载壁画的套箱也就平行于外箱底板而平稳地固定在四根弹簧上。

1999年8月中旬，我方对这一装置进行了模拟测试，测试过程如下。

试验前准备：

模拟唐墓壁画结构，制作一幅长110、宽86、厚8厘米的壁画试验品。绘制壁画试验品运输前的原状图，并拍摄原状照。

试验一：在有坑凹的坡道路面上运输。

试验方式：先将制作的壁画试验品装入日方提供的包装装置中，然后人工将包装装置搬至名叫佐川急便的运输车辆上。

在天晴（气温33℃）的日子，以40—60千米/小时的车速行驶约2小时，行程约80千米。

运输后壁画状况与原状比较，画面出现大量掉渣、粉末等损伤现象。

试验二：在常规路面上运行，途中进行急刹车、急转弯试验。

试验方式、天气状况、运输车辆与第一次试验相同。以60—80千米/小时的车速行驶约2小时，行程100千米。

运输后壁画状况与原状比较，画面有少量掉渣、起翘现象（米粒大小），局部出现裂纹。

中日双方对测试的结果进行反复论证后，认为日方提供的壁画包装装置存在一定缺陷，不能有效减少外力施于壁画的伤害，需对壁画包装装置做进一步的完善。

2000年3月，日方再次提供了壁画包装装置，该装置对前一装置中弹簧的安装方式做了大的变动。在前一装置的内套箱与外箱之间加做一网状木质箱，大小恰好能沿外箱内壁放置，其作用使固定于其上的弹簧从六个方向分别给内套箱的六个面施力（图一）。这样装有壁画的内套箱通过上下、左右、前后六个方向的弹簧拉力，水平处于网状木质箱正中，改变了前一装置中内套箱只有底面一个方向受弹力保护的状况。4月，中方再次对改进后的包装装置作了实地测试，测试结果达到预期目的，令人满意。5月，中日双方经过多次研讨，一致决定采用日方第二次提供的装置包装壁画并进行长途运输。

图一　壁画包装

随着"包装"这一焦点问题的解决，唐墓壁画真迹的出展成为现实。6月底，中日双方工作人员在壁画真迹库中对出展的三幅唐墓壁画实施了包装。2000年7月3日，我们应该记住这一天——唐墓壁画真迹在中日双方文保工作人员一年多的共同努力下，终于踏上了首次外展的征途。

（原载《陕西历史博物馆馆刊》（第八辑），三秦出版社，2001年）

陕西历史博物馆壁画保护工作的回顾与展望

杨文宗

（陕西历史博物馆）

摘要： 陕西历史博物馆唐墓壁画藏品数量多、面积大、等级高，揭取年代覆盖范围广，体现了我国唐墓壁画揭取、保护、修复技术工艺的发展。本文对陕西历史博物馆自筹建以来的唐墓壁画保护研究工作进行了梳理回顾，着重对濒危壁画、大型壁画的抢救性保护以及与国内外壁画保护科研单位的合作情况进行介绍；并对今后五年陕西历史博物馆壁画保护工作发展规划进行展望，继续加强墓葬壁画的科学揭取迁移、包装运输工艺研究、壁画修复保护新材料研发及馆藏壁画预防性保护研究，力争成为国内外知名的壁画揭取、移动、保护修复研究中心。

关键词： 壁画保护　壁画揭取　壁画迁移　壁画预防性保护研究

陕西历史博物馆馆藏古代壁画目前为止有640幅，计1000余平方米。其中唐代墓葬壁画占绝大多数，诸如来自乾陵三大陪葬墓壁画：马球图、狩猎出行图、客使图、阙楼图、仪仗图、宫女图等都是大家耳熟能详的。这些壁画藏品囊括了中华人民共和国成立66年来各个历史阶段揭取保护的唐墓壁画，堪称一部厚重的新中国唐墓壁画揭取、加固、修复保护之史书（图一）。

20世纪50年代的"木箱套取法"（图二）、"胶布粘取法"经过摸索和实验，被

图一　展馆场景图

图二　木箱套取法

总结并采用，使唐墓壁画由原址入藏博物馆成为现实。20世纪60年代揭取唐永泰公主墓壁画时确定"以生漆加固为主、环氧树脂加固为辅"的方案，是第一次尝试用新材料改进、替代石膏加固（图三）方法，环氧树脂（图四）成为日后数十年固定使用的加固材料。20世纪80、90年代：1983年开始筹建陕西历史博物馆（以下简称陕历博），设计之初就制定了建立集保存和展示为一体的壁画观摩库，面积1200平方米，恒温恒湿（冬季18℃，夏季25℃，湿度55%±5%），照明光源采用无紫外线荧光灯，存放壁画采用轨道式抽屉柜，这种考虑在全国亦属首次。1991年2月在陕历博开馆前夕，接受原陕西省博物馆所藏的全部唐墓壁画，收入已建成的壁画观摩库（后称唐墓壁画珍品馆）（图五），自此唐墓壁画的保存环境得到极大改善，常态化对外展示成为可能。1994年8月，陕历博与陕西省考古研究所联合揭取唐昭陵新城长公主墓壁画，成功揭取搬迁21幅壁画，全部入藏陕历博唐墓壁画珍品库，这是陕历博成立开放后壁画揭取保护的起始。这一时期，古壁画原始资料的记录和揭取、修复保护的方法更为规范和完善。进入21世纪以来，随着中国、意大利双方合作建成陕历博唐墓壁画馆（后称唐代壁画珍品馆）及壁画保护修复研究中心的成立，陕历博圆满完成唐墓壁画真迹（宫女图、文官进谒图、提罐仕女图）首次外展赴日参加"世界四大文明展"的安全包装、运输、陈展全程文保任务，并与日本技术人员合作研制出首套科学规范的古代壁画包装运输方案（图六）。成功尝试各种状况壁画的现场保护性揭取，在唐墓壁画整体保护性搬迁、馆藏濒危壁画的病害处理及再修复保护研究等方面取得重大进展。

图三　石膏加固　　　　　　　　图四　环氧树脂加固壁画

一，积极抢救、揭取、收藏处于濒危状态的唐墓壁画，注重揭取后壁画的修复保护研究。自1994年至2015年与陕西省考古研究院（1978—2006年称陕西省考古研究所）联合，先后揭取唐昭陵新城长公主墓壁画、唐淮南大长公主墓壁画、唐贞顺武皇后敬陵壁画、唐韩休墓壁画，共计87幅壁画入藏陕历博唐墓壁画珍品库。尤其

图五　唐墓壁画珍品馆

图六　壁画包装运输方案

是唐韩休墓墓室的山水图、朱雀图和乐舞图三幅壁画采用表面渗透加固、空鼓灌浆、表面封贴、打石膏包等技术，成功进行了整体搬迁（图七、图八）。壁画的面幅及体量之大、所采用的技术手段都在国内学界开创了先河；其间的2010—2011年，还对内蒙古自治区鄂托克旗乌兰镇米拉壕汉墓壁画成功进行了抢救性揭取保护，该批壁画无地仗层，系在砒砂岩表面涂刷的黄色颜料上直接绘制而成。砒砂岩成岩程度低、结构强度低，遇水如泥、遇风成砂，成功揭取如此劣质支撑体上附着的壁画尚属首次（图九）。

图七　打石膏包

图八　整体搬迁

图九　米拉壕汉墓壁画揭取

我们还重点开展了20余幅馆藏霉菌污染壁画的保护修复处理，90余幅上展壁画的保护修复处理，变形壁画的支撑体更换等百余幅馆藏壁画的保护修复工作。同时，在馆藏壁画预防性保护研究方面起步早、落实快，于2010年就完成馆藏壁画"智能微环境实时监测系统"的监测、维护，实现了针对壁画所处环境的温湿度、光照、气体质量及降尘的有效控制。

二，开展多项国内外壁画保护合作交流项目，承担完成多项有关壁画保护的科研课题。1996—

2000年，陕历博与日本奈良国立文化财研究所就唐墓壁画修复、保护等进行了合作研究，系统地调查和分析了唐墓壁画的颜料并将唐墓壁画所用颜料和敦煌壁画所用颜料、日本壁画所用颜料进行了比较；1998—2000年完成"陕西历史博物馆支援洛阳古墓博物馆北魏元怿墓室壁画修复、加固及河南新安县梁庄北宋墓壁画揭取工作"；2001年10月至2002年4月受意大利安杰里·乔瓦尼基金会资助，陕历博派文保修复人员赴意大利罗马修复中心进修壁画修复技术，获得罗马修复中心颁发的结业证书；中意合作唐墓壁画保护修复及培训项目是1999—2011年意大利政府"支持陕西历史博物馆项目——建设唐墓壁画馆"中的重要组成部分，通过对陕历博馆藏唐墓壁画的联合修复，将意大利先进的壁画保护修复理念、流程、方法介绍到陕历博，推动了中西壁画保护修复技术的融合。同时，意方派出修复、建筑、化学等专家10位，中方派出临摹、保护修复等专家7位，对20余名陕历博壁画保护修复工作人员进行了为期一年的培训；2013年、2014年，先后启动"陕历博援助宁夏回族自治区固原博物馆馆藏壁画的保护修复工作及业务人员的培训""陕历博受故宫博物院委托，承担院藏明清时期寺观壁画修复及业务人员的培训、指导工作""陕历博援助陕西洋县智果寺元代壁画的保护修复工作"等项目。

自陕历博开放至今，壁画保护技术人员联合国内外相关机构的专业人员对古代壁画的绘画层、地仗层和支撑体等进行了多角度、全方位的研究和探讨，取得了丰硕成果。①唐墓壁画保护研究方面，对唐墓壁画颜色褪变进行模拟实验，指出导致壁画颜色褪变的因素并提出相应的解决方法，即壁画保护的环境问题。②濒危馆藏壁画抢救性保护工程——馆藏壁画保护综合研究方面，全面总结了我国自20世纪50年代至21世纪头10年的馆藏壁画保护修复经验，形成了系统的馆藏壁画保护修复技术，建立了基于GIS系统的馆藏壁画病害调查统计方法和基于数字化的馆藏壁画模拟修复技术，在馆藏壁画钙质土垢、残留胶及菌斑清理方面取得了突破。③《陕西历史博物馆馆藏唐墓壁画病害调查研究》首次在翔实数据资料的基础上，对陕历博馆藏壁画的病害从支撑体、地仗层、颜料层三方面进行了分类记录，并分析了其成因。

陕历博拥有国家文物局颁发的"可移动文物技术保护设计甲级资质"与陕西省文物局颁发的"可移动文物修复一级资质"，先后出版了《唐墓壁画保护修复研究报告》《唐墓壁画研究文集》、中意合作编著的系列《西安手册》等专著，发表论文100余篇。2014年10月15—18日，陕历博成功主办"2014年陕西历史博物馆壁画论坛——全球视野下中国古代壁画的预防性保护研究"国际学术研讨会，标志着陕历博壁画保护修复技术已具备与世界先进水平接轨的实力（图一〇）。

三，今后五年陕西历史博物馆壁画保护工作的发展规划。立足陕西省馆藏壁画技术保护及修复体系建设，与省内其他壁画技术保护修复单位错位发展、技术优势

图一〇　2014年陕西历史博物馆壁画论坛——全球视野下中国古代壁画的预防性
保护研究国际学术研讨会

互补、基础条件平台共享，将陕历博打造成馆藏壁画保护修复方面具有国内一流水平、国际知名的文物保护专业机构，成为服务陕西省和北方地区乃至全国馆藏壁画技术保护修复科研、实施、培训任务，新技术研发和推广示范，具备一定基础条件和一流文保科技人才队伍的、高水平馆藏壁画技术保护修复中心。这就要求我们要逐步推进以下工作。

1. 陕西壁画保护修复研究基地建设

2015年4月30日"陕西壁画保护修复研究基地"在陕历博揭牌。基地由陕西省文物局批准，以壁画保护修复研究中心为依托，以"整合资源，形成合力，发挥优势，跨越发展"为目的，从而促进陕西省壁画展示利用、保护修复、科学研究走向更加科学规范的轨道，获得国家专项经费支持，形成产、学、研有机结合，从而尽快提升壁画研究、保护与利用水平。

2. 唐代壁画珍品馆大型展柜柜内微环境研究

近年来，陕历博针对唐代壁画珍品馆大型展柜的特殊性，采用了现代先进的实时监测技术手段，实现了壁画展柜内气体环境（大气温湿度、有害气体、VOC、光照、降尘等）及馆内柜外环境的实时监测，虽取得一定的成果，但由于时间较短，部署的监测设备较少，尚且无法评估该保护方式的优劣性。壁画馆大型展柜柜内微环境研究在前期研究的基础上，选取壁画馆具有代表性的三幅壁画（白虎图、宫女图、仪仗图），对展柜柜内温湿度进行立体监测，了解柜内温湿度场分布情况，并利用现代科学分析技术定期对壁画本体、壁画病害的信息进行采集，以期通过环境监测结果与病害发育规律的结合分析，探究符合壁画保护环境要求的最佳条件，为馆藏壁画保护提供具有借鉴和参考意义的标准。

3. 馆藏壁画修复工作

对于陕历博馆藏壁画，2011年7月—2013年7月在《陕西历史博物馆馆藏唐墓壁画病害调查研究》中做了记录、整理与分析，形成《唐墓壁画病害调查总表》《馆藏唐墓壁画图像信息表》《馆藏唐墓壁画病害分类表》《唐墓壁画所属墓葬综合信息表》，并利用三维数字化技术对B82、B263、B330三幅壁画进行了信息采集，为后期壁画保护、修复等提供详细信息与依据。通过该项课题研究，我们对接下来的研究方向更为明晰：①针对馆藏唐墓壁画存在的病害问题进行病害治理方法研究；②根据病害分析结果加强馆藏壁画的环境预防性保护研究；③针对夹板状态壁画的保护及研究。

4. 馆藏古代壁画预防性保护研究

其核心内容：稳定环境，控制温湿度等环境因素在适宜指标下的平稳性，所谓"适宜指标"是馆藏古代壁画本身已经长期良好适应的温湿度环境状态；洁净环境，控制馆藏古代壁画收藏、展示环境空气中特征污染物浓度达到科学合理的安全极限值以内，包括常见的清洁度和病虫害；预防措施，通过管理和技术应用，从源头控制馆藏古代壁画保存空间的污染物水平、光照强度和温湿度平稳性，实施必要的环境控制措施。

5. 壁画保护修复新技术研发及应用

陕历博已于2014年牵头组建了由陕西省考古研究院、西北工业大学等从事壁画保护研究及材料学研究的专业人员共同组成的壁画保护创新团队，由西北工业大学材料学院博士生导师担任团队带头人，并成功申报陕西省科技厅项目"新型纳米材料在馆藏壁画保护中的应用"，该课题将探讨纳米新材料在壁画无损检测中的应用、在壁画修复中的应用、在壁画色彩保护中的应用，并对新型纳米材料在壁画保护中的应用建立行业标准。

（原载《陕西历史博物馆馆刊》（第二十三辑），三秦出版社，2016年）

陕西唐墓壁画保护修复技术的传承与发展

杨文宗

（陕西历史博物馆）

摘要： 自20世纪50年代以来，经过几代人的努力，唐墓壁画保护已由简陋草创的阶段逐渐进入多学科新技术综合应用、国际合作深入研究的阶段，发展成为一门综合性文物保护修复门类。陕西文物保护工作者在唐墓壁画保护修复技术和研究应用方面积累形成了一套成熟的方法和经验。陕西历史博物馆馆藏唐墓壁画体量大，文物价值高，修复难度大，本文以陕西历史博物馆馆藏唐墓壁画保护修复为例，以几十年的时间为线索，概述了陕西唐墓壁画保护修复技术传承与发展的历史脉络。

关键词： 唐墓壁画　保护修复技术　传承　发展

唐代墓室壁画以规模宏大、题材丰富、表现形式多姿多样为世人所瞩目，在海内外有很大影响。其珍贵的历史和艺术价值更为国内外研究者所重视。陕西历史博物馆目前珍藏有唐代墓室壁画500余幅，2000余平方米，其中有著名的章怀太子墓、永泰公主墓、懿德太子墓等一批历史价值、研究价值、欣赏价值极高的墓室壁画。在陕西历史博物馆馆藏的这批珍贵壁画中，最早的是20世纪50年代配合基本建设而进行考古发掘时抢救性揭取的。这开创了陕西乃至全国对唐代墓室壁画进行保护工作的先河。

众所周知，墓室壁画因其材质的特殊性及对其保存条件的较高要求，给研究工作及陈列展出带来极大困难。如何保护好这些珍贵的壁画成为研究和欣赏这些壁画的首要解决的问题。陕西唐墓壁画的保护修复工作自20世纪50年代以来，迄今已半个多世纪。陕西的文物保护修复工作者筚路蓝缕，由当初的简陋草创、探索方法、抢救保护到如今的多学科、新技术的应用，国际合作、深层次研究。经过几代人的努力，已在唐墓壁画的保护修复的技术和应用上形成一套较成熟的方法和经验。本文试以陕西历史博物馆馆藏唐墓壁画保护修复为例，以壁画保护修复前后几十年时间为线索。点线结合，将陕西唐墓壁画的保护修复技术传承与发展的历史脉络做一概述①。

一、壁画保护修复技术传承

壁画保护修复技术的几个发展时期

馆藏唐墓壁画在揭取时间上跨度较大，壁画揭取、加固修复方法也各不尽同。揭取年代最早的是1953年西安西郊枣园杨玄略墓壁画、咸阳底张湾出土的张去逸墓壁画等，最近的则是2003年揭取的淮南大长公主墓壁画，期间整整半个多世纪。按壁画保护修复技术的传承与发展时间顺序可分三个阶段：第一阶段以20世纪50年代至60年代中期为起步探索阶段，第二阶段以20世纪70年代至80年代为逐步成熟阶段，第三阶段以20世纪90年代至今为成熟发展阶段。

1. 起步探索阶段

20世纪50、60年代揭取的壁画大多采用石膏做背衬加固的保护方法（图一），例如：1953年西安西郊枣园杨玄略墓壁画②，咸阳底张湾薛氏墓壁画③，1956年西安南郊羊头镇出土的李爽墓壁画④，1958年西安东郊苏思勖墓壁画⑤，1959年长安县南里王村韦洞墓壁画⑥，1961年乾陵永泰公主墓壁画⑦等。

这类壁画的保护修复方法是在将墓室壁画经科学划分采用切割揭取，将揭取下来壁画背面的泥层小心剔除至0.2—0.5厘

图一　石膏支撑体壁画

米的厚度。背面加网状竹片龙骨（图二）或网状细钢筋龙骨，龙骨之间用细麻或铁丝绑扎。然后在壁画四周围木框浇灌石膏，厚度为5—8厘米（图三）。画面缺失部分修复则是采用石膏修补。

---

① 注：本文仅限于壁画揭取后的保护和修复技术。涉及壁画本身的揭取技术则不在本文论述范围之内，相关介绍请参看有关论文。
② 王仁波、何修龄、单暐：《陕西唐墓壁画之研究》，《文博》1984年第2期。
③ 王仁波、何修龄、单暐：《陕西唐墓壁画之研究》，《文博》1984年第2期。
④ 陕西省文物管理委员会：《西安羊头镇李爽墓的发掘》，《文物》1959年第3期。
⑤ 陕西考古所唐墓工作组：《西安东郊唐苏思勖墓清理简报》，《考古》1960年第1期。
⑥ 陕西省文物管理委员会：《长安县南里王村唐韦洞墓发掘记》，《文物》1959年第8期。
⑦ 陕西省文物管理委员会：《唐永泰公主墓发掘简报》，《文物》1964年第1期。

陕西唐墓壁画保护修复技术的传承与发展

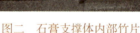

图二　石膏支撑体内部竹片　　　　　　　　　图三　石膏支撑体
厚度

以上目的是使脆弱材质壁画本体得到一个较为稳固的支撑保护体，从而使所承载壁画历史艺术信息的泥质灰层（即地仗层）能长久保存和便于壁画搬运收藏。由

图四　环氧树脂加固黏接壁画

于墓室壁画的保护修复此前可借鉴的资料和技术极少，当时西北文物考古工作队队长茹士安先生与文物修复师郑郁文先生对此进行了探索。他们借鉴斯坦因在西域揭取壁画的方法，采用套箱揭取法对壁画进行保护[①]。

2. 逐步成熟阶段

直到20世纪70年代，壁画的保护主要还是对支撑体的研究和改进。这一时期对壁画背部用石膏、环氧树脂和大漆等加固材料进行了应用试验，最终发现环氧树脂背衬取得了较好的加固效果。此后用环氧树脂进行的支撑体加固技术在壁画保护与修复中广泛地应用起来（图四）。20世纪70年代大多采用环氧树脂和木龙骨对壁画进行背衬加固。用环氧树脂、木龙骨加固的壁画（图五）如：1971年乾陵

① 茹士安：《介绍我们处理古墓壁画的一些经验》，《文物参考资料》1955年第5期。

出土的懿德太子墓[①]、章怀太子墓[②]壁画，1973年出土的三原陵前乡永康陵李寿墓壁画[③]，1975年出土的富平县吕村乡房陵长公主墓壁画[④]，1973年富平县吕村乡李凤墓壁画[⑤]。其中，1971年懿德太子墓部分壁画采用了环氧树脂、无缝钢管对壁画进行背衬加固。这一时期的保护修复方法为：对揭取壁画背面泥层进行剔除，此环节仍沿用20世纪50、60年代的做法，根据保存状况剔除至0.2—0.5厘米的厚度，然后用加玻璃纤维布衬和环氧树脂涂刷，再在环氧树脂上黏接网状松木龙骨（每根龙骨4厘米×2厘米），此法优点较之石膏加固支撑体大大减轻了壁画加固后的重量，而且支撑体强度、韧性好于石膏，而且便于搬运存放，但用松木龙骨加固后，因木材干燥固形工艺没有做好，木材受潮后发生变形，因此壁画也随之弯曲变形。在以后的工作中就逐渐淘汰了木龙骨，此外对于面积较大的壁画，当时的文物保护工作者考虑到木龙骨在支撑壁画方面因木材本身和工艺制作问题，对这类较大壁画采用特殊钢材（无缝钢管）作为背衬支撑体，这在20世纪70年代那个物资匮乏、材料落后的特殊时期，无缝钢管是作为陕西文保工作者所采取的超前（较为先进的）材料了，这一方法应用于懿德太子墓巨幅壁画仪仗出行图的保护中。无缝钢管的优点在于它的坚固和不易变形，能承受面积及重量较大的壁画所需支撑的荷载，但因其成本较高，自身重量大，不宜搬动。所以除在面积较大的壁画中使用外，没有大范围推广，而在以后则被铝合金等新型材料所取代（图六）。

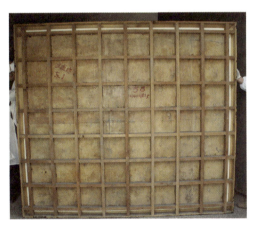

图五　木龙骨支撑体壁画　　　　　图六　铝合金型材支撑体壁画

对于壁画画面的保护修复工作则仍集中在清洗一般泥土和对大面积缺失的补全上，还对一些局部缺失的画面进行了艺术性修复，如对补全部分进行补色，使整个

① 陕西省博物馆、乾陵文教局唐墓发掘组：《唐懿德太子墓发掘简报》，《文物》1972年第7期。

② 陕西省博物馆、乾陵文教局唐墓发掘组：《唐章怀太子墓发掘简报》，《文物》1972年第7期。

③ 陕西省博物馆、文管会：《唐李寿墓发掘简报》，《文物》1974年第9期。

④ 安峥地：《唐房陵大长公主墓清理简报》，《文博》1990年第1期。

⑤ 富平县文化馆、陕西省博物馆、文物管理委员会：《唐李凤墓发掘简报》，《考古》1977年第5期。

修补画面与壁画原画面色调统一，即"远看一致，近看有别"，从而避免因画面色调反差过大造成视觉上不适。此外，对一小部分有据可依的画面进行补绘，如红色的影作木构以及地角栏框线，一些画面边缘人物及旗帜有缺损的依据残留痕迹进行了一些描绘，这样做主要从整体性及观赏性考虑，但因涉及壁画真实性（原真性）原则争议，这方面只是做了很少的一部分尝试，此后在画面修复工作中所作的主要是画面色调统一。

3. 成熟发展阶段

改革开放以来，随着新技术新材料的发展，保护修复技术也有较大提高，开始采用环氧树脂＋铝合金型材进行背衬加固。例如：1989年长安县南里王村唐墓壁画①，1995年昭陵新城公主墓壁画②。

图七　铝蜂窝复合材料支撑体壁画

这一时期传承了以前的背衬支撑体的加固方法，对待泥层部分要尽量剔除干净并保留0.2—0.5厘米的灰泥层。随后用聚乙醇缩丁醛、B-72等加固材料对背后进行渗透加固，并用熟石灰膏加麻纤维对壁画背衬进行强度加固，这一做法对壁画起到隔离保护作用（图七），所用材料与壁画灰泥层相同，使之与壁画本体能较好地容和。这一层加固灰泥膏厚1厘米（图八），同时也为以后壁画再处理留有操作空间。将来如果再对壁画进行处理，只需剔除这1厘米左右的灰层即可，不会伤及壁画本体。此时的背面支撑体采用了铝合金，它的特点是轻便、易加工、强度高、耐腐蚀。此后还采用了铝蜂窝复合材料，铝蜂窝复合材料（图九）是一种特制的六角形蜂窝芯材，属一种高质量、轻质、高强度的绿色环保复合材料。相互连接的蜂窝芯就如无数个工字钢，芯层分布固定在整个板面内，不易产生剪切，使板块更加稳定，更抗弯绕和抗压。由于蜂窝复合板之间的空气层被蜂窝分割成众多个闭塞小室，限制了空气的运动，使热量的传播受到极大阻碍，所以它具有隔热作用。铝蜂窝板采用高强度优质铝合金板和铝合金蜂窝加工而成。蜂窝高度一般为10毫米或15毫米，同等重量的铝蜂窝板，其抗风压大大超越铝单板型材，并且有不易变形、平直度好的特点。即使尺寸很大也能达到极高的平直

---

① 赵力光、王九刚：《长安县南里王村唐壁画墓》，《文博》1987年第4期。

② 陕西省考古研究所、陕西历史博物馆、昭陵博物馆：《唐昭陵新城长公主墓发掘简报》，《考古与文物》1997年第3期；陕西省考古研究所、陕西历史博物馆、礼泉县昭陵博物馆：《唐新城长公主墓发掘报告》，科学出版社，2004年。

图八　铝蜂窝支撑体壁画厚度　　　　　图九　铝蜂窝复合材料

度，蜂窝板以最小的重量而达到最大的强度和绕度。这极符合壁画支撑体所要求的各项指标，从而避免以往因木龙骨材质变形引起壁画变形的弊端。

在画面修复方面也采用了灰泥膏进行填补，仍做到"远看一致，近看有别"色调统一的效果。画面清洗采用丙酮＋去离子水的方法，首先对画面有灰尘和泥垢的地方进行处理，然后对于霉变等部位进行生物化学处理，最后对清理过后的画面用B-72进行渗透加固。

4.优缺点对比

综上所述，至今我们共使用过石膏、木龙骨、无缝钢管、铝合金四种壁画的加固保护方法，前三种方法在不同的历史时期对壁画起到了一定的保护作用，但如前所述，这些材料也存在着一定的局限性。在支撑体上我们在不断寻求重量更轻、强度更大、平整度更好、便于操作的材料。所以在上述几种壁画支撑体材料中，铝蜂窝材料属于比较好的材料，目前使用较为广泛。

壁画在揭取时使用桃胶作为黏合剂贴护画面，但此方法对画面颜色有所影响，容易使画面发黄。

早期工作对画面所进行的是泥土清洗和画面补全。当时的做法是大面积的缺失不进行补全，仅用石膏填补空缺，对于小面积补全则依照资料进行描绘，以保持其整体完整性。这项工作是在有据可查的基础上进行的，中国文物保护修复一开始就对缺失部分进行了认真探索，这种大面积缺失不补全，小面积缺失补全，在目前国际上的壁画修复工作中也是有益的探索和研究。早期工作的遗憾之处是：资料记录较少，尤其是文物保护修复技术，这与当时人们的普遍认识有关，认为修复是一个事务性的技术工作，与文物研究本身没有多大关系，文物修复工作只是为考古及博物馆服务。这样使得当时一些老同志在工作中很好的经验和方法没有得到及时的总结和记录。

经过多年实践，对于壁画修补材料的选择使用，应遵循原材料、原工艺的保护修复原则。灰泥层采用生石灰淋制的石灰膏，这与壁画原始制作工艺是一致的。此外，在灰泥层中加麻刀、麻刀灰或纸筋灰，这些都是在石灰砂浆中掺加的纤维状物质，使墙面灰浆的拉接力增强，提高抵抗裂缝的能力。麻刀就是用乱麻绳剁碎加工成的，是一种建筑材料，用于掺在熟石灰中作墙面抹灰用，现在也有成品卖。麻刀在里面的作用是防止开裂。这种方法在研究唐墓壁画的制作方法时就发现了，至今在壁画保护中仍然使用。

二、新世纪壁画保护与修复技术的发展

20世纪90年代末，随着国际合作的广泛开展，壁画保护与国际保护修复技术结合起来，极大地推动了我们保护修复技术的发展。此外，壁画保护修复不再是一项简单的技术工作，而与考古、艺术、物理、化学、材料等学科结合起来，形成一门对壁画的历史、绘制方法、制作技术以及保护和修复方法的综合科学研究。在此基础上，一方面总结前人经验，进一步发展壁画保护技术和修复技术；另一方面通过科学保护和理论指导，研究壁画本身的制作技术和古代绘画工艺，对壁画本身进行更深层次的了解。同时吸取国外先进经验，总结50多年来的发展经验，逐步建立起我们的壁画保护修复理论体系和保护修复规范，用于指导实际工作。

（一）这一时期在保护修复经验总结的基础上对壁画保护、修复程序和病变定名进行了制定和完善

首先对壁画病变名称进行较为详细的分类和定名，借鉴国内敦煌壁画保护和国外壁画保护的先进经验，对以往约定俗成的名称进行了科学界定。病变名称归纳主要为以下几类。

1. 残缺

因为壁画材质的老化、病变等自然因素及盗墓贼人为的破坏，所有壁画画面均存在着不同程度的残缺。例如：章怀太子墓的殿堂侍卫图。

2. 画面结垢

画面附着泥土、钙质结垢等，是由于墓室坍塌、淤土堆积等，壁画表面附着大量泥土，揭取时未能完全清理所造成的。另外因出土时间较久，画面泥土成为质地较硬的结垢，影响展出效果，不利于壁画的长久保存。例如：李寿墓的仪仗出行图。

3. 龟裂、起甲

因壁画地仗层、颜料层、表面泥层内所含胶质材料过多，或由于地仗层内的收缩变化等引起的微小开裂现象貌似龟背而得名，其进一步发展即为起甲。例如：房陵大长公主墓的捧盒侍女图。

4. 空鼓

即指壁画灰泥层与墙体在制作时因材料应力不同而产生局部剥离的现象。例如：懿德太子墓的架鹰驯鹞图。

5. 酥碱

酥碱是盐害的俗称，也有盐化、返碱、白霜等名称，为壁画常见的病变。是指在水分参与下，地仗层（壁画所依托的土体或墙体内部）中的盐分向外部运动在壁画表面产生富集作用，并由于盐类结晶而导致壁画内部和表面的破坏，称为"返碱""白霜"。由于盐害的产生改变了壁画及地仗层的结构，可使地仗层膨胀鼓起、酥松、粉化、脱落，严重者可使地仗层逐渐散落。例如：永泰公主墓的宫女图，苏思勖墓的奏乐图等。

6. 霉变

指在阴暗、潮湿环境下微生物霉菌在壁画上繁殖形成霉斑。也称"发霉""霉腐"等。造成此种现象的原因是潮湿、温暖、不透气的环境致使霉菌繁殖，壁画上出现斑斑点点的霉菌菌落，不仅从整体上减弱了壁画的外观效果，而且会直接或间接地腐蚀壁画。另外还有灰尘附着于画面，滋生微生物，产生霉菌。例如：新城公主墓的宫女图。

7. 变色、褪色

由于光照、灰尘、霉菌等自然因素造成的壁画色彩变色、褪色。例如：章怀太子墓的提罐侍女（NO.72）及捧盆景侍女（NO.74）。

8. 裂缝、断裂

这种情况是壁画地仗层材质收缩不均造成的。当制作大幅壁画墙壁时，地仗层不是一气呵成的，而是分层制作（壁画下部及上部之间），后因地仗层受环境影响收缩不均产生裂缝。另外，若雨水从盗洞进入墓室内，地仗层材质受潮湿环境影响也会产生变化，雨水进入地仗层衔接处冲刷造成裂缝。此外，靠近地面部分的材质酥碱、剥落，使其承重能力减弱，在上部地仗层的重压下产生断裂。例如：懿德太子墓的牵豹图，李寿墓的仪仗出行图。

9. 变形

因为揭取时壁画加固方式采取环氧树脂、木龙骨加固，二者的收缩率不一导致壁画产生变形现象。例如：章怀太子墓的提罐侍女图。

总之，壁画中的病变现象大多并非以单一的形式出现，而往往是一幅壁画中有多个病变形式并存。了解其病变现状及产生原因对我们的保护与修复工作是极为重要的，这也是半个世纪来壁画保护工作者们所总结的经验。

（二）对于壁画病变的成因做了大量的研究

除了壁画本体外，在环境、生物、修复材料、技术规则上都进行了探讨。这就使由当初的以抢救性保护修复壁画为主要目的转而以壁画如何长久保存、持久维护和保护修复更深层次研究为主，并在保护修复理论上开始逐步完善。

经过50多年的发展，陕西唐墓壁画保护修复基本形成一套较为完备的方法。先略作一介绍。

1. 遵循原则

首先遵循《中华人民共和国文物保护法》[①]《中华人民共和国文物保护法实施条例》[②]中对文物保护修复的要求及原则，同时也适应国际古遗迹保护理事大会所制定的《国际古迹保护与修复宪章》[③]《考古遗产保护与管理宪章》[④]等有关文物保护修复的法律条文及国际有关协会的保护指导原则。

2. 壁画修复、保护的前期准备工作

1）壁画修复前的资料搜集

在修复前对所修壁画的档案资料进行搜集和研究，以了解壁画此前的揭取、保护、修复情况，是否做过样品分析、实验等情况，对比其现状了解壁画材质老化、病变的情况。此外，还应了解壁画的历史、艺术、考古等方面的背景知识。同时对壁画现状做详细记录，包括文字、绘图、照相、录像、计算机记录分析等。记录工作要紧跟壁画的保护修复工作进展而进行，认真做好每一个步骤的记录，以保留大量科学数据，积累经验，为以后的科学研究、保护、修复提供可靠依据。

2）科学分析

在修复前提取相关样品进行颜料、土样、环氧树脂老化物、微生物等方面的分析，以了解壁画材质结构、病变成因、加固材料的老化等状况，从而便于对壁画保存现状做出科学论断，为选择正确的保护、修复技术及材料提供可靠的依据。

另外，由于年代较久，有些壁画的前人修复痕迹已与壁画原壁不易区分，建议用软X射线等手段进行分析，以分清修补和原始部位、了解壁画的原状及修复过程。此外，还应分析壁画底层是否还有壁画和壁画绘制工艺，为修复、保护壁画及以后

---

① 中华人民共和国第九届全国人大常委第三十次会议于2002年10月28日修订通过，并公布施行。

② 2003年5月13日国务院第8次常务会议通过。

③ 第二届历史古迹建筑师及技师国际会议于1964年5月25日在威尼斯通过。

④ 国际古迹遗址理事会全体大会第九届会议于1990年10月在洛桑通过。

的壁画复制提供科学依据。

3）筛选、检验保护修复用材料

在实施保护修复前，对国内外壁画保护、修复中常采用的清洗、加固、黏接、背衬、补全、封护等材料进行组合筛选实验。在壁画保护修复中应根据壁画材质的特点，谨慎选择所使用的技术和材料。一般应选择化学性质稳定、能保护壁画本身而不是改变壁画的材料。同时，材料还要具有可逆性或可再处理性，以便材料老化后能方便去除，不影响后续处理。另外，要尽可能选用与壁画材质相同的材料，在保护、修复时尽量避免对壁画产生新的损害。

目前常用材料如下。

清洗材料：如去离子水、双氧水、乙醇、丙酮、离子交换树脂等。

加固、黏接、背衬、补全、封护材料如：石膏、环氧树脂、聚乙烯醇、聚乙烯醇缩丁醛、三甲树脂（甲基丙烯酸甲脂、甲基丙烯酸丁脂和甲基丙烯酸的共聚物）、Paraloid B-72、丙烯酸乳液、环氧树脂乳胶SITE-FX、桃胶、糠醛等。

另外，还有其他材料如：除霉用麝香草酚、邻基苯酚钠、霉敌等。

修复用组合筛选的材料在壁画残块上做加固后的地仗层耐压试验、色彩变化试验、温湿度变化试验、防霉菌试验等。根据试验的结果，经专家论证，选取化学性质稳定、具有可逆性，并能保护壁画本身材质结构而不是改变壁画材质结构的保护修复材料进行实际操作。

3. 壁画保护、修复的具体实施

根据壁画保存现状、病变情况、画幅大小等因素，制定保护修复方案，选择保护修复场地、设备和工具。操作步骤拟分为以下几步。

1）清洗

分机械清洗和化学清洗两种办法。首先进行预清洗，在画面边缘部位选取小区域对表面附着的泥土、钙质结垢、灰尘、霉菌等进行清洗，达到满意效果以后，以此清洗效果为标准进行全面清洗。这样可以使由多人进行清洗工作的大幅壁画画面清洗效果保持统一。机械方法用手术刀、竹刀等操作，化学方法采用筛选后的化学试剂。根据具体情况，两种办法配合使用。

2）加固

根据所筛选的经过试验的加固剂对壁画进行局部（空鼓、酥碱等）或整体加固。

3）黏接

针对具体情况选择黏接材料，对于断裂壁画进行黏接，并在背面进行背衬加固。

4）补全

本着"修旧如旧""保持原貌"的修复原则，对画面残缺处进行补全，尽量采取与原壁相同的材质进行修补，同时，还要注意与原壁有所区别，并且不影响展出效果。

5）封护

对修复完成后的壁画进行整体或局部封护。

经过以上保护修复使壁画在色彩、地仗层强度、防紫外线、防霉菌、加固材料耐老化、透气、防水等方面得到增强，以达到较长久地保存壁画的目的，同时达到良好的观赏效果，便于展出以及研究。

6）定期检查

由于保护、修复材料都有一定的时效性，所以在壁画进入展厅或库房后，要定期检查壁画，以随时了解壁画现状及壁画保护修复材料的老化情况，发现问题随时解决，同时做好记录。

现在我们在针对50年来在唐墓壁画揭取、保护、修复、保存等方面的经验与教训，作以系统的研究，建立起唐代墓室壁画在揭取、保护、修复、保存方面的基础数据库，为陕西历史博物馆唐墓壁画馆成立后壁画的展出及深入研究打下良好的基础。

与此同时，我们还通过以上研究方法对现存石膏背衬壁画进行一次较为全面的再保护和二次修复。这是对于前人所做的石膏背衬壁画的再保护和修复，建立一套完整科学的修复方案和科学的数据库，并为正在进行中的唐墓壁画陈列馆壁画展出前的保护修复提供翔实可靠的数据。

三、总结

对于壁画的保护，国内外的专家学者一直都在不断研究。保护修复采用的工艺方法及所用材料也在进行不断的更新完善。如上所述，陕西唐墓壁画从当初采用的石膏加固到采用龙骨作为壁画背面的支撑体；从使用角铁钢管作为龙骨材料至20世纪70年代更换为优质木材制作壁画与撑体；至20世纪80年代大量使用铝型材作为壁画背面的龙骨材料等。而国外也在随着时代的发展不断使用新型材料对壁画实施保护处理，如现今国外对壁画背面的加固采用先进的航空蜂窝材料。陕西文物保护工作者在保护材料、手段的不断更新下，也对唐墓壁画保护不断地进行研究探索，同时对于早期保护处理的壁画随着时间的推移，在今天出现的很多病变问题已成为摆在当今的一项重大课题。文物保护修复者也在不断地采取相应的保护处理措施。如在20世纪70年代使用木龙骨加固壁画，由于木质材料自身特性的局限，使壁画产生扭曲变形。另外，壁画在室内长期受光线、尘埃等产生的颜料褪色问题研究，也做了有益的试验和实践，从而使这些珍贵的人类文化遗存继续得以有效的保存。

唐墓壁画保护是一项长期而艰巨的工程，半个世纪以来，文物保护工作者在不断取得保护成就的同时，也在不断面临新的问题，这就需要我们总结以往经验，不断推陈出新，把这项前人已经开创的事业继续下去，并取得更高的成就。

参 考 书 目

［1］　周天游主编：《唐墓壁画研究文集》，三秦出版社，2001年。

［2］　陕西历史博物馆：《唐墓壁画国际学术研讨会论文集》，三秦出版社，2006年。

［3］　陕西历史博物馆：《神韵与辉煌·唐墓壁画卷》，三秦出版社，2006年。

［4］　陕西省考古研究所：《陕西新出土唐墓壁画》，重庆出版社，1998年。

［5］　陕西省考古研究所、陕西历史博物馆、礼泉县昭陵博物馆：《唐新城长公主墓发掘报告》，科学出版社，2004年。

［6］　杨文宗：《意大利文物修复原则的启示》，《陕西历史博物馆馆刊》（第七辑），三秦出版社，2000年。

［7］　杨文宗、谢伟：《尘降对彩绘文物颜色影响之探讨》，《陕西历史博物馆馆刊》（第三辑），西北大学出版社，1996年。

［8］　杨文宗：《唐昭陵新城长公主墓壁画揭取和修复》，《考古与文物丛刊》（第5号）。

［9］　杨文宗：《陕西历史博物馆馆藏石膏加固唐墓壁画的再保护》，《陕西历史博物馆馆刊》（第十四辑），三秦出版社，2007年。

陕西唐墓壁画保护修复技术的传承与发展

后　记

　　1994年初秋，一个手握文稿的年轻人来到文博编辑部门前。他曾记录日常工作点滴、尝试梳理经手修复的一件件文物藏品实操流程细节，并写就《古代壁画加固工艺》一文。怀着忐忑的心情，他终于敲开了眼前这扇门……

　　时光走笔，岁月成章。《壁彩文踪》汇集了自我发表在《文博》1996年第1期上的《古代壁画加固工艺》始，至《文物保护与考古科学》2023年第4期刊登的《基于融合光谱分析的墓葬壁画颜料色彩虚拟修复方法研究》（第一作者），共计44篇论文。其间，从掌握了文物修复的基本要领到打下深厚的专业理论基础，再到具备解决文物修复疑难杂症的能力，当初那个惴惴不安的青年走出了如此清晰而坚实的足迹：参加复制两台原大的秦始皇陵二号铜车马、修复陕西历史博物馆开馆上展的多种材质的文物60余件、唐墓壁画长途运输中包装安全方案的测试和制定、秦代大型青铜龙的修复、唐代鎏金铁芯铜龙的修复、石膏加固壁画的实验性修复及再修复方法研究、陕西历史博物馆馆藏唐墓壁画病害调查研究、唐韩休墓壁画整体搬迁保护等，这些串起的过往依然历历在目。

　　《宝鸡戴家湾古墓发掘中微型考古及发掘器物的保护修复》和《戴家湾陶鬲修复前的诊断分析与制作工艺》是我参加1996年9月至1998年9月中意两国政府首次合作举办的文物保护修复培训班、毕业论文内容的重要部分。在遗址原处，提取包含有发掘器物的土块，将之移至实验室，对该土块进行微型考古，修复、保护该发掘器物，这些翔实的一手资料、观点鲜明的系统论述均受益于此次修复培训班的学习。

　　《新安县梁庄北宋壁画墓壁画的揭取》是我负责"1998年11月至2000年5月陕西历史博物馆支援洛阳古墓博物馆北魏元怿墓壁画修复、加固及河南新安县梁庄北宋墓壁画揭取工作"完成的墓葬壁画保护任务中取得的成果之一。该项目获"陕西历史博物馆1998年—2000年度优秀科研成果三等奖"。这也是我第一次承担的宋代壁画墓的搬迁项目，文章对宋代壁画制作材料、方法及存在的病变，采取的保护措施作出完整的论述。

　　《石质材料病变的环境影响作用》《洛阳龙门石窟双窑洞与山陕会馆石材保护》分别是我参加"2004年2月至2005年2月中意两国政府合作、国家文物局主办的文物保护修复高级培训班"的毕业论文和实习成果。按照国际标准化的石材病害类型分类，详述病害成因与及环境影响因素对石质文物的作用机理，以龙门石窟、山陕会馆石材保护为例作了进一步说明。意大利文物修复理论思想原则体现在石质文物保护、修复中，就是以环境治理为根本解决方法。同期杨刚亮、何晓、郭梦源均给予材料搜集、数据整理方面的帮助，在此一并感谢。

《唐代鎏金铁芯铜龙修复与研究》采用传统修复工艺和现代修复理念、方法相结合的修复方案，复原了鎏金铁芯铜龙的形貌。完成这项工作，得到了同仁刘芃的鼎力协助。

2007年初，中国文化遗产研究院郭宏研究员邀我参加"濒危馆藏壁画抢救性保护工程——馆藏壁画保护综合研究"项目，并由我负责其中的子课题三《馆藏壁画支撑体技术研究》。《陕西唐墓壁画揭取后的保护与修复技术》《馆藏壁画失效支撑体去除技术研究》便是该子课题结题综述的主要内容；特别感恩郭宏研究员的扶携、帮助。

《从支撑体的不同类型谈陕西历史博物馆馆藏唐墓壁画的病害特征》《陕西历史博物馆馆藏唐墓壁画病害情况及其处理方法探讨》《馆藏唐墓壁画病害综合研究》是我于2011年6—8月申报并通过立项评审的陕西省文物局年度文物保护科学和技术研究课题——"陕西历史博物馆馆藏唐墓壁画病害调查研究"，历时两年取得的研究成果。更重要的收获莫过于得到了恩师 董文喜 先生、柴忠言先生的可贵帮助，他们曾领我入行、手把手教我文物修复技艺……使我较全面地掌握了陕西历史博物馆馆藏壁画保存状况及馆藏壁画一脉相承的保护技术。

《鄂托克旗乌兰镇米拉壕墓葬壁画抢救性揭取保护》填补了之前绘制在砒砂岩层壁画无法得到有效保护的技术空白。2010年7月的一天，我接到来自内蒙古自治区考古人员的求助电话，随即奔赴考古现场，展开了为期一年的米拉壕墓葬壁画抢救性揭取保护工作，成功揭取、搬迁了五座汉代墓壁画。在此，感谢呼和浩特市博物馆杜晓黎研究馆员和鄂尔多斯青铜器博物馆尹春雷研究馆员给予我的信任与支持。

《一幅唐墓壁画的抢救性保护修复》《古代墓葬壁画传统揭取技术之思考》《唐懿德太子墓壁画青龙、白虎图的分析检测与保护修复》《西安出土唐墓壁画黄色颜料的分析研究》《馆藏壁画表面污染物的激光清洗初步研究》《吐谷浑慕容智墓〈门楼图〉壁画的科学保护与修复》，上述文章是近十年来伴随文物保护修复新生代的不断成长，相关研究逐步深入的丰硕成果。我参与其中、"学因教而日进，教因学而益深"，陕西历史博物馆王佳、张蜓、金紫琳、李倩、张媛媛等年轻同事，我为你们取得的长足进步倍感自豪。

近几年，涉及文物及其保护、修复的跨界研究越来越多，于是《基于PTM模型文物纹理映射算法》《基于融合光谱分析的墓葬壁画颜料色彩虚拟修复方法研究》两篇论文便应运而生。西安邮电大学通信与信息工程学院刘颖，中科院西安光学精密机械研究所刘倩，电子信息现场勘验应用技术公安部重点实验室李大湘及中科院西安光学精密机械研究所光谱成像技术研究室唐兴佳、张朋昌、胡炳樑等众多研究人员竭诚合作、忠于所事的精神深深打动我，我为与他们有过的共事经历深感荣幸！

因风道感谢，情至笔载援。

结集付梓，很多人为此投入宝贵精力。2022年10月，陕西历史博物馆学术委员会讨论通过，将《壁彩文踪》列入2023年度陕西历史博物馆学术文库出版项目，感谢侯宁彬馆长、科研工作部杨效俊主任、保护修复部路智勇主任等领导的肯定与支持！中国文化遗产研究院教授级高级工程师黄克忠先生为《壁彩文踪》撰写序言；国家一级美术师、陕西历史博物馆袁方研究馆员为《壁彩文踪》题写书名；金紫琳、李倩、邹尧、李超等同事，以及科学出版社王蕾编辑也为本书的顺利出版付出诸多辛苦，在此，一一表示由衷感谢！

《壁彩文踪》出版了，囿于本人的学识水平，难免存有谬误、疏漏之处，希望大家看后批评指正。

杨文宗

2024年3月